HEYNE BIOGRAPHIEN

W0085375

Zum Autor

FRANCIS CARR lebt als freier Schriftsteller in Brighton. Mit einem Buch über ›Mozart und Constanze‹ wurde er auch in Deutschland bekannt.

Francis Carr

IWAN DER SCHRECKLICHE

Der erste Zar

Deutsche Erstausgabe

Wilhelm Heyne Verlag
München

HEYNE BIOGRAPHIE
12 / 190

Aus dem Amerikanischen übersetzt von
Christian Quadmann

Titel der Originalausgabe:
Ivan The Terrible

ISBN 3-453-03794-4

Inhalt

Vorwort

Sowohl russische als auch westliche Historiker haben immer wieder behauptet, daß Rußland schon seit jeher Mitglied der europäischen Völkerfamilie gewesen sei. In seiner kürzlich erschienenen *History of Russia* schreibt Paul Dukes: »... es besteht wenig Zweifel, daß ein Volk der weißen Rasse, das eine slawische Sprache spricht, das slawische Überlieferungen und Brauchtum besitzt und in beträchtlichem Maße von der orthodoxen Variante christlicher Weltanschauung geprägt ist, grundsätzlich als ein Vorposten des Westens betrachtet werden muß.« Wenn man Hautfarbe und Sprache als Hauptkriterien betrachtet, ist Rußland zweifelsohne ein Teil Europas. Der Faktor Religion ist sicherlich nur von sekundärer Bedeutung, denn auch die Bekehrung der Chinesen zum Christentum würde aus ihnen noch keine Europäer machen. Auch in den Bereichen Musik, Literatur und Kunst steht Rußlands Zugehörigkeit zu Europa außer Frage. Zieht man jedoch Rußlands politische Distanz zum restlichen Europa und seine Ablehnung der europäischen Auffassung von individueller Freiheit und Menschenrechten in Betracht, kann Rußland mit gleichem Recht als Vorposten Asiens bezeichnet werden. Polen und alle anderen Völker, die je an den Grenzen Rußlands gelebt haben, wissen sehr wohl, welche der beiden Betrachtungsweisen die zutreffendere ist. Peter der Große soll gesagt haben: »Wir brauchen Europa nur noch ein paar Jahrzehnte, dann können wir ihm den Rücken zukehren.«

Iwan der Schreckliche und Joseph Stalin, die viel von ihm gelernt haben, ließen nie einen Zweifel daran, wo ihre Sympathien lagen.

Ich habe die schrecklichen Vorkriegsjahre nicht vergessen. Sie sind das Thema, um das es in all meinen Symphonien, beginnend mit der Vierten, geht. Die ›Leningrad-Symphonie‹ hat nicht etwa die Belagerung Leningrads zum Inhalt. Ihr Thema ist das Leningrad, das von Stalin zerstört wurde und dem Hitler lediglich den Todesstoß versetzt hat. Die meisten meiner Symphonien sind Grabmäler ... Zu viele Menschen unseres Volks mußten sterben und liegen an Orten begraben, die niemand kennt – nicht einmal ihre Verwandten. Für jedes Opfer eine Symphonie zu schreiben ist nicht möglich – deshalb sei meine Musik ihnen allen gewidmet.

Dmitrij Schostakowitsch
Memoiren

Wenn der Fortschritt das Ziel ist, für wen arbeiten wir dann eigentlich? Wer ist dieser Moloch, der zurückweicht, sobald die Arbeiter sich ihm nähern, anstatt sie zu belohnen; der als Trost für die erschöpften, verdammten Massen nur die höhnische Antwort bereit hat, daß nach ihrem Tod auf Erden alles wunderbar sein wird. Wollen Sie die heute lebenden Menschen tatsächlich dazu verurteilen, bloße Karyatiden für den Tanzboden zu sein, auf dem eines Tages andere tanzen?

Alexander Herzen
Vom andern Ufer

1

Iwans Erbe:
Die Ostslawen –
Leben in endloser Weite

Die Russen verschonen ihre Tyrannen; sie töten nur die Herrscher, denen es an Grausamkeit fehlt. Alexander II. wurde trotz seiner liberalen Reformen ermordet; Nikolaus II. und seine Familie wurden niedergemetzelt, nachdem er bereits abgedankt hatte. Iwan der Schreckliche, Peter der Große, Katharina II. und Stalin, Rußlands despotischste Tyrannen, starben jedoch im Bett.

Hier wird die elementare Schwäche des russischen Volkes sichtbar: seine erschreckende Passivität und die Ergebenheit, mit der sich der einzelne in seine Rolle findet, Teil einer riesigen Gemeinschaft zu sein und nicht ein Individuum mit bestimmten unveräußerlichen Menschenrechten. Die Grenze zwischen Rußland und Europa ist nicht nur eine von Menschenhand gezogene Linie, die von Nord nach Süd verläuft. Sie trennt auch die, die an die Menschenrechte glauben, von jenen, die ständig in Gefahr schweben, unschuldig in ein Arbeitslager deportiert zu werden und dort zu sterben.

Der südafrikanische Anthropologe Laurens van der Post beginnt sein 1967 erschienenes Buch *A Portrait of all the Russias*, in welchem er seine Eindrücke einer Reise schildert, die ihn in viele Teile des Landes führte, mit folgenden Worten:

Seit Jahren hat mich das Bild beschäftigt, das Rußland der Welt außerhalb seiner Grenzen bietet. Was mich daran beunruhigte, war die Tatsache, daß ich in diesem Bild kein russisches Individuum entdecken konnte. Soviel ich auch über Rußland las, so aufmerksam ich auch die Zeitungen studierte, die Russen blieben eine unübersehbare, gleichförmige, undifferenzierte und bedenklich ideologisierte Masse. Schlimmer noch, die Figuren, die ich in der zeitgenössischen russischen Literatur kennenlernte, scheinen immer wieder vorher festgelegte, offizielle Rollen zu spielen und gleiche, unveränderliche Masken zu tragen, ähnlich den Figuren der griechischen Tragödie ... Die Russen sind von einem übermächtigen Instinkt zur Konformität besessen, einer Neigung, in der Öffentlichkeit auf keinen Fall das zu tun, was nicht auch die anderen tun. Sie scheinen unfähig, sich wegen eines konkreten Problems mit der Staatsmacht anzulegen ... Was wir als Ausdruck des individuellen Geschmacks schätzen, kann in der Sowjetunion sehr leicht in den Verdacht von gefährlicher Zügellosigkeit, bourgeoisem Abweichlertum und Mangel an Solidarität geraten.[1]

Die Väter und Mütter der heutigen Russen sind jene Männer und Frauen, die unter Stalin, Lenin, Peter und Iwan dem Schrecklichen lebten und starben. – Unter Diktatoren, die sie ihrer Sicherheit beraubten, während sie gleichzeitig beteuerten, die Unterdrückung des Volkes sei ein notwendiges Mittel, um dessen Sicherheit zu gewährleisten.

Während die politische Landkarte der westlichen Welt in den ersten tausend Jahren nach dem Untergang Roms im Jahre 410 n. Chr. vielen Veränderungen unterworfen war, blieben die vorrangigen Handelsrouten im wesentlichen dieselben. Die wichtigsten in Europa produzierten, über den ganzen Kontinent und bis in den Nahen Osten exportierten Handelsgüter waren Getreide, Wein, Eisen, Holz, Bernstein, Zucker, Gold und Wolle. Den Hauptexportartikel der russischen Steppe während dieses langen und turbulenten Zeitraums stellten die Sklaven dar. Das Wort ›Sklave‹ leitet sich von dem mittellateinischen Wort ›sclavus‹ – ›gefangener Slawe‹ – ab. Die ursprüngliche

Bedeutung des Worts ›Slawe‹ dürfte jedoch ›Mann, der betet‹ gewesen sein.[2]

Sklaven waren während der ersten vierhundert Jahre der russischen Geschichte, d. h. seit Ende des 9. Jahrhunderts, Rußlands wichtigste Handelsware. Dies trifft auch für die Zeit von 500 bis 900 n. Chr. zu, als die Ostslawen noch nicht zu einer staatlichen Ordnung gefunden hatten. Bereits die frühen russischen Fürsten betrieben diesen gewinnbringenden Handel und exportierten ihre Untertanen nach Konstantinopel und zu den lukrativen Märkten von Bagdad. Häufig führten kollidierende Ansprüche auf den Besitz dieser Sklaven zu kriegerischen Auseinandersetzungen zwischen den Fürsten.

Die Slawen werden von der Geschichtsschreibung zum erstenmal im 5. Jahrhundert erwähnt, als sie, ausgehend von den Pripet-Sümpfen, die weiten Ebenen zwischen dem Baltikum und dem Schwarzen Meer besiedelten. Dies war ursprünglich das Land der Wandalen und der Goten, die das Römische Weltreich zerschlugen und kurzlebige Königreiche in Spanien, Nordafrika und Italien gründeten. Im 4. Jahrhundert drangen die aus den kargen mongolischen Steppen kommenden Hunnen, durch die Chinesische Mauer an einer Invasion Chinas gehindert, nach Europa vor. Sie stießen bis nach Frankreich vor, wurden aber bald nach Osteuropa und in die russischen Ebenen zurückgedrängt. Ihre Überlegenheit über ihre westlichen Feinde beruhte auf einer einfachen Errungenschaft: dem Steigbügel. Diese Erfindung war in Europa bis dahin unbekannt. In ihrem Reich, das nur kurze Zeit Bestand hatte, lebten vor der Expansion der Ostslawen auch zahlreiche Goten und iranische Völker.[3] Mit der nächsten Welle asiatischer Eindringlinge kamen die aus der westlichen Mongolei stammenden Awaren und Bulgaren in dieses Gebiet. Die Awaren spannten die Frauen der unterworfenen Slawen vor ihre Wagen. Die Männer setzten sie bei ihren Angriffen auf Byzanz als

Krieger in der vordersten Linie ein. Anders als die Wandalen und Goten unternahmen die Slawen keinen gemeinsamen Versuch, vor dem Druck der Hunnen oder der anderen Invasoren nach Westen auszuweichen. Sie wurden von den Eroberern absorbiert. Im 7. Jahrhundert fegten die türkischen Chasaren über die Südslawen hinweg, und im 9. Jahrhundert kamen von Norden die Wikinger. All diese Stürme brachten Verwüstung und Sklaverei mit sich und machten die Slawen zu tributpflichti-

Rurik, Anführer der Wikinger, Fürst von Nowgorod

gen Vasallen. Infolgedessen sind die Russen im Laufe ihrer Geschichte durch eine lange Schule der Unterwerfung gegangen.

Es waren die Wikinger, die den Slawen ihre erste Herrscherdynastie gaben und sie die Kunst des Krieges und des Handels lehrten. Im Jahre 862 ernannte sich Rurik, der Anführer der Wikinger, zum Fürsten von Nowgorod. Zwei Jahre zuvor hatten die Wikinger Konstantinopel, die mächtigste Stadt der westlichen Welt, angegriffen. Diese Stadt, ein ehemals relativ unbedeutender Vorposten, war zum Erben der römischen Macht aufgestiegen. Am 18. Juni des Jahres 860 segelten 200 Wikingerschiffe durch den Bosporus und griffen zur völligen Überraschung seiner Verteidiger Byzanz an. Eine uns erhaltene Predigt des Patriarchen Photios, die er vor den verängstigten Griechen in seiner Kathedrale, der Hagia Sophia, hielt, gibt eine anschauliche Schilderung dieses Geschehens:

Was ist das? Was bedeutet dieser schwere, schmerzliche Schlag, dieses Ungemach? Warum ist dieser Sturm über uns hereingebrochen? Ein Volk ist aus dem Norden über uns gekommen, als wolle es unser zweites Jerusalem angreifen. Diese Menschen sind wild und kennen keine Gnade. Ihre Stimme ist dem tosenden Meer gleich. Ich sehe einen grimmigen, wilden Stamm, der furchtlos unsere Stadt umschwärmt, die Vorstädte verwüstet, alles zerstört, alles vernichtet – Felder, Häuser, Lasttiere, Frauen, Kinder, Greise, alles mit Schwertern durchbohrt, kein Mitleid kennt und nichts verschont. O meine Stadt, die du den Erdenkreis beherrschst, welch führerlose, ärmlich ausgerüstete Horde grinst dir höhnisch wie einem Sklaven ins Gesicht![4]

Die von den Wikingern angeführten Russen hätten bei ihrem Angriff auf Byzanz weit weniger Erfolg gehabt, wären Kaiser Michael III. und die byzantinische Armee nicht an der Ostgrenze Kleinasiens in Kämpfe verwickelt gewesen. Als er nach Byzanz zurückkehrte, zogen sich die Russen zurück. Die Griechen vergaßen die Schrecken der Belagerung durch die Wikinger jedoch nicht. Als Konstantinopel fünf Jahrhunderte später, im Jahre 1422, wieder belagert wurde – diesmal von den Türken –, wurde Photios' Predigt erneut in der Kathedrale gelesen.

Ähnlich wie die Hunnen kamen die Wikinger aus einem Land, das zu karg und unergiebig war, um ein Auskommen zu gewährleisten. Während die Hunnen auf kleinen, schnellen Pferden über Europa hinwegfegten, drangen die Wikinger mit kleinen, doch hochseetüchtigen Schiffen entlang den Küsten und auf den Flüssen Westeuropas nach Süden vor. Sowohl die Hunnen als auch die Wikinger wurden von einer Eroberungslust vorwärtsgetrieben, die sie ständig in Bewegung hielt und nie zur Rast kommen ließ. Seit Beginn des 9. Jahrhunderts drangen plündernde Wikinger nach England, in die Normandie und nach Sizilien ein. Sie unterwarfen die slawischen Siedlungen, während sie den Wasserläufen folgend von der Ostsee bis nach Kiew vordrangen. Es gelang ihnen, den Kreis der Eroberungen zu schließen, indem sie sich sogar als Leibgarde des Kaisers von Byzanz etablierten.

Die Verfasser der ersten – im 11. und 12. Jahrhundert entstandenen – russischen Chronik, der wie den meisten altrussischen Chroniken eine *Erzählung* von den vergangenen Jahren vorangestellt ist, berichten erstaunlich offen über die Ankunft der Wikinger. Sie bezeichnen diese als Eroberer und neue Herren. Doch die Errichtung der Wikingerherrschaft in Rußland gründete sich nicht allein auf die militärische Eroberung des Landes. Bereits früher waren räuberische Wikinger auf ihren Booten bis Nowgorod gesegelt, dann jedoch wieder in ihre Heimat zurückgekehrt.

Das Volk (die Slawen) begann, sich selbst zu regieren, doch das ging nicht gut. Stamm erhob sich gegen Stamm, und es herrschte Streit unter ihnen. Dann sagten sie zueinander: »Laßt uns einen Fürsten suchen, der uns regieren kann und entscheidet, was Recht ist.« Und sie fuhren über die See zu den Warägern (Wikinger), den Rus, denn so wurden diese Waräger genannt. Diese bestimmten Waräger waren als Rus bekannt, während andere Waräger Schweden und wieder andere Nordländer, Angeln oder Goten genannt wurden. Und sie sagten zu diesen Warägern: »Unser Land ist groß und fruchtbar, doch es herrscht keine Ordnung in ihm. Kommt deshalb und regiert und herrscht über uns.«[5]

862, möglicherweise auch schon etwas früher, zogen drei Wikingerfürsten, Rurik, Oskold und Dir, nach Süden. Das Haus Rurik (Rurikiden-Dynastie) herrschte während der nächsten siebenhundert Jahre – bis zum Tode Fjodors, des zweiten Sohnes von Iwan dem Schrecklichen. Rurik hatte wegen der »wilden Gewohnheiten dieses Volkes«[6] gezögert, auf die Einladung der Slawen einzugehen. Der arabische Geograph Ibn Rusteh beschreibt im 10. Jahrhundert eine russisch-warägische Siedlung im Gebiet von Nowgorod:

Was die Rus anbelangt, so leben sie auf einer Insel (oder Halbinsel), die in einem See liegt. Das Leben dort ist sehr ungesund und das Land so sumpfig, daß die Erde bebt, wenn man auf ihr schreitet. Sie liegen im Kampf mit den Slawen und benutzen Schiffe, um sie anzugreifen. Sie nehmen sie gefangen und bringen sie zu den Chasaren und verkaufen sie dort als Sklawen. Sie haben keine Dörfer, keine Höfe oder Felder. Ihre einzige Beschäftigung ist der Handel mit Zobel-, Eichhörnchen- und anderen Arten von Fellen. Sie haben zahlreiche Städte.[7]

Diese Städte waren an Flußufern errichtete, befestigte Handelszentren.

Die frühen Slawen dehnten ihr Siedlungsgebiet nach Westen bis zur Elbe hin aus. Hamburg wurde von den Sachsen erbaut, um die weitere Expansion der Slawen zu verhindern. Die Ostslawen, die in dem Gebiet des heutigen Westrußland lebten, siedelten entlang den weitverzweigten Flußsystemen dieser Region, die es den Wikingern ermöglichten, mit ihren Schiffen bis nach Byzanz vorzudringen. Gemeinsam wollten Wikinger und Slawen diese Stadt erobern, und sie unternahmen in den Jahren 907, 941 und 944 neuerlich den Versuch, die Stadt einzunehmen. Doch Byzanz war zu stark und mächtig und setzte sich erfolgreich gegen die Angriffe der Russen zur Wehr. Das Bestreben, den Bosporus zu beherrschen, ist seit jener Zeit Bestandteil der russischen Politik geblieben. Durch Handel und eine gut funktionierende Verwaltung schufen die Wikinger das Fundament für den Aufschwung und die Blüte von Kiew und Nowgorod. Und über die mit dem Schwert geschaffenen Handelsverbindungen mit Byzanz gelangten aus der höherentwickelten mediterranen Welt die ersten zivilisatorischen Errungenschaften zu den Slawen. Sie verkauften Getreide, Holz, Bienenwachs (zur Herstellung von Kerzen), Leder, Pelze und stammesverwandte Sklaven und erhielten dafür Waffen und Salz, das so überaus wichtig zur Konservierung von Fleisch war.

Im Jahre 324 hatte der römische Kaiser Konstantin Byzanz zur neuen Hauptstadt seines Reichs gemacht und der Stadt den Namen Konstantinopolis gegeben. Konstantinopolis lag für die Verteidigung des Reichs gegen die Perser strategisch günstiger als Rom. Mit der Verlegung der Hauptstadt verfolgte Konstantin jedoch noch eine andere Absicht, deren Realisierung für das Weströmische Reich nachhaltige und tragische Konsequenzen haben sollte. Konstantin verfolgte das Ziel, in seinem Reich ein christliches Zentrum zu schaffen, eine Stadt, die unbefleckt sei von dem in Rom noch immer herrschenden Paganismus. Dieses große und utopische Vorhaben sollte den Untergang Roms erheblich beschleunigen. Nur 90 Jahre später fielen Rom und zwei Drittel des Römischen Reiches, unter anderem England, Gallien, Spanien, Nordafrika und das gesamte Italien, unter die Herrschaft der Barbaren. Professor F. W. Walbank schreibt in *The Awful Revolution*, einer Darstellung des Untergangs des Weströmischen Reiches: »Mit den östlichen Provinzen überlebte nur mehr ein kümmerlicher Rest des ursprünglichen Reiches. Der Fortbestand des Oströmischen Reiches ist insofern als Überleben des einen Teils auf Kosten des anderen zu interpretieren. Denn die militärische Stärke Konstantinopels lenkte die Angriffe der Barbaren in Richtung Westrom ab.« Ist die Verlegung der Hauptstadt eines kleinen Landes bereits ein beschwerliches und kostspieliges Unternehmen, wieviel schwieriger ist es dann, die Hauptstadt eines riesigen Weltreichs beinahe 1500 Kilometer weiter nach Osten zu verlegen. Dies würde dem Vorgehen eines Arztes entsprechen, der bei einer Herztransplantation den Tod des Spenders in Kauf nimmt und dem Empfänger nur eine ungewisse Zukunft in Aussicht stellen kann. In der Auseinandersetzung zwischen Christentum und den Anhängern der alten römischen Götter mußten beide Seiten leiden. Und Europa mußte tausend Jahre warten, bis es wieder in altem Stolz und neuer Blüte aus der italienischen Renaissance erstand, die die Verbindung des Abendlandes mit dem antiken Rom erneuerte. Dies geschah etwa zur gleichen Zeit, als Konstantins heilige Stadt von den überlegenen Heerscharen der neuen Religion, des Islam, erobert wurde. Man stelle sich einmal die möglichen Konsequenzen vor, wenn Heinrich II. von England beschlossen hätte, die Hauptstadt seines Reichs von London nach Bordeaux in Aquitanien zu verlegen, um seine Besitzungen besser gegen die Franzosen verteidigen zu können und um Abstand von den heidnischen Elementen im englischen Charakter zu gewinnen.

Es gab gewiß auch andere Gründe für den Untergang Roms. Ganz sicher ging die Stadt nicht wegen des oft zitierten Verfalls der Sitten und sexueller Zügellosigkeit zugrunde; diesen Mythos glauben nur die Unkundigen. Viele Faktoren trugen zum Zusammenbruch Roms bei:

die verheerende Pestepidemie, die um die Mitte des dritten Jahrhunderts in Europa wütete; die relativ zahlenschwache römische Armee (650000 Mann bei einer Gesamtbevölkerung von 70 Millionen zur Zeit Konstantins); die Einfälle der Hunnen und der Goten; die Abhängigkeit von Sklavenarbeit; die durch den Antagonismus von Christentum und Heidentum hervorgerufene Verwirrung in den Köpfen der Römer selbst. Bis in die Zeit des Theodosius (379–395) hielt der Senat am Glauben fest. Laut Zosimus konnten sich die Mitglieder des Senats

... nicht zur Blasphemie gegenüber den alten Göttern bereitfinden. Keiner wurde durch die Rede des Imperators bekehrt, der sie gemahnte, von dem abzulassen, was er ihre Irrtümer nannte. Keiner war willens, den Traditionen den Rücken zu kehren, die seit der Gründung Roms von einer Generation auf die andere weitergegeben worden waren. Sie sagten, durch das Festhalten an der traditionellen Religion hätten sie Rom 1200 Jahre lang vor Eroberungen bewahrt. Würden sie nun den alten Glauben durch den neuen ersetzen, seien die Folgen nicht abzusehen ... Doch all die alten Bräuche Roms fielen der Mißachtung anheim. Und so wurde das Römische Reich verstümmelt, und es wurde die Heimat der Barbaren.[8]

Die Wandalen waren zwar zum Christentum bekehrt worden, und Alarich der Gotenkönig war sogar zum römischen General avanciert. Überdies hatte er den neuen Glauben angenommen. Doch weder die Wandalen noch die Goten sahen einen Grund, deswegen von einer Eroberung Roms abzusehen. Die Westgoten unter Alarich verwüsteten Griechenland und nahmen im Jahre 410 schließlich Rom ein. Im Jahre 455 wurde die Stadt von den Wandalen erneut erobert und geplündert.

Für Iwan den Schrecklichen und alle Herrscher Rußlands war tausend Jahre später der Untergang von Rom und Byzanz ein Exemplum von größter Wichtigkeit: Ein mächtiges Weltreich war angegriffen und schließlich von seinen Feinden zerschlagen worden. Wie konnte das geschehen? Wie hätte dies verhindert werden können? Sie überlegten, wie sie Moskau zu noch größerer Macht als Rom und Byzanz führen und wie Moskau seine potentiellen Feinde so weit schwächen könne, daß sie außer Stande sein würden, Rußland zu besiegen oder auch nur anzugreifen.

Nicht nur Rom und das Weströmische Reich hatten unter Konstantins Entschluß zu leiden, die Hauptstadt in den Osten des Reichs zu verlegen. Die Verlagerung der Macht von Italien nach Griechenland, aus den Händen der Römer in die der Griechen und Asiaten, die Entmachtung der römischen Christenheit zu Gunsten der griechischen, bedeuteten zugleich auch einen Übergang von einer Welt des Wandels in eine Welt der Erstarrung. Roms Niedergang war nicht so katastrophal, daß ein Wiedererstehen ausgeschlossen gewesen wäre. Doch es dauerte fünf Jahrhunderte, bis der römische Katholizismus die griechische Kirche als führende kulturelle Macht verdrängen konnte. Ehe es aber dazu kam, sollte das rückständige Rußland zu seinem eigenen Mißgeschick bereits unwiderruflich durch die religiösen und politischen Ideen des despotischen und weniger kreativen byzantinischen Teilreiches geprägt und geformt sein. Nahezu alle Autoren des alten Römischen Reiches hatten ihre Werke in Latein verfaßt; nach Konstantin versiegte der Quell der weltlichen Lyrik und dramatischen Dichtkunst.

In Rußland war und blieb Latein eine unbekannte Sprache. Diese Unkenntnis wurde von seiten des Staates begünstigt, denn Latein war die Sprache der Ketzerei – der gefährlichsten aller Sünden. Jahrhundertelang verharrte Rußland in völliger Unkenntnis der großen Errungenschaften der römischen Zivilisation, des römischen Rechts und der römischen Verwaltungs- und Staatskunst. Zur Zeit der Renaissance bereits weit hinter das übrige Europa zurückgefallen, geriet das byzantinisierte Rußland nun noch weiter in Rückstand. Alle römischen, vorchristlichen und säkularen Elemente in der bildenden Kunst und der Literatur galten wegen ihrer fremden Herkunft als subversiv. Vor Ende des 16. Jahrhunderts war es schlichtweg unmöglich, in Moskau Latein zu lernen. Rußlands erste Universität wurde 1755 erbaut – mehr als fünfhundert Jahre, nachdem die Universität von Oxford 1214 ihre Gründungsurkunde erhalten hatte. Auch die griechische Literatur war im frühen Rußland völlig unbekannt, da sie vorchristlich, weltlich und angeblich sexuell zu freizügig war. Den rechtgläubigen und einfältigen russischen Priestern im Reich von Kiew wäre der Großteil der griechischen Kunst und Literatur wie ein Werk des Teufels erschienen.[9] Erst im 19. Jahrhundert, fünfhundert Jahre nach Dante, Petrarca, Boccaccio und Chaucer, entwickelte sich eine eigenständige russische Literatur.

Die beiden augenfälligsten Charakteristika, die Rußland während der ersten Jahrhunderte seines Weges aus der Isolation und Finsternis kennzeichnen, sind Grausamkeit und christlicher Dogmatismus: Beides pflegten die Russen mit wahrer Leidenschaft. Ruriks Nachfolger Oleg, ein Verwandter des Gründers der ersten Herrscherdynastie in Rußland, entledigte sich seiner Rivalen, die alle zu den Führern des ersten Angriffs auf Konstantinopel zählten. Er lud sie auf sein Schiff ein, mit welchem er von Nowgorod gekommen war, und ließ sie dann dort umbringen. Er folgte dem Beispiel seiner Opfer und initiierte in der Absicht, die Handelsbeziehungen zu verbessern, im Jahre 907 einen weiteren Überfall auf Konstantinopel, bei dem er – wie die Chronik berichtet – 2000 Schiffe einsetzte. Diese Zahl ist aber möglicherweise eine Übertreibung.

Den nächsten Angriff auf den Nachbarn, dem Rußland mehr verdankte als jedem anderen Land, startete Olegs Nachfolger Igor nur dreißig Jahre später, als er in Thrakien und Bithynien, den Nordprovinzen des Byzantinischen Reichs, einfiel. Dabei kam es zu den entsetzlichsten

Grausamkeiten: Kreuzigung, Begraben bei lebendigem Leib und Einschlagen von Nägeln in den Schädel. Die wirksamste Waffe der byzantinischen Kriegskunst war ein Geschütz, das das sogenannte Griechische Feuer verschleuderte. Mit Hilfe dieser Geheimwaffe schlug das Byzantinische Reich – allerdings erst, nachdem die Armeen des Aggressors große Verwüstungen angerichtet und barbarische Grausamkeiten begangen hatten – die russischen Angriffe zurück. Sicherlich trug das Griechische Feuer nicht unwesentlich dazu bei, daß die Russen vor

Slawische Gesandte vor Rurik.
Holzstich, um 1890

noch häufigeren Überfällen auf Byzanz zurückschreckten. Das Griechische Feuer war eine Substanz, die sich aus einem destillierten Erdölanteil und einer Mischung verschiedener Pflanzen- und Baumharze zusammensetzte. Die zähe Flüssigkeit, die die griechischen Flammenwerfer auf ihre Feinde schleuderten, besaß die Eigenschaft, sehr lange zu brennen. Über die Schiffe des Feindes geschossen, regnete sie wie flüssiges Feuer auf die Mannschaften herab. Die anschaulichste Beschreibung der verherrenden Feuerkraft dieser Substanz finden wir in der von Prinzessin Anna Comnena, einer Tochter des Kaisers Alexius I., verfaßten *Alexiad*. In diesem Werk beschreibt sie die erfolgreiche Anwendung des Griechischen Feuers im Jahre 1103 unweit von Rhodos:

Die Barbaren wurden nun von Entsetzen gepackt ... wegen des Feuers, das auf sie herabregnete, denn diese Art von Kriegsmaschine hatten sie noch nie gesehen. Ebensowenig ein Feuer, dessen Flammen normalerweise nach oben schlagen, das in diesem Fall jedoch in jede gewünschte Richtung – oft von oben nach unten oder seitwärts – zu dirigieren war.[10]

Überdies besaß das Griechische Feuer die Eigenschaft, auch auf dem Wasser weiterzubrennen.

Igor wurde von einem Stamm der Slawen getötet, der sich weigerte, seinen Forderungen nach zusätzlichen Tributzahlungen nachzukommen. Da sein Sohn Swatoslaw noch ein Kind war, folgte ihm seine Witwe Olga auf den Thron. Die beiden wichtigsten Ereignisse ihrer Regierungszeit waren ihre Bekehrung zum Christentum und ihr brutaler Vergeltungsangriff gegen den rebellierenden Stamm, der ihren gierigen Gatten getötet hatte. Sie wußte sehr wohl zu strafen und zu befehlen.

In den heute noch erhaltenen Berichten der Nachbarn über ihre Erfahrungen mit den Russen ist immer wieder von zwei Dingen die Rede: von ihrer Angst vor den Russen und von deren Bereitschaft zu gehorchen. Der Perser Sharaf al-Zaman Tahir Marvazi erwähnt im 11. Jahrhundert, daß es ein russischer Krieger an Kraft mit mehreren Männern irgendeiner anderen Armee aufnehmen könne, und daß die Russen – hätten sie Pferde – »eine Geißel für die Menschheit wären«.[11] Im 10. Jahrhundert berichtet Ibn Fadlan über den König der Rus (Fürst von Kiew) und über die Tapferkeit seiner Gefolgsleute: »Das sind Männer, die mit ihm sterben, und die sich für ihn töten lassen.«[12] Sie unternahmen überraschende Angriffe auf Siedlungen ihrer Nachbarn, deren Verteidiger weit in der Minderzahl waren. Von Ibn Hauqal stammt der Bericht über die Zerstörung der an der Wolgamündung gelegenen Chasarenhauptstadt Atil im Jahre 968. In der Stadt und in ihrer unmittelbaren Umgebung gab es 40 000 Weingärten; nach dem Überfall war keine einzige Traube mehr davon übrig. Die Angreifer fielen mit solchem Heißhunger über Früchte und Gemüse her und verschlangen solche Unmengen von Oliven und Gurken, daß viele von ihnen an Ruhr erkrankten und daran starben. Daraufhin mußte sich die russische Armee zurückziehen. Wie es Hilda Ellis Davidson in ihrem Buch *The Viking Roads to Byzantium* formuliert, fielen die Russen »wie Heuschrecken über die fruchtbaren Felder und Gärten ihrer südlichen Nachbarn her«.[13]

Während Olga für ihren minderjährigen Sohn die Zügel der Macht in Händen hielt, widmete sie sich mit List und Tücke der Rache an dem bereits erwähnten rebellischen Slawenstamm der Drewljanen. Sie gab sich nachsichtig und großmütig und lockte eine Abordnung der Drewljanen in eine Felskammer im Innern eines Grabhügels und ließ die Männer bei lebendigem Leibe begraben. Eine zweite Delegation des Stammes traf ein. Während die Abgesandten vertrauensvoll die Annehmlichkeiten eines geheizten Badehauses genossen, wurde das Haus angesteckt, und alle verbrannten. Doch Olgas

Rache war noch immer nicht vollkommen. Sie kündigte den Drewljanen ihren Besuch an, um an dem im Stammesgebiet gelegenen Grab ihres Gatten zu trauern. Sie lud sie zu einer Totenfeier, und erneut vertrauten sie ihr, ließen sich betrunken machen und wurden gnadenlos abgeschlachtet. Dann ließ die schreckliche Frau die Stadt des Stammes niederbrennen, indem sie Tauben und Spatzen, die sie zuvor als Tribut und Gegenleistung für ihre Freundschaft und ihr Wohlwollen gefordert hatte, als lebendige Fackeln in die den Vögeln vertrauten Holzhäuser zurückfliegen ließ.

Mit derselben Leidenschaft widmete sich Olga der neuen Religion aus Byzanz. 957 unternahm sie eine Reise in die große Metropole, wo ihr von Kaiser Konstantin VII. ein gastfreundlicher und verschwenderischer Empfang bereitet wurde. Er sah Olga als die Repräsentantin eines großen, immer mächtiger werdenden Nachbarreichs, dessen Bekehrung zum Christentum zu friedlicher und freundschaftlicher Koexistenz, vielleicht sogar zu Beziehungen gegenseitiger Abhängigkeit führen würde. Olga betrachtete das Christentum als eine wirksame Stütze des Staates. Die griechisch-orthodoxe Kirche hatte bereits lange zuvor ihren Frieden mit dem Staat geschlossen – einen unterwürfigen Frieden, den Jesus selbst leidenschaftlich abgelehnt hätte. Im Westen Europas eskalierte der Konflikt zwischen Kirche und Staat, und in zunehmendem Maße setzten sich Liberalismus und die Anerkennung der Rechte des Individuums durch. Im Byzantinischen Reich waren Kirche und Staat dagegen in einer statischen Allianz vereint, die jede Entfaltung politischer und geistiger Freiheit wirksam unterband.

Olga ließ mit der Sophienkirche in Kiew die erste christliche Kirche Rußlands überhaupt errichten. Sie wurde 1017 wieder abgerissen. Doch inzwischen war Olgas Enkel, Wladimir I., im Jahre 988 ebenfalls zum Christentum konvertiert und hatte energische Anstrengungen unternommen, die Institution der christlichen Kirche unlöslich mit dem jungen russischen Staat zu verbinden. Der unmittelbare Nutzen, den Wladimir seinen Unter-

Wladimir, der ›Heilige‹, Großfürst von Kiew;
hier mit seinen Söhnen Boris (links) und Gleb.
Ikone der Nowgoroder Schule, Ende 15. Jahrhundert

tanen durch die direkte kulturelle Anbindung an die höchstentwickelte Stadt Europas verschaffte, wurde nur zu bald offensichtlich. Fremde Einflüsse hinterließen in Rußland bald ihre Spuren. 1037 begannen griechische Architekten mit dem Bau der großen Sophienkathedrale, die der Hagia Sophia in Konstantinopel nachempfunden war. Acht Jahre später wurde in Nowgorod mit dem Bau einer zweiten großen Kathedrale begonnen, die ebenfalls nach der Heiligen Sofija benannt wurde. Diese prachtvollen Bauwerke sind die eindrucksvollsten Kulturdenkmäler aus dem Rußland der Kiewer Periode. Sie sind mit wunderschönen Mosaiken, Fresken und Ikonen reich geschmückt. Doch wie in allen russischen Kirchen finden sich in ihnen keine Statuen, da deren Herstellung als eine Fortsetzung der heidnischen Blasphemie galt. Diese Tabuisierung plastischer Darstellungen wurde noch dadurch gefestigt, daß die russische Kirche einer heftig umstrittenen Entscheidung der Kirche von Konstantinopel vorbehaltlos beipflichtete, derzufolge plastische Darstellungen Blasphemie seien, zweidimensionale, bildliche Darstellungen dagegen nicht. Dies war die Ebene, auf der damals innerhalb der christlichen Kirchen theologische Diskussionen geführt wurden.

Das Westportal der Kathedrale von Nowgorod wurde mit einer eindrucksvollen Bronzetür geschmückt, die von dem Magdeburger Meister Ruffin (Riquinus) stammt; die übrigen Portale und Türen wurden von schwedischen Künstlern bemalt. Lediglich die Holzkirchen Rußlands wurden nicht nach dem byzantinischen Vorbild erbaut; sie entwickelten sich aus den einfachen Bauernhütten. Abgesehen von dieser einen Ausnahme folgt in jener Zeit die russische Architektur byzantinischen und westeuropäischen Vorbildern.[14] Das Fehlen von plastischen Darstellungen und deren Verdammung durch die Kirche übte nachhaltigen Einfluß auf die Entwicklung der russischen Mentalität aus. Erst im 18. Jahrhundert, dreihundert Jahre nach der italienischen Renaissance, wurde es in Rußland gestattet, sich mit dieser Kunstgattung zu befassen. Eine ähnliche Einschränkung beeinträchtigte die Entwicklung der frühen russischen Kirchenmusik, in der ausschließlich einstimmiger Chorgesang gestattet war. Jede Abweichung von diesem Schema war bis in die zweite Hälfte des 15. Jahrhunderts unbekannt.

Doch Rußland war inzwischen ein Teil der europäischen Völkergemeinschaft geworden. Wladimir ernannte Priester – die einzigen, die im damaligen Rußland des Lesens und Schreibens kundig waren – zu seinen Ratgebern und Staatsbeamten. Sie überzeugten ihn davon, daß die für Raub, Brandstiftung und Pferdediebstahl verhängte Todesstrafe eine unchristliche, unbyzantinische Vergeltung sei. Von nun an trat die Sklaverei an deren Stelle. Ebenso wie in Konstantinopel, waren in Kiew Kirche und Staat nicht getrennt. Mit bereits als typisch russisch zu bezeichnender Impulsivität und Leidenschaft bestand Wladimir auf der sofortigen Bekehrung all seiner Untertanen. In einigen Regionen, vor allem im Norden um Nowgorod, waren die Menschen nur durch Feuer und Schwert dazu zu bewegen, den Predigern des neuen Glaubens Gehör zu schenken. In der Gegend von Kiew waren die Menschen indes fügsamer, obgleich auch dort viele in die Wälder flohen. Viele starben den Märtyrertod. – Wladimir selbst nannte einen Harem von 800 Frauen sein eigen. Nach Ansicht eines deutschen Chronisten, der Wladimirs Hof besuchte, war dieser ein *fornicator immensus et crudelis* – ausschweifend und grausam bis zum Exzeß.[15]

Sein großer Harem hinderte ihn nicht daran, um die Hand der Schwester von Kaiser Konstantin VIII. anzuhalten. Um diesem arroganten Verlangen Nachdruck zu verleihen, besetzte er die auf der Halbinsel Krim gelegene griechische Stadt Cherson, das heutige Sewastopol. Falls man seiner Forderung nicht nachkomme, so ließ er Kaiser

Konstantin wissen, »wird Byzanz dasselbe Schicksal erleiden wie Cherson«. Wladimir wußte um den byzantinischen Brauch, der vom Bräutigam verlangte, daß er der Familie der Braut ein sehr wertvolles Geschenk machte. Prinzessin Anna, die ihre Heimat nur sehr widerstrebend verließ, traf schließlich in Cherson ein und wurde mit Wladimir vermählt, worauf Cherson von den Russen geräumt und an Konstantin zurückgegeben wurde. Im Verlauf dieser langwierigen Verhandlungen vergewaltigte Wladimir die Tochter des griechischen Statthalters von Cherson und vermählte sie dann mit einem Kollaborateur, einem Wikinger namens Sigbiorn. Dieser hatte Wladimir verraten, wie die Versorgung der Stadt durch griechische Handelsschiffe am besten zu unterbinden sei.[16]

Wladimirs Entscheidung für eine neue Kirchensprache hatte für seine Untertanen unglückselige Folgen: Er erlaubte Kyrill und Method, zwei griechischen Ordensbrüdern, die heute als ›Apostel der Slawen‹ bekannt sind, in einem bulgarischen Dialekt zu schreiben und zu predigen, der den Slawen von Kiew und Nowgorod unbekannt war. Diese fühlten sich durch das ›Kirchenslawisch‹ zurückgesetzt und ins Abseits gedrängt und völlig abhängig vom griechischen und neu konvertierten russischen Klerus. Die einfachen Russen verfügten über keinerlei Kenntnisse des Griechischen und hatten somit auch keinen direkten Zugang zur Literatur der antiken Welt.[17] Die enorme Bedeutung der Sprache für jeden zivilisatorischen Fortschritt und die Konsequenzen, die sich durch die Übernahme einer nur in begrenztem Maße verwendeten Sprache ergeben, hat G. P. Fedotow in seiner Studie über das Christentum im Kiewer Reich in treffender Weise geschildert:

In seiner kulturellen Entwicklung wurde Rußland durch den ausschließlichen Gebrauch des Slawischen auch als Kirchensprache empfindlich zurückgeworfen, denn Übersetzungen der griechischen Literatur und Philosophie existierten nur in sehr begrenztem Umfang. Dieser Umstand erklärt auch das tragische kulturelle Defizit des alten Rußland: nämlich das völlige Fehlen jeglichen wissenschaftlich-rationalen Denkens – auch auf theologischem Gebiet.[18]

Ein für das Verständnis des alten Konstantinopel wesentliches Element, das nur selten Erwähnung findet, war auch die fatalistische Einstellung seiner Bürger zum Tod und zum Untergang ihrer Stadt. Dies hat im Denken der Russen einen bleibenden Eindruck hinterlassen. Selbst in Zeiten größten Wohlstandes kursierten unter den Bürgern Konstantinopels Gerüchte vom bevorstehenden Untergang ihrer Stadt. Das auf dem Milion im Zentrum der Stadt errichtete heilige Kreuz war von einer eisernen Kette umgeben. Man glaubte, der Schlüssel, der diese Kette zu öffnen vermöge, sei unter dem Kreuz vergraben, und solange niemand diesen Schlüssel in seinen Besitz bringe, sei die Stadt uneinnehmbar. Es existierten Gerüchte, daß auf bestimmten Monumenten der Stadt in geheimnisvollen Schriftzeichen die Eroberung Konstantinopels durch die Russen prophezeit sei. Im zehnten Jahrhundert berichtet der arabische Reisende Harun ben Yahya von einer langen Prozession, die vom Palast des Kaisers zur Kathedrale der Heiligen Sophia führte: Die Häuser waren mit Seidenstoffen behängt, die Mitglieder des Hofs trugen prunkvolle Gewänder aus roter, weißer und grüner Seide, und schließlich erschien der Kaiser selbst, die Krone auf dem Haupt und in prachtvolle Gewänder gehüllt. Er trug eine goldene Schatulle. Sie enthielt nichts als eine Handvoll Erde. Hinter ihm ging sein Hofpriester, der ihn immer wieder gemahnte, des Todes zu gedenken. Bei jeder dieser Aufforderungen öffnete der Kaiser die Schatulle und küßte die Erde. Und während er dies tat, weinte er.[19]

Auch heute noch fürchten die Griechen den Gott des Todes und offenbaren damit einen Wesenszug, der sie als

Nation vereint und der sie mit ihrer frühchristlichen Vergangenheit und ihrem noch älteren heidnischen Erbe verbindet. Die alten heidnischen Götter, die Götter Homers und Sophokles', leben im Bewußtsein der Griechen weiter. Sie haben ihre Götter immer gefürchtet und ihnen Liebe und Ehrfurcht entgegengebracht. Diese Furcht haben sie an ihre slawischen Nachbarn weitergegeben. Die Russen sind ihren Führern stets mit Furcht begegnet, denn jene waren gleichsam der Arm des Todes. Die Russen übernahmen diese fatalistische Lebenseinstellung. Sie waren der Überzeugung, daß wir nur schwache und hilflose Kreaturen sind, die der Gnade unerbittlicher Götter – oder eines Gottes – ausgeliefert sind und daß der Monarch der von Gott erwählte Stellvertreter Gottes auf Erden sei, ein unerbittlicher Richter und Rächer. Kein Russe glaubte dies leidenschaftlicher als Iwan der Schreckliche:

Das politische Denken im mittelalterlichen Rußland war sehr stark durch eine Abhandlung beeinflußt, die der byzantinische Kirchenmann Agapetus im 6. Jahrhundert verfaßt hatte. Vor allem die folgende Passage der Abhandlung fand starkes Echo: »Was die Materie seines Körpers anbelangt, ist der Kaiser wie jeder andere Mensch; was jedoch die Macht seines Amtes betrifft, ist er wie Gott, der Herr aller Menschen, denn auf Erden gibt es keinen Höheren als ihn.«[20]

Als die Russen zum Christentum bekehrt waren, hörten sie erstmals von den Tugenden der Nächstenliebe, der Hoffnung und des Verzeihens. Doch die Haltung der Kirche in der Frage der Sklaverei barg für sie wenig Trost. Sie mußten erfahren, daß sowohl im Alten als auch im Neuen Testament von Sklaverei die Rede ist. Im Leviticus, dem dritten Buch Mosis (Kap. 25, Vers 44–46) sagt Gott selbst zu Moses: »Was aber die Sklaven und Sklavinnen betrifft, die du halten darfst, so mögt ihr welche bei den Heiden kaufen, die um euch her wohnen. Auch aus den Kindern der Beisassen, die unter euch weilen, mögt ihr welche kaufen, überhaupt aus ihrem Geschlecht, das unter euch wohnt und das in eurem Land geboren ist; solche können euer Eigentum werden, und ihr dürft sie als bleibendes Eigentum auf eure Nachkommen vererben, für alle Zeit dürft ihr sie als Sklaven halten.« Und im Neuen Testament erklärt der Heilige Paulus in seinem Brief an die Kolosser: »Ihr Sklaven, seid in allen Dingen euren leiblichen Herren gehorsam, nicht mit Augendienerei wie Leute, die den Menschen gefallen wollen, sondern in Aufrichtigkeit des Herzens, weil ihr den Herrn fürchtet!«

Und in demselben Brief (Vers 12) fordert Paulus die Christen auf: »So ziehet nun als Gottes heilige und geliebte Auserwählte mitleidvolle Barmherzigkeit, Gütigkeit, Demut, Sanftmut und Langmut an.« Die Fürsten von Kiew und später die Fürsten von Moskau zogen großen Nutzen aus der Kultivierung dieser Eigenschaften bei ihren Untertanen.

Unter Wladimirs Vater Swatoslaw erwarben sich die Russen einen Ruf als Eroberer. Sie unternahmen erfolgreiche Feldzüge gegen die Chasaren, die Bulgaren und die Griechen. Der Großfürst von Kiew trug sich sogar mit Plänen, die Hauptstadt seines Reiches an die Donau zu verlegen. Nachdem Swatoslaw mit einem Heeresaufgebot von 60 000 Mann das Bulgarische Reich besiegt hatte (970 n. Chr.), fiel er in die byzantinische Provinz Thrakien ein und eroberte das nur 350 Kilometer westlich von Konstantinopel gelegene Philippopolis. Dem folgenden Massaker fielen 20 000 Einwohner der Stadt zum Opfer.[21]

Welche Auswirkungen diese Katastrophe auf das Byzantinische Reich und den Balkan insgesamt hatte, kann man sich leicht vorstellen.

Wladimir feierte seine Machtübernahme als Großfürst von Kiew im Jahre 980, indem er annähernd tausend seiner Untertanen abschlachten ließ. Er brachte sie den alten slawischen Göttern Swarog, dem höchsten Gott, sowie dem Gott der Rinder, dem Gott der Winde und dem Gott des Donners zum Opfer dar. Neun Jahre später ließ sich Wladimir taufen und wurde Mitglied der griechisch-orthodoxen Kirche. Die Folgen seines Eintritts in diese Glaubensgemeinschaft wurden bereits dargelegt. Ein weiterer Faktor, der die Geschichte Rußlands mitprägte, sollte jedoch nicht übersehen werden. Als Wladimir sich der religiösen und geistigen Führung von Byzanz unter-stellte, hatte die orthodoxe Kirche den Höhepunkt ihrer Kreativität bereits überschritten. Akademische Streite-reien über zeremonielle Details und die entwürdigenden

Wladimir in einer Ratsversammlung.
Nach einer zeitgenössischen Darstellung

Auseinandersetzungen mit der wachsenden weltlichen Macht des Papsttums um Einfluß und Prestige hatten ihre frühere Stärke und ihren religiösen Enthusiasmus bereits empfindlich geschwächt. 1054 sollte diese Auseinandersetzung zum endgültigen Bruch mit dem Papsttum und zum Schisma zwischen Ost- und Westkirche führen. Die Folge war eine zunehmende Isolation von Byzanz. Der wachsende Einfluß Roms auf dem Balkan zwang den Patriarchen von Konstantinopel zum Handeln. In dem Bemühen, Konstantinopels Vorherrschaft zu behaupten, schloß er mit dem Kaiser ein Bündnis, in dem der Kirche lediglich eine untergeordnete Position zukam. Darüber hinaus hatte die Hast, mit der Wladimir die Bekehrung seiner Untertanen vorantrieb, zur Folge, daß die differenzierteren Aspekte der byzantinischen Glaubenslehre, die den Status des Individuums betrafen, unberücksichtigt blieben. Im wesentlichen übernahmen die Russen von Byzanz vor allem die drei Ideale der Uniformität, der Immobilität und der Inflexibilität.

Den frühen Chronisten verdanken wir eine Darstellung der Gründe, weshalb sich Wladimir für das orthodoxe Christentum entschied. Dieser Bericht mag vielleicht nicht die ganze Wahrheit wiedergeben, nichtsdestoweniger ist er durchaus aufschlußreich. Wie die Chronik berichtet, kamen Missionare der verschiedenen Religionen nach Kiew, um den Großfürsten von ihrer jeweiligen Lehre zu überzeugen. Zuerst kamen von den Wolgabulgaren entsandte Muslim. Wladimir war nicht abgeneigt, bis er erfuhr, daß die Anhänger Mohammeds keinen Wein trinken. »Trinken ist die Freude der Russen«, soll Wladimir erwidert haben. »Ohne Wein können wir nicht leben.« Die Bulgaren verließen den Hof, und nun trafen Katholiken ein. Ihre Glaubensanschauungen erwiesen sich aus Gründen, die in der Chronik nicht näher erörtert werden, als unannehmbar. Dann kamen die Juden aus dem Reich der Chasaren, dem südlichen Nachbarn Rußlands. Wladimir fragte sie, weshalb sie keine Heimat hätten. Sie antworteten den christlichen Chronisten zufolge, daß sie ›wegen ihrer Sünden‹ in alle Welt verstreut worden seien. Die Antwort des Fürsten der Slawen, die unmißverständlich auch an die Adresse seiner eigenen Untertanen gerichtet war, lautete: »Wollt ihr, daß wir dasselbe Schicksal erleiden?« Der Gesandte aus Byzanz ergriff als letzter das Wort und hielt eine lange Rede. Um die verschiedenen Religionen seiner mächtigen Nachbarn einer abschließenden Prüfung zu unterziehen, schickte Wladimir Beobachter ins Ausland, damit sie ihm über die Gottesdienste der römischen, der griechischen, der jüdischen und der islamischen Religion berichteten. Ausschlaggebend dafür, weshalb die Gesandten ihrem Herrscher den griechisch-orthodoxen Glauben empfahlen, waren der Prunk und die Schönheit des Zeremoniells. Seither wurde in Rußland der äußeren Form mehr Gewicht beigemessen als dem Geist der orthodoxen Glaubenslehre.

Zwei wichtige byzantinische Kunstformen setzten sich im Rußland der Kiewer Periode durch: die Ikone und die Kirchenmusik. Seit jener Zeit hat die Ikone (das griechische Wort für Bild) das russische Denken ganz wesentlich mitgeprägt. Die Fürsten und Priester setzten Ikonen als Mittel der Propaganda ein. Diese Form der bildlichen Darstellung war das ideale Medium zur Beeinflussung eines Volkes, dessen größter Teil bis ins zwanzigste Jahrhundert des Lesens und Schreibens unkundig war. Nicht nur die Bildinhalte der Ikonen waren heilig – Gott, Jesus, Maria und die Heiligen –, auch das Bild selbst war ein heiliges Objekt, dem in Zeiten der Gefahr magische Kräfte zugesprochen wurden. Darüber hinaus verliehen die Ikonen dem Fürsten als Stellvertreter Gottes auf Erden zusätzliches Prestige. Selbst als 1917 Gott offiziell für tot erklärt wurde, bestand weiterhin ein Bedarf an Ikonen. Die zahlreichen Portraits von Lenin und seinen Nachfolgern, die bereits zu deren Lebzeiten verbreitet wurden, sind ein Indiz dafür, daß der Staat diese Form einer quasi-sakralen Massenproduktion noch immer für wirksam und notwendig erachtete. Die Massen russischer Menschen, die an das Grab Lenins pilgern, die erstaunliche Geduld, mit der sie in langen Schlangen schweigend darauf warten, mit eigenen Augen ihren verstorbenen Führer zu sehen, die hingebungsvolle Verehrung, die sie ihm entgegenbringen – all dies kann nur als Ausdruck einer religiösen Glaubenshaltung interpretiert werden. Wenn es schon keinen Gott im Himmel gibt, dann wird das Bedürfnis der Massen nach Anbetung eben befriedigt, indem man Lenin als Gott auf Erden präsentiert.

Die Musik war das zweite kulturelle Vermächtnis, das Byzanz Rußland hinterließ. Wer einmal die Gelegenheit

Ansicht von Konstantinopel, um 1520

gehabt hat, einen russischen Kirchenchor zu hören, dem wird dies ein unvergeßliches Erlebnis bleiben. Diese Musik ist Ausdruck einer Schönheit und Wahrheit, die sich mit Worten nicht beschreiben lassen. Die russische Sprache ist an sich sehr musikalisch; wird sie jedoch gesungen, vermittelt sie sogleich ein Gefühl freudiger Erregung – selbst dann, wenn die Musik traurig ist. Es ist ein Grundmerkmal der griechisch-orthodoxen Kirchenmusik, daß sie imstande ist, den versammelten Gläubigen Trost und Wärme zu vermitteln. Einsamkeit und Isolation sind vergessen, und ein Gefühl von Gemeinsamkeit und Hoffnung entsteht. Nach vielen Jahrhunderten ist aus dieser Liebe zu Gesang und Klang im 19. Jahrhundert eine Blüte inspirierter Musik erwachsen, deren wichtigste Vertreter Borodin, Mussorgskij, Rimskij-Korsakow und Tschaikowskij sind.[22] Jede Nation wächst mit dem Bewußtsein ihrer Besonderheit, ihrer Einzigartigkeit, ihrer typischen Eigenart, die als Beleg für jene Einzigartigkeit betrachtet werden kann. Was Turgenjew über die russische Sprache gesagt hat, gilt auch für die russische Musik: »In diesen Tagen des Zweifels, der Furcht um das Schicksal meines Vaterlands, bist du – meine große, machtvolle, wahre und freie russische Sprache – mein Halt und meine Stütze. Eine solche Sprache kann nur einem großen Volk gegeben sein.«

Dieser Glaube an die eigene Größe, an die rassische Überlegenheit, konnte sich nur mit Billigung und Legitimation der griechisch-orthodoxen Kirche entwickeln. Alle drei monotheistischen Religionen – das Judentum, das Christentum wie auch der Islam – stellen sich als Repräsentanten des historischen Fortschritts dar. Sie rücken die Länder, in welchen sie kulturbestimmend sind, in den Mittelpunkt der Geschichte und bescheinigen ihren Anhängern, im Besitz des einzig wahren Glaubens zu sein. Er begründet gegenüber Andersgläubigen eine prinzipielle Überlegenheit. In anderen Ländern hat diese Überzeugung durch den materiellen Fortschritt, einen gegenüber Begriffen wie Schicksal und Fügung skeptischen Agnostizismus, sowie durch enge Kontakte mit den Nachbarvölkern, die sich trotz einer anderen Religion oft als überlegen erwiesen, eine Schwächung erfahren. In Rußland jedoch haben die Isolation, der Mangel an materieller Sicherheit und die offensichtliche Irrelevanz interner oder externer Kriege in hohem Maße die Bereitschaft der Menschen gefördert, blind und vorbehaltlos an die von den Kiewer Mönchen verbreitete Botschaft der orthodoxen Kirche zu glauben. Diese Botschaft besagte, Rußland sei von Gott dazu auserwählt, der Welt die rechte Lebensweise beizubringen. Die Juden, das erste von Gott auserwählte Volk, waren nach allgemeiner Ansicht wegen ihrer Sünden aus ihrer Heimat vertrieben worden. Auch Rom war wegen seiner Sünden untergegangen. Nun war Byzanz die Heilige Stadt. Von hier aus wurde Gottes Wort in das neue und ständig wachsende Reich der Ostslawen getragen. Sollte Byzanz fallen – das im Gegensatz zum Kiewer Reich immer ohnmächtiger wurde –, dann würde Kiew, Nowgorod, Wladimir und den anderen russischen Städten die Aufgabe zufallen, Gottes Wort und die Evangelien zu verbreiten.

Schon vor Olgas und Wladimirs Bekehrung zum griechisch-orthodoxen Glauben, sogar schon vor der Ankunft der Wikinger, ließen die Slawen eine nationale Eigenheit erkennen, die sie von den anderen Völkern Europas unterschied. Die wirtschaftliche Basis aller westeuropäischer Länder war die nach feudalistischen Prinzipien organisierte Landwirtschaft. Im Rußland der Kiewer Periode überwog die Tausch- oder Geldwirtschaft mit befestigten Handelsposten als Knotenpunkten. In diesen Handelszentren konzentrierte sich die Mehrheit der Bevölkerung – aus Gründen der Sicherheit und um dort Handel zu treiben. Während der auf diese Periode folgenden Jahrhunderte sollten die Knotenpunkte oder Städte, zu denen sich die Zentren entwickelten, wieder an Einfluß verlieren. Erst im ausklingenden 19. Jahrhundert konzentrierte sich neuerlich ein ähnlich hoher Anteil der Gesamtbevölkerung in städtischen Siedlungen. Es bestand ein krasser Gegensatz zwischen dem einsamen Leben des Jägers, Fallenstellers oder Bauern auf dem flachen und sehr dünn besiedelten Land und dem Leben innerhalb der befestigten Handelszentren. Beide Lebensformen brachten gewisse Gefahren und Unannehmlichkeiten mit sich. Vor die Wahl gestellt, war es jedoch nur natürlich, daß so viele ein Leben in der Stadt trotz eingeschränkter Freiheiten und geistiger Enge der freien, doch von Unwägbarkeiten bedrohten Existenz in den Wäldern vorzogen. In diesen städtischen Gemeinschaften bildeten sich, wie nicht anders zu erwarten, Räte und Volksversammlungen. Dem *Veče,* der Volksversammlung, stand ein Rat oder *Sowjet* vor, der in manchen Städten eine Art Gerichtsbarkeit innehatte. Der Fürst mußte sich verpflichten, alles zur Erhaltung dieser Institution zu tun, sowie ihre Beschlüsse auszuführen. Im *Veče* hatten alle Bürger männlichen Geschlechts ein Stimmrecht; seine Machtbefugnisse waren in den verschiedenen Perioden Veränderungen unterworfen. In Krisenzeiten konnte die Volksversammlung einen neuen regierenden Fürsten wählen oder darüber entscheiden, ob Krieg geführt werden sollte oder nicht. Die fortschrittlichsten und unabhängigsten *Sowjets* waren die von Nowgorod und Pskow.

Nach Wladimirs Tod kam es in Kiew zu blutigen Ausschreitungen und Wirren, die auf Nowgorod und später auf Moskau und St. Petersburg übergriffen, als machthungrige Männer um seine Nachfolge kämpften. Kurz vor seinem Tode hatte der skrupellose Wladimir einen Feldzug gegen Nowgorod geplant. Dort regierte einer seiner Söhne, der die Verwegenheit besessen hatte, den überzogenen Tributforderungen seines Vaters nicht nachzukommen. Ein blutiger Bürgerkrieg wurde nur durch Wladimirs Tod verhindert. Doch in Kiew ermordete Wladimirs ältester Sohn Swjatopolk zwei seiner Brüder, weil er fürchtete, sie könnten ihm die Macht streitig machen. Einer dieser Brüder, Boris, wurde erstochen, während er auf den Knien lag und betete. Er und sein Bruder Gleb wurden von der Kirche, die über diesen doppelten Brudermord entsetzt war, heiliggesprochen. Die Situation verschlimmerte sich zusehends, als zwischen Wladimirs überlebenden Söhnen offener Krieg ausbrach. Swjatopolk floh aus Kiew, kehrte jedoch mit polnischen Truppen zurück. Eine Armee setzte sich von Nowgorod in Richtung Kiew in Marsch, und erneut wurde der Großfürst aus Kiew vertrieben. Er starb eines gewaltsamen Todes, während er bei Turkstämmen im Süden versuchte, Hilfstruppen zu rekrutieren.

Nach dem Ende der Regierungszeit von Jaroslaw (1019–1054), dem ersten russischen Herrscher, der eine detaillierte Rechtskodifizierung, die ›Russkaja Prawda‹ (russische Gerechtigkeit) initiiert hatte, brach erneut Bürgerkrieg aus. Es ist ein fatales Manko der russischen Sprache, daß sie für ›Gerechtigkeit‹ und ›Wahrheit‹ nur das eine Wort *prawda* kennt. Was der Staat als Gerechtigkeit verfügt, gilt somit zugleich als schlechthin wahr. Eine ähnliche Doppelbedeutung hat das Wort *mir*, das sowohl ›Friede‹ als auch ›Welt‹ bedeutet. Aus diesem Grund erscheint es oft so, als sei in durchaus vernünftigen Forderungen nach Frieden zwischen Rußland und seinen Nachbarn – etwa in Reden, Artikeln oder auf Spruchbändern – zugleich auch der Wunsch nach Weltherrschaft impliziert. Jaroslaws Rechtskodex gründete sich auf byzantinische Gesetzeskodizes aus der Zeit Leos III. und Basileios' I. Hinsichtlich seiner Datierung besteht keine Einigkeit. Leider vermochte dieses Gesetzeswerk die Rechtsunsicherheit des einzelnen im Rußland der Kiewer Periode kaum zu vermindern, da persönliche

Racheakte nach wie vor als legal galten. Darüber hinaus erhob die Kirche den Anspruch, für die Durchsetzung der Gesetze nicht weniger zuständig zu sein als der Staat. In einem Punkt jedoch konnten sich die Russen glücklich schätzen: Das Todesurteil, das der byzantinische Kodex für bestimmte Verbrechen vorsah, wurde in Gefängnisstrafen oder Sklaverei umgewandelt.

Die Basis der Kiewer Gesellschaft, der Besitz von Sklaven, blieb von dem neuen Gesetzeskodex und von Wladimirs Bekehrung zum Christentum jedoch unangetastet. Unter Jaroslaw konnte jeder Sklave, der die Hand gegen einen freien Mann erhob, hingerichtet werden.[23] Selbst an die Kirchen wurden Gefängniszellen angebaut, wo man die Gefangenen körperlich züchtigen konnte. Die, die nicht bereit waren, die neue christliche Ordnung zu akzeptieren, bezichtigte man der Hexerei und unterzog sie allerlei exorzistischen Praktiken. Der Metropolit Iwan (1080 – 1089) verfügte, daß diese Männer und Frauen »hart bestraft, doch nicht zu Tode geprügelt werden«.[24]

Wir alle werden geprägt durch das Land, in dem wir leben – und durch die dort herrschenden klimatischen Bedingungen. Die Geschichtswissenschaft ist im Grunde genommen nichts anderes als die Auseinandersetzung mit dieser Prägung, und sie verfolgt deshalb die Entwicklung der Menschen unter verschiedenen Lebens- und Umweltbedingungen. In der Schmiede der russischen Geschichte wurde deshalb ein Volk geformt, dessen Eigenschaften zwar einerseits für die übrige Welt vollkommen verständlich, doch zugleich auch beunruhigend sind. Die Ostslawen, die Bauern, Händler und Fürsten des alten und gegenwärtigen Rußland, lebten und leben in einer schier endlosen Ebene, die sich von Polen bis Ostsibirien erstreckt und deren Monotonie lediglich durch die niedrige Bergkette des Ural durchbrochen wird. Da vor allem im Westen und im Osten keine natürlichen Grenzen das Siedlungsgebiet der Russen abschließen, sind alle Nachbarn – sei es nun das nächste Dorf, die angrenzende Provinz oder das Nachbarland – zugleich potentielle Feinde und potentielle Opfer. Das Leben in dieser endlosen Weite wird von Extremen bestimmt: von langen, bitterkalten Wintern und kurzen, doch angenehmen Sommern; von dumpfer Untätigkeit während der langen Wintermonate und harter Feldarbeit von früh bis spät während des zu kurzen Sommers; von der Einsamkeit und Stille der abgelegenen Gehöfte und kleinen Dörfer in den dünn besiedelten Waldregionen und den unzureichenden Behausungen in den überfüllten Städten. Die russischen Bauern haben im Verlauf der Jahrhunderte gelernt, unter äußerst harten Bedingungen zu arbeiten, sich zu behaupten und dabei extreme Kälte und Hunger zu ertragen. Im Ersten Weltkrieg waren die russischen Soldaten in der Lage, vier Tage ohne zu essen und zu schlafen im Einsatz zu sein. Die Russen haben immer wieder erfahren, daß Natur und Gesellschaft jeglichen Individualismus, jedes Abweichen von der offiziellen Linie, hart bestrafen. Sogar die in den Sümpfen und Wäldern angelegten Pfade lehrten sie, welch große Gefahren jeden erwarten, der versucht, seinen eigenen Weg zu gehen. Begreiflicherweise zeigen diese Menschen bei Fremden Mißtrauen und nehmen gegenüber gleichgültig auftretenden Fremden eine extrem defensive oder auch offensive Haltung ein. Ihre Mentalität läßt sich am besten durch die folgenden Worte Christi charakterisieren: »Wer nicht mit mir ist, der ist gegen mich« (Matthäus 12, 30).

Doch in den frühen Tagen Rußlands, als Kiew noch die Hauptstadt war, bestand das Leben des durchschnittlichen Bauern und Bürgers nicht nur aus Mühsal und Not. Die Fürsten der Provinzen garantierten relativen Schutz und eine gewisse Sicherheit, und es herrschte ein Geist von Freiheit und Abenteuer, der in den folgenden Jahrhunderten allmählich verblaßte. Die hellste Stunde der Kiewer Periode Rußlands war die Regierungszeit Wladimir Monomachs, der oft mit König Alfred von England verglichen wird. Er regierte zwölf Jahre lang, von 1113 bis 1125, und während dieser Zeit standen die russischen Fürstentümer in höchstem Ansehen. Kiews gefährlichster Feind, die an der Südgrenze des Reichs lebenden Polovcer, waren zum Frieden gezwungen worden. Wladimir Monomach selbst hatte in den zwanzig Jahren vor seiner Regierungszeit in fünf größeren Feldzügen gegen sie eine maßgebliche Rolle gespielt. Im Jahre 1111 fügte er den Polovcern eine derart vernichtende Niederlage zu, daß sie fünfundzwanzig Jahre lang keinen Angriff mehr auf Kiew wagten.

Während dieser ersten Jahrhunderte russischer Geschichte entwickelte sich durch das Zusammenwirken von warägischer Eroberungslust, byzantinischem Christentum, slawischer Tatkraft und Gefolgschaftstreue auf der Basis eines bereits existierenden Städtewesens ein Staat oder vielmehr ein loser Staatenbund, der alle Fremden beeindruckte. Etwa eine Million Menschen lebten damals vermutlich in den dreihundert Handelsniederlassungen und städtischen Siedlungen dieses Gebietes, deren größte Kiew, Nowgorod und Smolensk waren. Im elften, zwölften und frühen dreizehnten Jahrhundert entstanden durch Heirat enge Beziehungen zwischen der Rurikiden-Dynastie und europäischen Herrscherhäusern. Im Verlauf dieser Epoche heirateten vier ungarische, drei polnische, drei dänische und zwei norwegische Könige sowie vier deutsche Edelleute russische Prinzessinnen. Anna, Wladimir Monomachs Tante und gleichzeitig Tochter Jaroslaws, wurde die Frau Heinrichs I. und somit Königin von Frankreich. Durch diese Heirat ist sie eine der Ahnfrauen der englischen Königin Elisabeth II., da Isabella, die Tochter Philips IV. von Frankreich (1285–1314), Edward II. von England (1307–1327) heiratete. Monomachs Vater Wsewolod nahm die Tochter des byzantinischen Kaisers Konstantin Monomachos zur

Frau; seine Schwester heiratete den deutschen Kaiser Heinrich IV.; und sein Sohn Mstislaw heiratete Christina, die Tochter des schwedischen Königs Inge.

Wladimir selbst ehelichte eine englische Prinzessin: Gyda, die Tochter König Harolds II. Nach der Schlacht von Hastings flohen Gyda und die beiden Söhne Harolds nach Dänemark und unterstellten sich dem Schutz Svens II. (1047–1074), des Neffen König Knuts, dessen Niederlage gegen Duncan im ersten Akt von Shakespeares *Macbeth* erwähnt wird. Wladimir war damals Fürst von Nowgorod. Die Nachricht vom Tod des engli-

Wladimir II. Monomach,
Großfürst von Kiew, mit seinem Gefolge.
Darstellung auf einer Kirchenfahne

schen Königs Harold und von der Flucht seiner Kinder ins Exil dürfte ihn ohne große Verzögerung erreicht haben. Vermutlich hatte er bereits durch dänische und norwegische Händler von der Existenz Englands gehört, das unter Knut dem Großen ein Teil des Skandinavischen Reichs gewesen war. Ohne zu zögern ergriff er die Gelegenheit, eine englische Prinzessin zu heiraten. Die Heirat kam durch die Vermittlung des dänischen Königs zustande; die Ehe wurde im Jahre 1067 geschlossen.

Gyda schenkte Wladimir Monomach einen Sohn, Mstislaw, der sieben Jahre (1125–1132) in Kiew regierte. Der dänische Geschichtsschreiber Saxo Grammaticus kommentiert die Heirat von Mstislaws Eltern so: ».. . die Vereinigung des englischen mit dem russischen Blut, der wir die mit Freude erwartete Geburt unseres Fürsten verdanken, fügte es, daß·der gemeinsame Sproß eine Zierde für beide Nationen ist.« (Nach Richard Hakluyts englischer Übersetzung in: *Principal Navigations, Voyages, Traffics, and Discoveries of the English Nation* aus dem Jahre 1589.)

Während der Regierungszeit des aus dieser anglo-russischen Verbindung hervorgegangenen Mstislaw erlebte Rußland die letzte große Epoche des Kiewer Reichs. Monomachs Schwester Janka gründete in Kiew die erste Mädchenschule Rußlands – eine zu jener Zeit in den meisten Ländern Europas völlig unbekannte Einrichtung. In dieser Schule wurden Lesen, Schreiben, Nähen und Singen unterrichtet. Die Söhne der russischen Fürsten und Adligen wurden in Konstantinopel erzogen. Nach Mstislaws Tod im Jahre 1132 endete Kiews Vorherrschaft. Die fürstlichen Familien der anderen Provinzen ließen die vielversprechende Konföderation zu einem bloßen Konglomerat von rivalisierenden, einander bekriegenden Stämmen verkommen. Rußland gelang es nicht, das Problem der Nachfolge zu lösen; dieses Unvermögen hat das Land zu allen Zeiten immer wieder in Wirren und Chaos gestürzt. In jedem Jahrhundert folgten auf den Tod von Machthabern – seien es nun Fürsten, Zaren oder kommunistische Diktatoren – Verhaftungen, Verfolgungen, Mord oder Bürgerkriege.

Ein langer Brief aus der Feder von Wladimir Monomach, der den Titel ›Ratschläge an meine Kinder‹ trägt, hat als Dokument von literarischem Wert aus der Kiewer Periode die Stürme der Zeit überlebt. Dieser Brief gibt uns einen Einblick in die vielen Gefahren, denen damals alle – Fürsten wie Bauern – ausgesetzt waren. Monomach war nur robuster und mehr vom Glück begünstigt als die meisten seiner Untertanen. Und er war ein gütiger Mensch. Hätte es nur mehr Fürsten wie ihn gegeben, wäre die Geschichte Rußlands vielleicht anders verlaufen.

Fürchtet Gott und übt großherzige Mildtätigkeit. Du bist groß, o Herr, und Deine Werke sind wunderbar. Der menschliche Verstand reicht nicht aus, all Deine Wunder zu ermessen. Wer würde Deine Macht und Deine Güte und Deine großen Wunder, die allgegenwärtig sind in dieser Welt, nicht rühmen und lobpreisen! Meine Kinder, schenkt mir Gehör, und – solltet ihr nicht alles billigen können – beherzigt wenigstens die Hälfte. Unterlaßt nie, dreimal am Tage – falls dies nicht öfters möglich ist – niederzuknien. Vor allem vergeßt nicht die Notleidenden, sondern speist sie entsprechend euren Möglichkeiten. Gebt den Waisen und beschützt die Witwen und laßt nicht zu, daß die Starken das Volk unterdrücken. Gebt großzügig Almosen, denn solche Freigebigkeit ist die Wurzel alles Guten. Ehrt die Alten wie euren eigenen Vater und die Jungen wie euren eigenen Bruder. Seid nicht nachlässig in euren eigenen Häusern und habt ein Auge auf alles. Verlaßt euch nicht auf eure Repräsentanten noch auf eure Diener. Und wenn ihr in den Krieg zieht, seid nicht müßig; verlaßt euch nicht auf eure Generäle und gebt euch nicht dem Trinken, Essen und Schlafen hin. Bestimmt die Wachen selbst und legt euch erst zum Schlafen nieder, nachdem ihr Wachen um eure ganze Armee aufgestellt habt. Und beginnt den Tag beizeiten ...

Was immer ihr an Gutem und Nützlichem wißt, vergeßt es nie; und lernt, was ihr nicht wißt, so wie mein Vater fünf Sprachen gelernt hat, denn dies bringt euch Ansehen in fremden Ländern. Trägheit ist aller Laster Anfang. Ich habe neunzehn Friedensverträge mit den Polovcern geschlossen. Ich habe viel Ungemach auf der Jagd erlitten. In der Nähe von Chernigov habe ich mit eigenen Händen in den Wäldern zehn oder zwanzig wilde Pferde gefangen. Einmal hat mich ein Eber aufgespießt; ein Elch hat micht niedergetrampelt und ein anderer hat mich mit seinem Geweih durchbohrt. Ein Bär hat seine Zähne in mein Knie geschlagen. Und einmal hat mich ein Wolf angefallen und mich und mein Pferd zu Fall gebracht. Doch Gott hat mich beschützt. Ich bin oft von meinem Pferd gestürzt; zweimal wurde ich am Kopf verletzt, und in meiner Jugend habe ich mir oft die Hand und die Beine aufgeschlagen. Der Schutz, den uns Gott zu gewähren vermag, ist beständiger als die Hilfe der Menschen.

Fürchtet weder Tod noch Krieg, noch wilde Tiere, sondern tut, was Männer tun müssen, was immer Gott euch auch auferlegen mag. So wie ich gesund aus dem Krieg zurückgekehrt bin, meine Kämpfe mit wilden Tieren, Stürze und tiefes Wasser unbeschadet überwunden habe, so wird keiner von euch verletzt oder getötet werden, wenn dies nicht von Gott so gefügt ist. Und wenn der Tod von unserem Herrgott gesandt ist, können euch weder Vater noch Mutter noch Brüder erretten.[25]

Dieser Brief wurde kurz vor Monomachs Tod im Jahre 1125 verfaßt. In den frühen Jahren der Kiewer Periode, im 10. Jahrhundert, hatte das Herrscherhaus der Rurikiden nur wenige Mitglieder, und es war nicht schwer, die Erbfolge der Fürstentümer zu bestimmen. Doch mittlerweile gab es achtzig Fürsten, und die verschiedenen Zweige der Dynastie hatten festgefaßte Ansichten hinsichtlich ihrer eigenen Bedeutsamkeit entwickelt. Alle Errungenschaften der Kultur und Zivilisation, wie langlebig sie auch seien, sind offenbar vergänglich; und Rußland war soeben erst aus den Jahrhunderten der Rückständigkeit herausgetreten. Doch der Winter war noch nicht vorüber.

2

Iwans Erbe:
Der mongolische Hammer

Unter der Führung von Wladimir, Jaroslaw und Wladimir Monomach errichtete das frühe Rußland das Fundament eines Reiches, das aus einer losen Konföderation von Fürstentümern bestand und ein gewisses Maß an Wohlstand und Einheit erreichte. Zwei Jarhunderte lang konnten die Schwierigkeiten, die dieser Entwicklung entgegenstanden – das offene Flachland, das kalte Klima, Familienzwist unter den Fürsten und ihren Anhängern – immer wieder ausgeräumt werden. Doch bereits vor Monomachs Thronbesteigung wurde das Reich ein halbes Jahrhundert lang von immer wieder aufflackernden Bruderkriegen zerrissen. Im Anschluß an die Regierungszeit seines ältesten Sohnes brachen diese blutigen Konflikte wieder auf. 1169 wurde Kiew von Andreij Bogoljubskij, dem Fürsten von Suzdal und Enkel Monomachs, erobert und besetzt. Die Hauptstadt Rußlands war inzwischen selbst zu einem lohnenden Ziel für Plünderung, Wandalismus und Raub geworden. Andreijs Soldaten metzelten zahllose Männer, Frauen und Kinder nieder. Alles, was in Kiews Palästen, Kirchen und Klöstern von Wert war, wurde zerstört oder nach Andreijs Hauptstadt Wladimir gebracht. Andreij wurde nach seiner Pfalz Bogoljubowo (Liebe Gottes) benannt.

Die Stadt Wladimir lag unweit von Moskau, eine damals noch kleine Siedlung, die 1147 zum ersten Mal erwähnt wird. Andere Städte, wie zum Beispiel Rostow und Suzdal klagten, Wladimir sei »... von unseren Sklaven und Maurern« erbaut. Rußland verdankt Andreij einige eindrucksvolle Bauwerke: Die in seiner Regierungszeit errichtete Kathedrale der Heiligen Sofija und die Mariä-Himmelfahrts-Kirche dienten dreihundert Jahre später dem italienischen Architekten Fioraventi als Modell für die Mariä-Himmelfahrts-Kirche in Moskau, die dieser im Auftrag von Iwan III., dem Großvater von Iwan dem Schrecklichen, erbaute. Andreij zog neue Siedler, vor allem Handwerker und Baumeister – besonders Wolgabulgaren und Westslawen aus Polen – in sein Fürstentum. Durch seine tyrannischen Ambitionen brachte er jedoch die übrigen russischen Fürsten und Städte gegen sich auf, und 1174 – nur fünf Jahre nach der Eroberung und Zerstörung von Kiew – wurde Andreij von Gefolgsleuten seines Bruders erstochen. Der Palast von Wladimir und die Stadt selbst wurden geplündert, und während der folgenden zwei Jahre erschütterten Bruderkriege die Fürstentümer Wladimir, Rostow und Suzdal. Andreijs Nachfolger Wsewolod III., der für sich in Anspruch nahm, ›Vater und Herr‹ aller russischen Fürsten zu sein, stellte die Ordnung wieder her. Er verhängte Strafen nach eigenem Gutdünken – selbst in Nowgorod, wo sich bereits die Grundlagen eines unabhängigen Staates herausgebildet hatten. Doch nach Wsewolods Tod flackerte der Zwist zwischen den Fürsten wieder auf, deren Armeen sich alle Mühe gaben, die zarten Keime der russischen Zivilisation zu ersticken.

Die Rivalitätskämpfe der Rurikidenfürsten zerstörten nicht nur das Land, sie schwächten auch in erheblichem Maße den Widerstand gegen die letzte Invasion Europas durch ostasiatische Reiternomaden aus dem Inneren der Mongolei. Rußland war dem furchtbaren Ansturm der Tataren nicht gewachsen und war während der nächsten zweihundert Jahre nur eine von vielen Provinzen des

Der Tatareneinfall in Rußland, Kupferstich, 1855

Mongolenreichs, das sich von China bis zum Iran erstreckte. Die Tataren stießen bis Polen vor, erreichten die adriatische Küste und die Vororte Wiens. Nur der Tod des Groß-Khans Ögädäi im fernen mongolischen Karakorum rettete Europa. Die Mongolen zogen wieder ab, und ihre Heerführer kehrten wieder nach Karakorum zurück, um an den Neuwahlen des Groß-Khans teilzunehmen. Ihre westlichen Armeen blieben jedoch in Europa und setzten sich im Gebiet der Ostslawen und des einstigen Kiewer Reichs fest. Die Expansion der Mongolen während der ersten Hälfte des 13. Jahrhunderts hatte mit der Invasion Nordchinas und der Unterwerfung Samarkands durch Dschingis Khan ihren Anfang genommen. Sie setzte sich in der Eroberung des Iran und der Krim durch die von Sübütei und Jebei geführten Horden fort.

Hülägü zerschlug das iranische Reich und eroberte Damaskus. Kublai Khan fegte über Korea, Hangtschau und Kanton hinweg. Die Goldene Horde von Batü, dem Oberbefehlshaber der westlichen Mongolenarmee und Enkel Dschingis Khans, fiel mordend und plündernd in Rußland ein.

Dem iranischen Dichter Amir Khuzru verdanken wir eine Beschreibung von Rußlands neuen Herren:

Ihre Augen waren so schmal und stechend, daß sie Löcher in ein ehernes Gefäß zu bohren vermocht hätten. Der Gestank, den sie ausströmten, war noch furchterregender als ihre Hautfarbe. Ihre Köpfe saßen so dicht auf den Schultern, als hätten sie keine Hälse, und ihre Wangen glichen Lederflaschen und waren von Runzeln und Knoten übersät. Ihre Nase war so breit, daß sie von Wangenknochen zu Wangenknochen reichte. Ihre Nasenlöcher glichen vermoderten Gräbern, aus welchen die Haare bis auf die Lippen herabwucherten. Ihre Oberkörper waren mit Läusen bedeckt, die aussahen wie in schlechte Erde gesäte Sesamkörner.[1]

Diese stämmigen Reiternomaden trugen ihre Kleider solange am Leib, bis diese in Fetzen abfielen. Der Gestank, den sie verbreiteten, war widerwärtig, doch sie waren überzeugt, daß die Körperpflege mit Wasser die mächtigen Wassergeister beleidige. Sie umzingelten die Städte, die sie eroberten, und sandten Woge um Woge ihrer Krieger gegen die Mauern, bis diese fielen. Ein zeitgenössischer russischer Bericht beschreibt die Eroberung Kiews durch die Tataren in schmerzlicher Genauigkeit:

Die Mongolen schwärmten in dichten Wolken um die Stadt. Das Rattern der Wagen, das Blöken der Kamele und Rinder, das Schmettern der Fanfaren, das Wiehern der Pferde und das Gebrüll der unübersehbaren Massen war so laut, daß die Menschen innerhalb der Mauern einander nicht mehr verstehen konnten. Zahllose Rammböcke donnerten unaufhörlich gegen die Mauern – Tag und Nacht; die Menschen hatten Angst, und viele wurden getötet. Das Blut floß wie Wasser. Die Pfeile der Tataren verdunkelten die Sonne, und überall lagen Tote. So dicht flogen die Pfeile, daß man den Himmel nicht mehr sehen konnte. Die Tataren nahmen die Stadt am Tage des Heiligen Nikolai ein, am 6. Dezember (1240) ... Sie umzingelten Wladimirstadt von allen Seiten. Sie begannen die Mauern mit Rammböcken zu bestürmen und schleuderten von fern riesige Steine ins Zentrum der Stadt, als seien diese von Gottes Willen len gelenkt; und sie fielen auf die Stadt wie Regen. Dann nahmen die Tataren die Stadt und steckten sie in Brand. Der Tod kam über uns durch Feuer und Schwert. Nun zogen die Kolonnen der Mongolenarmee weiter.[2]

Fünf Jahre später unternahm ein furchtloser Gesandter des Vatikans, Giovanni Pian de Carpini, die beschwerliche Reise nach Karakorum, der Stadt des Groß-Khans. Eine der Zwischenstationen auf seiner Route ins Innere Asiens war Kiew. Wie er berichtet, standen nur mehr etwa zweihundert Häuser der ehemals mächtigen Stadt. Die kahle Ebene um die zerstörte Siedlung war noch immer mit den gebleichten Knochen und Schädeln der erschlagenen Russen übersät. Diejenigen, die nicht getötet worden waren, hatten die Mongolen als Sklaven oder Huren verschleppt. Nowgorod war die einzige der großen russischen Städte, die – dank des einsetzenden Tauwetters, das die Sümpfe und Moore um die Stadt in einen unpassierbaren Morast verwandelt hatte – der Zerstörung entgangen war. Die Stadt hatte sich der Mongolenherrschaft freiwillig unterworfen, mußte allerdings dennoch einen sehr hohen Tribut zahlen. Eine zeitgenössische Schilderung der mongolischen Grausamkeiten überliefert uns dieses schreckliche Bild:

Der Fürst, seine Mutter, seine Gattin und seine Söhne, die Bojaren und alle Einwohner wurden ohne Rücksicht auf Alter und Geschlecht von den Mongolen mit barbarischer Grausamkeit niedergemetzelt. Manche wurden gepfählt, oder man trieb ihnen Nägel oder Holzspäne unter die Fingernägel. Priester wurden bei lebendigem Leibe verbrannt, Nonnen und Jungfrauen vor den Augen ihrer Familien in der Kirche geschändet. Kein Auge blieb ungebrochen, um die Toten zu beweinen.[3]

Zweihundert Jahre mongolischer Vorherrschaft konnten an den Russen nicht ohne Spuren mongolischer Einflüsse vorübergehen. Die normannischen Eroberer Englands hinterließen im angelsächsischen Charakter das Element der Härte und der Disziplin, doch die normannische Herrschaft war zeitlich begrenzt und erscheint im Vergleich zu der Grausamkeit und Mitleidlosigkeit der Mongolen geradezu wie ein Musterbeispiel vornehmer Zurückhaltung. Jahrhunderte währende servile Unterwerfung hinterläßt ihre Spuren. Subordination unter einen absoluten Herrscher wird zur akzeptierten Gewohnheit. Herrschaft mittels Angst vor der Todesstrafe und schrecklicher Folter wird als adäquates Mittel erkannt und hingenommen, dessen Wirksamkeit offenkundig ist: Denn sie ist geeignet, Rivalen sehr schnell und sehr effektiv aus dem Feld zu schlagen. Unter solchen Umständen gilt der Eintritt in die alles beherrschende Armee als bevorzugte Alternative zu lebenslanger Sklaverei. Die Armee erscheint als das tauglichste Instrument zur Eroberung der Welt: Genau dies war ein berauschender, messianischer Traum der Mongolen und eine wirksame Kompensation für ein Leben voller Mühen und Gefahren. Keine große Armee kommt ohne Aufputschmittel aus, und die beste und für den Körper unschädlichste Droge ist der Traum von der Eroberung der Welt.

Nicht allein im Volkscharakter der Russen, auch auf anderen Gebieten des gesellschaftlichen Lebens lassen sich langfristig wirkende mongolische Einflüsse erkennen: insbesondere bezüglich der Organisation der Armee, der militärischen Taktik, des Regierungs- und Verwaltungssystems und vor allem hinsichtlich der Effizienz des Steuerwesens. Die Stellung der Frau verschlechterte sich unter der Tatarenherrschaft ebenfalls. Die den Frauen ohnehin aufgezwungene Rolle als Menschen zweiter Klasse wurde durch die bei den Mongolen übliche Institution des Harems sowie durch die generelle Trennung der Ge-

Tatarenkrieger
im 14. Jahrhundert
nach einer zeitgenössischen
Illustration

schlechter in der mongolischen Gesellschaft noch verstärkt. Auch in der russischen Sprache und in der materiellen Kultur, wie zum Beispiel der Kleidung, hinterließ die Tatarenherrschaft ihre Spuren: *Kreml* (Kremlin, Festung) und *Terem* (die Räume der Frauen in einem Haus, heute die Dachstube) sind mongolische Worte.

Rußland war nun ein von Not und ständigen Wirren heimgesuchtes Land geworden. Mord und Versklavung durch mongolische Krieger, versprengte Soldatenhaufen aus Nachbarprovinzen oder umherziehende russische und mongolische Räuberhorden bedeuteten für die Bevölkerung eine ständig präsente Gefahr. Etwas, das die Russen sehr schnell von den Mongolen übernahmen, war deren Gewohnheit, mit zweierlei Maß zu messen. Dies zeigt sich vor allem in der Gepflogenheit, daß es gilt, alles, was mein ist, eifersüchtig zu verteidigen, und daß alles, was dem Nachbarn gehört, ebenfalls mein ist, solange dies meiner Sicherheit und meinem Wohlergehen dienlich ist. Dies war die Position, die die Fürsten von Wladimir und Moskau einnahmen. Das ist auch die Position, die das heutige Rußland einnimmt. Alle Fürstentümer des alten Rußland wurden in der Folge gezwungen, ihre Unabhängigkeit aufzugeben, um so die Stärke und Sicherheit des Fürstentums Moskau zu gewährleisten. Die Länder Osteuropas wurden in die Abhängigkeit von Moskau gezwungen, da man ihre Existenz als souveräne Staaten als eine reale Bedrohung der Sicherheit Rußlands betrachtete.

Giovanni Pian de Carpini, dem mutigen Gesandten des Vatikans, entging anläßlich seines Besuchs im Jahr 1245 in Karakorum, der Hauptstadt des riesigen Mongolenreichs, diese Neigung der Mongolen keineswegs:

Obgleich sie kein Religionsgesetzbuch haben, das ihnen gebietet, recht zu handeln oder Unrecht zu meiden, haben sie doch gewisse Traditionen, die sie selbst oder ihre Vorfahren ersonnen haben, und nach diesen gelten gewisse Handlungen als Sünde. Sünde ist zum Beispiel, das Dolchmesser in das Feuer zu stecken oder auch auf irgendeine Weise das Feuer damit zu berühren oder mit dem Dolchmesser Fleisch aus dem Kessel herauszuholen oder auch neben dem Feuer mit dem Beil Fleisch zu hacken. Denn sie glauben, daß so dem Feuer das Haupt, das heißt seine Kraft, weggenommen würde. Sünde ist es, sich auf die Peitsche zu stützen, womit man die Pferde schlägt, (...) Milch oder anderes Getränk oder sonst eine Speise auf den Boden zu schütten oder in einem Zelte Harn zu lassen. Wenn das jemand absichtlich tut, kostet es ihm das Leben, tut er es dagegen unabsichtlich, so muß er dem Beschwörer eine große Summe Geldes dafür zahlen, daß er die Leute reinige. Ferner: Wenn jemand einen Bissen Fleisch bekommt und ihn nicht hinunterschlucken kann, sondern ihn wieder aus dem Munde ausspeien muß, so graben sie ein Loch unter der Jurte, ziehen den betreffenden Menschen durch diese Öffnung hindurch und töten ihn dann ohne alle Barmherzigkeit. Ferner, wenn jemand auf die Türschwelle der Jurte eines Herzogs tritt, wird er gleichfalls mit dem Tode bestraft. Noch viele andere ähnliche abergläubische Gebräuche haben sie, deren Aufzählung uns zu weit führen würde.

Dagegen Menschen zu töten, in anderen Ländern einzufallen, fremdes Gut gegen alles Recht an sich zu reißen, Hurerei zu treiben, anderen Leuten Unrecht zuzufügen, das gilt ihnen nicht als Sünde.

Sie sind äußerst hochmütig gegen andere Menschen und schauen mit Verachtung auf alle anderen herab, ja sie achten sie fast für nichts, mögen sie vornehm oder gering sein. So sahen wir am Hofe ihres Groß-Khans, daß sie es gegenüber dem Großfürsten von Rußland, Jaroslaus, der doch gewiß ein vornehmer Mann war, ebenso gegenüber dem Sohn des Königs und der Königin von Georgien, ferner gegenüber vielen mächtigen Sultanen durchaus an der schuldigen Ehrerbietung fehlen ließen. Vielmehr gingen die Tataren, die ihnen als Begleiter zugewiesen waren, mochten dieselben auch von noch so geringem Stande sein, ihnen vor und nahmen immer den ersten und obersten Platz ein; ja oft mußten jene hinter deren Rücken sitzen. Die Tataren sind gegen andere Leute leicht zum Zorn geneigt und von aufbrausender Natur. Sie sind die größten Lügner der Welt gegen andere Menschen (als die Tataren), und man findet fast kein wahres Wort in ihrem Munde. Anfangs sind sie zwar schmeichlerisch, gegen Ende aber stechen sie wie die Skorpione. Verschlagen und verschmitzt sind sie und suchen, wo irgend

Tatarensturm von 1237/38. Mongolische Miniatur

möglich, alle anderen durch trügerische Vorspielungen zu überlisten. Wenn sie gegen andere etwas Böses im Sinne haben, wissen sie in bewundernswerter Weise ihre Absichten zu verbergen, damit sich jene nicht vor ihnen hüten und keine Gegenmaßregeln gegen ihre schlauen Pläne ergreifen können. Trunkenheit gilt bei ihnen als ehrenvoll; wenn jemand bei ihnen allzuviel getrunken hat, erbricht er sich auf der Stelle, hört aber trotzdem nicht auf, wieder aufs neue zu trinken. Dabei sind sie habgierig und geizig, und wenn sie etwas haben wollen, lassen sie nicht ab mit Betteln und Fordern, bis sie es erlangt haben. Im Festhalten sind sie sehr zäh, im Geben dagegen sehr karg. Sie machen sich kein Gewissen daraus, andere Menschen zu töten.

Die guten Charaktereigenschaften der Tataren: In der ganzen Welt gibt es weder bei den Laien noch bei den Ordensbrüdern gehorsamere Untertanen als bei den Tataren; sie erweisen ihren Herrn mehr Ehrfurcht als alle anderen Leute und wagen es nicht leicht, sie anzulügen. Auch sind sie an das geduldige Ertragen gewohnt; wenn sie darum ein oder zwei Tage fasten, ohne überhaupt etwas zu sich zu nehmen, so sieht man sie nicht leicht ungeduldig werden, sondern sie singen und spielen, als ob sie die beste Mahlzeit genossen hätten. Beim Reiten können sie viel Kälte ertragen und zuweilen auch außerordentlich große Hitze aushalten.

Die Männer tun gar nichts, als daß sie sich mit ihren Pfeilen abgeben und auch ein klein wenig nach ihren Herden sehen; im übrigen gehen sie auf die Jagd und üben sich im Bogenschießen. Denn sie sind alle, groß und klein, gute Bogenschützen. Sie sind sehr gewandt und dazu auch kühn.

Alle Arbeit liegt auf den Schultern der Frauen: sie machen Pelzröcke, Kleider, Schuhe, Stiefelschäfte und alles, was sonst noch aus Leder hergestellt wird. Sie lenken auch die Wagen und bessern sie wieder aus, sie beladen die Kamele und sind sehr flink und tüchtig in aller Arbeit. Alle Frauen tragen Beinkleider, und einige schießen mit den Bogen ebenso gut wie die Männer.

Man muß ferner wissen, daß aller Besitz in den Händen des Groß-Khans ist, so daß niemand zu sagen wagt, das gehört mir, und das gehört jenem, sondern alles ist Eigentum des Khans: das Hausgerät, das Vieh und die Leute. (...) Die Khane und die Herzöge nehmen von dem Eigentum der Untertanen, was und soviel sie immer haben wollen, und verfügen auch über ihre Person ganz unumschränkt nach ihrem Belieben.

Dschingis Khan verkündete Gesetze und vielfältige Verordnungen, an welchen die Tataren unverbrüchlich festhalten. Nur zwei derselben wollen wir hier anführen. Die erste Verordnung lautet: Jeder, der von Stolz aufgeblasen, auf eigene Autorität hin ohne Wahl der Fürsten nach der Kaiserwürde trachtet, soll ohne Gnade und Barmherzigkeit hingerichtet werden. Darum wurde vor der Wahl des jetzigen Kaisers Göjük Khan wegen dieses Verbrechens einer von den Fürsten, ein leiblicher Enkel Dschingis Khans, mit dem Tode bestraft, weil er sich ohne Wahl der Fürsten zum Kaiser machen wollte.

Die andere Verordnung lautet, sie sollten sich die ganze Welt unterjochen und dürften mit keinem Volke Frieden halten, das sich ihnen nicht zuvor unterworfen hat; dann sollen sie, wie sie sagen, gemäß einer ihnen gewordenen Weissagung von einem anderen Volke besiegt werden; doch wissen sie selber nicht, welches Volk das ist. Und die, welche da werden entrinnen können, die müssen, wie sie sagen, jenes Gesetz halten, das auch ihre künftigen Besieger halten. Dieser Satz ist zweideutig, und kann auch bedeuten, daß sowohl Sieger, wie auch Besiegte die Gesetze Dschingis Khans befolgen müssen.[4]

Während eines Zeitraums von zweihundertfünfzig Jahren vermischten sich Russen und Mongolen. Abertausende von Russen wurden als Sklaven verschleppt oder von der mongolischen Armee zwangsrekrutiert. Russische Soldaten spielten in den Feldzügen der Mongolen eine wichtige Rolle; so war zum Beispiel in Peking eine russische Division stationiert. Und als im fünfzehnten und sechzehnten Jahrhundert die Macht der Mongolei allmählich verfiel, stellte sich eine große Zahl wohlhabender Mongolen in den Dienst des russischen Adels. Mindestens 130 Familien konvertierten zum Christentum, und viele ihrer Mitglieder bekleideten Funktionen im Staatsdienst. Unter ihnen waren die Godunows, die Turgenjews, die Glinskijs, die Naryschkins und die Jusupows – alles Namen, die eines Tages Berühmtheit erlangen sollten. (Natalija Naryschkina war die Mutter von Peter dem Großen.)

Die russischen Fürsten durften in ihren Provinzen bleiben, doch nur, wenn sie als Repräsentanten und Steuereinzieher für die Goldene Horde fungierten. Die einzige kulturelle Verbindung Rußlands mit Europa blieb die griechisch-orthodoxe Kirche, die von den neuen Machthabern nicht angetastet wurde. Die Mongolen unterstützten sie sogar, indem sie der Geistlichkeit völlige Steuerfreiheit gewährten. Der geringste Versuch der Kirche, den Widerstand gegen die Mongolen zu aktivieren, hätte allerdings die völlige Zerschlagung ihrer Organisation zur Folge gehabt. Das russische Volk erkannte sehr wohl, daß die christliche Kirche, die ihm nichts anderes zu geben vermochte als Trost und die Hoffnung auf ein besseres Leben nach dem Tod, ein loyaler Verbündeter des Staates war. – Und dies nicht nur auf der Ebene der russischen Territorialfürstentümer, sondern auch auf der höchsten politischen Ebene des asiatischen Weltreichs der Mongolen, von dem Rußland lediglich eine Provinz war. In ihren Anfängen war die orthodoxe Kirche zweifellos ein für die zivilisatorische Entwicklung des rückständigen Rußland bestimmender Faktor gewesen. Doch ihr Einfluß dürfte aufgrund der im Gottesdienst verwendeten Sprache, die nur wenige verstanden, wegen der prunkvollen Gewänder der Priester, die in krassem Gegensatz standen zu der ärmlichen Kleidung der Gläubigen und dank der unmißverständlich verkündeten Botschaft, daß jeden Sünder die ewige Verdammnis erwarte, geringer gewesen sein, als gemeinhin angenommen.

Die einzige Überlebensmöglichkeit war in allen Bereichen die bedingungslose Unterwerfung: Die Kirche unterwarf sich dem Fürsten. Der Fürst fügte sich dem Khan der Goldenen Horde. Der Khan gehorchte dem Groß-Khan aller Mongolen. Dieses System funktionierte sehr gut, und es ist daher keineswegs überraschend, daß die Russen ihren Herren Bewunderung entgegenbrachten. Die Zahl der Mongolen in Rußland betrug etwa eine Million, und diese Minderheit stützte sich auf eine Armee von annähernd 150 000 Mann. Die Mongolen herrschten über annähernd 100 Millionen Menschen. Ihre Siege, ihre überlegene Militär- und Verwaltungsorganisation, ihre beeindruckenden Leistungen auf dem Gebiet des Kurierdienstes, ihre bedingungslose Disziplin – all dies trug dazu bei, daß die Russen, obgleich die Situation für viele von ihnen äußerst leidvoll war, den Mongolen mit Respekt begegneten. Die wohlhabenderen Russen lernten nun Türkisch, die Sprache der Tataren. Noch im 15. Jahrhundert wurde am Hof der Fürsten von Moskau türkisch gesprochen. Schon Byzanz hatte das Dogma des monolithischen Staats gepredigt. Nun demonstrierte die Goldene Horde, wie sich die Macht des Staates noch um ein beträchtliches steigern ließ. Sklaverei war auch für die Russen ein altbekanntes Mittel der Gewaltherrschaft. Die Mongolen versklavten lediglich einen weit größeren Teil der Bevölkerung, als es bis dahin üblich gewesen war.

Ein wesentliches Element der mongolischen Angst- und Terrorherrschaft war die Folter. Prügelstrafe und Verstümmelung waren an der Tagesordnung. Die Palette grausamster Strafen war vielfältig: Das Abhacken der Nase, Ohren, Hände und Beine, das Strecken auf der Folterbank, das Pfählen und das Auspeitschen bis zum Tode des Delinquenten – all dies galt als probates Mittel, die Macht der Herrschenden zu dokumentieren. Bei lebendigem Leib verbrannt zu werden, war die übliche Strafe für Andersdenkende, die die Kirche als Ketzer, die Mongolen als Zauberer verurteilten. – Diese bedauernswerten Menschen teilten jenes Schicksal mit den zahllosen Opfern der römisch-katholischen Kirche in Westeuropa. Der Tod sollte nicht nur so schmerzvoll wie irgend möglich sein, er gewann auch durch seine öffentliche Zurschaustellung eine zusätzliche Dimension des Grauens.

Giovanni Pian de Carpini, der Gesandte des Vatikans, erwähnt in seinem Reisebericht zwei Gepflogenheiten,

Mongolische Reiter beim Angriff. Miniatur, 14. Jahrhundert

die die Stellung des einzelnen im Mongolenreich treffend charakterisieren: Ein Grundrecht, den Ort, an dem man zu leben wünschte, frei zu wählen, existierte nicht, ebensowenig das Recht, sein Leben im Kriegsfall durch Flucht oder Gefangenschaft zu retten. Sämtliche russischen Diktatoren übernahmen diese Methode der Massendisziplinierung.

Der Groß-Khan der Tataren hat eine außerordentliche Macht über alle seine Untertanen; keiner wagt es, sich in irgendeinem Gebiet seines Reiches ohne seine besondere Anweisung niederzulassen. Er bestimmt vielmehr den Herzögen ihre Wohnplätze, die Herzöge hin wiederum den Befehlshabern über Tausend, diese den Befehlshabern über Hundert und die letzteren endlich den Befehlshabern über Zehn. Wenn er außerdem ihnen zu irgendeiner Zeit oder an irgendwelchem Ort einen Befehl erteilt, sei es zum Krieg (oder zum Frieden), sei es zum Tod oder zum Leben, so folgen sie ohne Widerspruch. Selbst wenn er eine unverheiratete Tochter oder Schwester von jemandem zur Frau begehrt, erhält er sie (sogleich) ohne jede Widerrede. Ja, er läßt sogar jedes Jahr oder wenigstens nach Verlauf einiger Jahre die Jungfrauen zusammenkommen, damit er sich die aus ihnen auserwähle und zurückbehalte, die ihm gefallen; die anderen gibt er ganz nach seinem Gutdünken seiner Umgebung.

Im Kriegsfall werden die, die fliehen, mit dem Tode bestraft. Werden Soldaten gefangengenommen, ohne daß die anderen sie befreien, so müssen sie es gleichfalls mit dem Tode büßen.[5]

Trotz der schier unüberwindlichen Schwierigkeiten, die einer Befreiung entgegenstanden, konnten zwei russische Fürsten, Alexander Newskij und Dmitrij Donskoj, Siege gegen tatarische Armeen erringen. Ihre militärischen Erfolge konnten zwar die Herrschaft der Goldenen Horde nicht beenden, stärkten jedoch nachhaltig die Selbstachtung der Russen. Diese Triumphe riefen in den Menschen die Erinnerung an die Zeit wach, als Rußland noch ein unabhängiges, souveränes Reich gewesen war, und demonstrierten anschaulich, daß Tyrannen, seien sie auch noch so mächtig, gestürzt werden können.

Niemand konnte im 13. oder 14. Jahrhundert wissen, welches Schicksal den Russen bevorstand. Es hätte ihnen wie den westmongolischen Naiman oder Merkit ergehen können, die als Völker aufhörten zu existieren und von den siegreichen Armeen Dschingis Khans völlig absorbiert wurden. Oder sie hätten sich den Westslawen, den Polen, anschließen und zum Katholizismus übertreten können. Niemand wußte damals zu sagen, wie lange die Mongolen als Nation ihre Stärke und Einheit würden bewahren können. Niemand wußte, ob die größte Tugend der Mongolen – ihre Toleranz anderen Religionen gegenüber – die fromme Hingabe der Russen an den christlichen Glauben schwächen würde, oder ob sich die Russen – wie es die Mongolen im 14. Jahrhundert getan hatten – ebenfalls dem Islam anschließen würden. Doch nichts von alledem geschah. Was hielt die Russen dann zusammen? Wie konnte unter solchen Umständen ihr Nationalgefühl am Leben bleiben?

Die Christen würden natürlich gerne glauben, daß die christliche Religion die Russen vor dem Untergang bewahrt hat. Doch auch andere Völker wie die Goten, die Wandalen und die Litauer waren Christen, und dies rettete weder Goten noch Wandalen davor, als Völker gänzlich von der Landkarte zu verschwinden. Auch Litauen blieb das Schicksal nicht erspart, ein kleiner, unbedeutender Staat im Baltikum zu werden und schließlich als eine Provinz des riesigen sowjetischen Reichs der Bedeutungslosigkeit anheimzufallen. Eine mögliche Antwort finden wir, wenn wir betrachten, wie die Russen auf Unterdrückung reagieren. Andere Völker – wären sie ähnlichem Leid ausgeliefert gewesen, wie es die Russen unter Iwan dem Schrecklichen, Peter dem Großen, Katharina und Stalin oder während der Mongolenherrschaft zu erdulden hatten –, hätten sich gewiß zur Wehr gesetzt oder sich einer solchen Unterdrückung durch Flucht entzogen. Viele Russen setzten sich tatsächlich zur Wehr und viele flohen auch, doch war ihre Zahl zu gering, um den Untergang der Unterdrücker herbeizuführen. Um ihr Leben erträglicher zu machen, schlossen sich viele Russen diesen Unterdrückern an und arbeiteten sogar für

Siegesfeier der Tataren in Moskau:
Alle Gefangenen von Rang wurden unter Bretter gelegt und
zerquetscht. Miniatur aus dem 15. Jahrhundert

sie. Es ist der gleiche Mechanismus, der auch heute sichtbar wird: Die einfachste Möglichkeit in einem Polizeistaat zu überleben, ist, selbst in den Polizeidienst einzutreten. Doch die Mehrzahl der Russen wurde im Laufe der Jahrhunderte stets dahingehend konditioniert, *nicht* zu reagieren, sondern nur einfach passiv zu erdulden.

In seinem *Brief an die Sowjetführer* spricht Alexander Solschenizyn von den »unvergleichlichen Leiden unseres Volkes«. Diese Fähigkeit zu leiden ohne zu zerbrechen, ohne aufzubegehren oder den eigenen Charakter zu verlieren, hat die Russische Kirche stets unterstützt und gefördert. Keine Nation der Welt wurde durch die Geschichte der Passion Christi nachhaltiger beeinflußt als die Russen. Im 19. und 20. Jahrhundert bekannten sich deshalb viele Russen, die die Geschichte ihres Landes mit Abscheu erfüllte, zum Atheismus, da sie nach den Worten N. A. Berdjajews »nicht länger einen Schöpfer akzeptieren konnten, der eine grausame Welt voller Leiden erschaffen hat. Sie wollten selbst eine bessere Welt gestalten.«

Infolge dieser über Generationen hinweg erduldeten Ungerechtigkeiten entwickelte sich – wie es Dostojewskij so treffend formuliert hat – ein »Kreislauf von äußerster Selbstverleugnung und Selbstzerstörung, der für uns so fatal ist und der so charakteristisch für die russische Mentalität erscheint«.

Die außerordentliche Duldsamkeit, die die Russen während der langen Zeit der mongolischen Herrschaft an den Tag legten, lehrte Iwan den Schrecklichen und die nachfolgenden Herrscher Rußlands, wie die Ostslawen auf Bedrückung und Strafe reagieren, selbst wenn sie unschuldig sind. Alexander Newskij und Dmitrij Donskoj waren Vorbilder für all jene Russen, die aufbegehrten und sich gegen die Unterdrücker wehrten. Doch diese beiden Helden Altrußlands waren die einzigen, die sich den Mongolen widersetzten, und schließlich wurden sie nicht zuletzt aufgrund interner Rivalitäten und der daraus resultierenden militärischen Schwächung doch besiegt. Trotzdem sind Alexander und Dmitrij wichtige Persönlichkeiten der russischen Geschichte. Sie bewiesen deutlich, wozu die Russen fähig sind, wenn sie einmal ihre Passivität abstreifen und nicht auch noch die andere Wange hinhalten, sondern aufbegehren und die etablierte Macht der Herrschenden in Frage stellen.

1236, nur ein Jahr vor der mongolischen Invasion, schlug Alexander Newskij erfolgreich einen schwedischen Angriff auf Nowgorod zurück. Der schwedische König Jarl Birger war von Papst Gregor IX. zu diesem Feldzug gegen die nichtkatholischen Russen ermutigt worden. Da Alexander Newskij den Angriff der Schweden auf Nowgorod nicht abwarten wollte, stieß er mit einer kleinen Abteilung seiner Armee bis an die Newa vor. Dort überraschte er die Schweden, schlug sie in die Flucht und versenkte einige ihrer Schiffe.

Trotz dieses militärischen Erfolges und ungeachtet der gefährlichen Situation, in die Nowgorod im darauffolgenden Jahr geriet, als die Mongolen das übrige Rußland überrannten, zwangen die Bürger dieser Stadt Alexander Newskij zur Abdankung. Der Adel von Nowgorod schlug als Führer einen Mann vor, der leichter zu kontrollieren sei als Newskij. Doch Nowgorod wurde 1241 erneut angegriffen – diesmal von den Deutschen. Man bat Newskij, wieder die Führung der Armee zu übernehmen. Und wiederum rettete er die Stadt.

Die Aggressoren, der Orden der Schwertbrüder, hatten sich zur Herrenklasse über die Letten und Esten aufgeschwungen und versuchten nun, von dem Einfall der Mongolen in Rußland zu profitieren. Sie errichteten wenige Kilometer südlich von Nowgorod ein Fort, um die lebenswichtige Versorgung der Stadt mit Weizen zu unterbinden. Alexander führte seine Männer gegen dieses Fort, eroberte es und zog dann nach Pskow weiter, um die von den Deutschen belagerte Stadt zu entsetzen. Auf dem zugefrorenen Peipussee nordwestlich von Pskow kam es zur Entscheidungsschlacht. Die Deutschen hatten in das Zentrum ihrer keilförmigen Schlachtordnung schwer gepanzerte Kavallerie gestellt, die durch die russischen Linien brach und wohl auch die Schlacht entschieden hätte. Doch Alexander hielt einen Teil seiner eigenen Kavallerie zurück, der die bereits durchbrochenen Reihen der Deutschen von der Flanke her attackierte, die Ritter des Schwertbrüderordens in die Flucht schlug und zehn Kilometer weit über das Eis verfolgte.

Schon drei Jahre später wurde Nowgorod erneut bedroht – diesmal von den Litauern. Sie nahmen die Stadt Torbzok ein, die für die Versorgung Nowgorods mit Weizen von großer Bedeutung war. Alexander bereitete dieser Bedrohung Nowgorods sehr schnell ein Ende, als er zwei Schlachten gegen die Litauer für sich entschied. Ein Mann mit weniger Zurückhaltung und Klugheit, als Alexander Newskij sie besaß, hätte möglicherweise die gesamte Provinz von Nowgorod in einen selbstmörderischen Kampf mit den Mongolen gestürzt, als im Jahr 1247 Gesandte der Tataren in der Stadt erschienen und hohe Tributzahlungen forderten. Das Volk von Nowgorod, das bisher weder militärische Niederlagen noch Zerstörung durch die Mongolen erlebt hatte und erst vor kurzem mit Erfolg die Angriffe der Deutschen und der Litauer auf die Stadt zurückgeschlagen hatte, reagierte aufgebracht auf die demütigenden Forderungen der Tataren. In der Stadt brachen Unruhen aus, und das Leben der mongolischen Gesandten geriet in Gefahr. Alexander stellte die Ordnung wieder her und überzeugte die Bewohner Nowgorods, daß jeder Widerstand sinnlos sei. Die horrenden Tributforderungen der Mongolen wurden erfüllt.

Sechzehn Jahre später allerdings schlug man seinen Rat in den Wind, und mehrere Städte an der Wolga weigerten sich, Tribut an die Mongolen zu entrichten. Daraufhin sammelte sich eine große Tatarenarmee, um die Rebellion zu ersticken. Alexander reiste nach Karakorum, um beim Groß-Khan Fürsprache für sein Volk einzulegen. Erneut war sein Vorhaben von Erfolg gekrönt – allerdings zum letzten Mal. Bei seiner Rückkehr nach Wladimir, der Hauptstadt seines Fürstentums, erkrankte er und starb.

Der Metropolit, Erzbischof Kyrill, erklärte, als er die traurige Nachricht in der Kathedrale der Heiligen Sofija verkündete: »Meine lieben Kinder. Wisset, daß die Sonne Rußlands untergegangen ist.«

Dies hätte sehr wohl das Ende Rußlands als Nation bedeuten können. Die Bevölkerung des Kiewer Reichs war nun in alle Winde zerstreut, die Städte zerstört. Die Mongolen hatten Galizien, eines der Rückzugsgebiete der Kiewer, ebenfalls mit Krieg und Verwüstung überzogen. Auch Nowgorod, das zweite Rückzugsgebiet, hatten sie der Basis seines Wohlstands beraubt – nämlich des freien Zugangs zu den für die Handelsschiffahrt lebenswichtigen Flüssen zwischen Ostsee und Byzanz. Das dritte der großen Rückzugsgebiete Rußlands, das Waldgebiet um Wladimir und Moskau, preßten die Mongolen durch hohe Tributforderungen und Versklavung der Bevölkerung aus. Jene, die sich zur Flucht entschlossen, wandten sich nach Osten oder Süden und verdingten sich als Sklaven, Soldaten oder Handwerker bei den muslimischen Mongolen, oder sie gingen nach Westen, in das katholische Polen oder nach Litauen. Diese beiden Länder nutzten die Gelegenheit und dehnten ihre Grenzen auf Rußlands Kosten bis zum Ugrafluß, nur 150 Kilometer vor Moskau, aus und legten damit bereits während jener Periode die Saat für Kriege, die die russischen Großfürsten und Zaren nach der Beendigung der Mongolenherrschaft mit diesen westlichen Nachbarn führen sollten.

Fürst Batu Khan unterwarf Rußland. Holzschnitt

Die russische Kirche sprach Alexander Newskij wegen seines Heldenmutes und seiner Weisheit heilig. 1942 schuf die Sowjetregierung, die die außerordentliche Popularität dieses Heiligen im Volk richtig einschätzte, einen neuen Tapferkeitsorden – den sogenannten Sternorden des Alexander Newskij.

Es ist nicht schwer zu verstehen, weshalb die Russen Bewunderung für die Mongolen empfanden. In mancher Hinsicht war die Zivilisation der Mongolen der russischen überlegen. Vor allem galt ihre Bewunderung der eindrucksvollen Machtentfaltung der mongolischen Führer. Nach Niederwerfung der russischen Fürstentümer begann Batü, der Führer der Goldenen Horde, den Bericht an seinen Herrscher, Groß-Khan Ögädäi, mit den Worten:

Durch die Macht des ewigen Himmels und den Segen des kaiserlichen Oheims haben wir die Stadt Mzcheti (in Georgien) zerstört und das Russen-Volk zu Sklaven gemacht. Elf Staaten und Völker haben wir unserer Ordnung unterworfen und haben den goldenen Zügel angezogen ...

Ögädäi selbst sagte:

Das von meinem Vater Dschingis Khan unter Sorgen begründete Reich will ich nicht in Sorgen halten. Ich will ihm Freude geben, indem ich es seinen Fuß auf den Boden, seine Hand auf die Erde setzen lasse. Jetzt wollen wir durchweg folgende Bestimmungen einführen: aus den einzelnen Tausendschaften der verschiedenen Gebiete Postleute und Pferdeburschen zu stellen und von Station zu Station Poststellen einzurichten, so daß man die Kuriere ohne dringenden Zwang nicht mehr bei der Bevölkerung entlang leitet, sondern über die Poststellen reiten läßt.

... Noch eine andere Leistung ist, daß ich an den Orten, wo es kein Wasser gab, Brunnen suchen und ausgraben ließ und damit der Bevölkerung zu Wasser und Gras verholfen habe. Weiter habe ich für die Völker mit Städten Garnisonen und Vögte eingesetzt und damit dem Volke des Reiches ein sicheres Leben geschaffen ...[6]

In seinem Bericht von 1247 beschrieb Carpini auch einige weitere Eigenarten der Mongolen. Sie gewähren aufschlußreiche Einblicke in die Sozialordnung der neuen Herren Rußlands und enthüllen Gepflogenheiten, die den Russen attraktiv erschienen, obgleich sie den Moralkodex der Kirche verletzten:

Jedermann darf soviel Frauen nehmen, als er unterhalten kann. Einige haben deren hundert, andere fünfzig, andere zehn, der eine mehr, der andere weniger. Sie dürfen ganz allgemein alle ihre Verwandten heiraten mit Ausnahme der (leiblichen) Mutter, der (eigenen) Tochter und ihrer Schwestern von der gleichen Mutter; dagegen ihre Schwester nur von Vaters Seite, sowie sogar ihres Vaters übrige Frauen (außer der leiblichen Mutter) dürfen sie nach dessen Tod zur Ehe nehmen.[7]

Diese Aussage Carpinis beleuchtet die Rolle der Frauen in der mongolischen Gesellschaft: Geschlechtsverkehr war allen verheirateten Paaren und selbst innerhalb der Verwandtschaft erlaubt (von den erwähnten Ausnahmen abgesehen). Ferner ergibt sich aus dem Gesagten, daß außerehelicher Geschlechtsverkehr nicht tabuisiert war. Die Mongolen waren zwar arm und gehorsam, doch sie wurden keineswegs zur Keuschheit erzogen. Zur Unterbindung allgemeiner Promiskuität existierte »ein Gesetz oder Brauch, wonach jeder Mann und jede Frau, die man beim Ehebruch *ertappte,* mit dem Tode bestraft« wurden. Doch die Todesstrafe war bei den Mongolen die landläufige Strafe für eine Vielzahl von Vergehen. In den russischen Provinzen des Mongolenreichs verbot die Kirche die Heirat unter Verwandten, und manchen Russen erschien daher die Mißachtung dieses Tabus reizvoll. Wegen des engen Zusammenlebens in der Familie konnte es immer wieder einmal soweit kommen, daß Mitglieder dieses engen Kreises sexuelles Interesse aneinander fanden. Da es dem Mann erlaubt war, die anderen Frauen seines Vaters zu heiraten, war es nur billig, wenn auch der Vater den Wunsch verspürte, die Frauen seines Sohns zu heiraten. Gemeinsam mit seinem Sohn unternahm Iwan der Schreckliche häufig regelrechte Vergewaltigungszüge durch die Umgebung Moskaus, und oft

Alexander Newskij,
Großfürst von Kiew und Fürst von Nowgorod.
Teil eines Mosaiks

beanspruchte er die Mätressen seines Sohnes. Nach Aussage eines zeitgenössischen Beobachters unterhielt er darüber hinaus einen Harem von fünfzig Konkubinen. Dies kann als Fortsetzung des promiskuitiven Lebensstils Wladimirs und der anderen Fürsten der Kiewer Periode betrachtet werden. Da jedoch viele Verhaltensweisen von Iwan mongolischen Einfluß erkennen lassen, läßt sich die von ihm praktizierte Promiskuität auch in dem allgemeinen Kontext einer über die Jahrhunderte hinweg entstellten Sittenlehre der Mongolen verstehen.[8]

Carpini berichtet außerdem über die Einstellung der Mongolen zur Religion, ihren Glauben an einen Gott und über die ersten Anfänge bildlicher Darstellung in ihrer Kultur:

Sie glauben an einen Gott, den Schöpfer der ganzen sichtbaren und unsichtbaren Welt; auch glauben sie, daß alles Gute und alle Strafgerichte in dieser Welt von ihm herrühren, doch verehren sie ihn weder mit Gebeten noch mit Lobgesängen, noch mit irgendwelchen anderen religiösen Zeremonien.

Nichtsdestoweniger haben sie noch gewisse Götzen in Menschengestalt aus Filz gemacht, die sie zu beiden Seiten der Jurte am Eingang aufstellen. Unterhalb der Götzen stellen sie irgendwelche Figuren aus Filz auf, die aussehen wie ein Euter und die nach ihrer Meinung ihre Herden behüten und ihnen Reichtum an Milch und Jungvieh gewähren. Wieder andere Götzenbilder machen sie aus Seidenzeug, und diese halten sie hoch in Ehren.

... Die Herzöge, die Befehlshaber über tausend und über hundert Mann, haben immer einen ausgestopften Ziegenbock in der Mitte ihres Heerlagers (als Götzen).

Auch machen sie ihrem ersten Kaiser (Dschingis Khan) zu Ehren ein Götzenbild, das sie ehrenvoll auf einem Wagen vor dem Heerlager aufstellen.

Manche Mongolen stellen diese Götzen auf einem schönen überdeckten Wagen vor der Türe der Jurte auf, und wer etwas von diesem Wagen stiehlt, wird unbarmherzig mit dem Tode bestraft.[9]

Vierundzwanzig Jahre, nachdem Carpini nach Rom zurückgekehrt war, besuchte Marco Polo die Mongolei.

Siebzehn Jahre lebte er dort als hochgeehrter Gast Kublai Khans und bereiste das Land. Ihm verdanken wir, daß wir über die Liebe des Mongolenherrschers zur Kunst und dessen Bemühungen informiert sind, aus den kulturell so verschiedenartigen Teilen seines riesigen Reiches Künstler, Philosophen, Gelehrte und Handwerker nach Peking zu holen. Auch über die Toleranz Kublai Khans gegenüber anderen Religionen wüßten wir andernfalls nichts. Von Marco Polo stammen überdies die Beschreibungen des Kaiserpalasts in Peking, den Kublai Khan als Winterresidenz benutzte, sowie von dessen vierhundert Kilometer nordwestlich der Hauptstadt in Shang-tu gelegenen Sommerpalast Xanadu. Während der zweiten Hälfte des dreizehnten Jahrhunderts war dieser mongolische Despot bestrebt, in Peking und Shang-tu ein Paradies auf Erden entstehen zu lassen: Er ließ inmitten großzügiger Parks gelegene, von weiten Rasenflächen umgebene, weiße und goldene Paläste anlegen, von Menschenhand geschaffene Seen, Arkaden und Alleen – einen Ort, der Marco Polo entzückte und mit ihm alle, die sein Buch *The Description of the World* gelesen haben. Im siebzehnten Jahrhundert lasen unter anderen Richard Hakluyt und Samuel Purchas jenes Werk. Sie inspirierten mit dieser Vision die Dichtung und die Malerei des frühen neunzehnten Jahrhunderts – Coleridge und die Romantiker. Coleridge las Purchas' Beschreibung von Shang-tu, wo »Kublai Khan den Befehl gegeben hatte, einen Palast zu errichten und überdies einen prächtigen Garten anzulegen. Und so wurden zehn Meilen fruchtbaren Bodens mit einer Mauer umgeben.« Daraufhin wurde der Dichter vom Schlaf übermannt, und als er nach drei Stunden wieder erwachte, schrieb er seine weltbekannte Huldigung an die mongolische Zivilisation.

Auch Christoph Kolumbus wurde von Marco Polo inspiriert. 1492 segelte er nach Westen, in der Hoffnung, das reiche, märchenhafte Land zu finden, das einst von dem »großen und erhabenen Cublay Kaan regiert wurde. Als ich nach Juana kam (auf den Bahamas), folgte ich der Küste und stellte fest, daß sie sich so weit erstreckte, daß ich dachte, es müsse das Festland, die Provinz von Cathay sein«. Der Traum der Mongolen, die Welt zu erobern, scheiterte zwar, doch sie inspirierten damit andere.

Marco Polo beschreibt die enge Verbundenheit von Mensch und Pferd bei den Mongolen, auf die sich die Eroberung und Erhaltung ihres Reiches gründete, das sich über 8000 Kilometer erstreckte. Diese Partnerschaft und ihre Durchschlagskraft beeindruckte die Russen wie auch die anderen unterworfenen Völker:

Sie leben (wie gesagt) meistens von Stutenmilch; jeder Mann hat etwa achtzehn Hengste und Stuten zur Verfügung. Wenn ein Pferd durch den Ritt ermüdet ist, so wechseln sie es gegen ein anderes aus. An Nahrung nehmen sie nur etwas Milch in ein bis zwei Lederbeuteln mit; außerdem haben sie einen kleinen irdenen Topf, in dem sie ihr Fleisch kochen. Ist ein eiliges Unternehmen im Gange, so reiten sie zehn Tage hintereinander, ohne irgend etwas Gekochtes zu sich zu nehmen oder Feuer anzumachen, um dadurch keine Zeit zu verlieren (…). Oft, wenn sie keinen Wein und kein Wasser haben, so (…) stechen sie in die Adern ihrer Pferde (…) und saugen das Blut bis zur Sättigung. Sie führen auch (getrocknetes) Blut mit sich, das sie (…) nötigenfalls in Wasser auflösen und trinken. Ebenso haben sie getrocknete Stutenmilch (…). Dabei wird (…) die Milch gekocht, (…) die Butter abgeschöpft (…) und der Rest in der Sonne getrocknet. Auf Feldzügen führen sie etwa zehn Pfund dieser Milch mit sich. Am Morgen tut jeder Mann ein halbes Pfund in eine kleine Lederflasche und rührt sie mit Wasser (…) an, bis die Milch sich aufgelöst hat und dann durch das Reiten ganz zerquirlt ist. Zu gegebener Zeit trinken sie das als Frühstück.[10]

Vor allem dieser beeindruckenden Mobilität verdankten die Mongolen den Erfolg ihrer rasanten Eroberungszüge. Doch zugleich machte sie diese Unstetigkeit auch verwundbar. Denn bei der Verwaltung und Steuereintrei-

Der venezianische Kaufmann und Weltreisende Marco Polo.
Gemälde von Jacopo da Bassano, um 1517/1518

bung in den westlichen Provinzen waren sie auf die Mitwirkung der Russen angewiesen. Vermutlich hat sie die auffällige Kooperationsbereitschaft der Fürsten von Moskau sogar überrascht.

Im Jahre 1276 wurde Daniel, Alexander Newskijs Sohn, zum Fürsten von Moskau gekrönt, einer Stadt, deren Geschichte mit Verrat beginnt: 1147 hatte Jurij, einer von Wladimir Monomachs Söhnen, der auch Jurij Dolgorukij (= Langhand) genannt wurde, den Herren der Burg, Stephan Kuchka, eines Nachts mit Hilfe eines zahmen Bären ins Freie gelockt. Als die Bewohner der Burg das Brummen des Bären hörten, überredeten sie Kuchka hinauszugehen, um den Bären zu töten. Jurijs Gefolgsleute fielen sogleich über den Burgherren her, stachen ihn nieder und strangulierten ihn. Daniel vergrößerte durch Kauf oder Usurpation das Gebiet seines Fürstentums um mehr als das Doppelte. In den Chroniken findet die Hinterlist, mit welcher er sich der Provinz von Kolomna bemächtigte, besondere Erwähnung. Doch ohne die Unterstützung durch die Mongolen wären weder er noch seine Nachfolger in der Lage gewesen, diese Politik der rücksichtslosen territorialen Erweiterung zu verwirklichen. Jeder russische Fürst mußte damals nach Sarai, der Hauptstadt der Goldenen Horde an der unteren Wolga reisen, um von den Mongolen als Regent seines Fürstentums bestätigt zu werden. Dieser Titel wurde nur dem zuerkannt, der den Khan mit hohen Summen bestach und ihn sich mit teuren Geschenken geneigt machte. Nur jene Fürsten blieben an der Macht, die bei ihren Untertanen Tributzahlungen für die Mongolen rücksichtslos eintrieben. Die ersten Fürsten von Moskau legten dabei gegenüber ihren slawischen Volksgenossen in den anderen Fürstentümern eine bemerkenswerte Gleichgültigkeit an den Tag und waren fest entschlossen, ihre tatarischen Herren zufriedenzustellen. Als Fürst Michael von Twer 1319 nach Sarai zitiert wurde, um seinen Widerstand gegen die Ansprüche des Fürsten Jurij auf den Titel eines Großfürsten von Wladimir zu erklären, wurde er von Jurij – seinem eigenen Vetter – denunziert und schließlich enthauptet und gepfählt. Jurijs Verrat muß selbst seine nicht gerade zimperlichen mongolischen Herren mit Abscheu erfüllt haben. Michaels Sohn wandte sich daraufhin an den Erzbischof. Dieser bestätigte ihm zwar, daß der Fürst von Moskau ein ›verräterischer Diener der Tataren‹ sei, doch die Kirche legte bei den Mongolen keinen offiziellen Protest ein. Jurij wurde schließlich von Michaels Söhnen getötet, die ihn auf der Reise nach Sarai mit ihren Pfeilen durchbohrten. Einer der Söhne fiel später einem Vergeltungsschlag der Moskowiter Linie zum Opfer.

In der Hoffnung, diesem offen ausgetragenen Familienzwist ein Ende zu setzen, ernannten die Mongolen 1336 Alexander von Twer zum Großfürsten. Doch schon ein Jahr später weigerten sich die Bewohner von Twer, den Tribut an die Mongolen zu entrichten, und töteten den Gesandten der Tataren und seine Leibwache. Iwan I., der Bruder von Jurij und neue Fürst von Moskau, ließ sich diese Gelegenheit nicht entgehen. Er bot in Sarai Khan Özbek seine Dienste an und führte eine Armee von 50 000 Tataren gegen Twer. Die Stadt wurde zerstört und geplündert, ihre Bewohner hingemetzelt. Von dieser großzügigen Geste angetan, ernannten die Mongolen Iwan zum Großfürsten. Doch selbst damit gab er sich nicht zufrieden. Er sorgte dafür, daß die Kirche Alexander und die gesamte Stadt Pskow, die diesem Schutz gewährt hatte, im Namen ihres Oberhirten, des Metropoliten, exkommunizierte. Eine deutlichere Demonstration der Ohnmacht der Kirche ist wohl kaum denkbar. Als Alexander zehn Jahre später sein Leben aufs Spiel setzte und erneut nach Sarai reiste, erhielt er von den Mongolen sein altes Fürstentum Twer zurück. Solche Großmut war jedoch nicht nach Iwans Geschmack. Er überredete den Khan, diese Entscheidung zurückzunehmen, und war erst zufrieden, als von ihm gedungene Mörder Alexander getötet hatten.

Ein wichtiger Faktor in Iwans aggressiver, auf territoriale Expansion gerichteten Politik war die Kirche, die er schamlos für seine Zwecke einspannte. Er bedurfte ihrer zur Aufwertung seines Prestiges und um sich den Anschein von Achtbarkeit zu geben. Und die Kirche brauchte ihn, wenn sie überleben wollte. Der Metropolit Kyrill hatte im Jahre 1299 dem zerstörten und von seinen Bewohnern verlassenen Kiew den Rücken gekehrt und seinen Sitz nach Wladimir verlegt. Doch auch Wladimir war kein sicherer Aufenthalt, da rivalisierende Fürsten um den Besitz der Stadt kämpften. 1325, als Daniel Fürst von

Moskau war, zog der Metropolit in die aufstrebende Stadt, die von tiefen Wäldern umgeben war und relativ sicheren Schutz vor Angriffen eifersüchtiger russischer Territorialfürsten und deren Armeen bot. Die geschützte Lage Moskaus zog Siedler aus allen Teilen Rußlands an. Der Metropolit blieb trotz der zunehmend brutalen Herrschaft des Monarchen in der Stadt. Der Staat mißachtete nahezu alle christlichen Prinzipien wie Nächstenliebe, Mitleid, Demut und Friedfertigkeit, doch das System funktionierte. Den Grundsatz ›ehrlich währt am längsten‹ hatte gewiß keiner der Fürsten von Moskau zu seiner politischen Maxime erkoren. Doch die Dynastie konnte ihre Macht behaupten. Und jeder der moskowiter

Aufbruch der Karawane Marco Polos 1270.
Nach einer zeitgenössischen Illustration

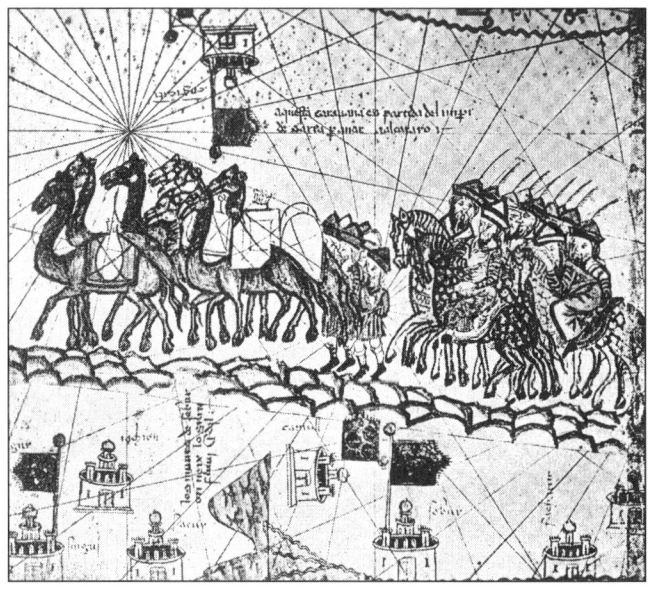

Fürsten hinterließ seinem Nachfolger ein größeres Staatsgebiet als jenes, das er selbst übernommen hatte. Bereits Iwan I., der sich auf mongolische Hilfstruppen stützen konnte, machte unmißverständlich klar, daß sich keine der russischen Provinzen vor einem Angriff Moskaus sicher fühlen könne. Auch für die Kirche war es somit sicherer, in Moskau zu bleiben und dessen Fürsten zu unterstützen – trotz der unchristlichen, ja antichristlichen Aktivitäten des Herrscherhauses. Auch in Byzanz und Kiew war die orthodoxe Kirche stets ein Anhängsel des Staates gewesen, eine Stütze der weltlichen Macht. An dieser alten Tradition der Unterwerfung hielt die russisch-orthodoxe Kirche auch in Moskau fest. Im Zentrum ihres Trachtens stand vor allem die Sorge um ihre eigene Sicherheit.

Die Doktrin der Kirche, die besagte, daß der Großfürst und später der Zar Stellvertreter Gottes auf Erden sei, kam faktisch einem Selbstmord nahe. Der Großfürst hatte seine Fähigkeit bewiesen, die Freiheit seiner Untertanen mit Füßen zu treten und das Territorium seiner Nachbarn zu annektieren. Er hatte sich mit den Mongolen verbündet – nicht nur, indem er eine Tatarenarmee von 50 000 Mann ins Land rief, um die Bürger von Twer zu bestrafen, sondern auch, indem er diese Armee selbst anführte. Einem solchen Großfürsten war ganz offensichtlich auch eine repressive Politik gegenüber der Kirche zuzutrauen. Er besaß die Macht, den Metropoliten in der Ausübung seines Amts zu behindern, ihn ins Gefängnis zu werfen oder zu töten oder gar – wenn er oder Gott in seiner unendlichen Weisheit dies so verfügte – die Kirche zu schließen und für immer zu zerschlagen. Die vorbehaltlose Unterstützung des Monarchen war auch insofern selbstmörderisch, als die Autorität der Kirche nur solange glaubwürdig erschien, wie der Monarch als unantastbar und unbesiegbar galt. Der Verlust ihrer Legitimation im Jahre 1917 war auch aus diesem Grunde

Iwan I., Großfürst von Moskau. Kupferstich, um 1770

unvermeidbar, denn die Kirche war auf Gedeih und Verderb mit der Monarchie verbunden. Seither hat die griechisch-orthodoxe Kirche in Rußland durch die Verfolgung eine neue Bedeutung erlangt.

Die zwei Jahrhunderte vor der Regierungszeit Iwans des Schrecklichen waren durch die rücksichtslose und zugleich zielstrebige Expansionspolitik seiner Vorgänger geprägt. Dabei war für alle moskowiter Herrscher der Krieg ein Grundelement ihrer Politik. Unablässig führten sie Krieg gegen andere russische Provinzen, gegen die Nachbarn, gegen die Mongolen. Iwan I. und seine Nachfolger wären jedoch niemals in der Lage gewesen, die zielstrebig und entschlossen verfolgte Politik territorialer Expansion zu realisieren, hätten die Mongolen dies nicht zugelassen. Es wäre ihnen ein leichtes gewesen, zum Beispiel durch drastische Erhöhung der Steuern oder durch unmittelbare militärische Intervention, dem Machtstreben Moskaus einen Riegel vorzuschieben. Die Fürsten von Moskau verstanden es jedoch, sich der Gunst der Goldenen Horde zu versichern, indem sie aus dem russischen Volk rücksichtslos die hohen Tributforderungen der Mongolen herauspreßten. Iwan I. erwarb sich den Spottnamen Kalita oder Geldbeutel. Seine ärmeren Nachbarn wurden von ihm entweder gekauft oder verjagt. Während der zwölf Jahre seiner Regentschaft vergrößerte sich das Territorium des Fürstentums Moskau um mehr als das Doppelte. Sein Sohn Simeon erhielt den Spottnamen Gordi, der Stolze, da – wie die Chronik berichtet – »der Khan ihm alle anderen Fürsten in die Hand gab«. Er wünschte von ihnen als ›Vater‹ und nicht mehr als ›älterer Bruder‹ betrachtet zu werden und forderte ›widerspruchslosen‹ Gehorsam. Er starb an der Pest, die 1352 sein Fürstentum heimsuchte. (Die Zahl der Pestopfer ist nicht bekannt. In den Jahren 1348 und 1349 starb in Italien, Frankreich und England möglicherweise die Hälfte der Bevölkerung an dieser Krankheit. Die letzte Epidemie in England wird aus dem Jahr 1665 berichtet. Die Chronisten erwähnen, daß 1390 in Nowgorod 80000 Menschen an der Pest starben.) Simeons Bruder, Iwan II., regierte nur sechs Jahre, doch in dieser kurzen Zeit gelang es ihm, auch diejenigen Fürsten zu beseitigen, die noch immer ihre Unabhängigkeit bewahrt hatten, indem er sie beim Khan denunzierte. Als Iwan vor dem Zelt des Khan anlangte, mußte er über die nackten und bis zur Unkenntlichkeit verstümmelten Leichen seiner Vettern schreiten, die die Tataren seinem Wunsch gemäß ermordet hatten.

Als er nach Moskau zurückkehrte, ließ er im Kreml die Kirche der Danksagung errichten. Dann lud er die Söhne der ermordeten Fürsten in den Kreml und ließ sie ins Gefängnis werfen. Keiner von ihnen überlebte. Iwan ließ sich vom Khan zum obersten Richter über alle anderen russischen Fürsten ernennen.

Von den neun Fürsten, die vor Iwan dem Schrecklichen in Moskau herrschten, wagte nur einer, die Mongolen herauszufordern: Dmitrij, der Sohn Iwans II., der seit dem großen Sieg, den er in der Schlacht bei Kulikowo am Don im Jahre 1380 über die Tataren erringen konnte, Dmitrij Donskoj genannt wurde.

Dmitrij paßte sehr gut in die Familientradition der Rurikiden. Er unterschied sich jedoch durch zweierlei von den übrigen Fürsten Moskaus: ein langes Leben und den Umstand, daß er nur zwei Söhne hatte. Dies verhinderte Thronstreitigkeiten innerhalb der Familie und war der weiteren Expansion Moskaus förderlich. Anders als seine Vorgänger hielt er es nicht für nötig, um die Gunst der Mongolen zu buhlen. Im übrigen lehnte er es ab, vor der Schlacht seine Armee zu verlassen, um sein Leben zu retten.[11] Iwan der Schreckliche zeigte sich vor den Toren Kazans weniger mutig, als bei dessen Eroberung Tausende seiner Soldaten ihr Leben verloren.

Dmitrij Donskoj ragte unter den selbstsüchtigen Fürsten dieser Periode territorialer Expansion hervor und wurde deshalb als Held verehrt. Doch selbst er zwang zu Beginn seiner Regentschaft den Bürgern von Nižnij Nowgorod seinen Willen auf, als diese den von ihm designierten Fürsten ablehnten. Er sandte seinen Metropoliten in die Stadt und ließ sämtliche Kirchen schließen, bis sich die Bewohner seinem Willen beugten. Dabei ließ er von Anfang an keinerlei Mißverständnisse aufkommen, welches Schicksal die Kirche erwartete, sollte sie je die Verwegenheit aufbringen, sich gegen den Monarchen zu stellen.

Es überrascht keineswegs, daß die Mongolen nicht in der Lage waren, ihre anfängliche Macht und Schlagkraft über Jahrhunderte hinweg aufrechtzuerhalten. In dem Maße wie ihre Unerbittlichkeit und Wildheit, ihre Disziplin und Einigkeit schwanden, wuchs unter den Russen der Wille zum Widerstand. Nach vierzig Jahren friedlicher Koexistenz mit den Mongolen kam es 1365 zum Krieg gegen sie, als die Bürger von Rjazan sich weigerten, die Tributzahlungen zu leisten. Die mongolische Streitmacht, die von Sarai anrückte, um die Stadt zu bestrafen, wurde besiegt. Doch sechs Jahre darauf folgte die Vergeltung: Eine große tatarische Armee fiel in Rjazan ein und brachte Verwüstung über die gesamte Provinz. 1378 griffen die Mongolen Nižnij Nowgorod an und steckten zur Vergeltung für die Vernichtung einer kleinen Abteilung von 1500 Soldaten die Stadt in Brand.

Dmitrij beschloß, daß es an der Zeit sei, die Offensive zu ergreifen. Die Goldene Horde und auch die übrigen Armeen der Mongolen zeichneten sich nicht mehr in dem Maße wie früher durch Strenge und Unbeugsamkeit ihrer Führer und absoluten Gehorsam ihrer Soldaten aus. Selbst die Khanswürde konnte inzwischen durch Intrige und Mord erlangt werden. In der Schlacht am Wozha-Fluß, einhundertfünfzig Kilometer südlich von Moskau, entging Dmitrij nur knapp einer Niederlage. Lediglich durch drei entschlossene, doch verlustreiche Gegenattacken gelang es ihm, die Katastrophe abzuwenden. Daraufhin faßte er den kühnen Entschluß, nach Süden zu marschieren und sich der gewaltigen Armee zu stellen, die Khan Mamai für den vernichtenden Schlag gegen die rebellierenden Russen dort zusammenzog.

Dmitrij rekrutierte aus allen russischen Provinzen die größte Armee in der bisherigen Geschichte der Ostslawen. Die Größe dieser Armee, die sich nach der Segnung durch den Metropoliten Sergeij zu dem heiligen Kreuzzug gegen die Tataren in Bewegung setzte, wird von Experten mit 150000 bis 400000 Mann angegeben. Einige der Fürsten rieten Dmitrij, am Nordufer des Don zu warten, doch er entschloß sich, seine Truppen in dem hügeligen Gelände südlich des Don und westlich des Dorfes Kulikowo aufmarschieren zu lassen. Die Stellung war ein hervorragender Ausgangspunkt für eine Offensive, da sie die tiefergelegene offene Ebene beherrschte, die die beiden gegnerischen Armeen trennte. Für die Defensive war sie allerdings weniger gut geeignet, denn der Don im Rücken der Russen machte jeden geordneten Rückzug unmöglich.

Als sich am Morgen des 8. September 1380 die Nebel über dem Fluß auflösten, setzten sich die beiden Armeen in Bewegung, und die Schlacht begann. Nach mehreren Stunden blutigen Gemetzels zeichnete sich ab, daß die zahlenmäßige Überlegenheit der Mongolen die Schlacht entscheiden würde. Die Tataren rückten in fünf parallelen Linien der Infanterie vor, wobei sie von schwerer Kavallerie unterstützt wurden. Dmitrij griff mit einer wesentlich offeneren Truppenformation an. Auf der linken Flanke hielt er im Schutze eines Waldes starke Kavallerieeinheiten zurück. Erst als das Hauptkontingent der Tatarenarmee diese Stellung passiert hatte, warf Dmitrij die zurückgehaltenen Kavallerieeinheiten in die Schlacht. Die unverbrauchten Truppen in ihrem Rücken versetzten die Tataren in Verwirrung, und Dmitrij nutzte die Gelegenheit, das Gros der russischen Armee zum Gegenangriff zu führen. Die Mongolen wurden zurückgeworfen und ihr Lager überrannt.

Es war ein triumphaler Sieg, doch nahezu zwei Drittel der russischen Soldaten fielen oder gerieten in Gefangenschaft. Die Überlebenden kehrten nach Moskau zurück, während die Mongolen eine neue Armee zusammenstellten, die zu einem Vergeltungsschlag auf Moskau vorrückte. Im Jahre 1382 erschien diese Armee vor den Mauern Moskaus. Die Schlacht tobte drei Tage, dann erklärten sich die Mongolen bereit, über die Bedingungen einer friedlichen Beilegung des Konflikts zu verhandeln. Wäre Dmitrij, der den Mongolen tiefes Mißtrauen entgegenbrachte, in Moskau gewesen, hätte er vermutlich Verhandlungen abgelehnt. Doch er befand sich noch immer in den Nordprovinzen, wo er neue Truppen rekrutierte.

Schlacht auf dem Kulikowofeld am Don 1380.

РОSSIСКАГО ПРОТИВУ SЛОЧЕСТИВАГО И БЕЗБОЖНАГО

Zeitgenössischer Holzschnitt

Die Mongolen nahmen sich die von der Fürstin Olga im 10. Jahrhundert so erfolgreich angewandte Taktik zum Vorbild und töteten die Mitglieder der russischen Delegation. Dann stürmten sie die Hauptstadt Moskowiens und metzelten die Verteidiger gnadenlos nieder. Die Chroniken berichten, daß 20 000 Russen starben oder gefangengenommen wurden. Nach jenem Sieg zogen sich die Mongolen in ihr eigenes Territorium zurück.

Trotz dieses furchtbaren Gegenschlages ist Kulikowo zweifelsohne ein wichtiger Wendepunkt in der Geschichte Rußlands – vergleichbar etwa den Siegen König Heinrichs V. von England über Frankreich. Allerdings besaß Dmitrijs Sieg für Rußland weit größere Bedeutung, da England – anders als Rußland von den Mongolen – nie von den Franzosen zerstört und geknechtet worden war. Zum ersten Mal in der Geschichte waren die vereinten Heerscharen der Tataren überwältigt worden. Moskau hatte sich als das Zentrum Rußlands bewährt. Jeder mußte nun begreifen, wie wichtig es war, einen gut funktionierenden, zentralistischen Staat mit einem schlagkräftigen stehenden Heer zu schaffen. Dmitrij selbst wurde wegen seiner Tapferkeit in der Schlacht und wegen seines entschlossenen Widerstands gegen die Unterdrücker von den nachfolgenden Generationen als Held verehrt. Er starb 1389, sieben Jahre nach der Eroberung seiner Hauptstadt durch die Tataren. Dies war bis zum Jahre 1571 der letzte Angriff der Mongolen auf Moskau. Dann nutzten die Krimtataren die unheilvollen Kriege Iwans des Schrecklichen gegen Polen und Litauen aus, nahmen die nur unzureichend geschützte Hauptstadt ein und steckten sie in Brand. Doch der Sieg von Kulikowo war der erste Schritt Rußlands aus der dunklen Epoche der Fremdherrschaft in Richtung nationaler Unabhängigkeit.

Dieser Triumph bedeutete zwar noch nicht das Ende der mongolischen Vorherrschaft – die trotz ständig schwindenden Einflusses noch ein weiteres Jahrhundert überdauerte –, doch er markiert im Bewußtsein der Russen einen Einschnitt, der bis heute nicht vergessen ist. Die frühen Fürsten von Moskau und auch Iwan der Schreckliche selbst lernten sehr schnell von den mongolischen Herren. Insbesondere übernahmen sie deren Methoden, um ihr eigenes und die übrigen Fürstentümer so effektiv wie möglich unter Kontrolle zu halten und auszubeuten. Die Auffassung von Monarchie und Staatskunst, die bis zu jener Zeit in Rußland vorgeherrscht hatte, war von Byzanz geprägt gewesen. Doch bereits die Fürsten der Kiewer Epoche hatten sich nur sehr vage und oft ohne die rechte Überzeugung von den Grundsätzen der byzantinischen Staatstheorie leiten lassen. Ihre moskowiter Nachfolger übernahmen nun von den Mongolen sozusagen aus erster Hand das Prinzip einer rücksichtslos zentralistischen staatlichen Kontrolle. Korruption und Unterwürfigkeit wurden zu anerkannten Mitteln der Politik, denn die Machterweiterung der Großfürsten von Moskau gründete sich nicht auf militärische Stärke, sondern auf die erfolgreiche Bestechung der tatarischen Machthaber. Diese drei Grundzüge des russischen Lebens – Unterwürfigkeit, Korruption und Mißachtung der Menschenrechte – gewannen immer mehr an Bedeutung, und dies ist bis heute so geblieben.

Die *prikazi* oder moskowiter Regierungsämter waren ähnlich organisiert wie die *diwans* des Khan. Daher erscheint es durchaus wahrscheinlich, daß die Verschmelzung von staatlichen und militärischen Aufgaben – selbst heute noch ein charakteristisches Merkmal russischer Administration – ein Vermächtnis der mongolischen Herrschaft ist. Auch im Hinblick auf die militärische Organisation und die Taktik lernten die Russen vieles von den Tataren, insbesondere die Taktik der Einkreisung und die Verwendung von Schießpulver, Sturmböcken und Wurfmaschinen. Die Russen übernahmen außerdem verwaltungstechnische Einrichtungen, welche die zentrale Administration erleichterten, von den Mongolen, so zum Beispiel das Kommunikations- und Transportnetz. Durch dieses Netz wurden Bauern, die in der Nähe von Überlandstraßen lebten, gezwungen, Pferde für den Transport- und Kurierdienst bereitzustellen. Auch das mongolische Besteuerungssystem, das den einzelnen Haushalt als Steuereinheit zugrunde legte, wurde kopiert, ebenso das Zollsystem. Zudem übernahmen sie von ihnen die Gepflogenheit, immer häufiger Geld als Zahlungsmittel zu verwenden. Eine weitere von den Russen beibehaltene mongolische Institution war die Einrichtung eines Staatsmonopols für die Lieferung und den Verkauf von Alkohol. Während die römischen Kaiser ihren Untertanen das Leben mit Brot und Spielen erträglich zu machen versuchten, setzten die russischen Zaren und später auch die kommunistischen Machthaber auf Wodka für das Volk. Das wichtigste Vermächtnis, das die Mongolen den Russen, aber auch der übrigen Welt hinterließen, war ihr Konzept der unumschränkten Macht. In gleicher Weise wie die Wandalen durch ihre Rolle in der Geschichte zum Inbegriff der rohen Zerstörungswut wurden, bezeichnet heute noch in der ganzen Welt das Wort Mogul (persischer Name für den tatarischen Begründer des Mogulreichs in Indien) einen Mann, dessen Wort Gesetz ist.

Auch die fortdauernde Bedrohung der südlichen Grenzen Rußlands durch die Mongolen hielt die Fürsten von Moskau nicht davon ab, die übrigen ostslawischen Fürstentümer immer wieder mit Krieg heimzusuchen. Mehr noch – die bloße Existenz des Mongolenreichs diente den Moskowitern als ideale Rechtfertigung für ihre Kriegsdrohungen beziehungsweise für die – im Falle des Widerstands gegen ihre Forderungen – rücksichtslos durchgeführte Politik der Unterwerfung. In den ersten 150 Jahren seines Bestehens – das heißt, in nur fünf Generationen – war das Territorium des Fürstentums Moskau von 1300 Quadratkilometern auf 40 000 Quadratkilometer angewachsen. Nach Dmitrij Donskojs Tod (1389) annektierte sein Sohn Wasilij I. das Fürstentum Nižnij Nowgorod. Dessen Nachfolger Wasilij II. riß Moshajsk, Serpukow und Teile von Rjazan an sich. Dessen Sohn

Iwan III. Wassiliewitsch. Holzschnitt, 1675

Iwan III. wiederum untergrub die Selbständigkeit Nowgorods und verleibte es schließlich ebenso dem Großfürstentum Moskau ein wie Černigow, Perm, Wjatka, Jaroslaw und Twer. Iwan III. ist von einigen russischen Historikern auch Iwan der Große genannt worden – seine Eroberungen verdienen dieses Attribut ganz gewiß. Durch Kauf, Einschüchterung und notfalls auch durch Eroberung erweiterte er das Territorium des Großfürstentums um das Vierfache. Doch schon vor seiner Herrschaft hat man Moskau wegen seiner länderverschlingenden Expansionspolitik mit einer Boa Constrictor verglichen.[12]

Iwans Sohn Wasilij III. zerschlug den Widerstand in Pskow und Smolensk und besetzte das noch immer unabhängige Fürstentum von Rjazan. Wie es Bernard Pares in seiner exzellenten *History of Russia* formuliert, waren die anderen russischen Fürstentümer für die Fürsten von Moskau nichts weiter als »hilflose Beutestücke, die diese sich problemlos Stück für Stück einverleiben konnten«.[13] Um Nowgorods Unabhängigkeit zu zerstören, schreckte Iwan III. auch nicht vor der Massenvertreibung führender Familien der Provinz zurück. Mehr als 150 Adels- und Handwerkerfamilien wurden nach Wladimir und an die Wolga ausgesiedelt. 7000 Bürger Nowgorods wurden aus ihrer Heimat vertrieben und in der Umgebung von Moskau zwangsangesiedelt. An ihrer Stelle wurden moskowiter Familien nach Nowgorod geschickt. Wie Sklaven wurden unschuldige Männer, Frauen und Kinder in noch unerschlossene Regionen gekarrt. Ihre persönliche Sicherheit hatte hinter den Interessen des Staats zurückzustehen. Iwan preßte aus Nowgorod einen dreimal höheren Tribut als früher die Mongolen. Dafür handelte er sich die mutige Rüge des Metropoliten ein: »Ihr seid schlimmer als die Tataren! Fürchtet Gott, denn Er wird Euch am Jüngsten Tag nicht verschonen.« Iwan verpflichtete sich daraufhin, »fürderhin nicht mehr das Blut von

Glaubensgenossen zu vergießen«. Dieser Schwur wurde allerdings von Iwan schon sehr bald gebrochen, und der Metropolit drohte ihm nun damit, den Fluch Gottes über ihn auszusprechen. Aber nur *ein* Mensch durfte in Rußland ungestraft Drohungen ausstoßen. – Wenige Tage später fand sich Gift im Essen des Metropoliten, und die kritische Stimme war für immer zum Schweigen gebracht. Nowgorod war zweihundert Jahre zuvor der Zerstörung durch die Mongolen entgangen, als diese Rußland verwüstet hatten. Doch nun mußten seine Bürger ausgerechnet durch den Großfürsten von Moskau, einen Landsmann, Hunger, Folter und Hinrichtung erdulden. Dieser fiel in Nowgorod ein und nahm 10 000 Gefangene. Sie wurden wie Vieh zusammengetrieben und enthauptet, dann hackte man die Leichen in Stücke und warf sie den Krebsen in den vielen Teichen und Seen um Moskau zum Fraß vor. Die Frauen verkaufte man an die Krimtataren.

Wer die russische Geschichte verstehen will, darf das Schicksal der russischen Bauern nicht außer acht lassen, ihre fortwährende Mißhandlung, ihre Verknechtung zu Sklaven und Leibeigenen und ihre Verwendung als Kanonenfutter. In den frühen Chroniken werden die *freien* Bauern im allgemeinen als *smerd* – das heißt als stinkende Männer – bezeichnet. Sklaven nannte man *rob* (Arbeiter, *robotnik*) oder *kholop*. Herman Andreijew schreibt in einem vor kurzem veröffentlichten Essay: »Sklaverei hat es für die Menschen in Rußland immer gegeben.«[14]* Nach

---

* »Eine notwendige Bedingung für Selbstbestimmung, Freiheit und Fortschritt, wie sie für das moderne England und Amerika charakteristisch sind, ist die Befreiung der Leibeigenen gewesen. Sie war die notwendige Voraussetzung für die Entfaltung von Handel, handwerklicher Produktion und Landwirtschaft. Zugleich markiert sie den Beginn des geistigen und politischen Aufschwungs, den England unter der Herrschaft der Tudors und Stuarts erlebte.« *Geschichte Englands,* G. M. Trevelyan, 243

Ansicht des russischen Historikers Lew Kopelew gab es nach der *Russkaja Prawda* des Fürsten Jaroslaw (um 1040) mehr als sechshundert Jahre lang keine wirkliche Verbesserung und Weiterentwicklung des russischen Rechtssystems mehr.[15]

Dies sollte sich erst unter den Zaren Alexander und Peter ändern. In Jaroslaws altrussischem Rechtskodex war für die Tötung eines freien Bauern lediglich die Zahlung von fünf *grivennik* (fünf Heller) festgesetzt. Während des Kriegs zwischen Nowgorod und Suzdal im Jahr 1169 wurden die in Gefangenschaft geratenen Männer Suzdals im Nowgoroder Land für zwei *nogata*, ein Drittel des Preises einer Ziege, verkauft.[16]

Von der Brutalität, mit der Iwan I. – durch eine große Tatarenarmee unterstützt – den Widerstand in Twer brach und die »christliche Stadt in Blut ertränkte«, wie es der russische Historiker Sergei Elagin formuliert, haben wir bereits gehört. Iwan III. und sein Klerus standen dieser Grausamkeit in nichts nach: Ketzer und Andersdenkende wurden bei lebendigem Leib in Holzkäfigen verbrannt. Unter seiner Herrschaft war es undenkbar, daß irgend jemand – egal, ob Bauer oder Adeliger – die offizielle, religiöse Doktrin in Frage stellte. In dieser Hinsicht läßt die Geschichte Rußlands zweifellos eher europäische als mongolische Wesenszüge erkennen. Es waren stets Christen und nicht Moslems, die ihre Glaubensbrüder der Ketzerei bezichtigten, sie folterten und bei lebendigem Leibe verbrannten. Herman Andreijew kommentiert dieses dunkle Kapitel der russischen Geschichte mit folgenden Worten:

Eine homogene Geschichte eines vereinten Rußland hat es nie gegeben. Wenn es in der russischen Geschichte überhaupt eine Konstante gibt, dann ist dies die fortwährende Unterdrückung und Ausbeutung des unwissenden und geschundenen Volkes durch den Staat und die Kirche ... Bis 1861, dem Jahr der offiziellen Abschaffung der Leibeigenschaft, wurden die Bauern praktisch ohne Widerspruch

der orthodoxen Kirche ausgeraubt, geschlagen, gegen Hunde ge-
tauscht, wie Tiere zur Kolonisierung entlegener Gebiete zusammengetrieben, in Uniformen gesteckt und gezwungen, andere Menschen zu töten.[17]

Diese militärischen Zwangsverpflichtungen sind für das
Verständnis der russischen Geschichte von zentraler Bedeutung. Für die Fürsten von Moskau war Krieg der
wichtigste Faktor ihrer Politik. Wenngleich die meisten
von ihnen bewaffnete Auseinandersetzungen mit den
Mongolen vermieden, zeigten sie doch keinerlei Hem-
mungen, andere Fürstentümer und ihre Nachbarn

Die Tataren in Tabor.
Polnische Lithographie, Mitte 19. Jahrhundert

im Westen immer wieder mit Krieg heimzusuchen. Iwan III., der Großvater Iwans des Schrecklichen, rechtfertigte diese Politik mit dem Grundsatz: »Die Länder Rußlands sind von unseren Vorfahren auf uns gekommen und seit jeher unser Patrimonium.« Diese Behauptung war nicht nur historisch unrichtig, da die Länder Rußlands nie eine Einheit, allenfalls eine lose Konföderation von Fürstentümern gebildet hatten, auch moralisch entbehrte sie jeder Rechtfertigung. Hätten alle Fürsten Europas Krieg geführt, um das Land zurückzuerobern, das ihre Vorfahren vor Hunderten von Jahren einmal besessen hatten, dann hätte zu keiner Zeit und in keinem Land jemals Friede geherrscht. Gestützt auf dieses Argument hätte jeder Nachkomme eines vor Jahrhunderten entmachteten Fürsten, Herzogs, Ritters oder Landbesitzers in Europa für sich das Recht in Anspruch nehmen können, die Waffen gegen seine Nachbarn zu erheben. Hätten sich alle europäischen Mächte diesen Grundsatz zu eigen gemacht, wäre ganz Europa zu einem Tummelplatz von auf ihrem Recht beharrenden und einander ständig bekriegenden dynastischen Erben der gascognischen, burgundischen, toskanischen, lombardischen, neapolitanischen, böhmischen und pommerschen Herrscherhäuser verkommen. Eine Parallele stellt allenfalls die Expansionspolitik der Habsburger, der Hohenzollern und des Hauses Savoyen dar, wobei deren expansive Hausmachtpolitik im Vergleich mit dem Vorgehen der moskowiter Großfürsten wie das Musterbeispiel einer von Vernunft und freundlicher Überredungskunst diktierten Politik erscheint.

Während der fünf Jahrzehnte, die der Thronbesteigung Iwans des Schrecklichen vorausgingen, war Moskau häufig in Kriege gegen Litauen und Polen verstrickt. Seinem Verbündeten, dem Khan der Krimtataren, erklärte Iwan III. ganz unmißverständlich, daß der Krieg solange fortgesetzt werde, bis alles Land zurückerobert sei, das sich je im Besitz eines russischen Fürsten befunden habe. Waffenstillstand schließe er nur, ›um Atem zu holen‹. Zwischen 1492 und 1532 lag Moskau beinahe pausenlos im Krieg mit seinen westlichen Nachbarn. Auch in die Angelegenheiten der Tataren mischte sich Iwan ein und schickte seine Soldaten in die Kriege rivalisierender Khane. Die gewaltsame Eroberung weiterer russischer Städte durch Moskau stürzte das Land immer wieder in bürgerkriegsähnliche Wirren.

Der Vater Iwans III., Wasilij II., hatte den Beinamen ›der Blinde‹. Die Anhänger eines rivalisierenden Anwärters auf den Titel des Großherzogs hatten ihn, als er in einer Kirche für seine Befreiung aus tatarischer Gefangenschaft ein Dankgebet sprach, überwältigt und mit glühenden Eisen auf beiden Augen geblendet. Dabei handelte es sich um einen Racheakt: Nach der Beisetzung von Wasilijs Vater hatte Fürst Jurij von Galič, ein Onkel Wasilijs, versucht, diesen über die Kremlmauer zu stoßen. Daraufhin war ein Kampf entbrannt, und Jurij wurde die rechte Hand zerquetscht, seine Zähne ausgeschlagen. Sein Sohn wurde ebenfalls auf einem Auge geblendet. Jurij selbst wurde von einigen Männern gepackt und ausgepeitscht. Sogar der Metropolit trug zwei blaue Augen davon. Dutzende von Bürgern aus Galič wurden in die Moskwa geworfen.

Als der Metropolit den erblindeten jungen Fürsten von Moskau sah, erlitt er einen Herzschlag und starb. Der neue Metropolit, der zwischen den beiden Parteien zu vermitteln suchte, wurde von zwei Fürsten entführt und ausgepeitscht, die von Wasilijs Vater enteignet worden waren. Es ist nicht weiter verwunderlich, daß während dieser frühen Periode in der Geschichte Moskaus abgesehen von den Klöstern jedes kulturelle Schaffen darniederlag. Manche der Fürsten waren Analphabeten. Auch Dmitrij Donskoj zum Beispiel war – wie die Chronik berichtet – des Lesens nicht kundig.

Wie die folgende Zeittafel veranschaulicht, brachen in Rußland häufig dann Bürgerkriege aus, wenn die Kontrollinstanzen im Zentrum der Macht in sich zusammenfielen, wenn Fürstentümer einander bekämpften und in großen Teilen des Landes Aufruhr herrschte. Um diese Unruhen im Keim zu ersticken, unterhielten die Fürsten von Moskau und später die Zaren schon sehr früh ein stehendes Heer, dessen Größe mit der Ausdehnung des von ihnen kontrollierten Territoriums – und somit der zunehmenden Gefahr eines Aufstands – ständig wuchs.

Bürgerkriege und Aufstände in Rußland

10. Jahrhundert	972 – 980
11. Jahrhundert	1015 – 1019
	1054 – 1113
12. Jahrhundert	1139 – 1146
	1157 – 1167
13. u. 14. Jahrhundert	Mongolenherrschaft – zahlreiche Bürgerkriege
15. Jahrhundert	1425 – 1431
16. Jahrhundert	1510
17. Jahrhundert	1604 – 1613
	1670 – 1671 Razin
18. Jahrhundert	1773 – 1775 Pugačew
19. Jahrhundert	1825 Dekabristenaufstand
	1830 polnischer Aufstand
	1863 polnischer Aufstand
20. Jahrhundert	1905
	1918 – 1921

Einige Historiker haben die Kriege der moskowiter Fürsten lediglich als zwar harte, doch zeitlich begrenzte Maßnahmen zur Festigung der Nation interpretiert. Aber schließlich sind alle Kriege zeitlich begrenzt. Die Initiatoren von Kriegen wie jene, die sie ausfechten müssen, glauben ernsthaft, daß das Leben irgendwie besser wird, sobald der Konflikt vorbei ist. Auch Historiker sind in ihrem Bestreben, die Kriege junger aufstrebender Nationen zu rechtfertigen, nicht immer gegen jene Art des Wunschdenkens gefeit. In diesem Zusammenhang sprechen sie gerne von Sicherung der Grenzen, oder ganz allgemein von dem Bedürfnis nach Sicherheit, von der Festigung der Nation und von den Heldentaten der Soldaten, die den Feind besiegt haben. Doch in dem erhabenen Bild vom Aufstieg einer Nation findet eines nicht Erwähnung: das Sicherheitsbedürfnis der Nachbarstaaten, deren Bewohner oftmals demselben Volk und derselben Kirche angehören. Mit keinem Wort ist in dieser Apologie des Krieges von den Toten die Rede, den Leiden der Überlebenden, den zerstörten Familien auf seiten der Sieger und Besiegten. Niemand glaubt heute mehr an das Königtum von Gottes Gnaden, doch nach wie vor glauben viele an den Erfolg der Nation von Gottes Gnaden: Wenn eine Nation erfolgreich ist, dann muß Gott auf ihrer Seite sein – wie immer dieser Erfolg auch errungen worden ist.

Nachdem Rußland sich als Nation gefestigt hatte – unabhängig davon, wann man diesen Zeitpunkt genau datiert –, gingen die Kriege mit den Nachbarn unvermindert weiter. Von den frühesten Epochen seines Bestehens bis ins zwanzigste Jahrhundert hinein haben Kriege die Geschichte Rußlands bestimmt. Bereits im neunten und zehnten Jahrhundert führten die Russen fünf Kriege gegen Byzanz. Im elften und zwölften Jahrhundert erschütterte mehr als siebzig Jahre lang ein immer wieder aufflackernder Bürgerkrieg das Kiewer Reich. Als das Joch der Mongolenherrschaft nicht mehr so schwer auf dem Land lastete, brachen erneut Bürgerkriege aus. Im Verlauf des dreizehnten und des vierzehnten Jahrhunderts führten die Russen 41 Kriege gegen Litauen, 30 Kriege gegen die baltischen Staaten des Deutschen

Ordens und 44 Kriege gegen Schweden, Bulgarien und andere kleinere Staaten. Zwischen 1245 und 1445 war die Armee des Fürstentums Moskau hundertdreiundsechzigmal in Aufstände oder Kriege gegen andere russische Fürstentümer verwickelt.[18] Auch seit Ende des siebzehnten Jahrhunderts brachen immer wieder Bürgerkriege aus, doch jetzt nicht mehr zwischen verschiedenen Provinzen des Landes, sondern zwischen Herrschern und Beherrschten. Auf die Bauernaufstände von Bolotnikow, Razin, Bulawin und Pugačew im siebzehnten und achtzehnten Jahrhundert folgten im neunzehnten Jahrhundert Hunderte von kleineren, regional begrenzten Bauernrebellionen, die weder organisiert waren, noch einen Anführer hatten. Zwischen 1800 und 1812 gab es 165 solcher regionaler Bauernrevolten; zwischen 1812 und 1825 waren es 540; in den Jahren von 1825 bis 1860 stieg ihre Zahl auf über 1200. Damals flohen die Bauern in Scharen aus dem Land. Allein 30 solcher massierter Abwanderungsbewegungen suchten in jenen Jahren Zuflucht im Kaukasus. Ende der 50er Jahre des letzten Jahrhunderts nahmen die Bauernaufstände trotz drakonischer Strafen und vieler Todesopfer solche Ausmaße an, daß der Zar gezwungen war, einige Zugeständnisse zu machen. 1861 gab Alexander II. den Leibeigenen die Freiheit. Doch diese Maßnahme kam nicht nur zu spät, sie war auch wirkungslos: Sehr bald schon begriffen die Leibeigenen, daß sich nur ihr Status geändert hatte, nicht aber ihre Armut und ihre Rechtlosigkeit. In den darauffolgenden drei Jahren erschütterten nahezu 2000 Bauernaufstände das Land. Zwischen 1905 und 1907 wurden 7000 Bauernrevolten gezählt, die halb Rußland erfaßten. Zwischen 1910 und 1914 stieg ihre Zahl auf etwa 13000.

Ende des 19. Jahrhunderts führte die Industrialisierung zu zahlreichen Sozialrevolten und Massenstreiks. Auch in den von Rußland unterworfenen Gebieten brachen immer wieder Freiheitskämpfe aus. Trotz der massiven Unterdrückung erhoben sich 1830 und 1863 die Polen gegen das Joch der russischen Besatzung. Allein während des zweiten Volksaufstands verloren 30000 Polen ihr Leben. In Zentralasien, Georgien und in den baltischen Provinzen kam es zu ähnlichen Volkserhebungen. Im Verlauf seiner Geschichte führte Rußland immer wieder Krieg mit seinen Nachbarn: Im sechzehnten, siebzehnten und achtzehnten Jahrhundert gab es acht Kriege mit Polen, zwischen 1554 und 1809 neun Kriege mit Schweden. Im siebzehnten, achtzehnten und neunzehn-

Moskowitische Krieger. Holzschnitt
aus Herbersteins ›Rerum Moscovitarum Commentarii‹,
Wien 1557

ten Jahrhundert unternahmen die Russen neun Feldzüge gegen die Türken, und zwischen 1722 und 1828 führte Rußland drei Kriege gegen Persien. Im siebzehnten Jahrhundert verstrickte Peter der Große Rußland in zwei Kriege mit China. Unter Katharina II. brach 1796 ein Krieg mit Indien aus; 1801 unternahm ihr Nachfolger Paul einen weiteren Kriegszug gegen Indien. 1904 provozierte Rußland durch den Einmarsch in die Mandschurei und die Brüskierung japanischer Interessen in Korea einen Krieg mit Japan. Finnland wurde 1941 überfallen. Rußland hat schon gegen alle seine Nachbarn Krieg geführt, und jede Zunahme des Territoriums des Russischen Reichs beschwor weitere Konflikte mit den neuen Nachbarn herauf. Diese Politik zieht sich wie ein roter Faden durch die Geschichte Rußlands.

Der Einmarsch der Franzosen unter Napoleon und der Deutschen unter Hitler brachte großes Leid über die Russen. Doch beide Okkupationen währten nicht lange, und jedesmal gelang es Rußland schließlich, sein Territorium zu vergrößern. Man kann Rußland ganz gewiß nicht als eine Nation betrachten, die nie andere Länder überfallen, besetzt und zerstört hätte. Andererseits waren die Russen während ihrer Geschichte immer wieder von Völkern umgeben, die expandierten und russisches Gebiet besetzten. Doch dies gilt für alle Staaten und Völker.

Immer wieder haben westliche Historiker nachzuweisen versucht, daß Rußland seit jeher ein europäisches Land gewesen ist. Doch die frühen moskowiter Herrscher fügen sich nur schlecht in dieses Bild, denn sie distanzierten sich in sehr eindeutiger Weise vom europäischen Hochadel. Iwan III. war der erste Fürst von Moskau, der sich nach einem seiner Kriege gegen Litauen ›Gebieter aller Rus‹ nannte. Friedrich III., der Kaiser des Heiligen Römischen Reichs Deutscher Nation, schlug Iwan vor, er solle sich ab nun den Titel ›König‹ geben. Iwans Antwort ist äußerst aufschlußreich. Die Geste des

Die Erstürmung von Konstantinopel 1453.
Französische Miniatur aus dem 15. Jahrhundert

guten Willens von seiten des deutschen Kaisers wies
Iwan mit dem Hochmut des Emporkömmlings zurück,
der es vorzieht, sich abseits zu halten. Nicht ›König‹
nannte er sich, sondern ›Zar‹. Der Titel ›Zar‹ leitet sich von
Caesar her, doch als Herrschertitel ist ›Zar‹ nicht nur ein-
malig in der Welt, sondern in geradezu herausfordernder
Weise uneuropäisch. ›Zar‹ ist eine der russischen Be-
zeichnungen für einen König. In den altrussischen Chroniken werden die Könige von Judäa und Ägypten, die
Kaiser von Rom und Byzanz und die Khane der Noma-
denvölker so tituliert.

»Durch die Gnade Gottes sind wir Gebieter in unserem
Land seit Anbeginn, seit unseren ersten Ahnherren«, lautete Iwans Antwort. »Unsere Berufung erhalten wir allein
von Gott.« Den Titel des Königs wies er zurück. »Wir

haben ihn von niemandem gefordert, und wir wollen ihn auch jetzt nicht.«

Diese Antwort hätte man ebensogut von Dschingis Khan oder Tamerlan (Timur Lenk) erwarten können. Iwans arrogante Zurückweisung des kaiserlichen Vorschlags wird auf 1494 datiert. Zweiundzwanzig Jahre zuvor hatte er Zoë, die Nichte des letzten byzantinischen Kaisers Konstantin Palaiologos, geheiratet, der 1453 bei der Eroberung Konstantinopels durch die Türken gefallen war. Iwans Ehe mit Zoë war nur deshalb zustande gekommen, weil die byzantinische Prinzessin unter dem Schutz des Papstes nach Moskau gekommen war. Die europäische Christenheit erhoffte sich von dieser Heirat eine Wiedervereinigung der beiden Hälften der gespaltenen Kirche. Iwan akzeptierte das Mädchen und dessen in Byzanz geprägte Grundsätze einer autokratischen Herrschaft – eine Vereinigung der beiden christlichen Kirchen zog er indessen nicht in Betracht. Von nun an wurden im Kreml wie früher in Byzanz die Entscheidungen hinter geschlossenen Türen gefällt. Wie üblich hatte die Kirche auch diesmal keine Einwendungen. Aber der wahrhaft gläubige Fürst Patrikejew, der Mönch geworden war, hatte den Mut, das Wort gegen die Allianz von Kirche und Staat und gegen die Grausamkeit, mit der Zar und Priester das Volk behandelten, zu erheben:

Wo in den Überlieferungen der Evangelien, der Apostel und der Kirchenväter steht geschrieben, daß Mönche ganze Dörfer erwerben und die Bauern versklaven sollen? Wir arbeiten den Reichen unterwürfig in die Hände und umschmeicheln sie, damit uns ein kleines Dorf geschenkt werde. Wir erniedrigen, berauben und versklaven Christenmenschen – unsere eigenen Brüder. Wilden Tieren gleich züchtigen wir sie mit Peitschen.[19]

Im Gegensatz zu den sonstigen Analphabeten an Iwans Hof war Zoë, die inzwischen in Sofija umbenannt worden war, eine gebildete, mehrerer Sprachen mächtige

Frau. Sie ermutigte Iwan in seiner aggressiven Eroberungspolitik. Die Folge war, daß er sich weigerte, weiterhin Tributzahlungen an die Mongolen zu leisten. Als 1480 die mongolische Armee bis an den Ugra-Fluß, nur 150 Kilometer südlich von Moskau, vorrückte, vermied er jedoch eine militärische Konfrontation. Dieser Entschluß war für viele seiner Untertanen lebensrettend, da sich die Mongolen plötzlich freiwillig zurückzogen. Ihr Anführer Khan Akhmed war in einen Hinterhalt geraten und – möglicherweise nicht ganz ohne die Ermunterung Iwans – von einem rivalisierenden Tatarenfürsten getötet worden. Zwar bedeutete dies noch nicht das Ende der tatarischen Überfälle und Kriegszüge, doch von nun an stellte Moskau seine Tributzahlungen ein.

Wasilij III., der Sohn Iwans und Sofijas, war nicht nur gläubiger als sein Vater, er war auch skrupelloser. Seine autokratische Herrschaftsauffassung ließ den Hof mit Bedauern an die Zeit Iwans zurückdenken, der zugänglicher und milder war als sein Sohn. Wasilij III. annektierte mit Waffengewalt die Ländereien, die sich noch immer im Besitz der übrigen russischen Fürsten befanden. Für das russische Volk änderte sich dadurch jedoch nichts. Die Expansionskriege wurden mit unverminderter Grausamkeit fortgesetzt. Wasilijs erste Frau war unfruchtbar; als zweite Frau wählte er deshalb Helena Glinskaja, deren Familie mongolischer Abstammung war. Angeblich war sie in direkter Linie mit Khan Mamai verwandt, den Dmitrij Donskoj in der Schlacht von Kulikowo besiegt hatte. 25 Jahre hatte Wasilij vergeblich um einen Sohn und Erben gebetet. In der dunklen, von schweren Gewittern zerrissenen Nacht des 25. August 1530 wurde Helena und Wasilij ein Sohn geboren, der zum nächsten Herrscher über dieses Volk gehorsamer Christenmenschen bestimmt war: Iwan IV., der bald den Beinamen *Groznyj,* der Drohend-Gebieterische, der Schreckliche, erhalten sollte.

3

Mordlust

Die ersten drei Jahre in Iwans Leben waren eine glückliche Zeit. Sein Vater hatte nach zwanzig Jahren Ehe seine erste Frau verstoßen, weil sie ihm keinen Thronfolger geboren hatte. Auch die ersten fünf Jahre seiner zweiten Ehe waren kinderlos geblieben. Vielleicht war der allmächtige Zar doch nicht so mächtig, schien er doch unfähig, ein Kind zu zeugen. Aber alle derartigen Befürchtungen erwiesen sich als gegenstandslos, als Helena schließlich einem Knaben das Leben schenkte. Achtzehn Monate später gebar sie einen zweiten Sohn – Jurij.

Iwan war kaum drei Jahre alt, als sein Vater starb. Nun begann am Hof von Moskau ein Intrigenspiel, das Iwan die unauslöschliche Furcht vor Verrat einprägte – eine Furcht, die ihn auch dann noch quälte, als es dafür überhaupt keinen Grund mehr gab. Seine Mutter wurde Regentin und lenkte mit Hilfe ihres Geliebten, des Fürsten Iwan Obolenskij, die Geschicke des Landes. Durch ihr Mißtrauen und ihre Mißgunst schuf sie ihrem Sohn von vornherein viele Feinde. Sie schickte alle potentiellen Thronanwärter in die Verbannung, ließ sie ins Gefängnis werfen oder umbringen. Durch die Wahl ihres Liebhabers zog sie sich überdies die Empörung des gesamten Hofs zu. Denn der Fürst Obolenskij hatte trotz seiner farblosen Erscheinung weit mehr Einfluß als die übrigen Ratgeber Helenas. Selbst Michael Glinskij, ihr Onkel und Vormund, fiel bei ihr in Ungnade und wurde nach kaum einem Jahr in den Kerker geworfen, wo er bald starb. Das falsche Spiel, das sie mit ihrem Schwager Andreij trieb, wirft ein erhellendes Licht auf ihren Charakter: Sie setzte Spione und sogar ein Truppenkontingent ein, um ihn in Opposition zu Moskau zu treiben. Dann versprach sie, ihm zu vergeben, und lockte ihn so von Nowgorod in die Hauptstadt. Er wurde sofort ins Gefängnis geworfen, wo er eines gewaltsamen Todes starb. Helena ließ dreißig seiner Gefolgsleute hängen, und die Galgen säumten die Straße von Moskau nach Nowgorod. Alle Reisenden sollten sehen, welches Schicksal jeden erwartete, der es wagen sollte, sich gegen die Regentin zu erheben.

Russischer Zar im 16. Jahrhundert (Wasilij?). Holzschnitt aus Herbersteins ›Rerum Moscovitarum Commentarii‹

Viele Russen, vor allem jene, die den Geboten des Alten Testaments folgten, hatten zutiefst mißbilligt, daß ihr Herrscher Helena noch zu Lebzeiten seiner ersten Frau geheiratet hatte. Zwanzig Jahre hatte Wasilij gewartet, bevor er sich zu diesem Schritt entschloß. Dies beweist, daß es auch ihm widerstrebte, die Gebote der Kirche zu brechen. Der Patriarch Markos von Jerusalem, der weder Zensur noch Kerker zu fürchten brauchte, sagte frei und offen, was er von Wasilijs Schritt hielt. Als er die Nachricht erhielt, daß der russische Herrscher sich zu einer zweiten Ehe entschlossen habe, sprach er die folgende düstere Prophezeiung aus: »Wenn du diese verruchte Tat begehst, wirst du einen verruchten Sohn haben. Schrecken und Tränen werden über dein Volk kommen. Ströme von Blut werden fließen, die Köpfe der Mächtigen werden fallen und deine Städte in Flammen aufgehen.«[1]

Und so geschah es. Nach fünf Jahren Regentschaft ereilte auch Helena das Schicksal, das sie selbst heraufbeschworen hatte: Sie wurde vergiftet. Iwan, inzwischen acht Jahre alt, war nun den rivalisierenden Adeligen im Kreml auf Gedeih und Verderb ausgeliefert. Zwei Familien stritten sich um die Macht: die Schuiskijs und die Belskijs. Schließlich gelang es dem Fürsten Wasilij Schuiskij, die Macht an sich zu reißen. Unverzüglich ließ er Obolenskij ins Gefängnis werfen, wo man den bedauernswerten Exliebhaber der Regentin einfach verhungern ließ. Die Schuiskijs, eine große und sehr einflußreiche Familie, zu deren Ahnvätern auch Alexander Newskij zählte, betrachteten den Kreml nun als ihre Domäne. Sie verhielten sich, als seien sie dort schon immer zu Hause gewesen, und ignorierten – von zeremoniellen Anlässen abgesehen – den jungen Zar und dessen Bruder. Iwan vergaß das Leid und die Erniedrigung, die er während dieser Jahre zu erdulden hatte, niemals. In einem Brief, den er im Alter von vierunddreißig Jahren an den Fürsten

Kurbskij schrieb, erzählt Iwan selbst, wie er behandelt wurde:

So geschah es durch des Allmächtigen Willen, daß Unsere Mutter, die fromme Zariza Helena, das irdische mit dem himmlischen Königreich vertauschte, und Wir und Unser Bruder Jurij verlassen, elternlos zurückblieben und niemanden mehr besaßen, der sich um uns kümmerte ... Als ich in mein achtes Lebensjahr trat, brachten es Unsere Untertanen dahin, ein Königreich ohne Herrscher zu haben. Sie betrachteten mich nicht als ihren Herrscher, dem sie liebevolle Ergebenheit schuldeten. Sie jagten nur dem Reichtum und dem Ruhm nach, und sie befehdeten sich untereinander heftig ... Sie nahmen die Schätze meiner Mutter ... und traten mit Füßen darauf herum ... Sie behandelten uns – mich und meinen Bruder – als wären wir Fremde oder elendes Gesindel. Wie habe ich unter Mangel an Kleidung und Nahrung gelitten! Unser Wille zählte nichts, und es gab niemanden, der sich um uns Kinder gekümmert hätte. Ich entsinne mich, daß ich einmal mit meinem Bruder spielte, und Fürst Iwan Wasilijewitsch Schuiskij saß auf einer Bank, die Ellenbogen auf meines Vaters Bett, sein Bein in einem Sessel ... Die Kinder der Adligen nahmen die goldenen und silbernen Teller meines Vaters und schrieben die Namen ihrer Eltern darauf ... Ich durfte keinen eigenen Willen haben; immer geschah das Gegenteil von dem, was ich wollte ... Oft aß ich spät – gegen meinen Willen. Wie kann ich die zahllosen Leiden nennen, die ich während meiner Kindheit erduldet habe?[2]

Der Tod seiner Mutter war für den achtjährigen Iwan ein Schlag, von dem er sich sein ganzes Leben nicht mehr erholte. Von nun an verfiel er häufig in extremes Selbstmitleid. Kurze Zeit nach dem Tod seiner Mutter nahm man Iwan seine Kinderfrau weg, die er gleichfalls liebte. Drei Jahre später wurde Worontsow, der einzige Adlige, den er als Freund betrachtete, in seiner Gegenwart brutal zusammengeschlagen, weil man ihn zu Unrecht der Verschwörung bezichtigte. Nur das Eingreifen des Metropoliten – des einzigen Mannes im Kreml, den alle respektierten – rettete Worontsow davor, zu Tode geprügelt zu werden. Statt dessen wurde er in eine entlegene Provinz in die Verbannung geschickt. Mord, Folter und Verhaftungen waren alltägliche Vorkommnisse in Iwans Leben. Eines Nachts wurde er plötzlich aus dem Schlaf gerissen, als ein Mitglied der Belskijfamilie in sein Schlafgemach stürmte, ehe die Verfolger den Flüchtling töten konnten.

Iwan begriff sehr schnell, daß Mitleid, Freundlichkeit und Hilfsbereitschaft Eigenschaften waren, die man bei einem russischen Zaren geringschätzte. Grausamkeit, Arroganz und Terrorherrschaft waren der von ihm erwarteten Rolle wesentlich angemessener. In einer solchen Atmosphäre ohne jegliche Zuneigung und Liebe aufzuwachsen, hätte auch dem Charakter des sanftmütigsten Kindes ernsthaften Schaden zugefügt. Als Kind zeichnete sich Iwan durch außerordentliche Sensibilität und Lebhaftigkeit aus – Eigenschaften, die ihm von beiden Elternteilen mitgegeben worden waren. Von seiner Großmutter Sofija hingegen, der griechischen Frau Iwans III., erbte er die Veranlagung zum Wahnsinn.

An Rußlands südlicher Grenze lauerte Gefahr, und im Kreml bestimmte ungehemmte Grausamkeit gegen Mensch und Tier das alltägliche Leben. Im Jahre 1538, als Iwan gerade acht war, unternahmen die Kazan-Tataren einen erfolgreichen Raubzug durch die östlichen Provinzen des Großfürstentums. Viele Menschen starben oder wurden verschleppt, geblendet, verstümmelt oder vergewaltigt.

Bereits im Alter von fünf Jahren bereitete es Iwan Vergnügen, Fliegen zu fangen und ihnen die Flügel auszureißen. Er entnahm den Lämpchen, die überall im Palast vor den Ikonen brannten, Öl, goß es über Ameisenhaufen und zündete sie an. Es machte ihm Spaß, sich mit den Kindern der Bojaren zu prügeln. Bei diesen Spielen muß es offenbar recht wild zugegangen sein, denn einmal brach Iwan einem der anderen Jungen dabei ein Bein. Mit elf Jahren vergewaltigte er eines der Dienstmädchen, wobei er der jungen Frau an Hals, Brust und Schenkeln schwere Verletzungen zufügte. Oft wurde er im Kreml Zeuge von Folterungen, was möglicherweise seine Neigung zu Tierquälerei begünstigte. Katzen, Hunde – selbst Bären hatten unter seiner Grausamkeit zu leiden. Ein besonderes Vergnügen bereitete es ihm, Hunde mit auf den Turm der Erlöserkathedrale zu nehmen und sie aus sechzig bis siebzig Metern Höhe in die Tiefe zu werfen. Dann liefen er und die anderen Kinder nach unten und sahen zu, wie die Tiere verendeten.

Ein anderer ›Sport‹, dem Iwan und seine Jugendfreunde mit Begeisterung nachgingen, hatte Menschen, nicht Tiere zum Ziel: In gestrecktem Galopp ritten sie aus dem Kreml zwischen die Menschen auf den Straßen und Plätzen, die in panischer Angst durcheinander liefen und sich vor den Hufen der Pferde in Sicherheit zu bringen versuchten. Wem dies nicht gelang, der hatte weder die Möglichkeit, sich zu beschweren, noch Wiedergutmachung für erlittenen Schaden und für Verletzungen zu fordern. Selbst die Chronisten räumen ein, daß Iwan Tiere quälte und »immer wieder versuchte, alle möglichen Leute – Männer wie Frauen – zu töten oder ihnen Schaden zuzufügen, indem er in wildem Galopp überall hinritt«.

Eine von Iwans Lieblingsbeschäftigungen, unter der seine Mitmenschen ausnahmsweise nicht zu leiden hatten, war das Lesen. Gierig verschlang er alle Bücher, deren er habhaft werden konnte – obwohl die Auswahl im Rußland seiner Zeit nicht gerade groß war. Vor allem las er Bücher über die byzantinische Geschichte, über die ersten Heiligen des Christentums, über die Khane der Goldenen Horde und über die Kiewer Epoche Rußlands – sämtlich Geschichten über Macht und Eroberung. Mit vierzehn stellte er seine eigene Macht auf die Probe. Auf Iwans Befehl ergriff der Wärter des fürstlichen Hundezwingers den Fürsten Andreij Schuiskij und warf ihn den Hunden vor. Sie zerrissen ihn bei lebendigem Leibe.

Zuvor hatte Iwan den Höflingen versprochen, er werde nur einen von ihnen für die im Kreml herrschenden Zustände zur Rechenschaft ziehen. Doch niemand war so naiv, dem Versprechen eines Großfürsten von Moskau Glauben zu schenken. Dreißig Bojaren folgten Andrej Schuiskij in den Tod. Sie starben am Galgen, und ihre Leichen überließ man der Verwesung. Nur einer am fürstlichen Hof besaß die Impertinenz, Iwans Vorgehen zu kritisieren: ein junger Edelmann namens Afanasij Buturlin. Auf Iwans Befehl wurde er verhaftet, und öffentlich schnitt man ihm die Zunge aus dem Mund.

Vergeblich sucht man in den Chroniken nach dem geringsten Beleg dafür, daß sich der Adel gegen diese Willkür zur Wehr gesetzt hätte. Warum fand sich niemand, der versucht hätte, diesen verhaßten jungen Mann zu töten, ehe er noch mehr Unheil anrichtete? Mord war am Hof von Moskau schließlich eine alltägliche Angelegenheit. Es gibt für dieses Verhalten nur eine plausible Erklärung: Die Doktrin der christlichen Kirche wie auch die byzantinische Staatstheorie und die Tradition der Mongolen, die allesamt dem Monarchen göttliche Eigenschaften zuschrieben, hielten die Bojaren am moskowiter Fürstenhof offensichtlich von diesem Schritt ab. An den äußeren Bedingungen allein kann es keinesfalls gelegen haben. Für die Höflinge wäre es ein leichtes gewesen, Gift zu beschaffen oder einmal kurz mit dem Dolch zuzustoßen, um sich ein für allemal von dieser ständigen Bedrohung für Leib und Leben zu befreien. Statt ihren Herrn zu töten, brachten sie sich lieber gegenseitig um. In dessen Gegenwart schienen sie erstarrt wie Kaninchen vor der Schlange und unfähig zu handeln.

Die meiste Zeit tolerierten die Bürger von Moskau die Regierung oder vielmehr die Mißregierung im Kreml, wer immer auch im Augenblick die Herrschaft ausübte. Allein die Dienstbereitschaft des russischen Volkes und dessen naive Selbstaufopferung ermöglichten Iwan und

Iwan IV., der ›Schreckliche‹. Gemälde von Wasnezow, 1897

dem Adel die im Kreml inzwischen zur Gewohnheit gewordene Lebensführung. Diese beiden Eigenschaften der Russen waren – wie K. Waliszewski in seiner Biographie Iwans des Schrecklichen feststellt – schon immer »das Fundament der sozialen und politischen Organisation des Landes, die den fügsamen Menschen eines robusten und geduldigen Volkes aufgezwungen wurde«. Hierin »liegt das Geheimnis von Rußlands Glanz und Erfolg; seine ganze Größe und Macht ruhen auf diesem Fundament«.[3] Iwans verläßlichster Verbündeter war die Kirche. Doch leider konnte sich in der russischen Kirche der mongolische Geist der Toleranz, der in anderen Bereichen des Lebens stets spürbar blieb, nie durchsetzen. Und so lastete der Druck der Kirche unvermindert auf den Menschen. Jeder Rückzug aus den Armen der Kirche kam einem politischen Vergehen gleich und konnte als solches bestraft werden. Diese Gehorsamspflicht der Kirche gegenüber bestand bis zur Verabschiedung des Toleranzgesetzes von 1905.

Einerseits solidarisierte sich die Kirche im mittelalterlichen Rußland mit dem Volk, andererseits jedoch predigte sie die Tugend des absoluten Gehorsams. Waliszewski schreibt hierzu: »Die Kirche forderte viel – zuviel.« Sie verbot alle Formen der weltlichen Kunst. Im fünften Jahrhundert hatte auch die Römische Kirche alle Künstler exkommuniziert und im sechsten Jahrhundert schließlich alle Theater geschlossen. Selbst in England durften bis zum Ende des 18. Jahrhunderts Künstler nicht in geweihter Erde beigesetzt werden. Im mittelalterlichen Rußland war jede Art von Vergnügen, wie Tanz und Spiel, verboten. Der einzige Ort, den Männer und Frauen gemeinsam aufsuchen konnten, war das Badehaus. Die meisten Frauen fristeten das Leben von Arbeitstieren; häufig genug wurden sie geschlagen. Frauen, die versuchten, den Mißhandlungen und Grausamkeiten ihres Mannes durch Gift ein Ende zu setzen, wurden bei lebendigem

Leibe bis zum Hals begraben, um so ihre Qualen zu verlängern. In Fällen, in denen die Kirche Milde für angebracht erachtete, wurden die Delinquentinnen gezwungen, Nonnen zu werden, Ketten zu tragen und in völliger Abgeschiedenheit von anderen Menschen zu leben.[4]*

Moskaus jugendlicher Herrscher ließ an den Höfen von Wien und Warschau verlautbaren, daß er daran interessiert sei, eine Prinzessin aus dem europäischen Hochadel zur Frau zu nehmen. Angesichts der seit dem Tode von Wasilij III. am Hof von Moskau herrschenden Mißregierung überrascht es nicht, daß sich keines der Herrscherhäuser interessiert zeigte. Drei Jahre später, im Alter von sechzehn Jahren, gab Iwan die Idee auf, eine Braut von königlichem Geblüt zu ehelichen. Statt dessen beschloß er, eine Frau aus dem russischen Adel zu heiraten. Nachdem er sich zu dieser Entscheidung durchgerungen hatte, ließ er in der Himmelfahrtskathedrale zu Moskau eine Messe lesen. Der Metropolit hatte aus diesem Anlaß den gesamten Adel eingeladen. Die Gesellschaft versammelte sich nach der Messe in der größten Empfangshalle des Kreml und lauschte der folgenden, überraschend aufrichtigen Ansprache ihres Monarchen:

Ich setze mein Vertrauen in die Gnade Gottes und seiner Unbefleckten Mutter, in die Gnade und Fürbitte der großen Wundertäter Peter, Alexeij, Jona und Sergej und aller übrigen russischen Wundertäter, und mit Eurem Segen, o Vater, habe ich mich entschlossen zu heiraten. Zuerst hatte ich die Absicht, an einem ausländischen Hof eine Gemahlin zu suchen, im Hause eines Königs oder Zaren, doch nun habe ich von diesem Vorhaben Abstand genommen, da ich nach dem Tod meines Vaters und meiner Mutter als Waise heranwuchs. Und wenn ich mir eine Frau in einem fremden Land suche, und wir nicht gut miteinander auskommen, dann wird es für

---

* »Wenn man der sowjetischen Presse Glauben schenken darf, sind die russischen Frauen hinsichtlich ihrer emotionalen und sexuellen Beziehung zu Männern heutzutage wohl weltweit die bedauernswertesten Vertreterinnen ihres Geschlechts.« Olga Franklin, *The Guardian,* 2. August 1979.

sie schwer sein. Deshalb will ich mir in meinem eigenen Land die Frau suchen, die Gott zu meinem Weibe bestimmt hat, mit Eurem Segen, o Vater.[5]

Diese Worte waren ganz nach dem Geschmack der Bojaren. Ihre bisherigen Erfahrungen mit ausländischen Großfürstinnen – mit Zoë Paleolog und Helena Glinskaija – waren alles andere als verheißungsvoll gewesen. Die Genugtuung schlug in Erregung um, als Iwan verkündete, er werde – wie es auch sein Vater getan habe – seine Braut aus den im Kreml versammelten Jungfrauen von Stand erwählen. Dies eröffnete auch der geringsten – oder der ehrgeizigsten – Adelsfamilie des Landes die Möglichkeit, engste verwandtschaftliche Bande mit dem Monarchen anzuknüpfen. Ähnlich begeisterten Beifall fand eine weitere Rede Iwans, die er noch vor seiner Heirat hielt. In dieser Rede bekräftigte er seine Absicht, sich fortan ›Zar‹ zu nennen, und diesen Titel, anders als sein Großvater Iwan III., nicht nur gegenüber ausländischen Gesandten zu führen. »Ehe ich heirate«, so erklärte er, »wünsche ich mit Eurem Segen, o Vater, Heiligster Metropolit, die Würde Unserer Vorfahren, der Zaren und Großfürsten und Unseres Ahnherrn Wladimir Monomach zu erlangen. Deshalb wünsche ich, daß Ihr mich jetzt, den überlieferten Zeremonien folgend, nach Gottes Willen und mit dem Segen meines Vaters, des Großfürsten Wasilij Iwanowitsch, mit der Zarenkrone krönt.«

1547 wurde Iwan mit der ›Krone Monomachs‹ zum Zaren aller Rus gekrönt. Der politischen Legende zufolge, für deren Richtigkeit jedoch keinerlei Beweis existiert, hatte der byzantinische Kaiser Konstantin IX. dem Monomach diese pelzbesetzte, von einem Kreuz gekrönte Krone zusammen mit einem Stück Holz zugesandt, das angeblich vom Kreuz Christi stammte. Die Kron- und Reichsinsignien, die Iwan bei seiner Krönung überreicht wurden, waren angeblich ebenfalls eine Hinterlassen-

schaft Monomachs, doch auch hierfür existieren keinerlei
Beweise. Nach seiner Krönung zum Zaren wählte Iwan
seine Braut: Anastasia, die Tochter des Roman Jurje-
witsch Sacharin-Koschkin. Der Überlieferung zufolge
war die Familie ein Jahrhundert zuvor aus dem heutigen
Ostpreußen nach Moskau gekommen. Weshalb Iwan
diese Wahl traf, entzieht sich unserer Kenntnis; wir wissen jedoch, daß er damit die Erwartungen des moskowiter Adels enttäuschte. Sein Großvater hatte eine Prinzessin, die Nichte eines Kaisers, zur Frau genommen; sein
Vater hatte die Tochter einer vornehmen und angesehenen Bojarenfamilie geheiratet. Man hatte gehofft, daß
Iwan, der nun Zar aller Rus war, eine Frau aus alteinge-

Die Russischen Kroninsignien. Holzschnitt, 1870

sessenem russischem Hochadel heiraten werde. Es gelang Anastasia jedoch sehr bald, die Dankbarkeit des Hofes zu gewinnen, da sie auf Iwan einen besänftigenden Einfluß ausübte. Im Februar 1547 wurden der junge Zar und seine Braut in der Erlöserkathedrale zu Moskau getraut. Die Festlichkeiten dauerten bis zum ersten Tag der Fastenzeit. Dann stellte das junge Paar seine Frömmigkeit unter Beweis und reiste durch tiefen Schnee zu dem siebzig Kilometer entfernten Troiza-Sergejewskij-Kloster. Dieses Kloster war der Heiligen Dreifaltigkeit geweiht sowie dem Heiligen Sergius, einem Metropoliten, der wegen seiner Mildtätigkeit heilig gesprochen worden war. Dort blieben sie eine ganze Woche, die der religiösen Kontemplation und dem Gebet gewidmet war.

Der siebzehnjährige Iwan überließ die Regierungsgeschäfte zunächst seinen beiden Onkeln Jurij und Michail Glinskij. Die allseits wachsende Unzufriedenheit spitzte sich in dramatischer Weise zu, als im April desselben Jahres zwei Feuersbrünste große Teile Moskaus vernichteten. Im Mai dieses ereignisreichen Jahres beschlossen die Einwohner von Pskow – vielmehr sie begingen die Dummheit –, um die Ablösung des korrupten Statthalters von Glinskijs Gnaden zu bitten. Eine Abordnung von siebzig Männern wurde zum Zaren geschickt, um diesem die offizielle Beschwerde zu überreichen. Sie trafen den Zaren in der Ortschaft Ostrowka unweit der Hauptstadt an. Die Männer brachten ihr Anliegen vor, doch der Zar überschüttete sie mit Verwünschungen und Schmähungen und gab ihnen und den Bauern des Dorfes einen Vorgeschmack seiner Grausamkeit. Er ließ heißen Wein über die Köpfe der entsetzten Männer gießen und einigen von ihnen sogar die Kopfhaare und Bärte anzünden. Daraufhin verlangte er, daß sich alle entkleideten und nackt in den Schnee legten. Vermutlich verdankten die Männer der Delegation aus Pskow ihr Leben allein der Ankunft von Boten, die meldeten, in Moskau sei neuerlich ein Feuer ausgebrochen. Iwan verlor das Interesse an den siebzig im Schnee liegenden würdigen Herren und ritt nach Moskau zurück.

Durch den Wind angefacht, breitete sich das Feuer sehr schnell über die ganze Stadt aus. 1700 Menschen fielen ihm zum Opfer. Die Flammen überwanden sogar die Mauern des Kreml und zerstörten die Holzhäuser des Metropoliten und einiger Bojaren, mehrere Holzkirchen und Verwaltungsgebäude sowie die Waffenkammer und die Schatzkammer. Explosionen erschütterten die Stadt, als die Flammen auf den Pulverturm übergriffen. Die Überlebenden der Brandkatastrophe forderten Vergeltung. Denn als Schuldige waren rasch die verhaßten Glinskij-Brüder ausgemacht, deren betagte Mutter der Hexerei bezichtigt wurde. In dieser schweren Krise erwies sich Iwan gleich in zweifacher Hinsicht als Feigling. Als er das Ausmaß des Feuers erkannte, floh er in seinen auf den Sperlingshügeln, sieben Kilometer westlich der Stadt, gelegenen Palast und überließ es Jurij Glinskij, die Ordnung im Kreml wieder herzustellen. Iwan beauftragte einen Ausschuß mit der Untersuchung der Brandursache. Dieser Ausschuß setzte sich in erster Linie aus Bojaren zusammen, die als Feinde der Glinskijs galten. Aber auch die Einsetzung jener Bojarenkommission konnte den aufgebrachten Mob nicht mehr besänftigen. Die Situation drohte außer Kontrolle zu geraten. Die erregte Menge stürmte die Häuser der Glinskijs und plünderte, was nicht den Flammen zum Opfer gefallen war. Der Volkszorn richtete sich auch gegen die Bediensteten und Gefolgsleute der Glinskijs. Wie die Chronik berichtet, »kamen viele ihrer Sklaven um, und zahlreiche junge Adelige, die der Familie dienten, starben ebenfalls«. Doch der Pöbel forderte nun auch den Tod des Fürsten Jurij Glinskij, des Oberhauptes der Familie, der vor der aufgebrachten Menge in die Uspenskij-Kathedrale flüchtete. Iwan unternahm keinen Versuch, ihn zu retten, und der

Mob zerrte Fürst Jurij Glinskij aus der Kathedrale und tötete ihn. Die entfesselte Menge befand sich nun in einem wahren Blutrausch und zog vor die Stadt, rottete sich vor Iwans Palast zusammen und forderte die Herausgabe von Jurij Glinskijs Bruder und seiner Mutter Anna Glinskaja. Iwan flüchtete sich in die innersten Räume des Palasts und befahl den Wachen, mit den Anführern zu verhandeln, sie dann zu ergreifen und vor der Menge zu enthaupten. Als dies geschehen war, zogen sich die eingeschüchterten Moskowiter in ihre verwüstete Stadt zurück. Doch dies war noch nicht das Ende des Aufruhrs. Im Verlauf der Unruhen waren zahlreiche Bürger von Iwans Soldaten getötet worden. Die Anführer der Empörung bzw. solche Bürger, die man bei ihrer Verhaftung kurzerhand als Rädelsführer bezeichnete, wurden in großer Zahl auf dem Roten Platz gehängt. Nachdem Iwan so den Widerstand seiner schicksalsergebenen Untertanen brutal gebrochen hatte, veranlaßte er die Kirche durch einen großen Geldbetrag, seine Grausamkeiten nachträglich zu sanktionieren und alljährlich für das Seelenheil der Opfer zu beten.

Seit der Regentschaft von Iwan III., Iwans Großvater, waren die persönlichen Freiheiten immer mehr beschnitten worden. Infolgedessen hatte die Moral im Lande einen Tiefpunkt erreicht. Die Stagnation und Rückständigkeit der russischen Gesellschaft hatten deshalb in der Zwischenzeit ein solches Ausmaß angenommen, daß selbst der lethargischste Herrscher davor die Augen nicht mehr verschließen konnte. Der Tod Iwans III. erweckte bei seinen Untertanen keine große Trauer – weshalb dies so war, erfahren wir allerdings von den Chronisten nicht. Selbst die Okkupation der Ukraine, das heißt die Rückeroberung der von den Litauern besetzten Provinzen des alten Kiewer Reichs, löste im Volk weder Jubel noch Euphorie aus. Die Regierungszeit Iwans III. war eine Epoche des kulturellen Niedergangs und der geistigen Verar-

Der Ausbau Moskaus. Aus einer russischen Bilderchronik

mung gewesen, denn dieser Monarch hatte seinen Untertanen jeden Zugang zu den Errungenschaften der westlichen Kunst und Zivilisation verwehrt.[6] Sein Enkel wurde sich nun der aus dieser Isolationspolitik erwachsenen Probleme in zunehmendem Maße bewußt. Doch seine stark ausgeprägte Angst vor Kritik verschärfte diese Schwierigkeiten sogar noch. Bald wagte es keine Delegation einer Stadt mehr, mit irgendwelchen Beschwerden vor den Zaren zu treten. Iwan IV. war der erste Herrscher Rußlands, der Auslandsreisen seiner Untertanen verbot. Dabei war er sich des im Volk verbreiteten Wunsches, der unerträglichen politischen Situation zu entfliehen, sehr wohl bewußt.[7]

Ein Jahr nach dem großen Brand von Moskau verfaßte Iwan Pereswetow, ein litauischer Offizier, der in der ungarischen, polnischen und böhmischen Armee gedient hatte, einen Kommentar über den moskowiter Staat. Darin stellte er unter anderem Vergleiche mit den europäischen Staaten und der Türkei an. Er führte die Rückständigkeit Rußlands und die Erfolglosigkeit der Regierung vor allem auf die fortgesetzte Mißwirtschaft und den Machtmißbrauch der Aristokratie, der Bojaren zurück. Er schlug vor, man solle dem niederen Adel, »den Männern des Hofes«, die sich zu langjährigem Militär- und Regierungsdienst verpflichtet hatten, mehr Verantwortung im Staat übertragen. Er empfahl eine Neukodifizierung des geltenden Rechts und, falls nötig, eine Politik der Stärke, um der Opposition der Bojaren entgegenzutreten. Denn er behauptete, es sei unmöglich, ohne diese Politik der Stärke »Gerechtigkeit im Reich durchzusetzen«. Iwan war nur zu gerne bereit, diese bittere Pille zu verabreichen − den Reichen ebenso wie den Armen. So nimmt es nicht wunder, daß bei der Durchsetzung dieser Politik der Stärke die Gerechtigkeit völlig in Vergessenheit geriet. Pereswetow war sich über die Verwundbarkeit der Grenzen Rußlands durchaus im klaren. Vor allem die Grenze im Osten betrachtete er als eine Schwachstelle, und er riet deshalb zur Eroberung des Khanats von Kazan.[8] Welch großen Einfluß die Darlegungen Pereswetows auf Iwan ausübten, sollte in den folgenden Jahren noch deutlich werden.

Noch ehe das Jahr der großen Feuersbrunst, das Jahr 1547, zu Ende ging, wurden Pereswetows Vorahnungen Wirklichkeit: Die Tataren des Khanats von Kazan verübten zahlreiche Überfälle auf russisches Territorium. Vor allem die Gebiete im Nordosten und im Süden von Moskau hatten unter diesen Plünderungen zu leiden. Noch im Winter führte Iwan seine Armee in Richtung Kazan, um die Stadt zu erobern. Bei der Überquerung der Wolga brach jedoch das Eis unter dem Gewicht der schweren Kanonen, und Soldaten sowie kostbares Kriegsgerät versanken in den Fluten. Dies betrachtete Iwan als ein Zeichen Gottes, durch welches der Allmächtige sein Mißfallen an dem Unternehmen bekundete. Schon bei der Feuersbrunst in Moskau waren zwei der ältesten Klöster und die meisten der moskowiter Kirchen den Flammen zum Opfer gefallen. Man hatte sich die bange Frage gestellt, ob das ein Zeichen von Gottes Zorn sei. Zugleich hielt sich aber auch hartnäckig das Gerücht, die Katastrophe sei durch Zauberei ausgelöst worden. Doch dieses neuerliche Unheil, das der moskowiter Armee auf ihrem heiligen Kreuzzug gegen die heidnischen Tataren widerfuhr, konnte gewiß als Zeichen Gottes gelten, durch welches er Iwan zur Beendigung des Krieges bewegen wollte. Iwan entschloß sich, nur ein kleines Truppenkontingent, das die Tataren von weiteren Überfällen abhalten sollte, zurückzulassen. Mit dem Rest seiner Armee eilte er nach Moskau zurück, um zu beten und zu fasten. Zwei Jahre später griff er erneut an und führte eine Armee von 60 000 Mann zum Sturm auf Kazan. Doch die Zitadelle hielt den Angriffen der Russen stand, und am zweiten Tag der Schlacht setzten heftige Regenfälle ein. Die Kanonen der Russen versanken im Schlamm, das Pulver wurde feucht, und Iwan mußte sich abermals zurückziehen. Sein Vorhaben hatte offenbar noch immer nicht das Wohlwollen des Allmächtigen gefunden.

Im Sommer des folgenden Jahres 1550 ließ sich Iwan zu der ersten demokratischen Geste in der Geschichte Rußlands herab. Er berief eine Versammlung aller Stände ein. Inzwischen waren sich die Moskowiter sehr wohl bewußt, daß sie von keinem durchschnittlichen Monarchen regiert wurden. Als sie von diesem Aufruf hörten, waren sie sicherlich auf weitere Überraschungen gefaßt. Iwan sollte sie nicht enttäuschen. Nach langem Beten und Fasten erschien er vor der Versammlung von Adeligen und einfachen Leuten, die sich auf dem Platz vor dem Kreml zusammengefunden hatten.

Während er nun seine Rede begann, wandte er sich mit den folgenden Worten zunächst an Makarij, den Metropoliten:

Heiliger Vater, ich weiß um die liebevolle Hingabe, mit der Ihr Euch um das Wohlergehen des Vaterlandes kümmert. Seid mein Mitstreiter bei der segensreichen Aufgabe, zu der wir uns entschlossen haben. Ich war noch sehr jung, als mir Gott meinen Vater und meine Mutter nahm. Die mächtigen Bojaren und Edelleute, die das Land selbst regieren wollten, versäumten es, sich um mich zu kümmern. In meinem Namen erlangten sie Rang und Ehren, bereicherten sich widerrechtlich und unterdrückten das Volk. Es gab niemanden, der sie aufgehalten hätte. In meiner Jugend und Unerfahrenheit schien ich taub und stumm. Ich hörte nicht das Stöhnen der Armen, und da ich jung und unverständig war, tadelte ich die Bösen nicht. Keine menschliche Zunge kann das Böse schildern, das ich durch meine jugendlichen Sünden verursacht habe. Zuerst demütigte mich Gott, indem er mir meinen Vater nahm, der euer Hirte und Beschützer war. Die Bojaren und Edelleute taten so, als wollten sie mir wohl, doch sie strebten nur nach Macht, und da ihr Geist von Finsternis erfüllt war, wagten sie es, den Bruder meines Vaters zu ergreifen und zu ermorden. Nach dem Tod meiner Mutter begannen die Bojaren das Zarenreich wie Despoten zu beherrschen. Viele

Menschen gingen zugrunde, litten und fanden ein Ende, weil ich sündig, ein Waise und jung war. Ich wuchs vernachlässigt, ohne Unterweisung auf und gewöhnte mich an die verwerfliche Lebensart der Bojaren. Wie viele Sünden habe ich seither im Angesicht Gottes auf mich geladen! Wie viele Strafen hat uns Gott geschickt!

Es erschien mir unfaßbar, daß mir Gott so schwere Strafen auferlege, und deshalb bereute ich meine Sünden nicht und fuhr fort, mit allen Mitteln die Christen zu unterdrücken. Gott strafte mich für meine Sünden mit Überschwemmungen und Hungersnot, und selbst da empfand ich noch keine Reue. Dann sandte Gott die großen Feuersbrünste, und Angst erfüllte meine Seele, und meine Knochen zitterten. Demut erfüllte mich, und ich bereute meine Missetaten. Ich erbat und erhielt Vergebung von den Priestern, und ich vergab den Fürsten der Bojaren.[9]

Dann wandte sich Iwan an die Bojaren und Fürsten, die in seiner Nähe standen, und schleuderte ihnen folgendes entgegen:

Ihr wart bestechlich, unmoralisch, habgierig und übtet falsche Gerechtigkeit. Was habt ihr dazu zu sagen? Wie viele Tränen und wieviel Blut sind euretwegen vergossen worden? Ich bin schuldlos an diesen Verbrechen, aber Gottes Urteil wird euch treffen! Und ihr, mein Volk, das mir von Gott anvertraut wurde, euch bitte ich, Gott zu vertrauen und mich zu lieben. Seid großmütig! Es ist nicht möglich, all die Ungerechtigkeiten und räuberischen Handlungen wiedergutzumachen, die ihr während meiner Kindheit durch die Missetaten der Bojaren und Regierungsbeamten erduldet habt. Deshalb bitte ich euch, eure Streitigkeiten und das Unrecht, das ihr erlitten habt, zu vergessen. In allen diesen Angelegenheiten werde ich in Zukunft euer Richter und Beschützer sein. Laßt uns Haß und Feindschaft vergessen und in christlicher Nächstenliebe zusammenleben.

Iwan zeigte ein erstaunlich bemerkenswertes Gespür für den richtigen Augenblick, als er seine Rede mit der Ankündigung einer größeren Reform beendete. Er wandte sich dabei an Alexeij Adaschew, einen jungen Regierungsbeamten, den er zu einem seiner Ratgeber ernannt hatte, und erklärte:

Alexeij, als ich dich zu mir nahm, warst du arm und einer aus dem Volk, denn ich hatte von deinen guten Taten gehört. Und nun ersuche ich dich, noch mehr für mein Seelenheil zu tun, meinen Kummer zu besänftigen und die Menschen zu schützen, die Gott in meine Obhut gestellt hat. Ich befehle dir, die Bittschriften und Beschwerden der Armen und Unterdrückten zu sammeln.[10]

Die Petitionskammer war die erste der von Iwan geschaffenen Prikasis oder Regierungskanzleien, nach deren Vorbild nun alle Behörden konzipiert wurden. Dieses System sollte erst einhundertfünfzig Jahre später unter Peter dem Großen reformiert werden. Während Iwans Herrschaft entstand eine ganze Reihe solcher Regierungskammern, deren Zahl bis Ende des Jahrhunderts auf dreißig angewachsen war. Die von Iwan eingeführten Reformen waren zwar notwendig und auch durchaus vernünftig, doch die Leistungsfähigkeit der Behörden wurde durch unnötige Kompetenzüberschneidungen beeinträchtigt.

Die von Iwan ins Leben gerufene Reichsversammlung begann nun ihre Arbeit. Die Gründung dieses Parlaments war Iwans progressivste Tat. Während der folgenden einhundert Jahre war diese Ständeversammlung, die in unregelmäßigen Abständen, doch häufig in Krisenzeiten einberufen wurde, ein vielversprechendes demokratisches Forum. Wie sich die Reichsversammlung im einzelnen zusammensetzte, ist nicht bekannt. Während eines Zeitraums von zehn Jahren, von 1613 bis 1622, trat sie jährlich zusammen. In diesen Jahren gehörten ihr mehr Bauern an als je zuvor oder danach. Nach 1653 tagte die Reichsversammlung noch zweimal: 1682 und 1698. Die Reichsversammlung des Jahres 1649 setzte sich beispielsweise aus 40 Bojaren, 14 Vertretern der Geistlichkeit, 153 Mitgliedern des Adels und 94 Kaufleuten zusammen. Der zahlenmäßig auffallend hohe Anteil von Adeligen und Kaufleuten ist allerdings nur für die Reichsversammlungen von 1649 und 1653 typisch.

Ein wesentlicher Beweggrund für die Einberufung dieses Ständeparlaments war Iwans Absicht, sich von den Mitgliedern dieses Gremiums über deren Kritik an den geltenden Gesetzen des Landes aufklären zu lassen. Jene Gesetze gründeten sich auf einen Rechtskodex, den Iwan III. 1497 erlassen hatte. Er hatte sich jedoch als ungeeignet erwiesen, das Los des kleinen Mannes zu verbessern. Die von der Ständeversammlung vorgetragene Kritik veranlaßte Iwan, im folgenden Jahr einen unter Mithilfe seines Kammerherrn Adaschew und des Metropoliten formulierten neuen Rechtskodex vorzulegen. In diesem Gesetzeswerk wurden viele der einander widersprechenden Klauseln des alten Kodex – vor allem hinsichtlich der divergierenden Rechtsprechung in den verschiedenen Provinzen – revidiert und ergänzt. Auf diese Weise gelang es Iwan, einen Großteil der Macht, die zuvor in den Händen der Fürsten und Adligen gelegen hatte, auf sich zu vereinen. Die für die Auswahl der Richter und Geschworenen geltenden Kriterien wurden präzisiert, was ebenfalls der Erweiterung von Iwans Machtstellung zugute kam.

Eine weitere wichtige Reform regelte die Wahl der ›Bezirksältesten‹, die von nun an auf dem Lande richterliche Funktionen innehatten. Die Verurteilung und Bestrafung der Delinquenten war allein in ihr Ermessen gestellt. Auch die Steuererhebung wurde lokalen Gewalten übertragen.

Doch Iwan hatte noch einen anderen Grund, die Reichsversammlung ins Leben zu rufen. Sie war sein erster Schlag gegen die Adeligen, seine ältesten Feinde. Der Angriff, den er in seiner Eröffnungsrede gegen sie führte, war mehr als nur rhetorische Effekthascherei: Er war die offene Bekundung von Iwans tief empfundenem Haß gegen die Klasse, die seinen diktatorischen Ambitionen im Wege stand. Die gesamte politische Konzeption, die Iwans rücksichtslosem und grausamem Herrschaftsgebaren zugrunde lag – die Überzeugung nämlich, ein von Gott berufener Autokrat sakraler Legitimation zu sein –, stand in direktem Gegensatz zu dem politischen Prinzip, dem die Fürsten folgten. Diese gingen davon aus, daß der Zar lediglich *Primus inter pares,* erster unter Gleichen, sei. Diese gegensätzlichen Auffassungen beschworen einen Konflikt herauf, der ebenso fundamental war wie der Unterschied zwischen der griechischen und der lateinischen Sprache – zwei Sprachen, die für die beiden Parteien gleichsam die Differenz ihrer politischen Grundauffassungen symbolisierten.

Iwans Haß gegen die Aristokratie führte zu einem tiefen Riß im sozialen Gefüge des Landes, der in jeder Stadt und in jedem Dorf des Reiches sichtbar wurde. Kein Land kann gedeihen, wenn die herrschende Klasse in sich gespalten und das Land in einen permanenten Bürgerkrieg

Bojaren und Bojarinnen in Gala, Kupferstich, 1656

verstrickt ist, in welchem sich der Monarch und die Aristokratie voller Haß unversöhnlich gegenüberstehen. Dieser Konflikt fand auch mit Iwans Tod kein Ende. Das Erbe, das er seinen Nachfolgern hinterließ, war die Spaltung der Staatsmacht und – daraus resultierend – ein tiefverwurzeltes Mißtrauen zwischen beiden Lagern. Das barbarische Vorgehen Iwans gegen viele Angehörige der vornehmsten Familien Rußlands riß Wunden, die nie mehr verheilen sollten. Kein Herrscher hat jemals ohne die Unterstützung loyaler und materiell von ihm abhängiger Anhänger ein Reformprogramm realisiert, das dem Volk große Opfer abverlangte. Bisher hatte sich der Großfürst vor allem auf die Unterstützung der Bojaren verlassen, die seinem Willen Geltung verschafften. Im gleichen Maße wie der Regierungsstil von Großfürst zu Großfürst immer autokratischer und die Legitimationsbasis der Rurikidendynastie immer unerschütterlicher geworden war, hatten auch das Selbstbewußtsein und der Stolz der Bojaren auf ihre unabhängige Position zugenommen. Und diesen Stolz konnte Iwan in seinem bis zur Abnormität gesteigerten Größenwahn natürlich nicht tolerieren.

Rußland war nach dem Zusammenbruch des Byzantinischen Reichs das mächtigste Bollwerk der griechisch-orthodoxen Kirche – ein Land, das angeblich von Gott auserwählt war, die Welt zum einzig wahren Glauben zu führen. Man darf nicht übersehen, daß die Religion bis in das 19. Jahrhundert hinein für die Menschen eine weitaus tiefere und umfassendere Bedeutung besaß als heute. Sie war der Quell und das Fundament jeglicher politischer Anschauung und entfachte nicht weniger Leidenschaft als heute der Nationalismus. Bereits Iwan III. fühlte sich als Nachfolger des letzten byzantinischen Kaisers. Er nahm das byzantinische Erbe für sich in Anspruch, weil er sich als Herrscher des einzigen noch unabhängigen orthodoxen Imperiums sah. Er und seine Nachfolger

betrachteten sich als geistiges Oberhaupt aller orthodoxen Christen in Rußland, Litauen, Polen und im Osmanischen Reich. Rußland übernahm das byzantinische Herr-
schaftswappen, den doppelköpfigen Adler, und der
Großfürst aller Russen verlieh sich den Titel ›Zar‹. Dies
alles trug dazu bei, im Volk den Glauben an Rußlands berechtigte Anwartschaft auf die geistige Führung der
rechtgläubigen Christenheit zu festigen, die nach Rom
und Byzanz nun an Moskau gefallen sei. Darüber hinaus
wurde am Hof von Moskau die völlig aus der Luft gegrif-
fene Legende gepflegt, Rurik, der Begründer der Ruri-
kendynastie, sei ein Nachkomme des römischen Kaisers
Augustus gewesen. Ebenso legendär ist die Geschichte,
derzufolge der Apostel Andreas, von Griechenland kom-
mend, dem Dnjepr nach Norden gefolgt sei und an der
Stelle, an der heute Kiew liegt, auf einem Hügel ein Kreuz
errichtet habe. Dann habe er, so versuchten die frühen
Chroniken die Russen glauben zu machen, die Menschen
der Umgebung getauft und gesegnet und die Gründung
zahlreicher christlicher Kirchen im Land vorhergesagt.[11]
Iwan herrschte also von Anfang an über willfährige
Untertanen und einen Adel, der sich von dem Nimbus
der Göttlichkeit des Monarchen nachhaltig beeindruckt
zeigte.

Der erste Besucher aus dem Westen, der über Rußland
schrieb, war Sigmund von Herberstein. Der Bericht, den
er über seine beiden, im Auftrag Maximilians I. und Fer-
dinands I. unternommenen diplomatischen Missionen
verfaßte, die ihn in den Jahren 1517 und 1526 während
der Regierungszeit Wasilijs III. nach Moskau führten,
wurde bereits 1549 in Wien veröffentlicht. Das war auch
das Jahr, in dem Iwan der Schreckliche seine ersten Reformen plante. Herbersteins Buch *Beschreibung Moskaus,
der Hauptstadt in Rußland, samt moskowitischem Gebiet* erschien zunächst in Latein, dann in Deutsch. Es war ein
großer Erfolg und hat zahlreiche Neuauflagen erlebt. Al-

lein in den ersten vierzig Jahren nach seiner Erstveröffentlichung erschienen 18 Auflagen. Herbersteins Bericht enthielt zahlreiche interessante Einzelheiten über Iwans in Europa bis dahin unbekanntes Reich und das Leben seiner Untertanen:

Alle im Land nennen sich ihres Fürsten Cholopi, das heißt verkaufte Knechte.

Seine Gewalt hat der Großfürst gebraucht, gleich sowohl über die Geistlichen als über die Weltlichen, es sei um das Gut oder das Leben. Seiner Räte keiner hat des Herrn Meinung widersprechen dürfen. Sie bekennen durchaus, des Fürsten Wille sei Gottes Wille, also was der Fürst tue, das tut er aus dem Willen Gottes ... Es ist ein Zweifel, ob ein solch Volk eine solche schwere Herrschaft haben muß, oder ob die grausame Herrschaft ein solch ungeschickt Volk macht.

Und wiewohl er (Wasilij III.) in Kriegssachen unglückselig gewesen, so ist er doch von den Seinen gar glückselig genannt worden. Und wann je der halbe Teil seines Kriegsvolks nicht übergeblieben, haben sie dürfen sagen, sie hätten nicht einen Mann verloren ... Er hält alle und jeden in gleicher Dienstbarkeit.

Wenn sie je mit uns von Litauen zu sprechen sind gekommen, haben sie spöttisch von ihnen geredet, als: wann ihr König oder Großfürst einem befehle, auf Gesandtschaft oder in andere Orte zu reisen, so sagten sie, ihr Weib sei krank oder die Pferde seien lahm. »Das ist bei uns hier nicht«, sprechen sie, und das mit lachendem Mund, »sondern reite hin auf alle Befehle, willst du deinen Kopf gesund haben.«

... Die Bojaren, die bei uns als Adel möchten geachtet sein. *Boy* nach windischer Sprache (die Sprache der Westslawen) heißt Krieg, aus dem möchten sie ›Kriegsleute‹ heißen ... Die Reichen alle haben erkaufte eigene oder gefangene Leute zu Dienern ... Die Bauern haben ein ausgewiesenes Erdreich, mit dem sie sich begnügen müssen, und sind ein erbärmliches Volk, mit allem Leib und Gut der Edlen Raub, dazu übel geschlagen.

Welche Mannsperson um eines Tochter wirbt, wird verachtet. Dann ein Vater nimmt sich einen vor, zu dem er gemeiniglich also spricht: »Dein Wesen und Tun gefällt mir wohl, darum wollte ich dir meine Tochter vermählen.« Dann so spricht der junge Mann: »Ich will mich mit meinen Freunden derhalben bereden.« So dann das von beiden Teilen für gut angesehen wird, handelt man zum Beschluß, und es wird der Tag der Hochzeit benannt. Wo der Bräutigam die begehrt zuvor zu sehen, sagt der Vater: »Frag andere, von denen magst du innewerden, wie sie ist.« Wann die Abrede nicht gar wohl verfestigt ist, damit der Bräutigam gar nicht zurückgehen kann, so läßt man ihn die Braut nicht sehen bis zu Hochzeit und Beilager. Zum Heiratsgut gibt man gemeiniglich Rosse, Kleider, Waffen, Vieh, eigene Knechte und dergleichen.

Die zu der Hochzeit Gebetenen verehren selten oder nimmer Geld, sondern andere Geschenke. Dieselben läßt der Bräutigam fleißig beschreiben, von wem jegliches gegeben. Nach der Hochzeit besichtigt er die Gaben, ob etwas wäre, das er meint zu behalten; dasselbe schickt er auf den Markt, läßt dasselbe schätzen. Die anderen Gaben schickt er alle fort, jegliches davon es gekommen ist, mit Danksagung. Was er aber behalten hat, zahlt er in Jahresfrist gemäß der Schätzung oder vergilt dasselbe mit anderen Gaben. Wo aber einer seine Gabe höher achtet, als der Bräutigam zahlen oder vergelten will, so muß derselbe sich mit der Geschworenen Schätzung begnügen lassen. Vergilt aber der Bräutigam solche Gabe in Jahresfrist nicht, so ist er solches zweifach zu vergüten schuldig; sofern auch der Bräutigam solche Gabe die Geschworenen nicht schätzen hat lassen, muß er die dem Geber nach seinem Anschlag vergelten. Die Scheidung ist gemein bei ihnen, sie geben Scheidebriefe; gleichwohl wollen sie das gern verbergen.

Ehebruch nennen und erachten sie nicht, es habe denn ein Eheteil mit einem anderen verbrochen. Sie halten ihre Weiber in schlechter Liebe, weil sie die ungesehen nehmen und müssen die behalten, wie sie sind. Sonderlich die Ansehnlichen und Edlen, die viel und oft in Diensten sind und reisen müssen, verlassen die oft und pflegen anderer unnatürlicher Sachen.

Sie achten auch keine für fromm oder ehrbar, die auf die Gasse geht. Darum die Reichen oder Ansehnlichen halten die ihrigen so verschlossen, damit niemand mit ihnen zu Rede oder Angesicht komme, vertrauen ihnen auch keine Wirtschaft an, nur was Nähen und Spinnen ist. Selten läßt man sie zur Kirche, noch viel seltener zu Freunden, sie seien denn so alt geworden, daß sie ihrer gar nicht achten oder keinen Verdacht haben.

Auf den Angern zur Sommerszeit vergönnen sie Weibern und Töchtern zusammenzukommen. Da haben sie gemeiniglich ein Rad dermaßen zugerichtet, wann eine oder mehrere darauf sitzen, daß man die über und über vom untersten zum obersten treibt. Oder aber sie hängen ein Seil an, darin sich eine hin und wieder schaukelt; oft fallen sie bei solcher Kurzweil schwer. Dann so stehen sie oft vor ihren Häusern mit Gesang und schlagen die Hände zusammen, daß die klatschen. Sie gebrauchen keinen Tanz.

Die jungen starken Buben haben gemeiniglich einen Platz in der Stadt, dahin sie an Feiertagen zusammenkommen. So pfeift einer nach ihrem Gebrauch, dann laufen sie ineinander, schlagen und stoßen mit Fäusten, Knien und Füßen aneinander in das Angesicht, Gurgel, Bauch, an das Gemächt, daß man immer etliche halb lebendig davonträgt.

Die größte Gerechtigkeit hält man wider die Räuber. So man sie ergreift, so zerschlägt oder zerquetscht man ihnen die Fersen, läßt sie dann einen oder zwei Tage also liegen, bis sie schwellen, dann so bewegt man die hin und wider. Mit solcher Pein erfragt man bei ihnen, was man will. Wenn dann einer dermaßen schuldig befunden, so hängt man den. Sie pflegen keinen anderen Tod anzutun, es habe denn einer gar großes Übel begangen. Ich habe die hängen gesehen, denen die Füße abgefallen waren, oder von Wölfen sind abgefressen worden, habe auch gesehen die Wölfe daran fressen, so niedrig hängt man sie.

... Viele der Übeltäter werden nach Moskau gebracht und in andere ansehnliche Städte geführt. So hält man dergleichen Gericht nur im Winter; zur Sommerszeit behandelt man Kriegssachen.

Die Russen sind schlau und trügerisch beim Handel und verkaufen ihre Ware zum Dreifachen ihres Werts; bezahlen wollen sie jedoch nur die Hälfte ... Oft zahlen sie ein Monat lang oder zwei nicht ...

Der Großfürst gibt ihnen selten Ruhe. Er hat gemeinhin Krieg ...

... In Feldzügen haben sie Feldgeschütz noch Fußvolk nicht gebraucht, denn all ihr Tun ist, in Eile anzugreifen oder zu fliehen ...

... Ihr meister Trost steht, so sie gegen den Feind ziehen, in der Menge ... Sie tun alles, damit sie den Feind umgehen und in den Rücken fallen möchten.[12]

Nachdem er das weltliche Leben in Moskowien mit Hilfe von Rechts- und Verwaltungsreformen nach seinen Vorstellungen umgestaltet hatte, wandte Iwan seine Aufmerksamkeit nun der Kirche zu. Von allen Schichten der Bevölkerung hatte die russische Geistlichkeit am wenigsten unter den mongolischen Eindringlingen und unter ihren eigenen Großfürsten zu leiden gehabt. Doch nun sollte das Volk erleben, daß nicht einmal das Haus Gottes vor den gierigen Blicken des neuen Herrschers sicher war. Nur wenige Monate nach der Formulierung des neuen Gesetzeskodex rief Iwan die Bischöfe und Äbte des Reiches nach Moskau, damit sie vor ihm Rechenschaft über ihre Amtsführung ablegten. Zunächst jedoch mußten sie sich eine Rede des Zaren anhören, in welcher dieser ein weiteres Mal über die Geschichte seines Unglücks berichtete und von Gottes berechtigtem Mißfallen über seine Missetaten. Mit erhobener Stimme rief er die versammelten kirchlichen Würdenträger dazu auf, gemeinsam mit ihm seine Verfehlungen zu verdammen. Zerknirscht nannte er sich einen Sünder, der Vergebung allerdings eher forderte, als sie zu erflehen.[13] Dann erläuterte er den Kirchenmännern die wichtigsten Artikel des neuen Rechtskodex und forderte ihre Zustimmung die sie ihm auch bereitwillig gaben. Doch nun folgte der für den Klerus weniger angenehme Teil: Mit Hilfe seiner beiden einflußreichsten Ratgeber, des Kammerherrn Adaschew und des Priesters Sylvester, hatte Iwan einen umfangreichen Fragenkatalog zusammengestellt, in dem er Auskunft über sämtliche Aktivitäten der Kirche forderte. Vor allem auf zwei Bereiche des kirchlichen Lebens konzentrierte sich Iwans Interesse: auf die seiner Ansicht nach zu große weltliche Macht der Kirche und auf die Sittenlosigkeit, die damals in den Klöstern des Landes herrschte. Die erstaunten Geistlichen mußten sogar über ihre Abschriften religiöser Texte Rechenschaft ablegen. Formulierungen, die als Ketzerei gedeutet werden konnten, sowie jede Abweichung von der vorgeschriebenen Liturgie wurden verfolgt. Den vorausschauenden Teil des Klerus dürfte diese Einmischung in kirchliche Belange wohl kaum überrascht haben. Seit der Christianisierung des Landes im zehnten Jahrhundert war das Leben in den Klöstern immer wieder von einem Extrem in das andere gestürzt: Perioden inbrünstiger Askese waren immer durch Phasen hedonistischer Zügellosigkeit abgelöst worden. Während der Herrschaft Iwans des Schrecklichen waren in den Klöstern des Reiches beide Verhaltensweisen verbreitet. Aus Gründen der Bequemlichkeit war man sogar soweit gegangen, Nonnenklöster direkt neben Männerklöstern zu errichten, und häufig vernachlässigten die Mönche ihre Gebetsstunden. Darüber hinaus hatte sich die Kirche, durch Steuerprivilegien begünstigt, zu einem mächtigen und blühenden landwirtschaftlichen Unternehmen entwickelt. Vor allem die riesigen Ländereien, die die Regierung der Kirche zu Kolonisierungszwecken gestiftet hatte, begründeten deren neuen Reichtum. Riesige Summen flossen in ihre Kassen, da die wohlhabenden Gläubigen versuchten, sich einen Platz im Himmelreich zu erkaufen. Mit diesem Geld wurde noch mehr Land erworben. Die Inbrunst und die Dauer der Gebete, die die Priester für das Seelenheil der Verstorbenen sprachen, hingen von der Höhe des Preises ab, den die Verwandten zu zahlen in der Lage waren.

Wollte ein Landbesitzer für sich und seine Familie eine ganze Sequenz von Bittgottesdiensten erkaufen, so bestand die Möglichkeit, der Kirche anstatt Geld ein ganzes Dorf zu schenken. Es war damals durchaus üblich, daß sich Novizen ihren Eintritt ins Kloster und somit lebenslange materielle Sicherheit erkauften. Häufig vermachten Menschen noch auf dem Sterbebett ihr gesamtes Hab und Gut der Kirche. Denn man glaubte, es sei der Errettung der Seele förderlich, »der Welt zu entsagen, selbst wenn dies nur wenige Augenblicke vor dem Ende geschehe« (Klijuchewski).

Mitte des sechzehnten Jahrhunderts war durch Stiftungen, Schenkungen und Landkäufe nahezu ein Drittel Rußlands in den Besitz der Kirche gelangt.

Die Informationen, die Iwan mit Hilfe seines neunund-sechzig Punkte umfassenden Fragenkatalogs sammelte, veranlaßten ihn, einen Erlaß zu verkünden, der für die Zukunft jeden Landerwerb durch die Kirche verbot. Dieses Edikt erwies sich jedoch als wirkungslos, denn Iwan war ein überzeugter und vor allem gehorsamer Christ. Um einen ganzen Komplex in Volk und Klerus gleichermaßen tief verwurzelter Gewohnheiten auszulöschen, war schon ein entschlossener und betont antiklerikal eingestellter Herrscher wie Peter der Große nötig. Um das auch in der Priesterschaft weit verbreitete Analphabetentum zu reduzieren und weitere Irrtümer bei der Transkription religiöser Texte zu vermeiden, setzte Iwan durch, daß in Moskau und anderen größeren Städten Kirchenschulen gegründet wurden. Darüber hinaus sollten in Zukunft auch einige Bücher religiösen Inhalts gedruckt werden.

Doch Iwan hielt sich nicht lange mit juristischen Problemen auf – ganz gleich, ob sie weltliche oder kirchliche Fragen betrafen. Außerdem übte er unvermindert Druck auf das Khanat von Kazan aus. Er begnügte sich nicht damit, eine Marionette von seinen Gnaden als Herrscher über die Stadt einzusetzen. Überdies ließ er am Ostufer der Wolga eine Festungsstadt bauen, die als Ausgangspunkt zukünftiger militärischer Unternehmungen konzipiert war. Die Bauarbeiten gingen zügig voran, und bald war gleichsam aus dem Nichts eine kleine, doch gut befestigte Stadt entstanden. Seltsamerweise unternahmen die Tataren keinen Versuch, die Russen aus der auf mongolischem Territorium gelegenen Festung Swijaschsk zu vertreiben. Dies ist um so verwunderlicher, als die Errichtung der Festung auch mit den territorialen Interessen der Krim-Tataren kollidierte. Ihr Khan hatte vor kurzer Zeit Astrachan unterworfen und plante nun auch noch die Eroberung von Kazan. Im Vollgefühl seiner Macht sandte der Khan der Krim-Tataren nun Iwan eine Her-

ausforderung, die den Sinn des Mongolenkhans für
Poesie verrät:

Bisher warst Du noch sehr jung, aber jetzt bist Du erwachsen. Laß
mich wissen, was Du willst: mein Wohlwollen oder Blutvergießen?
Wenn Du mein Wohlwollen willst, dann speise Uns nicht mit wert-
losen Kleinigkeiten ab, sondern sende Uns, wie der König von
Polen, der Uns jährlich 15 000 Goldstücke schickt, ansehnliche Geschenke. Wenn Du Krieg wünschst, so werde ich auf Moskau marschieren, und Dein Land wird unter die Hufe meiner Pferde geraten.

Iwan IV., Gemälde eines anonymen Meisters, um 1670

Als Reaktion auf die Herausforderung des Khan ließ Iwan die tatarischen Gesandten ins Gefängnis werfen. Der angedrohte Angriff der Krim-Tataren erfolgte ein Jahr später, als ihre durch türkische Soldaten und mehrere hundert Kamele verstärkte Armee bis Tula, einhundertfünfzig Kilometer südlich von Moskau, vorrückte. Iwan hatte zu der Zeit eine Armee von 100000 Mann (zeitgenössische Berichte sprechen von 150000 Mann) zusammengezogen, mit der er Kazan anzugreifen beabsichtigte. Er schickte den Krim-Tataren nur die Vorhut seiner Armee entgegen, welche die Tatarenarmee überraschte und in die Flucht schlug. Iwan ließ die erbeuteten Kamele und die gefangenen Tataren nach Moskau bringen, um dem Volk einen Vorgeschmack auf zukünftige militärische Erfolge zu geben.

Unbeirrt setzte Iwan währenddessen den Marsch auf Kazan fort. Zuvor hatte er jedoch seine Marionette auf dem Thron von Kazan, Khan Schigalej, nach Moskau zitiert und von ihm eine Erklärung dafür verlangt, weshalb er nicht bereit sei, zum Christentum zu konvertieren. Der Khan wurde zwar gut behandelt, durfte den Kreml jedoch nicht mehr verlassen. An seiner Stelle hatte Iwan bereits Fürst Mikulinskij als neuen Statthalter nach Kazan geschickt. Die Tataren ließen den Fürsten in ihre Stadt ein, vor allem, weil sich in seiner Begleitung lediglich eine Handvoll russischer Soldaten befand. Als sich die Bewohner von Kazan jedoch wieder erstarkt und in der Lage wähnten, den zu erwartenden Angriff der Russen abzuschlagen, schlossen sie die Tore der Stadt vor dem Statthalter von Iwans Gnaden, als dieser von einem Besuch in Swijaschsk zurückkehrte. Dies war das Angriffssignal für Iwan. Obgleich das Khanat von Kazan ein militaristisch organisierter Staat war, herrschte unter den Machthabern Uneinigkeit. Auch das Volk von Kazan stand keineswegs einmütig hinter den Befürwortern einer Konfrontation mit Rußland. Doch angesichts von

Iwans Drohung, er werde einen heiligen Krieg gegen die
›Sarazenen‹ führen, blieb auch den friedliebenden Bewohnern Kazans nichts anderes übrig, als an den Vorbereitungen für die Verteidigung der Stadt teilzunehmen.
Alle Aufforderungen Iwans, ihm die Stadt kampflos zu
übergeben, wies der Khan zurück. Er ließ Iwan die folgende Botschaft zukommen: »Hier ist alles bereit für
Dich. Wir erwarten Dich zum Fest.«

Um jedoch Rußlands ersten Feldzug gegen nicht-slawisches Territorium seit den Eroberungszügen Swatoslaws
und Wladimirs im zehnten Jahrhundert in die Tat umzusetzen, mußte Iwan zunächst den Widerstand der Bojaren gegen dieses Unternehmen brechen. Der Klerus allerdings unterstützte ihn und betrachtete die Unterwerfung
der ungläubigen Tataren und die Annexion Kazans als
ein gottgefälliges Werk. Die Bojaren hingegen sahen den
zu erwartenden Krieg in einem weit profaneren Licht. Sie
fanden es beunruhigend, wie bedenkenlos der junge, gerade erst zweiundzwanzigjährige Zar das Land in einen
Krieg stürzte, dessen Größenordnung das Reich finanziell an den Rand des Ruins bringen und dem Volk einen
schweren Blutzoll abverlangen würde. Und nicht zu Unrecht befürchteten die Bojaren, daß die Zukunft noch
kostspieligere und blutigere Kriege bereithalten würde.
Sie waren der Ansicht, die Aushebung einer Armee von
100 000 Mann, die über längere Zeit bewaffnet und unterhalten werden müsse, werde eine Verarmung der Bevölkerung zur Folge haben, deren Ausmaß auch die Eroberung von Kazan nicht aufzuwiegen vermöge. Im Laufe
der russischen Geschichte haben immer wieder Herrscher das Land in Kriege gestürzt, ohne auch nur einen
Gedanken daran zu verschwenden, welche wirtschaftlichen Folgen dies möglicherweise für das Land haben
würde. Bedenkenlos opferten diese Potentaten ihre Untertanen für Eroberungskriege und andere Großprojekte,
in der Hoffnung, die nachfolgenden Generationen wür-

den die Nutznießer dieser großen Opfer sein. Ein unmittelbarer und weitreichender Vorteil erwuchs Rußland aus der Eroberung Kazans, denn mit diesem Khanat besiegte Iwan die einzige ernstzunehmende Militärmacht zwischen der Ostgrenze seines Reichs und dem Nordpazifik.

Der Angriff auf Kazan begann Ende August 1552. Der Zar war sich des Sieges gewiß; um so mehr, als er in der Nacht vor dem Angriff erfahren hatte, daß die Verteidiger der Stadt nur 30000 Mann zählten: Zudem war die Schlagkraft des russischen Heeres durch Geschütze modernster Bauart beträchtlich gesteigert worden. Außerdem hatte Iwan einen dänischen Sprengmeister engagiert, dessen Aufgabe es war, Breschen in die aus Lehm und Holz errichteten Verteidigungsanlagen der Stadt zu

Kazan im 16. Jahrhundert,
das 1552 von Zar Iwan IV. erobert wurde. Kupferstich, 1656

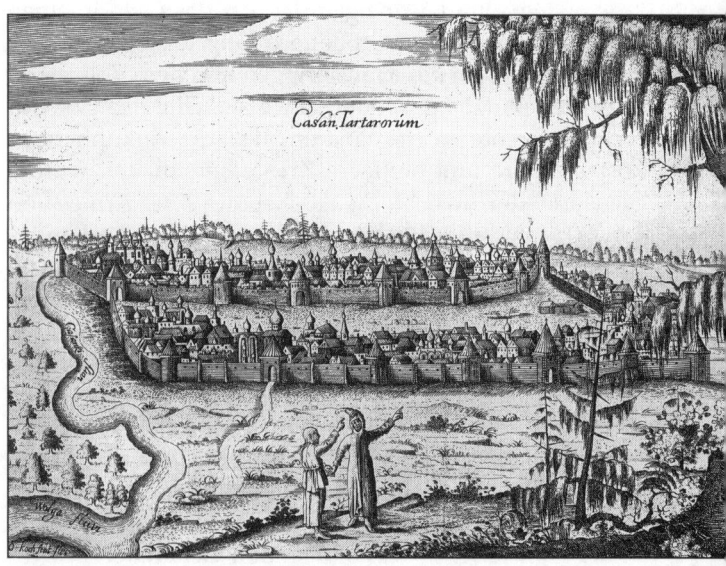

sprengen. Ehe er den Befehl zum Angriff gab, ließ Iwan haltmachen und eine große Standarte mit dem Bildnis Christi entrollen. Der junge Zar, der sich selbst bei diesem Kriegszug eher in der Rolle des obersten Priesters als in der des militärischen Oberbefehlshabers sah, stieg ab, hieß seine Generäle, es ihm gleich zu tun, und betete mit erhobener Stimme um den Sieg und den Beistand des Allmächtigen. Trompeten erklangen und Trommelwirbel erfüllte die Luft. Die Russen rückten vor und drangen, ohne auf Widerstand zu treffen, in die Stadt ein, da sich die Verteidiger in die Zitadelle zurückgezogen hatten. Von dort unternahmen die Tataren einen unerwarteten Ausfall und warfen die Russen, die sich bereits im Besitz der Stadt wähnten, wieder zurück, wobei sie ihnen schwere Verluste zufügten.

Am darauffolgenden Tag mußten die Russen einen weiteren empfindlichen Rückschlag hinnehmen: Ein schrecklicher Sturm erhob sich, der die meisten Zelte des russischen Heerlagers zerstörte. Zahlreiche mit Lebensmittel- und Munitionsvorräten beladene russische Schiffe versanken in den Fluten der Wolga. Doch Iwan war entschlossen, sich durch nichts von seinem Vorhaben abhalten zu lassen. Aus Swijaschsk und Moskau forderte er Nachschub an und gab den Befehl, alle für eine längere Belagerung Kazans notwendigen Vorbereitungen zu treffen. Im Verlauf des Monats September trieben die Russen an strategisch wichtigen Punkten Tunnel unter die Stadtmauern. Dabei stieß man auf den unterirdischen Kanal, der die Stadt mit einer Quelle außerhalb der Mauern verband, von der Kazans Wasserversorgung im wesentlichen abhing. Gegen Ende des Monats drängten die Generäle Iwan, den Befehl zum entscheidenden Angriff zu geben. Der Zar gab seine Zustimmung, bestand jedoch darauf, daß vor dem Angriff alle seine Soldaten beichteten und das Heilige Abendmahl nahmen, damit sie im Zustand der Gnade und gegen Angst gefeit seien.

Die Detonation der Sprengladungen war für die Russen das Signal zum Angriff. Iwan sah keine Veranlassung, sein eigenes Leben aufs Spiel zu setzen und hielt sich während der Entscheidungsschlacht in seinem Kirchenzelt auf. Seine Truppen kämpften sich verbissen durch Breschen in der Stadtmauer bis zur Zitadelle vor, die schließlich ebenfalls fiel. Die Tataren verkauften ihr Leben teuer, wurden jedoch fast bis zum letzten Mann aufgerieben. Nur Frauen und Kinder verschonten die Russen. Als das Gemetzel vorüber war, sprach Iwan seinen Soldaten höchste Anerkennung aus und nannte sie seine »Mazedonier und würdigen Nachkommen der Krieger, die unter dem Großfürsten Dmitrij Donskoj den Groß-Khan Mamai besiegt haben«.

Iwan beließ nur 5000 Mann in der Stadt. Er forderte jene Tataren, die dem Tod durch die Flucht in die Wälder entgangen waren, auf, nach Kazan zurückzukehren und wiederum ihren Geschäften nachzugehen. Iwans Rückkehr nach Moskau war ein einziger Triumphzug. Auf dem Weg dorthin überbrachte ihm ein Bote die freudige Nachricht, die Zarin Anastasia habe einen Sohn geboren. Bei seiner Ankunft in Moskau wurde er wie ein Held empfangen. Zur Erinnerung an den großen Sieg gegen die Tataren, der ein Höhepunkt in Iwans Regierungszeit und eine Sternstunde des mittelalterlichen Rußland gewesen war, sollte in Moskau eine große Kathedrale errichtet werden: die prächtige und wunderschöne Kathedrale Mariä Fürbitte. Es ist durchaus möglich, daß sowohl Iwan als auch der Metropolit Makarij an den Entwürfen zu dieser beeindruckenden Kathedrale mitgewirkt haben. In diesem Sakralbau verschmelzen eine Reihe höchst gegensätzlicher Stile zu einer Einheit – etwa Elemente der griechischen, romanischen, byzantinischen, gotischen, arabischen und tatarischen Baukunst, aber auch Stilmerkmale, die den Tempelbauten Babylons und Assyriens entlehnt wurden. Diese Komposition von Stilen bezaubert den Betrachter noch heute. Zahlreiche Architekten wurden aus Italien nach Moskau geholt, doch nur drei von ihnen sind in den Kremlarchiven namentlich genannt: Julian Aristo, Philip Manzio und Marcellini.[14] 1896 und 1957 entdeckte man Aufzeichnungen, in denen auch der Barma genannte russische Architekt Posnik Jakownew erwähnt ist, der ebenfalls beim Bau dieser herrlichen Kathedrale mitgewirkt hat.[15] Die Fertigstellung der Kathedrale Mariä Fürbitte nahm sechs Jahre in Anspruch.

Im Jahre 1588, vier Jahre nach dem Tod Iwans des Schrecklichen, wurde neben der Kathedrale, die über dem Grab des Heiligen Basilius errichtet worden war, eine Kapelle gebaut. Dieser Heilige, der als einer der ›Narren in Christo‹ galt, hatte es gewagt, Iwan in Moskau öffentlich einen bösen Menschen zu nennen. Diese ›Narren in Christo‹ waren fanatische Wanderprediger, die zwar als verrückt galten, doch vom Volk als heilige Männer verehrt wurden. Vermutlich hat Iwan, der diesen Heiligen ebenfalls verehrte, bei dessen Beisetzung sogar als Sargträger teilgenommen. Nach Iwans Tod sprach die Kirche Basilius heilig, und der gesamte Sakralkomplex wurde ab nun Basiliuskathedrale genannt.

Um den achteckigen Zentralturm der Basiliuskathedrale gruppieren sich vier große und vier kleinere, ebenfalls achteckige Türme von unterschiedlicher Höhe, deren Mauerwerk und Kuppeldächer verschieden strukturiert und in leuchtenden Farben gehalten sind. Der Zentralturm dieses Meisterwerks farbenfroher Asymmetrie trägt ein ausgeprägtes Spitzzeltdach, das üppig mit Ornamenten aus Haustein und Formziegeln geschmückt ist. In dieser gelungenen Mischung exotischer Stile sind auch Elemente enthalten, die der Architektur der traditionellen Holzkirchen Altrußlands entlehnt sind. Bei Restaurationsarbeiten entdeckte man kürzlich zahlreiche Freskenmalereien, die aus der Zeit Iwans des Schrecklichen da-

Die Basilius-Kathedrale in Moskau. Stahlstich, um 1840

tieren. Architektonische und farbliche Kontraste bestimmen das Bild der Kathedrale. Ein besonders reizvolles Beispiel hierfür sind die in leuchtendem Türkis und Karmesinrot gestalteten Blumenmuster im Mittelschiff der Kathedrale. Der große Komponist Modest Mussorgskij beschreibt seine Liebe zur Basiliuskathedrale mit geradezu schwärmerischen Worten: »Sie versetzt mich in eine zutiefst romantische Stimmung, und oft erscheint es mir, als müsse jeden Augenblick ein Bojar in langem Kaftan und mit einem spitzen Hut vorübergehen.«

Iwan wählte den Standort der Kathedrale so, daß ihr Portal dem *Lobnoije Mesto*, dem Platz der Hinrichtungen, zugewandt war. Auf diesem Platz befand sich eine kreisförmige Plattform, auf der zahllose Menschen unvorstellbare Qualen erleiden mußten, ehe sie starben. *Lobnoije Mesto* heißt wörtlich Stirn- oder Schädelstätte. Es ist das russische Wort für Kalvarienberg. Iwan pflegte auf diesem Platz in Begleitung des Zarewitsch Hinrichtungen beizuwohnen. Auch in den *Bijlinij*, den volkstümlichen Versdichtungen, findet der *Lobnoije Mesto* Erwähnung. Er wird dort als der Ort des Grauens geschildert, an dem »die schrecklichsten Hinrichtungen stattfinden, Augen aus ihren Höhlen gerissen und Zungen abgeschnitten werden«.[16] Das jüngste Schicksal der Basiliuskathedrale ist nicht minder traurig: Die kommunistische Regierung degradierte die Kathedrale, das (neben einer weiteren Kathedrale im Troiza-Sergejewskij-Kloster) kulturell wichtigste Bauwerk der Regierungszeit Iwans des Schrecklichen, zu einem bloßen Bestandteil des Sowjetischen Nationalmuseums. Dieses den kommunistischen Machthabern unbequeme Beispiel göttlich inspirierter Baukunst ist das eindrucksvollste und imposanteste Gebäude auf dem ganzen Roten Platz. Der offizielle englischsprachige Kurzreiseführer für Moskau enthält fünfzig Photographien; auf keiner davon ist die Basiliuskathedrale zu sehen.[17] Diese große asiatisch anmutende Kathedrale ist mit ihrer in sich verschlungenen Ornamentik, dem Gewirr spitz zulaufender Zwiebelkuppeln und ihren schlanken, in bunten Farben leuchtenden Türmen ein passendes Denkmal für einen Monarchen, in dessen Geist Phantasie und Realitätssinn stets um die Vorherrschaft stritten.

4

Die russische Sichel

Während der folgenden Monate, bis zum Ende des Jahres 1552, erstrahlte Iwans Stern in hellem Glanz: Er war jung, seine geliebte Gemahlin hatte ihm einen Thronerben geboren, und seine siegreiche Armee war im Triumphzug nach Hause zurückgekehrt. Doch es genügte ihm nicht, Jediger Machmet, den Khan von Kazan, als Gefangenen in sicherem Gewahrsam zu wissen. Ein öffentliches Bekenntnis des Khans zum Christentum oder vielleicht sogar seine Bekehrung zum orthodoxen Glauben sollte dem Volk die Überlegenheit des christlichen Gottes über den Gott der Moslim anschaulich vor Augen führen. Nachdem der Khan vier Monate als Gefangener im Kreml zugebracht hatte, fand er sich bereit, vor den Moskowitern zu erscheinen und sich öffentlich taufen zu lassen. Ein Loch wurde in das Eis der Moskwa geschlagen. Vor den Augen Iwans, des Metropoliten und des gesamten Hofes tauchte der Khan feierlich in das Wasser und empfing das Sakrament der Taufe. Er wurde gefragt, ob er gezwungen worden sei, den Glauben zu wechseln. Dies verneinte er und fügte hinzu: »Ich hasse Mohammed. Ich wünsche aufrichtig und aus ganzem Herzen, Jesus anzubeten.«

Doch den Russen sollte es nicht vergönnt sein, sich lange über den Sieg gegen die Ungläubigen zu freuen: Um die Jahreswende 1552/53 suchte eine Epidemie die Städte und Provinzen von Nowgorod und Pskow heim.

Binnen eines Jahres fielen mehr als eine halbe Million Menschen der heimtückischen Krankheit zum Opfer. Im März 1553 erkrankte auch Iwan an einem geheimnisvollen Fieber, das ihn ans Bett fesselte und an den Rand des Todes brachte. Die Krankheit, so schwer und lebensbedrohlich sie auch war, dauerte kaum eine Woche. Trotzdem hinterließ diese Zeit bei Iwan Wunden, die nie mehr heilen sollten. Er war ohnehin bereits extrem mißtrauisch und eifersüchtig auf die Erhaltung seiner Machtposition bedacht und nur allzu bereit, jeden zu vernichten, der es wagen sollte, seine Macht zu schmälern. Doch nun steigerte sich Iwans Mißtrauen ins Abnorme. Auch seine Angst vor dem Zorn Gottes und vor dessen Macht, ihn zu zerstören, nahm krankhafte Züge an. Er war davon überzeugt, die Krankheit sei Gottes Strafe für seine Sünden. Iwan glaubte, seine letzte Stunde habe geschlagen. Er hatte bereits alle Hoffnung aufgegeben, jemals wieder zu genesen. In diesem Zustand der Bedrücktheit wurde der fiebernde Zar zum ersten Mal während seiner Regentschaft mit offenem Ungehorsam konfrontiert. Er hatte die Mitglieder seines Hofes an sein Bett gerufen, damit sie seinem Sohn, dem Zarewitsch Dmitrij, Treue schwören sollten. Doch nur sieben Bojaren und ein paar Mitglieder des Hofes erschienen überhaupt. Nicht einmal Adaschew und Sylvester, Iwans wichtigste Ratgeber, folgten seinem Befehl. Zu jener Zeit war es nichts Außergewöhnliches, daß Krankheiten scheinbar gesunde Menschen über Nacht hinwegrafften. Deshalb hatten die Bojaren guten Grund zu hoffen, dieser unduldsame und für jeden von ihnen äußerst gefährliche Zar werde ebendieses Schicksal erleiden. Viele Bojaren und Adelige zögerten, den Treueeid auf Dmitrij zu leisten. Wäre der Zar tatsächlich gestorben, so hätte ihre Loyalität Fürst Wladimir gegolten, einem Vetter Iwans und Sohn Andreijs von Starizas. Iwans Mutter hatte Wladimirs Vater ins Gefängnis werfen lassen, wo dieser gestorben war. Kraft seines

Standes und seiner Fähigkeiten sowie aufgrund seines Ansehens wäre Fürst Wladimir vermutlich der am besten geeignete Nachfolger auf dem Zarenthron gewesen. Iwans Bruder Jurij besaß weder den Wunsch noch die Fähigkeiten, das Land zu regieren; der Zarewitsch Dmitrij lag noch in den Windeln. Die Bojaren beunruhigte der Gedanke an eine neuerliche Interims-Regentschaft. Denn in einem solchen Fall wäre unweigerlich der Zarin Anastasia und deren Verwandtschaft die Macht zugefallen. Fürst Wladimir war einer der echten Helden der Schlacht von Kazan gewesen, und das Volk hatte ihn bei seiner Rückkehr nach Moskau mit großem Jubel begrüßt.

Doch Iwan starb nicht. Und Wladimir und seine Anhänger besuchten Iwan in dessen Schlafgemach und erneuerten ihren Treueeid. Das Fieber brannte zwar noch immer in Iwans Körper, doch inzwischen war er wieder soweit bei klarem Bewußtsein, daß er die säumigen Vasallen erkannte. Da die Bojaren und Adligen ohnehin damit gerechnet hatten, daß der Zar sterben würde, hatten sie auch in seiner Gegenwart kein Blatt vor den Mund genommen und untereinander freimütig ihr Mißtrauen gegenüber der ehrgeizigen Familie der Zarin Anastasia geäußert. Doch Iwan erholte sich sehr schnell von seiner Krankheit und überraschte den Hof nun durch seine Milde. Äußerlich schien alles beim alten, doch innerlich wurde der Zar mehr und mehr von quälendem Mißtrauen zerfressen. Nach seiner Genesung beschloß er, zum Kloster des heiligen Kyrill, weit im Norden des Landes, zu pilgern, um dort Gott für seine Errettung zu danken. Seine Ratgeber bedrängten ihn, zunächst in der Region Kazan die Ordnung wieder herzustellen. Dort hatten im Schutz der Wälder aufständische Tataren eine Rebellenarmee zusammengezogen. Diese Entwicklung hätte eigentlich Iwans Anwesenheit in Moskau erfordert. Doch er ließ sich nicht von seinem Vorhaben abbringen und machte sich in Begleitung seiner Gemahlin, seines Sohnes und seines Bruders auf die geplante Pilgerreise. Auch Adaschew und Sylvester konnten ihn nicht überreden, in Moskau zu bleiben. Sie hatten erkannt, wie günstig die Gelegenheit war, die mit der Eroberung von Kazan begonnene Politik konsequent fortzusetzen: Eine Armee, die man jetzt zur Unterwerfung der Aufständischen in das ehemalige Khanat von Kazan geschickt hätte, hätte voraussichtlich gleich bis nach Astrachan an der Wolgamündung vorrücken können. Die Eroberung des Khanats von Astrachan hätte im übrigen den gesamten Flußlauf der Wolga in russischen Besitz gebracht. Überdies drängte die Zeit, wollte Rußland einem Angriff der Krim-Tataren auf Astrachan zuvorkommen. Iwan war jedoch entschlossen, sich durch nichts von der Pilgerfahrt abbringen zu lassen. Also machte sich die Zarenfamilie auf den Weg in jenes Kloster, in dem Gott die Gebete der Mutter des Zaren um einen Sohn erhört hatte. Die beschwerliche Reise führte sie durch die dichtbewaldeten und sumpfigen Regionen im Norden von Moskau. Noch ehe die Pilger ihr Ziel erreicht hatten, wurde der Zarewitsch, der über alles geliebte Thronerbe, von einer unerklärlichen Schwäche ergriffen und starb. Welch ungeheurer Schock das für Iwan und Anastasia gewesen sein muß, die beide von dem tiefen Glauben beseelt waren, hinter allen Fügungen Gottes sei eine unerschütterliche Gerechtigkeit verborgen, ist für uns heute schwer zu ermessen. Diese Furcht vor einem alttestamentarischen Gott des Zornes, die Rußland von Byzanz geerbt hatte und die auch in dem altgriechischen Glauben an die Rache der Götter angelegt war, konnte Iwan nicht abschütteln. Und so stürzte er sich mit neuer Inbrunst ins Gebet.

Als er nach Moskau zurückgekehrt war, schickte er seine Armee auf eine Strafexpedition nach Kazan. Anschließend sollten die Truppen in Astrachan einrücken.

Die Bewohner dieser Stadt hatten die Greueltaten, die die russischen Soldaten bei der Eroberung von Kazan begangen hatten, nicht vergessen. Damals hatten die Russen die nackten Leichen der bei der Eroberung der Stadt niedergemetzelten Kazaner auf einen riesigen Haufen geworfen, um die Straßen der Stadt zu säubern. Was dann weiter mit den Gefallenen geschah, können wir in Heinrich von Stadens Bericht nachlesen.

An den Knöcheln und Füßen band man die Leichen zusammen und schob dann einen langen Baumstamm zwischen ihren Beinen hindurch. Dann warf man sie in die Wolga – dreißig, vierzig oder fünfzig an einem Stamm. Die Stämme mit den Leichen trieben flußabwärts. Auch der Khan von Astrachan erhielt Kunde davon; voller Entsetzen floh er zu den Krim-Tataren und ließ Astrachan ohne Schutz zurück.[1]

Die Tataren von Astrachan flohen, noch ehe die Russen vor den Toren ihrer Stadt erschienen waren. Die Wolga, die wichtigste Handelsverbindung zum Kaspischen Meer, war nun ganz in russischer Hand. Wenige Wochen vor diesem großen und leichten Sieg schenkte Anastasia einem zweiten Sohn, dem neuen Thronerben, das Leben, der nach seinem Vater Iwan benannt wurde. Die dunklen Wolken, die sich während der vergangenen Jahre über dem jungen, gerade sechsundzwanzig Jahre alten Zaren zusammengeballt hatten, lösten sich auf. Es schien, als sollte sein glücklicher Stern neuerlich über seiner Regentschaft erstrahlen. Nach der Eroberung Astrachans stieß die russische Kavallerie weiter nach Süden bis zum Kaukasus vor. Der Fürst von Kakhetia in Ostgeorgien stellte sein Reich unter die Schirmherrschaft Rußlands. Iwan gab Befehl, an dem Fluß Terek, der bis ins neunzehnte Jahrhundert hinein die Südgrenze des Russischen Reichs bildete, eine Stadt zu gründen. Er verwarf dieses Projekt jedoch wieder, um keine Grenzkonflikte mit dem Osmanischen Reich zu provozieren.

Die Siegesfeier, die Iwan anläßlich der Eroberung
Astrachans auf dem Roten Platz in Moskau inszenierte,
geriet vor den Augen des versammelten Volks zu einer
Tragikomödie: Ein Abgesandter des Schahs von Iran
hatte dem Zaren als Gastgeschenk einen Elefanten mitgebracht. Der Wärter behauptete, das Tier sei darauf ab-
gerichtet, sich vor dem Zaren aller Rus zu verneigen. Die
Menschen strömten auf dem Roten Platz zusammen, um

Der Stadtkern Moskaus mit dem Kreml,

mit eigenen Augen zu sehen, wie selbst dieses mächtige Tier ihrem Herrscher huldige. Nach einigen Stunden vergnüglicher Volksbelustigung erschien Iwan in Begleitung seiner Bojaren und ließ sich auf dem riesigen Thron nieder, den man in der Mitte des Roten Platzes errichtet hatte. Das mächtige Tier wurde herbeigeführt, und sein Betreuer befahl ihm, sich vor dem Monarchen zu verneigen. Bei den Proben zu diesem Volksspektakel war alles

Holzschnitt, 16. Jahrhundert

zufriedenstellend verlaufen, doch nun wollte das Tier nicht gehorchen. Was als fröhliches Volksfest begonnen hatte, endete als Farce: Iwan reagierte angesichts der Unbotmäßigkeit des Kolosses völlig hysterisch und verurteilte den Elefanten, den ersten, den die Moskowiter je zu Gesicht bekommen hatten, zum Tode. »Haut ihn in Stücke!« lautete der Befehl des aufgebrachten Zaren, dem unverzüglich Folge geleistet wurde. Ein neugebildetes Regiment von Musketieren beeilte sich, den Ukas ihres Herren wortgetreu auszuführen. Vor den Augen des entsetzten Volkes fielen sie mit Äxten und Lanzen über das prächtige Tier her und töteten es.

Nach den militärischen Erfolgen über Kazan und Astrachan hatte Rußland an seiner Ostgrenze nun keine tatarischen Überfälle mehr zu fürchten. An der Südgrenze des Reiches allerdings war Rußland nach wie vor verwundbar. Denn die südlichen Provinzen hatten immer wieder unter den Überfällen und Raubzügen der Krim-Tataren zu leiden. Deren Armeen zählten bis zu 200 000 Krieger, die mordend und plündernd das Land verheerten, Männer, Frauen und Kinder verschleppten und als Sklaven nach Kleinasien und Nordafrika verkauften. Zeitgenössischen Berichten zufolge fielen den Tataren bei einem dieser Raubzüge 130 000 Menschen in die Hände. Die tatarischen Reiter trieben die Kinder, deren Eltern gefangen oder getötet worden waren, zusammen, fingen sie in großen Netzen und verschleppten sie. Die folgende Schilderung verdanken wir einem litauischen Reisenden, der auf dem Weg von Kiew zum Schwarzen Meer einer Horde Tataren begegnete: »Die Tataren hatten Tausende von Kindern beiderlei Geschlechts bei sich, die sie in Netzen an ihre Sättel gebunden hatten. Die Kinder schrien und weinten. Ihre Hände und Füße waren mit Lederriemen gefesselt. Kurz bevor die Kolonne Perekop erreichte, gab der Anführer der Tataren ein Zeichen. Die Reiter brachten ihre Pferde zum Stehen und töteten alle Kinder, die krank und schwach waren. Die Leichen der Kinder warfen sie in eine Grube. Manche der Mädchen wurden geschändet, ehe sie starben.« Als die Tataren bei einem ihrer Raubzüge mit russischen Truppen zusammenstießen, zogen sie sich zurück; 25 000 Gefangene – darunter 15 000 Kinder – erlangten so die Freiheit.[2]

Entgegen den Empfehlungen Adaschews, Sylvesters und seiner übrigen Ratgeber zog Iwan seine Armee aus den verwüsteten Südprovinzen des Reichs ab und überließ die Bauern ihrem Schicksal und der Willkür weiterer tatarischer Übergriffe. Er benötigte seine Truppen für einen weiteren großen Eroberungsfeldzug, diesmal gegen seine Nachbarn im Westen. Nie hatten die Fürsten von Moskau die geringste Bereitschaft erkennen lassen, mit den Fürsten der anderen russischen Provinzen in friedlicher Koexistenz zu leben. Ebensowenig waren sie an friedlichen Beziehungen mit den übrigen Nachbarstaaten interessiert. Staaten, die militärisch überlegen waren, ließ man in Ruhe; solche, die unterlegen waren, galten als potentielle Opfer und zukünftige Provinzen des Reiches. Während ihrer gesamten Geschichte unternahmen die Russen keinen einzigen Versuch, auf diplomatischem Wege friedliche Beziehungen zu ihren Nachbarn im Westen – Polen, Litauen und Schweden – herzustellen. Diese Länder galten stets als potentielle Feinde. Nicht zu Unrecht war die Außenpolitik dieser Länder stets von der Angst vor weiterer russischer Expansion bestimmt. In ihrem Bemühen, die Eroberungskriege Iwans und später Peters des Großen gegen Rußlands westliche Nachbarn zu rechtfertigen, haben sowohl russische als auch westliche Historiker für die Situation der Opfer dieser aggressiven Politik wenig Verständnis gezeigt. So bezeichnet zum Beispiel Bernard Pares Iwan IV. als »einen der bedeutendsten und weitsichtigsten Staatsmänner Rußlands. Dieser Zar ist in dem traditionellen Konflikt mit den Feinden im Westen stets bestrebt gewesen, Rußland den Zugang nach Europa zu sichern, da das Land ohne die Hilfe militärischer und technischer Berater seinen Feinden hoffnungslos unterlegen gewesen wäre.«[3] Man kann einen Dauerkonflikt – oder eine stete Folge kriegerischer Auseinandersetzungen – zwar als ›traditionell‹ bezeichnen, doch dies ist noch lange keine Rechtfertigung einer solchen Konfrontationspolitik. Im Grunde genommen besagt Pares' Formulierung nur, daß sich eine bestimmte Politik – in diesem Falle eine Politik des Mißtrauens, der Drohungen und Übergriffe – über mehrere Generationen hinweg als erfolgreich erwiesen hatte. Wenn Pares also von einem ›traditionellen Konflikt‹ spricht, dann impliziert er gleichsam, Iwans Kriege mit den Nachbarn im Westen seien unvermeidlich gewesen.

Doch Iwans Kriegszüge gegen Polen und Litauen waren alles andere als von der Notwendigkeit diktiert. Keines der beiden Länder verfolgte eine aggressive oder gar militaristische Politik. Herberstein erwähnt in seinen Bemerkungen zur Außenpolitik Rußlands, daß der russische Adel auf Litauen herabblickte, weil dort die Untertanen ihrem Herrscher nicht denselben bedingungslosen Gehorsam entgegenbrachten wie in Rußland. Polens Vergehen lag in der freiheitlichen, beinahe demokratischen Beziehung zwischen Monarch und Adel. Doch die polnischen Könige hatten immer größere Schwierigkeiten, die Kontrolle im Staat aufrechtzuerhalten. Als 1573 Sigismund II. August, der letzte polnische König aus der Jagiellodynastie, starb, wählte der Adel Heinrich von Valois, der später als Heinrich III. König von Frankreich wurde, zum neuen König von Polen. Ein Jahr darauf kehrte dieser nach Frankreich zurück, da er die zahlreichen Einschränkungen seiner Macht nicht zu akzeptieren bereit war. Noch vor dem Tod von Sigismund II. August waren Polen und Litauen unter einem König und einer Regierung vereinigt worden. Die Anhänger des orthodoxen Glaubens waren in Polen-Litauen Verfolgungen ausgesetzt, was den russischen Absichten gelegen kam. Doch auch in Rußland durften die Anhänger der römisch-katholischen Konfession ihren Glauben nicht frei ausüben.

Der Zusammenschluß von Litauen und Polen wurde wesentlich dadurch begünstigt, daß in beiden Ländern der römisch-katholische Glaube verbreitet war. Doch dies allein erklärt noch nicht die erbitterte Feindschaft und die zahllosen Kriege zwischen diesen beiden Ländern und Rußland. Und ganz gewiß berechtigt die unterschiedliche Konfessionszugehörigkeit der Ost- und Westslawen noch nicht dazu, den Dauerkonflikt zwischen ihnen für unausweichlich zu halten. Sowohl die West- als auch die Ostslawen waren Christen. Auch ethnisch bestanden große Gemeinsamkeiten, denn in Rußland wie auch in Polen und Litauen war der Großteil der Bevölkerung slawischer Abstammung. Darüber hinaus sind Russisch und Polnisch eng verwandte Sprachen. In Litauen waren damals die meisten Staatsbeamten ebenfalls polnischer Herkunft, und der litauische Adel übernahm nach dem Zusammenschluß der beiden Länder bereitwillig die Erziehungs- und Kulturideale seiner polnischen Standesgenossen. Außerdem existierte zwischen Ost- und Westslawen keine natürliche Grenze, die eine Entfremdung begünstigt hätte. Die Pflege friedlicher Beziehungen hätte es Rußland ermöglicht, westliche Technologie sowie polnische und litauische Fachkräfte ins Land zu holen. Doch Rußland unternahm keinerlei Versuch, mit Polen in normale Beziehungen einzutreten, wie sie zwischen gleichberechtigten Staaten üblich sind. Während die Position Rußlands bei westlichen Historikern stets auf Verständnis stößt, ist die Position Polens und Litauens bis heute weitgehend ignoriert worden.

Ähnlich einseitig beurteilt die westliche Historiographie Rußlands Versuch, den Zugang zur Ostsee bzw. zum Schwarzen Meer und damit zu eisfreien Häfen zu erzwingen: Kaum ein westeuropäischer Historiker wird den Völkern gerecht, die damals an den Küsten der Ostsee oder des Schwarzen Meers lebten und somit potentielle Opfer russischer Expansionsbestrebungen waren. Um während des 1. Weltkriegs einen Separatfrieden Rußlands zu verhindern, versprachen westliche Staatsmänner, nach Ende des Krieges Konstantinopel den Russen zu überlassen. Versuche, diesen strategisch günstig gelegenen Hafen zu erobern, hatte es bereits während der Kiewer Epoche gegeben. Und fast während des gesamten neunzehnten Jahrhunderts war die Annexion des Bosporus erklärtes Ziel der russischen Außenpolitik. Glücklicherweise lehnten die neuen Herren im Kreml die Gültigkeit aller vor ihrer Machtergreifung im Jahre 1917 zwischen dem Zaren und dem bourgeoisen Westen getroffenen Vereinbarungen ab, und Konstantinopel blieb türkisch. Der zweite Enkel Katharinas der Großen wurde auf den Namen Konstantin getauft, da man hoffte, er werde eines Tages der erste russische Statthalter Konstantinopels sein.

Die unverhohlenen Expansionsbestrebungen des zaristischen Rußland sind der eigentliche Grund dafür, weshalb das Land keinen ernsthaften Versuch unternahm, friedliche Beziehungen zu den Westslawen herzustellen. Bereits seit Anbeginn seiner Geschichte hat Rußland seine Außenpolitik gleichsam auf drei Schienen vorangetrieben. Die erste dieser Strategien war die unverhohlene Annexion fremder Territorien durch den Einsatz militärischer Mittel. Zweitens bedienten sich die russischen Politiker immer wieder des Vorwandes, eine territoriale Expansion entspreche dem Wunsch aller Slawen, in einem Einheitsstaat zu leben. Und drittens wurde zur Legitimation territorialer Expansion in schöner Regelmäßigkeit das religiöse oder ideologische Scheinargument wiederholt, es sei Rußlands heilige Mission, alle Mitglieder der orthodoxen Christenheit unter einem Banner zu vereinen. Dies ist auch der Grund, weshalb sich weder die westslawischen Polen noch die Finnen, deren Vorfahren während der Kiewer Epoche das gesamte nördliche Rußland besiedelt hatten, noch die südslawischen Jugoslawen je ganz sicher vor russischen Angriffen fühlen konnten.

So zogen die Moskauer Fürsten und Bojaren in den Krieg.
Holzschnitt, 1876

Als im Jahre 1917 die christliche Regierung Rußlands zusammenbrach, ersetzten die neuen Machthaber die alte Ideologie durch eine neue: den Kommunismus, der sich in der Folgezeit als nicht minder probates Mittel erwiesen hat, die Expansion der russischen Einflußsphäre zu rechtfertigen. Um diese Grundtendenz russischer Politik zu kaschieren, wurde der Name ›Rußland‹ durch die weniger chauvinistisch und bedrohlich klingende Bezeichnung ›Union der Sozialistischen Sowjetrepubliken‹ ersetzt.

Die Größe der russischen Armee während der Regierungszeit Iwans des Schrecklichen ist ein untrüglicher Beweis für seine kompromißlose Expansionspolitik. In jedem Jahr waren seine Bojaren verpflichtet, bis Ende März 65 000 einsatzbereite Soldaten zu rekrutieren, die ganz zur Verfügung des Zaren standen. In einem seiner Kriege gegen Litauen konnte sich Iwan auf eine Armee von 300 000 Mann stützen. Der niedere Adel durfte in Rußland nur Land besitzen, solange er, wann immer dies von ihm verlangt wurde, an Kriegszügen teilnahm und die gewaltige Kavallerie des Reiches mit Pferden ausrüstete. Zu dieser Kavallerie stieß in der Regel ein großes Kontingent der Tataren. In Rußland herrschte chronischer Geldmangel. Dies wäre auch dann nicht anders gewesen, wenn Iwan die kostspieligen Kriege mit den westlichen Nachbarn nicht geführt hätte. Nur die ranghöchsten Offiziere oder Generäle erhielten jährlich einen Sold. Niedriger gestellte Offiziere wurden bestenfalls alle vier Jahre entlohnt. Die übrigen Offiziere erhielten gar nichts. Sie lebten von dem Land, das sie besaßen. Wie bereits erwähnt, wurde Landbesitz von bestimmten Voraussetzungen abhängig gemacht. Unter anderem war genau festgesetzt, wie viele Rekruten der Besitzer eines Landgutes zu stellen hatte. Bereits im Alter von fünfzehn Jahren wurden die russischen Untertanen in die Armee eingezogen.[4]

Andere Herrscher als Iwan wären angesichts der chronisch leeren Staatskassen und der krassen Armut des russischen Volkes vermutlich zu dem Schluß gekommen, daß weitere ruinöse Kriegszüge ihre Mittel überfordern würden. Über die bittere Armut des russischen Volkes war der englische Reisende Antony Jenkinson zutiefst erschüttert. Er schreibt:

Es gibt viele arme Menschen unter ihnen, die Hungers sterben, und es ist für sie eine große Mühsal, das tägliche Brot zu finden. Viele sind gezwungen, im Winter Stroh zu trocknen, es zu mahlen und daraus Brot zu backen. Im Sommer können sie sich gut mit Gras, Kräutern und Wurzeln behelfen; die Rinde von Bäumen ist ihnen allemal ein willkommenes Mahl. Es gibt kein zweites Volk auf dieser Welt, so glaube ich, das in so großem Elend lebt. Und die meisten derer, die genug für sich selbst haben, sind ohne Mitleid und kümmern sich nicht, wie viele vor ihren Augen in den Straßen Hungers sterben.

Jenkinson entging auch nicht, wie häufig die Bauern Trost im Alkohol suchten, der nach tatarischem Vorbild in staatlichen Monopolbetrieben hergestellt und an das Volk verkauft wurde:

Unter ihnen ist es Brauch, die Frau (die Ehefrau) einmal in der Woche mit der Peitsche zu schlagen, damit sie gehorsam sei. Sie sind große Redner und Lügner, Heuchler und Schmeichler. Die Frauen müssen tun, was der Mann verlangt, und gehen nicht oft aus dem Haus. Ich habe von Männern und Frauen gehört, die in den Schenken des Kaisers ihre Kinder und all ihre Habe vertrunken haben.[5]

Jenkinson war der erste Westeuropäer, der die Neuerwerbungen Iwans, Kazan und Astrachan, bereiste. Er fand das Land am Unterlauf der Wolga verwüstet und entvölkert. Hunger und Krankheiten hatten nach den russischen Massakern die Bevölkerung dezimiert. 100 000 waren bereits in den Jahren zuvor dahingerafft worden.

Die im Elend dahinvegetierenden Überlebenden hätten sich vermutlich zum Christentum bekehren lassen, schreibt Jenkinson, »wenn die Russen selbst gute Christen gewesen wären. Doch wie sollten diese Erbarmen mit einem anderen Volk empfinden, da sie doch selbst gegenüber ihren Landsleuten ganz ohne Mitleid sind?«

Tatarenkinder waren für weniger Geld zu kaufen als ein Laib Brot, berichtet Jenkinson. Aus diesen verelendeten, hungernden Massen rekrutierte Iwan den Großteil seiner Armee, die er an die Grenzen von Polen und Litauen schickte. Von jenen Ländern versprach er sich reichere Beute für seine Soldaten als von den Krim-Tataren. Da die russischen Soldaten keinen Sold erhielten, waren sie auf Plünderung und Raub angewiesen, um zu überleben. Ein fremdes Land zu plündern, war allemal besser als das eigene. Richard Chancellor, der erste Engländer, der sich als Gast des Zaren in Rußland aufhielt und seine Erfahrungen niederschrieb, war erschüttert, als er erfuhr, daß, abgesehen von den ausländischen Söldnern, keiner der russischen Soldaten einen festen Sold erhielt. Hof und Land eines Bauern fielen an den Staat zurück, wenn der Besitzer keine Söhne hatte. Auch die Alten und Gebrechlichen wurden bestraft. Es war möglich, daß ein Mann ohne weiteres von Haus und Hof vertrieben wurde, wenn »... er alt oder verkrüppelt ist. Und er darf darüber nicht murren oder gar sagen, wie es die einfachen Leute in England tun, die etwas besitzen: ›Dies ist mein Eigentum und das Gottes.‹« Chancellor berichtet, daß Menschen, die man eines Vergehens verdächtigte, solange geschlagen wurden, bis sie ihre Schuld gestanden, und daß Schuldner, die nicht bezahlen konnten, zu Sklaven gemacht wurden:

Die Armen sind ohne Zahl, und sie leben im größten Elend. Sie erzählten mir, daß, abgesehen von der Prügelstrafe, das Leben hinter Gittern besser sei als das Leben in der Freiheit. Im Gefängnis bekommen sie Fleisch und zu trinken, ohne zu arbeiten, und sie erhalten dort milde Gaben wohltätiger Menschen. In Freiheit jedoch erhalten sie gar nichts. Der Zar zieht nie mit weniger als 200 000 Mann in den Krieg; alle seine Krieger sind beritten und gute Bogenschützen. Ihre Rüstung besteht aus einem Panzerhemd, und auf dem Kopf tragen sie eine Kappe. Sie kommen mit wenig Nahrung aus und ertragen die bitterste Kälte wie niemand sonst. Der Soldat trinkt das kalte Wasser aus dem Fluß, das er mit Hafermehl vermischt. Das ist sein ganzes Festmahl, und er dünkt sich damit gut und köstlich gespeist. Der harte Boden ist sein Federbett und ein Stein oder Felsen sein Kissen. Und was sein Pferd betrifft, so ist es der engste Kamerad seines Herren, denn sie sind stets beisammen ... Und so oft die Russen in ein Scharmützel mit dem Feind ziehen, rücken sie ohne Schlachtordnung vor; meist liegen sie im Hinterhalt und stürzen sich plötzlich auf den Feind.[6]

Von 1556 bis 1583, ein Jahr vor Iwans Tod, befand sich Rußland nahezu ständig im Krieg mit seinen Nachbarn. Als Iwans Truppen in Livland und Estland einfielen, die über keine schlagkräftigen Armeen verfügten und zudem das Pech hatten, zwischen Rußland und der Ostsee zu liegen, stießen die Russen auf den Widerstand der Bevölkerung. Die Menschen, die in diesem Gebiet lebten, waren keine Slawen und sprachen eine eigene, dem Slawischen völlig fremde Sprache, die sie bis heute bewahrt haben. Die Esten gehören zur finnougrischen Sprachgruppe, die in dem Gebiet zwischen Ostsee und dem Ural ansässig und im Süden bis Ungarn und Siebenbürgern vorgedrungen ist. Im sechzehnten Jahrhundert war in Livland und Estland nach dem Niedergang des ehedem mächtigen Deutschen Ordens ein Machtvakuum entstanden, das nicht nur in Rußland, sondern auch in Litauen und in Schweden Annexionsgelüste weckte. Sowohl Schweden als auch Litauen sind von westlichen Historikern hart kritisiert worden, weil sie bestrebt waren, diese strategisch günstig gelegenen Territorien ihrem eigenen Staatsgebiet einzuverleiben. Eine solche Annexion

Karte des russischen Reiches Mitte des 16. Jahrhunderts.

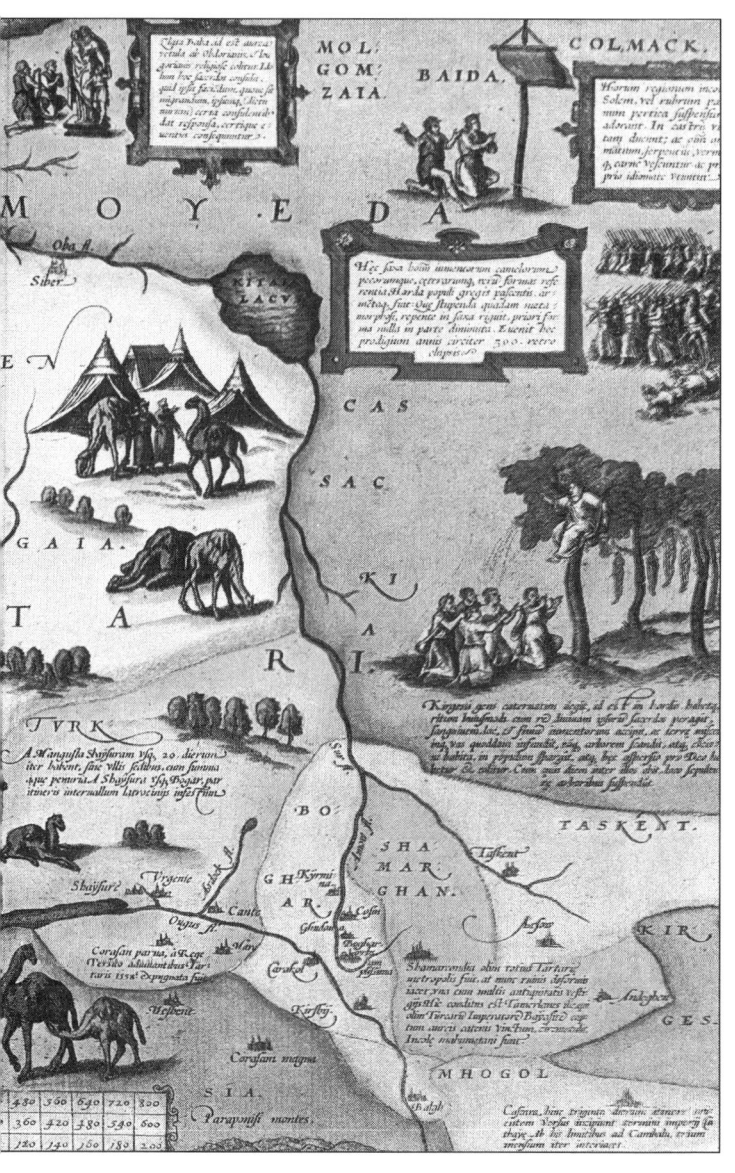

Nach der Karte von Jenkenson, London 1562

gilt diesen Historikern als moralisch verwerflich, während sie die Eroberung Estlands und Livlands durch Rußland aus nicht genannten Gründen für vollkommen legitim halten. Wegen seiner Armut und seiner chronischen Rückständigkeit ist Rußland stets nachsichtig beurteilt worden, wenn es ein reicheres oder kleineres Nachbarland geplündert oder dieses seinem Territorium zugeschlagen hat. Sympathie für den Schwachen ist durchaus lobenswert, doch die russische Armee war niemals schwach, denn sonst hätte Rußland seine Grenzen wohl kaum bis zu seiner gegenwärtigen Größe ausdehnen können.

Eine der Ursachen für Rußlands expansive Politik ist zweifellos in seiner geographischen Lage zu suchen. Um in engere Beziehungen zu Westeuropa, dem kulturellen und wirtschaftlichen Zentrum der Welt des sechzehnten Jahrhunderts, zu treten, mußte Rußland den Zugang zum Meer erzwingen. Das Tor zum Westen und damit zu Fortschritt und Prosperität waren die Ostsee- und Schwarzmeerhäfen. Estland und das Khanat der Krim-Tataren versperrten Rußland somit den lebenswichtigen Zugang zum Meer. Dies besiegelte ihr Schicksal. Es ist unbestritten, daß Rußland ohne den Zugang zum Meer niemals in einen engeren Kontakt mit dem fortschrittlichen Westeuropa hätte treten können. Beklagenswert ist jedoch die ungeheuere Zahl an Menschenleben, die seine Eroberungskriege forderten.

Der erste Feldzug, den Iwan 1556 unternahm, um den Zugang zur Ostsee zu sichern, war gegen Schweden gerichtet. Seine Truppen eroberten das nur wenige Kilometer südlich der gegenwärtigen finnisch-russischen Grenze gelegene Wyborg. Der schwedische König Gustav, dessen Armee durch den Konflikt mit Dänemark um die Vorherrschaft in der Ostsee gebunden war, sah sich gezwungen, um Frieden zu bitten. Zwei Jahre später, 1558, führte Iwan seine Armee gegen den Schwertbrüderorden und gegen Litauen. Es gelang ihm zwar, den estnischen Seehafen Narwa zu erobern, doch der Krieg ging trotzdem weiter.

1562 trat Polen an der Seite Litauens in den Krieg ein. Auf anfängliche russische Siege folgten verlustreiche Niederlagen, und 1582 war Iwan gezwungen, Verhandlungen über einen Waffenstillstand aufzunehmen. Alle eroberten Gebiete gingen dabei wieder verloren. Polen-Litauen konnte seine Ostgrenze auf Kosten Moskaus sogar leicht vorschieben.

1575 war auch Schweden wieder in den Krieg eingetreten, hatte die verlorenen Gebiete zurückerobert und zwang Iwan IV. 1583 zu einem Frieden, der Rußland wiederum von der Ostsee abschnitt. In diesem siebenundzwanzig Jahre währenden Krieg war Iwan nur selten in die Nähe des Schlachtgeschehens gekommen. Er war vor allem damit beschäftigt, neue Armeen auszuheben und den Feind zu bekämpfen, den er zu Hause vermutete: seine alten Gegner, die Bojaren. Diese hätten ihm noch am ehesten dabei helfen können, das Land aus dem Teufelskreis einer erdrückenden Steuerlast einerseits, und der Armut, des Hungers, der Krankheit, der kriegsbedingten Entvölkerung und der Massenflucht der Bauern andererseits herauszuführen.

In diesem langen und erschöpfenden Krieg kämpften Iwans Soldaten mit großer Ausdauer und Verbissenheit. Richard Chancellor, der 1556 in Begleitung des ersten russischen Botschafters nach England zurückkehrte, war voll des Lobes über ihre Tapferkeit:

Wären sie sich ihrer Stärke bewußt, kein Mann wäre ihnen gewachsen, und jene, die um sie herum leben, hätten niemals Ruhe vor ihnen. Doch ich glaube, dies ist nicht Gottes Wille, denn sie kommen mir vor wie junge Pferde, die ihre Kräfte nicht kennen, und die ein Kind am Zügel führen und lenken kann. Denn wüßten sie um ihre Kraft, weder ein Kind noch ein Mann könnte Gewalt über sie haben.[7]

Iwans Botschafter am englischen Hof, Osip Nepea, hinterließ bei den Briten keinen guten Eindruck. Seiner Mission war kein besonderer Erfolg beschieden, da Iwan in Nepea einen Mann gewählt hatte, der ebenso mürrisch und zutiefst mißtrauisch war wie er selbst. Die Engländer klagten, er sei »vernünftigen Argumenten nicht zugänglich ... Er glaubt, jeder wolle ihn betrügen. Da die Russen selbst nicht immer die Wahrheit sprechen, glauben sie, die anderen seien ebenso wie sie.«

Die russischen Bauern hatten am meisten unter dem Krieg mit Litauen zu leiden. Iwans maßlose Forderungen zerrütteten die gesamte Landwirtschaft Rußlands. Er preßte immer mehr Bauern in den Dienst der Armee. Doch auch deren Herren, die Landeigentümer und Dienstgutbesitzer, waren aufgrund ihrer militärischen Dienstpflicht oft jahrelang nicht in der Lage, sich um ihr Land und die, die es bewirtschaften, zu kümmern. Der niedere Landadel verarmte daher zusehends, da immer weniger Arbeitskräfte zur Kultivierung des Landes zur Verfügung standen. Bald gab es so viele verarmte Adelsfamilien, daß man für sie sogar einen eigenen Namen erfand: *Odnodwortsij* – Männer mit einem Einpersonenhaushalt.

Viele gerieten so tief in Schulden, daß es unmöglich war, sie zurückzuzahlen. Sie stiegen auf der sozialen Leiter in die Klasse der Leibeigenen oder Sklaven ab. Die einzelnen Güter waren in zunehmendem Maße auf eigene Handwerker angewiesen, da Iwan per Dekret den Status der städtischen Handwerker verändert hatte: Früher hatten viele Stadtbewohner nur deshalb ein Auskommen gefunden, weil sie sowohl als Handwerker als auch als Tagelöhner in der Landwirtschaft arbeiten konnten. Dies war nun nicht mehr möglich, denn Iwan hatte die Bestimmung erlassen, jeder seiner Untertanen dürfe nur mehr einer Tätigkeit nachgehen. Infolgedessen verarmte auch die Stadtbevölkerung zusehends.[8]

Das russische Volk litt unter Willkür und Ungerechtigkeit; doch dies war seit Generationen nicht anders gewesen. Während der Regierungszeit von Iwans Vater Wasilij III. hatte im Semeonow-Kloster unweit von Moskau ein aufschlußreiches Gespräch stattgefunden, in dem auch die Ursachen genannt wurden, weshalb Rußland noch jahrhundertelang ein Land der Hoffnungslosigkeit und Verzweiflung bleiben sollte. Einer der fähigsten Bojaren des Reiches, Iwan Nikititsch Bersen Beklemeschew, war von Wasilij des Kremls verwiesen worden, weil er gewagt hatte, seinem Herrn bei einer Ratsversammlung zu widersprechen. Der Bojar fand in dem Kloster Zuflucht. Während seines dortigen Aufenthalts diskutierte er häufig mit dem griechischen Mönch Maxim, der im Auftrag des Zaren damit befaßt war, religiöse Schriften ins Russische zu übertragen, die politische Situation des Landes. Bersen beklagte sich bei Maxim:

Unsere Großfürsten sind schlimmer als die türkischen Sultane, die heute im Land der Griechen herrschen. In eurem Heimatland ist die Rechtsprechung zwar hart, doch es existiert zumindest so etwas wie Gerechtigkeit; hier in Rußland jedoch gibt es keine Gerechtigkeit, nur schlimmste Grausamkeit. Die Macht des Großfürsten ist grenzenlos. Selbst wenn der Großfürst ein Wahnsinniger oder völlig schwachsinnig ist, muß man sich unter seinen Willen fügen! Rußland wird immer ein unglückliches Land sein, denn die Fürsten werden immer die Herren sein und das Volk stets das Opfer.

Der Mönch fragte nun, ob nicht vielleicht der Metropolit in der Lage sei, diese Macht zu beschneiden. Darauf erwiderte Bersen:

Nein. Denn meist steht der Metropolit auf der Seite des Stärkeren. Eine Krähe hackt der anderen kein Auge aus. Von ihm ist nichts zu erhoffen.[9]

Auch vom Zaren hatte Bersen nichts zu erhoffen: Iwan selbst bestätigte die Worte des Bojaren und ließ ihn auf dem Roten Platz vor dem Kreml öffentlich hinrichten. Maxim der Grieche, der in den alten russischen Übersetzungen religiöser Schriften viele Irrtümer und Abweichungen von der ursprünglichen orthodoxen Glaubenslehre feststellte und der russisch-orthodoxen Kirche überdies abergläubische Tendenzen bescheinigte, wurde der Ketzerei angeklagt und für zwanzig Jahre ins Gefängnis geworfen.

Was aber bewegte Iwan den Schrecklichen, den Krieg gegen Litauen trotz der für die Wirtschaft seines eigenen Landes unerträglichen Belastungen unbeirrt fortzusetzen? Immer wieder haben westliche wie auch russische Historiker die Tatsache zu beschönigen versucht, daß dieser Krieg siebenundzwanzig Jahre dauerte. Warum Iwan seinem Volk diese sinnlosen Leiden und Opfer abverlangte, läßt sich vermutlich einzig und allein durch die Konflikte und Widersprüche seines eigenen krankhaften Geistes und durch seine größenwahnsinnige Pose eines Stellvertreters Gottes erklären. Iwans beharrliche Kriegsführung erschiene verständlich, wäre die russische Armee in der Lage gewesen, die anfänglichen Erfolge fortzusetzen, und hätte somit die Hoffnung auf ein baldiges siegreiches Ende des Konflikts bestanden. Doch aus dem erhofften Blitzfeldzug entwickelte sich ein siebenundzwanzig Jahre dauernder Krieg, an dessen Ende der Verlust aller eroberten Gebiete stand. Zu allen Zeiten haben sich Feldherren damit abfinden müssen, daß Niederlagen zu den Risiken des Krieges zählen. Bei Iwan jedoch scheinen Niederlagen lediglich eine Eskalation seiner maßlosen Arroganz, seines Verfolgungswahns und seiner Bereitschaft zu noch größeren Opfern ausgelöst zu haben.

Iwan der Schreckliche war überzeugt, daß Gott ihn bei seinen Feldzügen gegen Litauen, Polen und Schweden führe. Doch selbst Iwan dürfte es nicht leichtgefallen sein, vor sich selbst die Eroberung der baltischen Seehäfen und die erwünschte Öffnung nach Westeuropa als einen Akt gottgefälliger Demut zu deuten. Weniger Mühe hätte es Iwan sicherlich bereitet, seine Feldzüge gegen jene Städte und Provinzen als heiligen Krieg auszugeben, die bereits seit sechs Jahrhunderten von Russen bewohnt wurden. Dabei handelte es sich immerhin um Ostslawen und Anhänger des einzig wahren Glaubens – der russisch-orthodoxen Kirche –, die es aus den Klauen der römisch-katholischen Kirche zu befreien galt. Dieser logisch folgerichtigen, doch gefährlichen Doktrin schloß sich auch die Kirche von Moskau vorbehaltlos an. Aus der Regierungszeit Wasilijs III. stammt der folgende Brief, den der Mönch Philotheus an den Zaren sandte. Der Verfasser dieses Schreibens preist mit leidenschaftlichen Worten Moskau als das ›dritte Rom‹ und unterstützt vorbehaltlos die gottähnliche Position des Zaren:

Die Römische Kirche ist wegen der Irrlehren gefallen, die sie verbreitete, und die Tore Konstantinopels, des zweiten Rom, sind unter den Axthieben der ungläubigen Türken zerborsten, doch die Kirche von Moskau, dem neuen Rom, leuchtet strahlender als die Sonne über dem ganzen Universum. Ihr seid der Herrscher der christlichen Welt, Ihr seid dazu auserwählt, in Ehrfurcht vor Gott die Zügel der Herrschaft in Händen zu halten. Alle Reiche des christlich orthodoxen Glaubens sind Euch unterstellt. Ihr seid der einzige Zar aller Christen der ganzen Welt. Alle christlichen Königreiche haben sich unter Eurer Herrschaft versammelt. Nachdem dies nun geschehen ist, erwarten wir ein Königreich ohne Ende. Rom und Konstantinopel sind gefallen, doch das dritte Rom steht noch immer, und ein viertes wird es nicht geben.[10]

Dieses messianische Sendungsbewußtsein wirkte wie ein schleichendes Gift, das langfristigen Schaden anrichtete; doch nicht nur die Zaren im Kreml waren davon befallen.

Bereits unter Iwan III. hatte der Primus der Russischen Kirche Moskau zum neuen Konstantinopel erklärt. Sowohl Kirche als auch Staat machten sogleich unmißverständlich klar, daß kein gewöhnlicher Sterblicher dazu befugt sei, dieser oder irgendeiner anderen offiziellen Doktrin zu widersprechen. Jegliche Opposition galt als widergesetzlich; eine abweichende Meinung zu vertreten, wurde bereits als Verrat gewertet. Joseph von Wolokolamsk, der entschlossenste Ketzerverfolger Iwans III., fand es selbstverständlich, jeden Russen, der eine eigene Meinung vertrat, köpfen zu lassen: »Der Ursprung aller Leidenschaft liegt in der eigenen Meinung begründet; dieser Anspruch auf eine Meinung ist der zweite Sündenfall des Menschen.« Die unverhohlene Verteufelung der Meinungen und Ansichten anderer Menschen wäre nicht so ungeheuerlich, stammte sie von einem ungebildeten Popen – doch Joseph war ein gebildeter Mann. Zur Zeit Iwans des Schrecklichen umfaßte die Bibliothek zu Wolokolamsk 1150 Werke; damals eine beeindruckende Büchersammlung. Auf Josephs Betreiben hin wurden die Führer einer den Protestanten vergleichbaren Sekte, der ›Judaisierenden‹, verhaftet, verurteilt und auf dem Scheiterhaufen verbrannt.

Von solchem religiösen Eifer geprägt, dachte auch Iwan nicht daran, den litauischen Krieg zu beenden. Da dies ein heiliger Krieg war, würde er eines Tages auch siegreich beendet werden. Seit den Tagen Swatoslaws, seit sechshundert Jahren also, hatten die Nachbarn Rußlands die Ostslawen gefürchtet – was im Licht der Geschichte mehr als verständlich erscheint. Iwans durch tatarische Kontingente verstärkte Truppen lehrten nun die Litauer, wie berechtigt diese Ängste waren. Die vorrückenden Russen verschonten auch die Zivilbevölkerung nicht, und immer wieder kam es zu brutalen und grausamen Übergriffen. Wann immer Iwans Soldaten eine Stadt erobert hatten, trieben sie die Verteidiger durch die Straßen und schlugen mit Eisenstangen auf sie ein. Folterungen waren an der Tagesordnung. Die Opfer warf man einfach vor die Stadt und überließ sie den wilden Tieren zum Fraß. In einem zeitgenössischen Bericht lesen wir: »Es herrschte ein Schreien und Wehklagen, und allenthalben riefen die Menschen um Hilfe ... Niemand vermag die Worte zu finden, um von all den Grausamkeiten der blutdürstigen tatarischen Tyrannen Kunde zu geben.« Jerome Horsey, der mit Unterbrechungen achtzehn Jahre in Moskowien verbrachte, bereiste auch die von den Russen in Litauen eroberten Gebiete. Ihm verdanken wir die folgende Schilderung des dort herrschenden Elends:

Jammervolles Wehklagen begleitete das grausame Schlachten, Plündern und Morden. Frauen und Mädchen wurden geschändet, ungeachtet des bitterkalten Winters gnadenlos ihrer Kleider beraubt, zu dreien oder vieren an die Schweife der Pferde gebunden und egal ob tot oder noch am Leben, davongeschleppt. Überall auf den Straßen lagen die Leichen von Kindern, alten Männern und Frauen. Endlos ist die Zahl derer, die auf diese Weise nach Rußland verschleppt wurden.[11]

Der Kreml im Jahre 1872

Obwohl Iwans Soldaten während der ersten sechs Jahre dieses Krieges vom Kriegsglück begünstigt waren, stand im Kreml nicht alles zum besten. Sylvester und Adaschew versuchten vergebens, Iwan zur Beendigung des Krieges zu bewegen. Um seinen Argumenten mehr Gewicht zu verleihen, drohte Sylvester Iwan, der Zorn Gottes werde über ihn kommen, wenn er seine Armee nicht aus Litauen zurückziehe. Die beiden Berater versuchten Iwan zu überzeugen, daß es besser sei, die Truppen in einem Feldzug gegen die gefährlichen Krim-Tataren einzusetzen. Doch Iwan schlug ihre Mahnungen in den Wind. Offenbar vertraten Adaschew und Sylvester ihren Standpunkt mit großer Vehemenz. In einem seiner Briefe an Fürst Kurbskij beklagt sich Iwan bitterlich: »Wenn ich ihnen widerspreche, dann schreien sie mich an, meine Seele sei verloren.« Doch Iwan wies Sylvester unmißverständlich in die Schranken und erinnerte ihn an das Schicksal des Priesters Aaron, des Vertrauten Mosis, der das Volk durch seine Irrlehre ins Unglück gestürzt habe. »Ein Königreich«, so erklärte der Zar, »das von einem Priester regiert wird, wird nie lange Bestand haben.« Der Widerspruch seiner Ratgeber erboste Iwan zutiefst, und er scheute auch vor den unflätigsten Beschimpfungen nicht zurück. Er nannte Adaschew einen Hund, den er von einem Misthaufen aufgelesen habe. Die Beziehungen zwischen Iwan und seinen beiden fähigsten Ratgebern verschlechterten sich zusehends, als die beiden es wagten, die Familie der Zariza zu kritisieren, die ihren Einfluß im Kreml ständig zu erweitern trachtete und ihre Befugnisse bei weitem überschritt.

Im Oktober 1559 brachen Iwan und Anastasia neuerlich zu einer Pilgerreise auf. Ihr Ziel war diesmal das Kloster von Moschaisk, einhundertzwanzig Kilometer südwestlich von Moskau. Als Iwan dort von einer Niederlage seiner Armee in Litauen erfuhr, entschloß er sich, in die Hauptstadt zurückzukehren. Doch Anastasia fühlte sich unpäßlich und war nicht in der Lage, die Reise anzutreten. In den acht Jahren, die seit der Geburt ihres ersten Kindes vergangen waren, hatte sie fünf weiteren Kindern das Leben geschenkt, die alle bis auf zwei gestorben waren. Anna und Dmitrij waren im Alter von einem Jahr, Ewdokia im Alter von zwei und Maria im Alter von drei Jahren gestorben. Nur Iwan und Fjodor waren ihr geblieben. Iwan war inzwischen fünf, der jüngere zwei Jahre alt. Ihre zahlreichen Geburten und der Verlust der meisten ihrer Kinder hatten Anastasia vermutlich sehr geschwächt. Der Grund ihres Unwohlseins in Moschaisk ist allerdings nicht bekannt. Die Aufzeichnungen, die uns darüber Auskunft geben könnten, befanden sich wahrscheinlich in den Hofarchiven, die während der Feuersbrunst von 1626 ein Raub der Flammen wurden. Anastasias Gesundheitszustand verschlechterte sich zusehends. Die Medizin, die ihr vielleicht hätte helfen können, war entweder in Moskau zurückgeblieben oder aus einem anderen Grund in Moschaisk nicht verfügbar. Man gab dafür Adaschew die Schuld. Anastasia erholte sich jedoch wieder soweit, daß sie die Rückreise nach Moskau wagen konnte. Einige Monate später kam es zwischen Anastasia und Adaschew zu einer heftigen Auseinandersetzung, bei der es vermutlich um die Familie der Zariza ging. Anastasia erlitt einen Schlaganfall und mußte zu Bett gebracht werden.[12] Dieser Schlagfluß löste vermutlich von neuem die Krankheit aus, die Anastasia bereits im Winter ans Bett gefesselt hatte. Diesmal jedoch erkrankte sie ernsthaft. Sie konnte das Bett nicht mehr verlassen. Während sie mit dem Tode rang, sah sie vor ihrem Fenster dichte Rauchwolken über dem Kreml stehen; vermutlich konnte sie sogar das Tosen der Flammen hören.

Wieder einmal wurde Moskau von einer dieser verheerenden Feuersbrünste heimgesucht, die die Stadt vor allem während der Sommermonate bedrohten. Selbst der kleinste Brand konnte in Vierteln, in denen die Holzhäuser dicht gedrängt beieinander standen, sehr rasch um sich greifen und außer Kontrolle geraten.

Der Brand sprang auf die Häuser vor den Kremlmauern über, und die Flammen loderten bis zu den Fenstern von Anastasias Gemächern empor. Von ihrem Sterbebett aus sah sie, wie der Widerschein der Zerstörung den Himmel über Moskau unheilvoll erglühen ließ. Iwan ließ sie aus der Stadt in seinen Palast in Kolomenskoje bringen, doch die Zariza wähnte sich noch immer von einem Flammenmeer umgeben. Nach einigen Tagen des Todeskampfes starb sie.

Anastasia war eine sanfte und fromme Frau gewesen. Ihre Klugheit und ihr mäßigender Einfluß auf den Zaren hatte ihr die Anerkennung und Zuneigung des gesamten Hofes verschafft – eine Gunst, deren sich die wenigsten Zarinnen rühmen konnten. Oft hatten die Zarinnen – vor allem, wenn sie Ausländerinnen waren oder aus dem niederen Adel stammten – unter dem Haß oder der Verachtung der Bojaren und der Mitglieder des russischen Hochadels zu leiden. Sofija, Iwans Großmutter, war von denen, die sie fürchteten und ihre Arroganz haßten, ›die byzantinische Hure‹ genannt worden. Anastasia jedoch war von allen geliebt und respektiert worden, obgleich der Hochadel zunächst von Iwans Gattenwahl enttäuscht gewesen war. Auch wenn in den Flammen der jüngsten Feuersbrunst viele Moskowiter umgekommen waren und nun weite Teile der Stadt in Schutt und Asche lagen, erweckte Anastasias Tod im Volk tiefe Trauer. Bei ihrer Beisetzung folgte eine unübersehbare Menschenmenge dem Sarg. Die Menschen ließen ihren Tränen freien Lauf, und auch Iwan weinte bitterlich und mußte während der Beisetzungsfeierlichkeiten gestützt werden.

Anastasias Tod war ein schwerer Schicksalsschlag für Iwan, für den sie Stütze und Halt gewesen war, wie auch für ganz Rußland. Nun gab es niemanden mehr, der in der Lage gewesen wäre, das Volk vor dem latenten Jähzorn und der Tyrannei des Autokraten von Gottes Gnaden zu beschützen. Jerome Horsey, der lange Jahre in Rußland verbracht hatte und die Sprache des Landes fließend beherrschte, berichtet, Anastasia habe den unbeherrschten Zaren »mit bewundernswerter Güte und Weisheit geleitet«. Bis zu Anastasias Tod war Iwan ein frommer, gottesfürchtiger Mensch gewesen, der bemüht war, sein Reich in gewissenhafter Pflichterfüllung zu regieren. Die Kriegszüge im Osten und im Westen seines Reichs waren von Erfolg gekrönt gewesen, und die von ihm eingeleiteten Reformen hatten im Volk Hoffnung auf

Iwan belauscht die Träume seiner Gemahlin.
Gemälde von G. S. Ssedow, 19. Jahrhundert

eine bessere Zukunft aufkeimen lassen. Doch nun ging mit Iwan eine tiefgreifende Wandlung vor sich: Ganz auf sich alleine gestellt, war er der inneren Zerrissenheit seines Wesens nicht mehr gewachsen. In der Auseinandersetzung zwischen religiösem Fanatismus einerseits und zügelloser Lüsternheit und Ausschweifung andererseits, veränderte sich sein Charakter zusehends. In diesem unauflöslichen Widerstreit der Leidenschaften liegt wohl der Ursprung seiner immer deutlicher zu Tage tretenden Neigung zu ungehemmter Grausamkeit. Folter, Mord und Hinrichtungen waren die einzigen Mittel, die sowohl dem religiösen Fanatiker als auch dem perversen Sadisten in Iwan kurzzeitige Befriedigung verschaffen konnten.

5

Jahre des Schreckens

In einem Reisebericht, den er in den ersten Jahren von Iwans Herrschaft verfaßte, zeigte sich der englische Seefahrer und Kaufmann Richard Chancellor tief beeindruckt von der Größe Moskaus und der Vielzahl der Dörfer in Moskowien. Die Hauptstadt des Zarenreichs, so schätzte Chancellor, sei größer als London, und das Land zwischen Jaroslaw und Moskau sei »reich an kleinen Dörfern, in denen so viele Menschen leben, daß es ein Wunder ist, sie zu sehen«. Fünfunddreißig Jahre später, 1588, berichtete ein anderer englischer Reisender, Giles Fletcher, entsetzt über die Bilder, die sich ihm in Moskowien boten: Dieselben Landstriche im Nordosten der Hauptstadt lagen »brach und verlassen. Niemand lebte mehr dort. Und in den anderen Teilen des Reiches sieht es ähnlich aus.« Der Feind, der diese Verwüstung über das Land gebracht hatte, war niemand anderer als der Zar selbst. Im Jahre 1571 war das südliche Rußland von einem verheerenden Einfall der Tataren verwüstet worden, die bis nach Moskau vordrangen, die Hauptstadt Rußlands plünderten und in Schutt und Asche legten. Dieses Unheil hätte jedoch abgewendet werden können, wären der Zar und seine Armee zur Stelle gewesen, um das Volk zu verteidigen. Doch der befand sich beinahe 1000 Kilometer weiter im Westen und führte Krieg gegen die Polen und Litauer – einen Krieg, der dem russischen Volk ein Vierteljahrhundert lang schwerste Opfer abverlangte und am Ende nur territoriale Verluste für das Reich brachte.

Nach dem Tod Anastasias war Iwans Leben geprägt von zunehmender geistiger Zerrüttung und körperlichem Verfall. Durch seinen Jähzorn und seine Neigung zu Gewalt und Grausamkeit versetzte er die Menschen seiner Umgebung in Angst und Schrecken. Wäre Iwan zur gleichen Zeit wie Anastasia gestorben, so würde man sich seiner heute vielleicht als eines außerordentlich dynamischen und eindrucksvollen Herrschers erinnern. Eine der klügsten Entscheidungen seiner Regierung war vermutlich, daß er Adaschew und Sylvester zu seinen engsten Vertrauten und Beratern machte. Adaschew hatte den neuen Rechtskodex von 1551 konzipiert. Er war auch die treibende Kraft hinter Iwans Politik der Annäherung an England (siehe Kapitel 8). Der unerwartete Aufstieg dieser beiden aus dem Volk stammenden Männer in derart mächtige und einflußreiche Positionen mußte natürlich den Neid und die Mißgunst der Bojaren erwekken. Daß Iwan schließlich doch den Intrigen und Verleumdungen der Bojaren Gehör schenkte, läßt sich nur als Zeichen politischer Schwäche deuten. Sie redeten ihm ein, daß der Zar ebensogut ohne diese Emporkömmlinge regieren könne und daß sich die beiden womöglich nur durch Hexerei so lange in ihren einflußreichen Positionen hatten behaupten können.

Im Frühjahr 1560, wenige Monate vor Anastasias Tod, schickte Iwan Adaschew nach Litauen an die Front. Adaschew, der keinerlei militärische Erfahrung hatte, erhielt das Oberkommando über eine von Iwans Armeen und wurde später als Statthalter der von Rußland eroberten livländischen Stadt Fellin ganz ins politische Abseits gedrängt. Aber noch im selben Sommer wurde Adaschew dieses Kommandos wieder enthoben und in der livländischen Stadt Dorpat unter Arrest gestellt. Zwei Monate später erkrankte dieser hervorragende Mann an einem schweren Fieber und starb. Der Priester Sylvester, Iwans zweiter Berater, hatte bereits im Frühjahr desselben Jahres darum gebeten, sich in das Kirillow-Beloserskij-Kloster zurückziehen zu dürfen. Der Zar hatte sich in den Monaten zuvor gegenüber seinen Ratgebern zunehmend unzugänglich gezeigt. Doch diese räumliche Distanz genügte Iwan noch nicht. Er verbannte Sylvester in das ferne Solowetskij-Kloster, das auf einer unwirtlichen Insel im Weißen Meer liegt. Niemand weiß genau, wie viele Jahre oder Monate vergingen, ehe Sylvester dort starb. Von allen Bojaren und Regierungsbeamten im Kreml waren Adaschew und Sylvester die einzigen ge-

Zar Iwan der ›Schreckliche‹. Kupferstich, um 1585

181

wesen, auf deren Rat Iwan gehört hatte. Sie hatten stets versucht, dem Zaren die Vorteile einer Politik der friedlichen Koexistenz nahezubringen und ihm für die Risiken übereilter militärischer Aktionen die Augen zu öffnen. Vor allem Adaschew hatte immer wieder betont, wie wichtig für einen christlichen Herrscher die Tugenden der Güte und Nächstenliebe seien. Er verfaßte sogar unter dem Titel *Domostroj* ein Buch, in dem er über die Pflichten eines christlichen Hausvaters spricht, das jedoch auch praktische Ratschläge, Anstandsregeln und moralische Ermahnungen enthält. Trotz der unbestrittenen Verdienste seiner beiden wichtigsten Berater um das Reich war Iwan nicht dazu zu bewegen, die beiden Männer nach Moskau zurückzuholen. Er betrachtete ihre Verbannung als die gerechte Strafe für ihren ›Verrat‹. Während seiner sieben Jahre zurückliegenden schweren Krankheit hatten sie es doch tatsächlich gewagt, für den Fall seines Todes nicht seinen minderjährigen Sohn Dmitrij zu unterstützen, sondern Fürst Stariza als Regenten vorzuschlagen.

Anastasias Tod stürzte den gesamten Zarenhof in tiefe Trauer. Iwan stiftete zahlreichen Klöstern hohe Geldsummen, damit überall im Lande für Anastasias Seelenheit gebetet werde. Allein dem Troiza-Kloster schenkte er 1000 Rubel. Sogar an das Kloster auf dem Berg Athos im fernen Griechenland sandte Iwan Geschenke, damit auch dort Messen für Anastasia gelesen würden. Alle Glocken Moskaus läuteten zu Ehren der verstorbenen Zariza. Doch der Verfall von Iwans Persönlichkeit war nun nicht mehr zu übersehen. An den geringsten Kleinigkeiten entzündete sich sein Jähzorn. Er vertraute niemandem mehr, und überall witterte er Lüge und Verrat. Auch sein Bruder Jurij war als Vertrauensperson des Zaren ungeeignet, da er geistig zurückgeblieben und den Anforderungen des politischen Lebens nicht gewachsen war. Iwans zweiter Sohn Fjodor zeigte zur Bestürzung des Zaren dieselbe Veranlagung. Iwan weigerte sich nun immer häufiger, seine Söhne zu empfangen und schickte beide aus Moskau fort. Hatte er wieder einmal einen seiner hemmungslosen Wutanfälle erlitten, so versank Iwan immer häufiger in dumpfes, brütendes Schweigen. In seiner unkontrollierten Gewalttätigkeit zerschlug er Möbel und alles, was ihm in die Hände kam, um dann ebenso unvermittelt in Selbstmitleid zu verfallen. Oftmals beklagte er vor den versammelten Mitgliedern des Hofes lautstark sein Schicksal. Es kam sogar vor, daß er sich vor den Augen aller am Boden wälzte und verzweifelt den Kopf auf den Fußboden schlug.

Nach sieben Tagen exzessiver, selbstzerstörerischer Verzweiflung gebot Iwan dem erstaunten Hof, daß nun alle Trauer aufzuhören habe, da er sich mit der Absicht trage, wieder zu heiraten. Er befahl zur Feier der guten Nachricht, ein Freudenfest zu veranstalten. Die glückliche Braut des Zaren, so vernahmen die versammelten Würdenträger bei dieser Gelegenheit, sei Katharina, die Schwester seines Erzfeindes, des polnischen Königs Sigismund II. August. Es dürfte niemanden sonderlich überrascht haben − von Iwan selbst vielleicht einmal abgesehen −, daß der polnische König Iwans Antrag entschieden zurückwies. Sigismund konnte der Versuchung allerdings nicht widerstehen, diese Farce mit einer Prise Humor zu würzen. Er schickte Iwan als Ersatz für Katharina eine prächtige Schimmelstute. Iwan ließ daraufhin im Kreml ein tiefes Loch ausheben, das für Sigismunds Kopf bestimmt war. Auf dem Bankett, welches das Ende der Trauerzeit markierte, flossen Wodka und Wein in Strömen. Iwan nötigte die Mitglieder seines Hofes, mehr zu trinken, als viele beabsichtigt hatten. Als das Fest immer mehr außer Kontrolle geriet, zwang er zum Entsetzen der älteren Bojaren alle Anwesenden, Masken aufzusetzen. Für einen Anhänger des orthodoxen Glaubens ist jede Veränderung des menschlichen Gesichts, wie zum Beispiel das Abschneiden des Bartes oder das Tragen einer Maske, ein Akt der Blasphemie. Fürst Michail Repnin weigerte sich deshalb, eine Maske aufzusetzen. Er bekundete öffentlich sein Mißfallen an dieser flagranten Verletzung von Anstand und Sitte, die so kurz nach dem Tod der Zariza nur um so anstößiger sei. Es dauerte nur wenige Tage, bis er die Quittung für diesen Ungehorsam erhielt. Er beging den Fehler, sich in Sicherheit zu wiegen, als er in der Kathedrale einer Messe beiwohnte. Doch seit den Tagen Wasilijs II. konnte sich in Rußland niemand mehr darauf verlassen, in einer Kirche oder einem Kloster vor Angriffen auf Leib und Leben geschützt zu sein. Als der Priester gerade das Evangelium verlas, wurde Fürst Michail Repnin auf Befehl des Zaren erstochen. Am selben Tag fiel auch ein weiterer Bojar, Fürst Jurij Kaschin, den von Iwan gedungenen Mördern zum Opfer, als er eben im Begriff war, die Kirche zu betreten.

Der Grund, warum auch er sterben mußte, ist unbekannt. In einem Brief an Fürst Kurbskij erwähnt Iwan allerdings, daß Kaschins Tod die Vergeltung für dessen Abtrünnigkeit gewesen sei. Dieses Schicksal erwarte jeden, der wie Kaschin ehedem Adaschew und Sylvester unterstützt habe. Iwans Mißtrauen machte jetzt vor niemandem mehr halt. Selbst die Heuchler und Schmeichler seiner Umgebung konnten ihres Lebens nicht mehr sicher sein. Doch vor allem im Kreise jener Persönlichkeiten am Zarenhof, die sich durch Charakter und Format auszeichneten, vermutete Iwan Anhänger seiner ehemaligen Ratgeber. Mit Adaschew und Sylvester hatte der Zar die beiden Haupturheber seines Unglücks ausgemacht. Er gab ihnen die Schuld an Anastasias Tod. Gegenüber litauischen Gesandten erklärte er, Adaschew und Sylvester hätten Anastasia vermutlich vergiftet. Jedenfalls habe Adaschew nicht die richtige Medizin zur Hand gehabt:

Wie erinnere ich mich der unbarmherzigen Reisefahrt in die Residenzstadt mit unserer Zarin, der kranken, von Moschaisk! (...) Die Gebete aber und die Wallfahrten zu den heiligen Orten, die Darbringungen und Gelübde vor dem Heiligtum um Rettung der Seele und um Gesundheit des Leibes, um unser, unserer Zarin und der Kinder Wohlbefinden habt ihr uns durch eure schlauen Pläne entzogen; an Arzneien und ärztliche Kunst unserer Gesundheit wegen aber war damals gar kein Gedanke ... Um eines kleinen Wortes willen war sie in ihren [Adaschews und Sylvesters] Augen wertlos, und sie verfolgten sie [Anastasia] mit ihrer Wut.[1]

Was auf dieser Reise wirklich geschah und welcher Art dieses ›kleine Wort‹ war, entzieht sich unserer Kenntnis. Eines jedoch wissen wir sehr wohl: nämlich daß von nun an niemand, der in der unmittelbaren Nähe des Zaren lebte, sich mehr seines Lebens sicher sein konnte. Es wurde immer offenkundiger, daß der Tod in den Augen des Zaren nicht nur eine gerechte Strafe für Vergehen und Verbrechen war; das Töten war für ihn inzwischen zu einer Manie geworden. In seiner Studie über den kriminellen Charakter stellt E. Lombroso fest: »Wer einmal diese entsetzliche Lust des Blutvergießens verspürt hat, für den kann der Zwang zu töten so übermächtig werden, daß er ihm nicht mehr widerstehen kann« (*L' Uomo Delinquante*, 389). Auch andere Despoten der Geschichte haben Tausende von Menschen hinmorden lassen, doch keiner von ihnen wurde deshalb der ›Schreckliche‹ genannt. Iwan erwarb sich diesen Namen durch die Art und Weise, wie er seine vielen Opfer ums Leben brachte. Er nahm nicht nur aktiv an den Folterungen und bestialischen Morden in den Verliesen des Kreml teil. Er ermutigte seine Schergen sogar noch – und manchmal zwang er sie auch dazu –, den Tod eines jeden Opfers so grauenvoll und qualvoll wie möglich zu gestalten. Andere Tyrannen – selbst die Mongolen – gaben sich mit dem Tod ihrer Feinde zufrieden. Hitler hatte für Millionen von Juden den schnellen Tod in den Gaskammern bereit. Stalin verurteilte eine weitaus größere Zahl von Russen zu einem wesentlich langsameren Sterben im Arbeitslager. Iwan der Schreckliche jedoch kümmerte sich persönlich darum, daß die Qualen seiner Opfer bis zum Äußersten gesteigert wurden. Das Sterben seiner Opfer war für ihn weitaus interessanter als deren Tod.

Der Tod Adaschews und die Verbannung Sylvesters genügten Iwan allerdings noch nicht. Mit einem der beiden verwandt oder befreundet gewesen zu sein, war für Iwan bereits ein hinreichender Grund für Verhaftung, Folter und Todesurteile. Adaschews Bruder und dessen zwölfjähriger Sohn wurden festgenommen und ermordet. Auch Maria Magdalena, eine Witwe von großer Frömmigkeit und alte Freundin Adaschews, die die Gabe zu heilen besaß, wurde gemeinsam mit ihren fünf Söhnen von Iwan umgebracht. Adaschews Vettern und Schwäger ereilte dasselbe Schicksal. Seit der großen Feuersbrunst des Jahres 1547 und den sich daran anschließenden Unruhen war es in Moskau nicht mehr zu derart barbarischen Ausschreitungen gekommen. In der Zukunft sollten solche Exzesse jedoch an der Tagesordnung sein. Zu Lebzeiten Anastasias hatten die Frömmigkeit der Zarin und des Zaren, die strikte Einhaltung der Fastenzeiten, die das kaiserliche Paar für geboten hielt, und die häufigen Kirchenbesuche und Wallfahrten der beiden immer wieder das Mißfallen des Hofes geweckt. Der Engländer Robert Best charakterisiert den jungen Zaren Iwan als ». . . nicht sonderlich an der Jagd, der Beizjagd oder anderen Zerstreuungen interessiert. Er findet mehr Vergnügen daran, Gott zu dienen und seine Feinde zu unterwerfen.« Doch inzwischen hatte Iwan mehr Freude am Trinken, Foltern und an Hinrichtungen als an Kirchenbesuchen. Es fehlte ihm indes nicht an Pathos, wenn es darum ging, seine Verbrechen zu rechtfertigen. In einem Brief an Fürst Kurbskij schreibt Iwan: »Hätten sie (Adaschew und Sylvester) mich nicht von meinem geliebten

Weib getrennt, Kronos hätte nicht so viele Opfer verlangt.«

Giles Fletcher berichtet, daß der Zar mit großem Vergnügen Zweikämpfe mit Bären sah: »... an den heiligen Feiertagen ist dies seine bevorzugte Unterhaltung.« Doch auch die Bestrafung und Vernichtung seiner Feinde innerhalb und außerhalb Rußlands brachte Iwan keinen Frieden. Auf gewalttätige Wutausbrüche folgten unversehens depressive Anfälle oder exzessive Trinkgelage. Doch wie Fletcher schreibt, war dies in Rußland nichts Außergewöhnliches: »Sich dem Trunk zu ergeben, ist für sie eine ganz alltägliche Sache.« Um sich vor Angriffen auf seine Person zu schützen – und gegebenenfalls den ersten Schlag führen zu können –, trug Iwan stets einen langen, mit einer tödlichen Eisenspitze bewehrten Stab bei sich.

Russische und westliche Historiker haben immer wieder versucht, Iwans blutige Ausfälle gegen die Bojaren und das gesamte russische Volk mit dem Argument zu rechtfertigen, viele Adelige und Gefolgsleute des Adels hätten sich gegenüber dem Zaren tatsächlich verräterisch und illoyal verhalten. So hätten sie zum Beispiel Iwans Bemühungen hintertrieben, Rußland aus dessen Rückständigkeit zu führen und den Konservatismus des Adels und der Bauern zurückzudrängen. Doch vergeblich sucht man in den Annalen nach einem Hinweis darauf, daß Iwan ernsthaft bestrebt gewesen wäre, das Elend der Bauern zu lindern. Giles Fletcher erklärt in diesem Zusammenhang:

Sie wachsen heran, bar aller Kenntnisse und zivilisierten Benehmens, und ihre Herren betrachteten dies als jenem Staat und ihrer eigenen Herrschaft durchaus förderlich. Und diese Herrschaft würde das Volk wohl kaum ertragen, wäre es bereits zivilisiert und zu einem tieferen Verständnis Gottes und der rechten Politik gelangt. Dies ist auch der Grund, weshalb die Kaiser unter allen Umständen verhindern, daß es besser wird.

Sie verhalten sich grausam zueinander, besonders gegenüber ihren Untergebenen. Im ganzen Land herrschen Raub und Mord. Die Landstreicher und Bettler sind ohne Zahl. Sie haben kein Gesetz gegen Hurerei, Ehebruch und sonstigen unreinen Lebenswandel. Und was die Wahrheit seiner Worte anbelangt, so schenket der Russe ihr meist wenig Beachtung, wenn er durch eine Lüge oder das Brechen seines Versprechens einen Vorteil erlangen kann. Die Russen glauben weder den Worten eines anderen Mannes, noch sprechen sie selbst irgend etwas, dem man Glauben schenken könnte. Diese Eigenschaften machen sie bei all ihren Nachbarn verhaßt – vor allem bei den Tataren, die sich selbst für ehrlich und gerecht halten. Ihr Mißfallen an der russischen Regierung und dem Verhalten der Russen ist der Hauptgrund, weshalb die Tataren noch immer Heiden sind und das christliche Bekenntnis ablehnen.[2]

Die offizielle Begründung, die Iwan vorschob, als er seinen Nachbarn im Nordwesten den Krieg erklärte, ist äußerst aufschlußreich: Er behauptete, die jenseits des Peipus-Sees, der damaligen Westgrenze Rußlands, gelegene livländische Stadt Dorpat habe seit fünfzig Jahren keinen Tribut mehr gezahlt. Iwans Forderungen stützten sich auf einen erfolgreichen Erpressungsversuch von Iwan III., seinem Großvater, dessen Kriegsdrohungen die Livländer 50 Jahre zuvor mit einer einmaligen Tributzahlung vorläufig besänftigt hatten. Die Bürger Dorpats weigerten sich jetzt jedoch, den Forderungen des russischen Zaren abermals zu entsprechen, und versuchten, mit diplomatischen Mitteln die Bedrohung abzuwenden. Die Geduld des Gebieters der ganzen Rus war jedoch sehr schnell erschöpft, und seine Truppen überschritten die Grenze nach Livland. Iwan war siegesgewiß, denn er vertraute auf Gott und auf seine zahlenmäßig überlegene Armee. »Durch den Willen des allmächtigen Gottes« – so ließ er verkünden – »ist Livland (das Land zwischen Pskow und der Ostsee) seit der Zeit Unserer Väter und des großen Herrschers Rurik Unser rechtmäßiges Eigentum und Teil des Zarenreiches.« Um seine territorialen Ansprüche auf Livland durchzusetzen, hatte Iwan bereits im November 1557 den Tatarenkhan Schigalej beauftragt, eine Armee von 40000 Mann an der livländischen Grenze zusammenzuziehen. Im Januar 1558 begann der Angriff der Russen. Ein Jahr später zählte die russische Armee in Livland bereits 130000 Mann. 1560 war sie auf 150000 und 1580 sogar auf 309000 Mann angewachsen.[3] Livland wurde verwüstet, sämtliche Gefangenen getötet; selbst Kinder ließ man nicht am Leben. Da Iwans Truppen die befestigten Städte zunächst nicht direkt angriffen, hatten vor allem die Bauern unter dem Krieg zu leiden. Die unschuldigen livländischen Bauern lernten nun die Methoden kennen, deren der Zar sich befleißigte, um seine eigenen Untertanen gefügig zu machen. Im mittelalterlichen Rußland gab es eine ganze Palette verschiedener Hinrichtungsarten. Die gebräuchlichsten waren: Hängen, Strangulieren, Erdolchen, Begraben bei lebendigem Leib. Weiterhin war es üblich, die Delinquenten bei Eis und Schnee nackt auszusetzen oder sie den Bären vorzuwerfen.[4]

1557 verurteilte Iwan den betagten Statthalter der livländischen Stadt Lenewarden, Gasperd von Munster, zum Tode. Doch ehe das Urteil vollstreckt wurde, riß man dem alten Mann beide Augen aus. Dann wurde er zu Tode gepeitscht.[5] Die Kommandanten anderer livländischer Städte, die sich den russischen Truppen widersetzten, wurden gepfählt, gevierteilt oder in Stücke gehackt. In Ascheradan an der Düna trieben russische Soldaten in einem Garten vierzig Mädchen zusammen und vergewaltigten sie. Vier Stunden lang waren die Schreie der Unglücklichen selbst noch in den Wäldern jenseits des Flusses zu hören. Auch Georg Wieske, einer der hervorragendsten Männer Livlands, wurde gepfählt.[6]

Iwans arrogante Selbstherrlichkeit machte jegliche vernunftbestimmte Beziehung mit dem König von Polen von vornherein unmöglich. 1562 vermählte Sigismund II.

August seine Schwester Katharina, deren Hand Iwan gefordert hatte, mit Johann Herzog von Finnland, dem Erben des schwedischen Throns. Als Sigismund zwei Jahre zuvor Iwans Ersuchen um die Hand Katharinas erhalten hatte, hatte er zunächst zu verstehen gegeben, daß er nicht abgeneigt sei. Der Preis, den er schließlich für seine Zustimmung gefordert hatte, war jedoch mit Bedacht zu hoch angesetzt: Er verlangte die Übergabe von

Sigismund II. August, König von Polen

Smolensk und Pskow. Dieses Ansinnen sowie die Zurückweisung seines Heiratsantrags hatte Iwan als persönliche Beleidigung empfunden, die er nicht ungesühnt lassen wollte. Er mobilisierte eine riesige Armee von mehr als 200000 Mann, die er zur Hälfte aus den unterworfenen asiatischen Provinzen seines Reiches rekrutierte. Dann befahl er neuerlich einen Angriff auf Livland, dessen Territorium damals auch das heutige Estland und Lettland mit einschloß. Drei Jahre zuvor hatte der Großmeister des Deutschen Ordens Livland zwar dem Schutz Polens unterstellt, doch Iwans Armee traf nur sporadisch auf schwachen Widerstand. Die livländischen Truppen waren den Russen und Tataren zahlenmäßig weit unterlegen. Die siegreichen Soldaten des Zaren plünderten und zerstörten allein 600 römisch-katholische und protestantische Kirchen.[7] Dies erweckte auch in Moskau Betroffenheit, und Mikula Swet, ein ›Narr in Christo‹, der sommers wie winters unbekleidet ging, verdammte Iwan öffentlich für dessen Sünden und nannte ihn einen Schlächter der Christenmenschen.[8]

Riesige Summen flossen nun in Iwans Schatzkammern. Zahlreiche wohlhabende livländische Handelszentren ergaben sich der russischen Armee kampflos. Die Bewohner von Polozk widersetzten sich vierzehn Tage lang der russischen Belagerung, doch schließlich fiel die Stadt ohne größere Kämpfe in russische Hand. Polozk, das dreihundert Jahre zuvor Hauptstadt einer Provinz des Kiewer Reichs gewesen war, besaß für Iwan große strategische Bedeutung: Die Stadt liegt an der Düna, und ihr Hafen stellte somit eine direkte Verbindung Nordwestrußlands mit dem livländischen Ostseehafen Riga dar. Iwan behauptete angeblich, man könne die Ufer der Düna in Silber und ihre Fluten in Gold aufwiegen. Wie auch schon bei anderen Schlachten, hielt sich Iwan bei der Eroberung von Polozk im Hintergrund. Als die Stadt gefallen war, beglückwünschte er seine Truppen zu dem

Sieg. Sich selbst belohnte er mit dem Titel ›Großfürst von Polozk‹. Er verschonte diesmal sogar die Bewohner, mit einer Ausnahme allerdings: Die jüdischen Bürger Polozks, die nicht bereit waren, zum Christentum zu konvertieren, ließ er in der Düna ertränken. Andere livländische Städte waren weniger vom Glück begünstigt. Tarwast wurde nach dem Sieg, den die russische Armee unweit von Pernau im September 1561 über die Litauer errang, völlig dem Erdboden gleichgemacht.

Nach der Eroberung von Polozk im Februar 1563 stimmte Iwan einem auf sechs Monate befristeten Waffenstillstand mit Polen zu. Die erbitterte Feindschaft, mit der sich Polen-Litauen und Rußland fünfundzwanzig Jahre lang bekriegten, zeigt, welch tiefe Aversion damals zwischen den römisch-katholischen Westslawen und den griechisch-orthodoxen Ostslawen bestand.

Bereits Wasilij I. hatte versucht, die Länder des alten Kiewer Reichs in das Großherzogtum Moskau einzugliedern. Doch seine Feldzüge in den Jahren 1406 und 1412 blieben erfolglos. Iwan III. begann 1492 erneut Krieg mit Livland und konnte im Jahre 1500 – außenpolitisch abgesichert durch ein Bündnis mit den Krim-Tataren – sogar den offenen Krieg mit Litauen riskieren. Auch Wasilij III. führte zwei Kriege gegen Litauen, und 1514 gelang es ihm, Smolensk zurückzuerobern. Diese wunderschöne, an der bedeutendsten Straßenverbindung zwischen Moskau und Mitteleuropa gelegene Stadt war Ende des 14. Jahrhunderts während der Mongolenherrschaft von Litauen annektiert worden. Auch Helena, die Mutter Iwans des Schrecklichen, führte Krieg gegen ihre Nachbarn im Westen. Doch keine der beiden Seiten konnte eine Entscheidung erzwingen. Nach Iwans Tod brachen 1604 die Feindseligkeiten zwischen West- und Ostslawen erneut aus. Diesmal nutzten die Polen das Chaos und die Depression, in die Iwans barbarische Politik sein Land gestürzt hatte: Sie eroberten Smolensk und sogar Moskau.

Während der Regierungszeit Michails, des ersten Zaren aus der Romanow-Dynastie, drangen die Polen erneut bis Moskau vor. Erst als ihnen Smolensk abgetreten wurde, zogen sie sich aus den Vororten Moskaus zurück. 1632 versuchte Michail, Smolensk zurückzuerobern, scheiterte jedoch. Erst seinem Sohn Alexeij gelang, was ihm verwehrt geblieben war: 1654 eroberte er Smolensk und gliederte die Stadt und die gesamte Provinz wieder dem Russischen Reich ein. Doch Alexeij genügte auch dieser Sieg nicht, und der Krieg ging mit unverminderter Brutalität weiter. Der Friedensschluß von 1667 brachte Rußland neben Smolensk auch die östliche Ukraine. In den folgenden einhundert Jahren herrschte Friede zwischen Polen und Rußland. Doch zur Zeit Katharinas der Großen nutzen Rußland, Preußen und Österreich die in Polen herrschenden innenpolitischen Wirren aus und teilten das Land unter sich auf. Die Polen mußte nach den drei polnischen Teilungen von 1772, 1792 und 1795 bis 1917 warten, ehe sie sich wieder als freie Bürger eines autonomen polnischen Staates fühlen konnten. Der russisch-polnische Krieg von 1920–1921 brachte weiteres Elend über das leidgeprüfte Land. Im deutsch-sowjetischen Nichtangriffspakt von 1939 schießlich einigten sich Stalin und Hitler auf eine weitere Teilung Polens. Stalins stillschweigendes Einverständnis mit der brutalen Niederschlagung des Warschauer Aufstands durch die deutschen Besatzer im Jahr 1944 war nur der letzte Akt in der jahrhundertealten Feindschaft zwischen Rußland und Polen. Während dieses langen Zeitraums ließen brutales Unrecht und zahllose Greueltaten bei den Polen einen tiefen Haß gegen Rußland entstehen. Dieser Haß ist auch heute noch nicht erloschen und wird nur durch die falsche Kameraderie einer aufgezwungenen Freundschaft notdürftig überdeckt.

Iwans fünfundzwanzig Jahre währender Krieg mit Polen-Litauen war also nur ein Kapitel in einem blutigen

Konflikt, der sich über Jahrhunderte hinzog. Doch Iwans Entschlossenheit und die Grausamkeit, mit der er seine Feldzüge führte, ermutigten offenbar auch die späteren Zaren, ihre begehrlichen Blicke immer wieder auf den Nachbarn im Westen zu richten. Polen hat sich stets eines höheren Lebensstandards erfreut als Rußland. Während langer Jahrhunderte war daher Polen in der Tat Rußlands bevorzugter europäischer ›Selbstbedienungsladen‹. Für die russischen Zaren waren Eroberung und Plünderung bei weitem profitabler als friedliche Koexistenz und Zusammenarbeit.

Nach dem Sieg von Polozk versäumte Iwan der Schreckliche, durch ein entschiedenes Nachsetzen die endgültige Unterwerfung ganz Livlands zu besiegeln. Als er später erhebliche Anstrengungen unternahm, dies nachzuholen, sah er sich allerdings mit König Stefan Bathory von Polen konfrontiert, einem brillanten Strategen, unter dessen Führung sich das Kriegsglück zugunsten Polens wandte. Doch jetzt – im Jahre 1563 – war Iwan IV. der siegreiche Feldherr, dessen triumphaler Einzug in Moskau Erinnerungen an seinen glorreichen Sieg gegen Kazan wachrief. Iwan hatte inzwischen wieder geheiratet, und in der Zeit seiner Abwesenheit war ihm ein Sohn geboren worden. Iwans zweite Frau – die schöne und intelligente Tochter des Tscherkessenhäuptlings Temruik, der über weite Teile des Kaukasus herrschte – war asiatischer Herkunft. Doch für den gerade erst zweiunddreißig Jahre alten Iwan sollte das Jahr 1563 einen der letzten Höhepunkte seiner Regierung darstellen. Die Zukunft hielt für ihn nur mehr wenige Erfolge bereit, aber um so zahlreichere Niederlagen und Katastrophen. Bereits fünf Wochen nach der Geburt starb sein jüngster Sohn. Bald darauf segnete auch Jurij, der Bruder des Zaren, das Zeitliche. Er war zwar von einfachem Gemüt gewesen und geistig zurückgeblieben, doch Iwan hatte für seinen jüngeren Bruder eine tiefe Zuneigung empfunden. Nur wenige Wochen nach Jurij verstarb auch der Metropolit Makarij. Neben Anastasia war er der einzige gewesen, der auf Iwan noch einen gewissen mäßigenden Einfluß ausgeübt hatte. Vielen war dieser Metropolit zu unentschlossen und wankelmütig gewesen, und manche hatten ihn gar für einen Feigling gehalten. Sein Unglück war es, daß er zu einer Zeit Oberhaupt der orthodoxen Kirche war, als nur einer im Staat frei seine Meinung äußern durfte. Mehrmals hatte Makarij Anstalten gemacht, von seinem Amt zurückzutreten, doch stets hatte Iwan ihn davon abgehalten. Makarij ist auch der Verfasser zweier Bücher: des *Minei Chetii*, einer Sammlung russischer Heiligenlegenden, sowie *Des Buches der Stände*, einer Geschichte der russischen Fürstengeschlechter. 1547, dem Jahr, da Iwan zum Zaren gekrönt wurde, hatte Makarij den jugendlichen Herrscher überredet, aus Deutschland einige Buchdrucker anzuwerben. Die erste Buchdruckerei Rußlands nahm 1561 die Produktion auf. Gedruckt wurden ausschließlich religiöse Texte. Die beiden ersten in Moskau herausgegebenen Bücher, zwei biblische Texte, stammen vermutlich aus dem Gründungsjahr der Druckerei. 1564 erschienen ein weiteres religiöses Werk, das *Apostol*, sowie zwanzig dogmatische Abhandlungen. Diese ersten russischen Bücher erreichten jedoch nur eine sehr geringe Zahl von Lesern. Und auch die Einführung der Buchdruckerkunst vermochte die Mauer der Unwissenheit, die Rußland vom übrigen Europa trennte, nicht einzureißen. Weder das Gedankengut der Renaissance noch der Reformation fanden deshalb Eingang nach Rußland. Infolgedessen gab es dort niemals den geistigen Nährboden, auf dem sich wie im übrigen Europa das Ideal der Menschenwürde und das Recht des einzelnen auf freie Entfaltung hätten entwickeln können. Iwans Untertanen lebten währenddessen weiterhin in den Fesseln der Unwissenheit und Rechtlosigkeit. Wer sich gegen theologische und politische Bevormundung auflehnte, endete im Gefängnis. Um diesem Schicksal zu entgehen, sahen sich auch Iwan Fjodorow und Peter Mstislawec, die beiden Betreiber der Moskauer Druckerei, nach Makarijs Tod gezwungen, nach Litauen zu fliehen. Sie beherrschten die gefährliche Kunst des Druckens, und das allein genügte bereits, sie der Ketzerei anzuklagen. Ihre Kenntnisse stellten in den Augen zahlreicher Regierungsbeamter und kirchlicher Würdenträger, die nach von Stadens Auskunft »unwissend und in der Kunst des Druckens unkundig« waren, eine zu große Bedrohung des Staates dar.

Nur wenige Monate nach Jurijs Tod starb ein weiteres Mitglied der Zarenfamilie, für dessen Tod Iwan selbst verantwortlich war. Jurijs Witwe, die tugendhafte Juliana, hatte sich nach dem Tod ihres Mannes entschlossen, ins Kloster zu gehen und ohne Dienerschaft und sonstige Annehmlichkeiten das einfache Leben einer Nonne zu führen. Aus Gründen, die nur ihm selbst bekannt waren, bestand Iwan jedoch darauf, daß sie von dienstbaren Geistern umsorgt, in einer bequem möblierten Zelle leben solle. Sie wies dieses Ansinnen zurück und verstieß damit gegen den Willen des Zaren. Seit dem Augenblick seiner Krönung hatte Iwan seinen Untertanen unmißverständlich klargemacht, daß er keinerlei Ungehorsam gegen den Staat beziehungsweise den Autokraten dulden werde. Er zeigte sich auch innerhalb der eigenen Familie unerbittlich: Juliana wurde hingerichtet.

Nicht von Staatsräson, sondern von blanker Habgier wurde Iwan geleitet, als er den Fürsten Iwan Scheremetow foltern und schließlich töten ließ. Iwan wollte das Vermögen des Fürsten an sich bringen, und selbst als Scheremetow unter Folter beteuerte, er habe all sein Geld den Armen gegeben, glaubte Iwan ihm nicht.

Der erste Mensch, den Iwan eigenhändig umbrachte, war ebenfalls ein Mitglied des russischen Hochadels: Im Januar 1563 hatte Iwan beim Vormarsch auf Polozk während einer Rast nahe der Grenzfeste Newel Fürst Iwan Schachowskoj mit einer Kriegskeule erschlagen. Angesichts der wachsenden Bedrohung für Leib und Leben und der überhandnehmenden Folterungen flohen viele Familien des russischen Adels ins Ausland. Auch zahllose Handwerker und Bauern versuchten, sich den unerträglichen Verhältnissen in ihrem Heimatland durch die Flucht zu entziehen. Die Abwanderung der Bevölkerung nahm in vielen Gebieten des Reiches den Charakter einer Massenflucht an. Die ohnehin am Boden liegende Wirtschaft des Zarenreiches brach nun vollends zusammen. Die Entvölkerung des Landes nahm solche Ausmaße an, daß Historiker von der großen Wüstungsperiode sprechen, die in manchen Regionen bereits um 1550 einsetzte. Vor allem an der oberen Wolga und im Nowgoroder Land waren um 1580 bis zu 90 Prozent aller Höfe verlassen. Die meisten der Flüchtlinge zogen in das Niemandsland, das im Norden an Moskowien und im Süden und Südosten an das Siedlungsgebiet der Krim-Tataren grenzte. Die in dieser Region lebenden Kosaken sind in der Tat ein Volk von Flüchtlingen und Dissidenten, die die in Rußland herrschende Tyrannei nicht länger hatten ertragen können.

Und der unumschränkte Herrscher über das darniederliegende Rußland war ausgerechnet ein Mann, der nach Ansicht des bekannten deutschen Historikers und Slawisten Otto Hoetsch »weder ein großer Staatsmann noch ein Held« war, sondern ein Herrscher, dessen Regierung »je länger desto mehr in krassem Widerspruch zu den Interessen des Volkes stand«. Wird ein Herrscher von seinen Zeitgenossen diskreditiert, dann tun wir das nur allzugern als ›unsachlich‹ ab. Doch selbst solch subjektiv gefärbte Kritik offenbart meist ein Stückchen Wahrheit.

Von Jugend an betrachtete Iwan es als sein Privileg, sich nach Belieben der Promiskuität und der sexuellen Ausschweifung hinzugeben. In dieser Hinsicht unterschied er sich nicht von anderen Monarchen überall auf der Welt. Während seiner Ehe mit Anastasia nahm er nur selten andere Frauen. Zumindest finden sich in den Annalen keinerlei Hinweise auf irgendwelche ernsthaften Affären. Nach Anastasias Tod jedoch fiel alle Zurückhaltung von ihm ab. Wie alle asiatischen und orientalischen Potentaten hielt er sich nun einen Harem, der den Zaren auf allen seinen Reisen begleitete. Es war jetzt eine der wichtigsten Aufgaben seiner Gefolgsleute, für den Zaren aus allen Teilen des Reiches sowie aus den unterworfenen Territorien Mädchen herbeizuschaffen.[9] Einer der zahllosen russischen Aristokraten, die auf Iwans Geheiß ihr Leben lassen mußten, war der junge Fürst Dmitrij Owtschina-Obolenskij, ein Neffe von Iwans Mutter Helena. Dieser junge Mann mußte sterben, weil er angeblich gegenüber Fjodor Basmanow, dem Sohn von Iwans damaligem Günstling Alexeij Basmanow, erklärt haben soll: »Ich und mein Vater haben dem Zaren stets durch nützliche Arbeit gedient. Ihr aber dient ihm mit widernatürlicher Unzucht.«[10] Einer der mutigsten und intelligentesten Kritiker des Zaren war Fürst Kurbskij, der dem sicheren Tod nur durch seine Flucht nach Litauen entging. Eine der zahlreichen Anschuldigungen, die er gegen den Zaren erhob, vermittelt uns eine Vorstellung davon, welch perverse Praktiken im Reich Iwans offenbar an der Tagesordnung waren:

Auch wenn ich selbst mit Sünden beladen bin, so bin ich doch der Sohn vornehmer Eltern, aus der Familie Fjodor Rostislawitschs, des Großfürsten von Smolensk. Und bei den Fürsten dieses Geschlechts ist es nicht üblich, ihr eigenes Fleisch zu essen und das Blut ihrer Brüder zu trinken, wie es in gewissen anderen Familien seit langem der Brauch ist ...[11]

Samuel Collins und auch andere Reisende, die damals Rußland besucht haben, erwähnen in ihren Berichten die Samojeden, die weit im Norden Rußlands lebten: ».. sie essen die, die sie in der Schlacht besiegt haben ..., und sie sind sämtlich Menschenfresser.«[12] Das Wort *Samojed* ist in der russischen Sprache gleichbedeutend mit ›einer, der seinesgleichen Fleisch ißt‹.

Vermutlich spielte Kurbskij in seinem Brief jedoch auf gewisse Vorlieben des Zaren an, die bei der Inszenierung seiner grausamen Folterschauspiele zur Geltung kamen, und auf die sadistische Lust, die der Tyrann angesichts der entsetzlichsten Todesqualen anderer Menschen empfand.

Iwans zunehmendes Mißtrauen gegenüber dem hohen Adel sollte ihn zu der folgenschwersten und tragischsten Maßnahme seiner gesamten Herrschaft veranlassen –

Zar Iwan auf dem Pferde sitzend,
umgeben von Henkern, bei einer öffentlichen Hinrichtung.
Holzschnitt, 16. Jahrhundert

nämlich zu einer Verwaltungsreform, die in der Folge großes Unheil über das Land brachte. Durch den barbarischen Krieg in Livland hatte er das Reich ohnehin an den Rand des Ruins gebracht. Dieser Krieg war vor allem durch Greueltaten, Massaker an der Zivilbevölkerung und eine äußerst wirre Strategie des Zaren gekennzeichnet. Auch in der politischen Auseinandersetzung mit Polen erwies sich Iwan IV. nicht gerade als großer Staatsmann, denn er war dem eben erst gekrönten polnischen König Stefan Bathory auch auf dem diplomatischen Parkett nicht gewachsen.[13] 1558 unternahm Iwan den Versuch, eine Allianz mit Litauen zu schließen. Er unterbreitete dem Großfürstentum den Vorschlag, gemeinsam gegen die Krim-Tataren zu ziehen. Dieses Angebot kam den außenpolitischen Bestrebungen Litauens durchaus entgegen, da der südliche Teil des Großfürstentums sich zwischen Dnjestr und Dnjepr bis ans Schwarze Meer erstreckte. Bereits 1368 hatte König Olgerd dieses Gebiet den Tataren entrissen. Die Litauer waren bereit, sich Iwans Kriegszug anzuschließen, forderten dafür von ihm jedoch als Gegenleistung Smolensk. Dies lehnte Iwan kategorisch ab, und Rußland und Litauen gerieten abermals in eine kriegerische Auseinandersetzung. Die Skepsis, die die Litauer Iwans Angebot entgegenbrachten, war in erster Linie auf deren berechtigte Angst vor Rußland zurückzuführen. Diese Furcht wurde nur noch durch Iwans Drohung bestärkt, er werde alle Länder annektieren, in denen jemals Russen beheimatet gewesen seien.

Für eine objektive Beurteilung Iwans des Schrecklichen als Staatsmann reicht die Kenntnis seiner persönlichen Leidenschaften nicht aus. Kein Herrscher – wie despotisch er selbst und wie devot seine Untertanen auch sein mögen – ist in seinen Handlungen wirklich frei und unabhängig. Alle seine Aktivitäten sind bestimmt durch das Erbe, das er übernommen hat, und durch die äußeren Bedingungen seiner Zeit und die Gegebenheiten des Landes, in dem er regiert. Iwan war der Sproß einer Herrscherdynastie, die ständig rücksichtslose und brutale Kriege geführt hatte. Das riesige Reich, das er von seinen Vorfahren erbte, war ein weites unwirtliches Land, das von einem unwissenden und geknechteten Bauernvolk besiedelt war. Andere Länder sahen sich vor ähnliche Schwierigkeiten gestellt, doch konnten sie diese Probleme im Laufe der Geschichte lösen. Weshalb gelang dies in Rußland nicht?

Eine Antwort auf diese Frage können wir vielleicht finden, wenn wir die geschichtliche Entwicklung eines anderen europäischen Landes – nämlich Englands – betrachten, das wie Rußland am Rande des Kontinents liegt. Es ergeben sich erstaunliche Parallelen. Dort, wo diese Parallelität endet, wird eine der wesentlichen Ursachen des russischen Dilemmas sichtbar.

Die Parallelität der Entwicklung beginnt in beiden Ländern mit der Ankunft der skandinavischen Seefahrer. Der Ausgangspunkt unserer Betrachtung ist auf der einen Seite die Landung Hengists in England, vermutlich um 449 n. Chr., und auf der anderen Seite die Ankunft Ruriks in Rußland im Jahre 862. Ungeachtet des Zeitabstandes von ungefähr 400 Jahren nimmt die Entwicklung in England und in Rußland während der jeweils folgenden acht Jahrhunderte einen ähnlichen Verlauf. Hengist selbst mag vielleicht eine legendäre Gestalt sein, die nie wirklich existiert hat. Wie jedoch G. M. Trevelyan in seiner *Geschichte Englands* ausführt, »verkörpert er uns den Typus dieser großen vergessenen Männer, die wirklich Geschichte gemacht haben. Sie selbst folgten sicher nur ihrem Drange nach Abenteuer und Beute, wenn sie

›Von wildem Feuer heiß und voll ein Heer
Landloser Abenteurer aufgerafft,
Für Brot und Kost, zu einem Unternehmen,
Das Herz hat...‹   (Hamlet, 1. Aufzug)

So haben sie unbewußt England geschaffen und damit all das begründet, was im Lauf der Zeit aus England geworden ist.«[14]

Die Zeit zwischen dem 5. und 11. Jahrhundert ist in England in ähnlichem Maße durch eine zunehmende Feudalisierung der Gesellschaft geprägt wie die Periode vom 9. bis 15. Jahrhundert in Rußland. In Rußland war der Grundbesitz in ›weißes Land‹, das dem Adel gehörte, und ›schwarzes Land‹ aufgeteilt, das sich im Besitz der freien Dorfgemeinschaften (oder einzelner) befand. Ähnlich waren die Verhältnisse in England, wo es das sogenannte ›Bookland‹ und das ›Folkland‹ gab. Selbst die Anbaumethoden waren dieselben, denn sowohl die englischen als auch die russischen Bauern praktizierten die Dreifelderwirtschaft. Auch im Hinblick auf die Rechte der Landnutzung gab es zwischen englischen und russischen Dörfern (Mir) keine nennenswerten Unterschiede. Und sogar die äußeren Bedingungen, denen die Menschen in England wie in Rußland ausgesetzt waren, sind durchaus vergleichbar: das unwirtliche Klima sowie das ertragsarme und vielerorts unfruchtbare Ackerland. Beide Länder waren gleichermaßen nach allen Seiten ungeschützt und mußten immer wieder Invasionen fremder Völker erdulden. Die Angeln und Sachsen verfügten über keine Schiffe, die geeignet gewesen wären, die Landung der Wikinger abzuwehren. In dieser Hinsicht war es um Rußland stets besser bestellt: Das Land hatte immer Soldaten in großer Zahl, die es den Armeen eines Aggressors entgegenstellen konnte – es sei denn, die russischen Truppen wurden gerade an einer anderen Front benötigt, wie dies während des livländischen Krieges der Fall war.

Die freien englischen Bauern gerieten immer mehr in Abhängigkeit vom Adel, der für den Schutz, den er ihnen gewährte, Gegenleistungen verlangte. Diese Entwicklung führte im frühen 11. Jahrhundert, als England von dänischen Königen beherrscht wurde, dazu, daß immer mehr Menschen einem Grundherrn hörig wurden. Unter den Nachfolgern des Grafen Gottfried von Anjou, den ›Plantagenets‹, wurden diese Bauern im 12. Jahrhundert zur Schicht der Halbfreien zusammengefaßt. Dieselbe Entwicklung ist 300 Jahre später in Rußland zu beobachten. Und wieder 100 Jahre später, Mitte des 16. Jahrhunderts, zur Zeit Iwans des Schrecklichen, war die Leibeigenschaft zu einem Grundelement der russischen Gesellschaft geworden. Im 17. Jahrhundert schließlich gelang es den Bojaren, ihren Anspruch auf die Arbeitskraft der Leibeigenen gesetzlich zu verankern und die Bauern ihrer Polizeigewalt und Jurisdiktion zu unterwerfen. In ihren wesentlichen Zügen ist diese Entwicklung mit der zwischen 1150 und 1250 in England zu beobachtenden Bildung einer Schicht halbfreier Bauern zu vergleichen.

Nicht nur im Hinblick auf die Sozialstruktur Englands und Rußlands sind – zeitlich versetzt – gewisse Analogien zu erkennen, sondern auch hinsichtlich einiger grundlegender politischer Entwicklungen. Unter Wilhelm I., dem normannischen Eroberer, Wilhelm II. und Heinrich I. entstand zwischen 1086 und 1100 das erste vereinigte Königreich England. Vierhundert Jahre später verfolgten in Rußland Iwan III., Wasilij III. und Iwan IV. mit Erfolg die gleiche Politik. In beiden Ländern konsolidierten die Monarchen ihre Macht vor allem, indem sie die Position des landbesitzenden Adels schwächten. In beiden Ländern ging mit dem Niedergang des alten Adels der Aufstieg einer neuen privilegierten Klasse einher: der Ritter im England des 12. und 13. Jahrhunderts und der ›Männer des Hofes‹ beziehungsweise des Dienstadels während des 16. und 17. Jahrhunderts in Rußland. Die Militärdienstpflicht dieses neuen, dem Herrscher treu ergebenen Adels wurde in England in der Assize of Arms (Waffenverordnung) von 1181 geregelt. In Rußland hingegen schrieb Iwan der Schreckliche die militärischen und sonstigen Pflichten des Dienstadels 1555 fest.

Im 12. Jahrhundert entstanden in England jene Institutionen, die die Basis für die weitere Entwicklung des englischen Rechts- und Verwaltungssystems bilden sollten: eine geregelte Finanzverwaltung (Chancery und Exchequer) und ein dem König unterstelltes Gerichtswesen. Die entsprechenden russischen Regierungskammern, die *Prikazi*, wurden Mitte des 16. Jahrhunderts von Iwan dem Schrecklichen eingerichtet. Wie im 12. Jahrhundert in England wurden in Rußland im 16. Jahrhundert erstmals Ständeversammlungen einberufen, die man als Vorformen eines parlamentarischen Systems bezeichnen könnte.

Hier endet allerdings die Parallelität, die wir zwischen der gesellschaftlichen Entwicklung Englands und Rußlands konstatiert haben: Denn in Rußland erstickte fortan das Zarentum alle Ansätze zu einem freiheitlichen bürgerlichen Leben bereits im Keim. Neben der autokratischen Stellung des Zaren waren in Rußland auch andere Faktoren für die Stagnation der sozialen Entwicklung ursächlich. In England herrschte seit 1066 eine landfremde Dynastie, die ihre Bischöfe mit ins Land brachte. Dies hatte zur Folge, daß sich dort die Barone des Hochadels und die Landedelleute gegen den König verbündeten. Mit ihrem Sieg über König Heinrich III. im ›Aufstand der Barone‹ legten in England die Ober- und Mittelschicht, das heißt die Barone, der niedere Adel und das Bürgertum, bereits 1264 unter der Führung von Simon von Montfort den Grundstein eines parlamentarischen Systems. In der russischen Gesellschaft hingegen bestanden völlig andere Kräfteverhältnisse. Das Land wurde ausschließlich von einheimischen Dynastien regiert – den Rurikiden und den Romanows –, die sich beide auf die orthodoxe Nationalkirche stützen konnten. Jede Opposition gegen den Großfürsten, den Zaren oder den Metropoliten galt als Verrat. In Rußland existierte überdies keine Mittelschicht, mit deren Hilfe der Hochadel die Position des autokratischen Herrschers hätte schwächen können. Ebensowenig konnte sich dort die protestantische Bewegung etablieren, die allein ein Gegengewicht gegen die orthodoxe Kirche hätte bilden können. Durch Umsiedlung und Mord entriß Iwan der Schreckliche der alten Aristokratie der Bojaren jegliche Macht und setzte auf die Güter der alten Familien die neue Schicht des ihm bedingungslos untergebenen Dienstadels. Für die Zukunft Rußlands sollte es sich als verheerend erweisen, daß diese ›Männer des Hofes‹ alle politische Macht aus den Händen gaben, als ihnen 1646 das Erbrecht auf Land und Leibeigene gewährt wurde. Als Peter der Große 1682 den Zarenthron bestieg, hatte die Monarchie in Rußland eine Position unumschränkter Macht erreicht. Deren Basis hatte Iwan der Schreckliche gelegt, der den Einfluß des noch immer unabhängigen Adels Schritt um Schritt zurückdrängte.[15]

In England standen der hohe und der niedere Adel auf einer Seite. Die Barone und Landedelleute waren so stark, daß sie die Macht des Königs zu beschneiden und die ersten demokratischen Rechte durchzusetzen vermochten. In Rußland hingegen vernichtete der Zar mit Unterstützung des niederen Dienstadels den bojarischen Hochadel und beraubte somit das Land des einzigen Standes, der in der Lage gewesen wäre, die Erziehung und Bildung des Volkes zu fördern. In seinem ursprünglichen Sinn bedeutet das Wort *Aristokratie* soviel wie ›Herrschaft der Besten‹. Durch Mord und Vertreibung entledigten sich Iwan und die anderen Zaren und Großfürsten eines Großteils der alten Aristokratie und untergruben so die Lebenskraft ihres Landes und dessen Innovationsfähigkeit. Von diesem Schlag hat sich Rußland bis heute nicht erholt. Wenn man eine ganze Gesellschaftsschicht ausrottet, die der übrigen Bevölkerung an Kenntnissen und Wissen weit überlegen ist, dann verwundert es nicht, daß ein solcher Genozid tiefe Spuren hinterläßt. Das Mißtrauen und der Haß, die Iwan der Aristokratie entgegenbrachte, sollten in Rußland Schule machen. Dies zeigt noch die völlige Ausrottung der russischen Aristokratie durch Lenin und Stalin. Es sind somit die Aristokraten beziehungsweise die ›Besten‹ – ob nun mit Adelstitel oder ohne –, die der neue Zarismus in allen Ländern der Welt auszumerzen gedenkt. Diese Elitefeindschaft hat allerdings auch noch einen anderen Grund: Denn vermutlich werden es überall auf der Welt die fähigsten Menschen sein, die sich aktiv gegen eine Neutralisierung oder die Eingliederung ihres jeweiligen Landes in die Union der Sozialistischen Sowjetrepubliken zur Wehr setzen.

Ein weiterer Vergleich zwischen Rußland und England erleichtert es uns vielleicht zu verstehen, warum das russische Volk sich gegenüber der totalen Bevormundung und Kontrolle durch die Monarchie so völlig apathisch verhielt. Da das russische Volk in seiner Masse völlig ungebildet war und es im übrigen keine Literatur gab, die einer Verbreitung freiheitlicher und demokratischer Gedanken förderlich gewesen wäre, war in Rußland ein Widerstandsrecht so gut wie unbekannt. Diese Tatsache lassen westliche Historiker nur zu gerne außer acht, da sie alles andere als schmeichelhaft für Rußland ist. Der Entwicklungsrückstand von zirka 400 Jahren, der Rußland in gesellschaftlicher Hinsicht von England trennt, erscheint klein im Vergleich zu der Kluft, die zwischen den beiden Ländern im Bereich der literarischen und wissenschaftlichen Bildung existierte. In England konnte man bereits auf eine nahezu tausendjährige literarische Tradition zurückblicken, ehe das erste russische Buch erschien.

Beda Venerabilis, der Vater der englischen Geschichtsschreibung, wie er auch genannt wird, wurde im Jahre 673 geboren. Er hatte zahlreiche Schüler, und im Laufe seines Lebens schrieb er vierzig Bücher. Seine bekanntesten Werke sind die *Historia ecclesiastica gentis Angloram* und *De Natura Rerum,* eine wissenschaftliche Abhandlung. Die Heldensage von *Beowulf* kam im 6. Jahrhundert mit den Angeln nach England. Aus der ursprünglichen Volkserzählung entstand um 700 das bekannte Heldenepos. Die älteste Niederschrift, die uns überliefert ist, wurde etwa 300 Jahre später angefertigt. Die Russen mußten bis zur Mitte des 16. Jahrhunderts warten, ehe die religiösen und historischen Werke des Metropoliten Makarij entstanden. Und erst im 18. Jahrhundert, eintausend Jahre nach dem *Beowulf* und Bedas Tod, entstanden Karamzins zwölfbändige *Geschichte des russischen Staates,* Deržavins Gedichte und die wissenschaftlichen Arbeiten Lomonossows. ›Die Geschichte der Heerscharen Igors‹ *(The Tale of the Host of Igor)* ist in diesem Zusammenhang ohne Bedeutung, da dieses angeblich aus der Kiewer Epoche stammende Werk möglicherweise erst im 18. Jahrhundert verfaßt wurde. Die bis vor 200 Jahren in Rußland herrschende völlige geistige Rückständigkeit war vor allem auf das Verbot sämtlicher lateinischer Texte zurückzuführen. Selbst Schauspieler waren in Rußland verfehmt und genau wie Hexen oder Wunderheiler Verfolgungen ausgesetzt.

Ehe wir uns mit dem furchtbarsten und für Rußland verheerendsten Krieg befassen, den Iwan der Schreckliche mit Hilfe seiner *Opričiniki* (Dienstleute) – die sich dabei als wahre Terrortruppe erwiesen – gegen das russische Volk führte, wollen wir noch einen letzten Vergleich zwischen dem mittelalterlichen Rußland und Westeuropa anstellen: Zu unkritisch ist man bisher stets davon ausgegangen, daß der orthodoxe Glaube in Rußland für Bildung und Erziehung, öffentliche Wohlfahrt und Moral eine ähnlich zentrale Rolle gespielt habe wie die christlichen Konfessionen und Kirchen in den übrigen europäischen Ländern. Wenn wir jedoch hinter die

Fassaden blicken, wird deutlich, daß dies eine allzu optimistische Annahme ist. In der Zeitschrift *Der russische Gedanke* schreibt der große christliche Analytiker Nikolai Berdjajew, die russische Gesellschaft habe vor Tolstoi »keinerlei Interesse an der Religion gehabt und sich ablehnend gegenüber dem Christentum« verhalten. Mitte des 19. Jahrhunderts schreibt Belinskij an Gogol: »Sehen Sie sich nur sorgfältig um, und Sie werden feststellen, daß das russische Volk zutiefst atheistisch ist.« Andererseits verfügen wir über zahlreiche Berichte westlicher Reisender, die die Frömmigkeit und Gottesfürchtigkeit der russischen Christen preisen. Aus der Zeit Iwans des Schrecklichen stammt die folgende Beobachtung von Giles Fletcher: »... man sieht nicht eine russische Frau, ob alt oder jung, die nicht ein Kruzifix um den Hals trägt.« Doch für einen Fremden ist es allemal äußerst schwierig, sich ein wahrheitsgetreues Bild von der religiösen Gesinnung eines Volkes zu machen, das er nur oberflächlich kennt. Die äußeren Symbole der Rechtgläubigkeit, insbesondere wenn sie Bestandteil des von der Staatskirche gepflegten Kults sind, können leicht ein falsches Bild von dem tatsächlichen Einfluß dieser Kirche vermitteln. Wie spirituell beziehungsweise wie archaisch waren nun aber die Rituale, die die orthodoxen Priester vollzogen? Von Samuel Collins, der neun Jahre lang Leibarzt des Zaren Alexeij war, stammt die folgende Schilderung eines russischen Totenrituals. Sie ist in seinem 1671 erschienenen Buch *The Present State of Russia* nachzulesen:

Ihre Totenrituale sind sehr seltsam. Von der Frau des Verstorbenen erwartet man, daß sie in lautes Klagen ausbricht, und sie bezahlt eine Reihe von Klageweibern, die es ihr gleichtun ... Sobald jemand gestorben ist, öffnen sie alle Fenster und stellen neben den Toten eine Schüssel mit Wasser, damit seine Seele darin bade; am Kopfende des Totenbettes plazieren sie eine Schale mit Weizen, daß er auf der langen Reise nicht Hunger leide. Dann stellen sie zu seinen Füßen ein Paar schwarze Schuhe hin und legen dem Verstorbenen ein paar Kopeken oder andere Münzen in den Mund. In der Hand hält er ein Zeugnis (vom Metropoliten des Orts), das für den Heiligen Nikolaus bestimmt ist und Aufschluß gibt über das Leben des Verstorbenen und sein Gebaren in dieser Welt.

Samuel Collins berichtet auch, daß es die Politik der Regierung gewesen sei, »dem gemeinen Volk alle Musik und jegliches Vergnügen zu untersagen, damit es nicht verweichliche. Wenn ein Mann glaubt, seine Frau sei unfruchtbar, überredet er sie, Nonne zu werden; sodann nimmt er eine andere. Wenn sie sich weigert, prügelt er sie mit einem Stock in das Kloster. Je korpulenter eine Frau ist, um so mehr preisen sie ihre Schönheit. Eine schlanke Frau gilt unter ihnen als kränklich ... Das Erhängen durch den Strang war bis vor kurzem in jenem Land keine gebräuchliche Todesstrafe, denn die törichten Russen glaubten, wenn der Missetäter stranguliert werde, müsse seine Seele durch die Hintertür aus dem Körper schlüpfen, wodurch sie beschmutzt würde.«[16]

Beobachtungen dieser Art enthüllen, wie unzureichend die christliche Erziehung und die Verbreitung der kirchlichen Lehre im mittelalterlichen Rußland tatsächlich waren. Sie offenbaren überdies einen eklatanten Mangel an Wissen und Aufgeklärtheit, der es Iwan dem Schrecklichen und seinen Nachfolgern erst ermöglichte, so völlig unumschränkt über das Volk zu herrschen. Wie Alexander Solschenizyn in *Stimmen aus dem Untergrund* bemerkt, war »die Kirche zum Zeitpunkt der Russischen Revolution bereits so entschieden geschwächt und demoralisiert, daß sie vielleicht sogar als zutiefst mitverantwortlich für Rußlands Niedergang gelten kann«. Wie wenig die Mentalität der Russen im 15. und 16. Jahrhundert von den kirchlichen Lehren geprägt war, wird deutlich, wenn wir die Schimpfwörter und Flüche betrachten, die damals im Volk gebräuchlich waren. Flüche und Schimpfwörter haben den Zweck, den Zuhörer zu schokkieren. Aus diesem Grund vermitteln uns die in einer beliebigen Gesellschaft gebräuchlichen Flüche einen Einblick in jene Bereiche, die in der betreffenden Gesellschaft als heilig oder tabu gelten. Niemand verwendet in einer christlichen Gesellschaft muslimische Flüche und umgekehrt. Als in Europa noch die Religion und nicht die Sexualität im Mittelpunkt des Interesses stand, waren die populärsten Flüche und Schimpfwörter biblischen Ursprungs. Bis ins 17. Jahrhundert war die Sprache, die schockierend und unflätig wirken sollte, vor allem durch solche Ausdrücke charakterisiert wie: gottverdammt, gottverflucht, gottverhaßt, Kruzifix, Kreuzkruzifix, Himmellaudon, Himmelherrgottsakra, Sakrament, Sakra, sakralot und so fort.[17] In Shakespeares Hamlet sagt Ophelia im 4. Akt, Szene 5: »Bei Jees und bei Sankt Caritas!« Heute läßt sich kaum mehr jemand von der derben Sprache Shakespeares schockieren, denn nur die wenigsten sind noch so religiös, daß sie sich von solchen Flüchen getroffen fühlen.

Ähnlich wie in den heutigen westlichen Gesellschaften waren Flüche im mittelalterlichen Rußland im allgemeinen weniger religiösen als vielmehr sexuellen Inhalts. Wäre der Einfluß der Kirche im mittelalterlichen Rußland ebenso stark gewesen wie im damaligen Westeuropa, dann wären auch dort die populärsten Schimpfwörter ganz sicher biblischen Ursprungs gewesen. Adam Olearius war in den dreißiger Jahren des 17. Jahrhunderts Sekretär und Berater des von Herzog Friedrich von Holstein nach Moskau entstandten Botschafters. Als er nach Deutschland zurückgekehrt war, schrieb er seine russischen Impressionen nieder. Unter anderem berichtet er:

Die Russen sind im allgemeinen ein sehr zänkisches Volk; sie fallen wie die Hunde mit groben und hitzigen Worten übereinander her ... Wenn sie in Harnisch geraten und Flüche ausstoßen, dann verwenden sie nicht Verwünschungen, die die Heiligen Sakramente beleidigen, wie dies leider bei uns häufig der Fall ist. Statt dessen hört man viele liederliche und zotige Worte. Nichts führen sie so häufig im Munde wie ›Sohn einer Hündin‹, ›Hund‹ oder ›Mutterschänder‹. Selbst kleine Kinder, denen der Name Gottes noch fremd ist, benutzen Schmähworte wie ›Mutterschänder‹, denn solche Worte hören sie von ihren Eltern.

Vor kurzem erst hat man dieses verderbte und zuchtlose Fluchen bei Prügelstrafe verboten. Man schickte heimlich Männer aus, auf daß sie sich unter das Volk mischen und jene, die Schmähworte im Munde führen, mit Hilfe der *Strelcy* (Musketiere) ergreifen und sie auf der Stelle mit der Knute züchtigen. Doch dies währte nicht lange, denn es war eine schlechte Arbeit. Niemand sollte erwarten, unter Russen Höflichkeit und gutes Benehmen anzutreffen. Sie erzählen alle Arten schamloser Geschichten, und derjenige gilt unter ihnen als der beste Kumpan, der mit den derbsten Zoten und Unziemlichkeiten zu prahlen weiß.

So sehr sind sie der Fleischeslust hingegeben, daß manche von ihnen nicht davon lassen können, die abscheulichste Unzucht zu treiben – nicht nur mit Knaben, auch mit Männern und Pferden. Wird jemand bei diesem widernatürlichen Tun ertappt, so wird er nicht schwer bestraft. Häufig singen die Musiker in den Schänken von solch verwerflichen Dingen, während die Puppenspieler den jungen Leuten die Verderbtheiten deutlich vor Augen führen ... Die Russen lieben den Tabak über alles, und vormals trug jeder stets ein weniges davon bei sich. Man hat jedoch bemerkt, daß das Rauchen den Leuten nicht gut tut. Sklaven versäumten dadurch ihre Pflichten; viele Häuser gingen in Rauch auf, weil man zu unvorsichtig mit den Flammen und Funken hantierte, und vor den heiligen Ikonen verströmten die Kirchgänger einen üblen Geruch. Deshalb hat der Großfürst im Jahre 1634 auf Anregung des Patriarchen den Kauf und den Genuß von Tabak verboten. Auch darf in privaten Schänken fürderhin kein Wodka und kein Bier verkauft werden. Wer dem zuwiderhandelt, wird mit der Knute gezüchtigt, und man schlitzt ihm die Nasenflügel auf. Wir selbst haben bei Männern wie Frauen solche Male der Züchtigung gesehen.[18]

Iwans persönliche Einstellung zur Sexualität war entsprechend der Kirchenlehre von der Vorstellung geprägt, der Geschlechtsverkehr sei selbst in der Ehe ein sündiger und verwerflicher Akt. Ehe ein Paar sich solchem Tun hingebe, so forderte die Kirche, müsse es alle Ikonen im Raum verhüllen, und keiner der beiden dürfe ein Kreuz am Körper tragen. Es galt als völlig unvorstellbar, daß man einer der auf den Ikonen dargestellten heiligen oder göttlichen Personen den Anblick eines Geschlechtsaktes zumuten dürfe. Der Karneval wurde vor Beginn der Fastenzeit, in der von der Kirche jeder Beischlaf untersagt

Hochzeitsmahl in einem russischen Privathaus.
Radierung, 17. Jahrhundert

war, begangen. In dieser Zeit gaben sich – wie Collins berichtet – »die Russen allen nur erdenklichen Ausschweifungen und Genüssen hin, und während der letzten Woche trinken sie soviel, als würden sie nie wieder einen Tropfen bekommen. Und oft kommt es vor, daß einer, der zuviel getrunken, im Schnee (einem kalten und elenden Bett) einschläft und erfriert. Wenn jemand von ihren Bekannten zufällig vorüberkommt, so wird er dem Manne doch nicht helfen, obgleich er erkennt, daß dieser sterben wird, denn er fürchtet die polizeiliche Untersuchung, sollte der Mann in seinen Armen sterben.« Zweihundert Jahre später berichtet Henry Morley entsetzt, er habe Menschen gesehen, die an einem verletzten Mann, der auf der Straße lag, vorübergingen, ohne ihm zu helfen. Nach dem Gesetz, so erklärte man Morley, könne »jeder, der sich einmischt und das Pech hat, daß der Mann stirbt, mit Verbannung nach Sibirien oder – falls er reich ist – mit einer enormen Geldbuße bestraft werden«.[19]

Es überrascht daher nicht, daß so viele Russen aller Bevölkerungsschichten den Drang verspürten, in wärmere Landstriche zu entfliehen, wo mildere Bräuche herrschten. Im 17. Jahrhundert segelte ein Holländer namens Jean Struys die Wolga hinab ins Kaspische Meer und besuchte das Land der Tscherkessen. Er war entzückt festzustellen, daß die Tscherkessinnen ihren täglichen Geschäften mit unbedeckten Brüsten nachgingen. Ihre Brüste seien – so berichtet er – »zwei Kugeln gleich, trefflich proportioniert und unglaublich fest. Und ohne Übertreibung kann ich sagen, daß nichts in der Welt so weiß und rein ist wie die Brüste der Tscherkessinnen. Ihre Augen sind groß und lieblich und voll Feuer; ihre Nasen sind wohlgeformt, ihre Lippen zinnoberrot, ihr Mund klein und lächelnd. Ihr wunderschönes tiefschwarzes Haar, das sie offen oder hochgesteckt tragen, umspielt ihr Gesicht auf das trefflichste. Sie sind herrlich gewachsen,

groß und geschmeidig; ihr ganzes Wesen erscheint unge-
zwungen und fröhlich. Obgleich sie so reich mit Tugenden gesegnet sind, haben sie doch keine Angst, wenn ein
Mann – egal aus welchem Land – in ihre Nähe kommt.«
Ihre Männer, so fügte Struys hinzu, seien nicht eifersüchtig gewesen.[20]

Viele Russen flohen aber auch nach Polen oder Litauen.
Der bekannteste ›Dissident‹ jener Zeit war einer von
Iwans Generalen: Fürst Andreij Kurbskij, selbst von königlichem Geblüt, der seine Abstammung auf Wladimir,
den Großfürsten von Kiew, zurückführte. Fürst Kurbskij
hatte bei der Eroberung von Kazan und Astrachan eine
entscheidende Rolle gespielt und war damals vom Zaren
wegen seiner Tapferkeit ausgezeichnet worden. Er hatte
beim Feldzug gegen die Krim-Tataren in vorderster Front
gekämpft, und es war seine Artillerie gewesen, die den
Isthmus von Perekop am Schwarzen Meer unter Beschuß
genommen hatte. Seine schwerste Kanone, das ›Rhino-
zeros‹, ist heute noch im Kreml zu besichtigen. Kurbskij
hatte damals den Rückzug befohlen, als er hörte, daß der
Sultan mit seinen Truppen in Ochakow, westlich des
Isthmus, landen und den Russen in den Rücken fallen
wollte. Fürst Kurbskij zog sich daraufhin mit seiner
Armee nach Norden zurück und eroberte Bakhchisarai,
die Hauptstadt der Krim-Tataren. Er legte die Stadt und
die herrliche Sommerresidenz des Khan in Schutt und
Asche. In eine der Säulen des großen Kremlpalasts ist ein
rosafarbener Marmorquader eingelassen, den Kurbskijs
Männer damals als Trophäe aus Bakhchisarai mitbrach-
ten. Der Khan der Krim-Tataren und auch der Sultan
selbst drohten Moskau, dieser Kriegszug gegen die Krim
werde nicht ungesühnt bleiben.

1564 wurde Fürst Kurbskij zum Kommandanten der im
selben Jahr von den Russen eroberten livländischen Stadt
Dorpat ernannt. Da er jedoch als ein Bewunderer Adaschews und Sylvesters bekannt war, mußte er befürch-

ten, der Zar wolle ihm das gleiche Schicksal bereiten wie seinen beiden politischen Vorbildern. Im Frühjahr dieses Jahres verlor Fürst Kurbskij nahe Newel, nördlich von Witebsk, eine wichtige Schlacht gegen einen polnischen Truppenverband. 15 000 Russen wurden bei dieser Gelegenheit von nur 4000 Polen geschlagen, und auch Fürst Kurbskij wurde verwundet. Kurbskij fürchtete nun, der Zar könne diese schmachvolle Niederlage zum Anlaß nehmen, um sich seiner zu entledigen. Er flüchtete nach Litauen und stellte sich unter den Schutz des polnischen Königs. Am Abend des 30. April verabschiedete er sich von seiner Frau und seinem neun Jahre alten Sohn und floh ins litauische Wolmar, wo er mit offenen Armen empfangen wurde. Was aus seiner Familie geworden ist, die er in Dorpat zurückgelassen hatte, ist nicht bekannt. Desertion galt im mittelalterlichen Rußland als Kapitalverbrechen. Jeder Fahnenflüchtige, der es wagte, später wieder in seine Heimat zurückzukehren, wurde auf der Stelle hingerichtet. Doch Fürst Kurbskij sollte sich in den Augen Iwans noch schlimmerer Verbrechen schuldig machen als des Verrats: Nicht nur drängte der abtrünnige Fürst König Sigismund II. August von Polen, den Krieg gegen Rußland zu forcieren, er machte sich auch zahlloser Majestätsbeleidigungen schuldig. In fünf langen Briefen, die er an seinen ehemaligen Herren richtete, rechtfertigte Fürst Kurbskij seine Desertion und griff Iwan wegen dessen Terrorherrschaft und Grausamkeit scharf an. Diese fünf Briefe Kurbskijs und die zwei wortreichen Antwortschreiben Iwans des Schrecklichen zählen zu den interessantesten Korrespondenzen der europäischen Geschichte. Sie vermitteln uns einen authentischen Eindruck von der Auseinandersetzung zwischen freiheitlichem Denken und autokratischer Selbstüberhebung.

Der Konflikt zwischen diesen beiden Grundauffassungen ist auch im heutigen Rußland noch allenthalben sichtbar. Solange dort zahllose Dissidenten Gefängnisse, psychiatrische Anstalten und Arbeitslager füllen (in einem 1979 veröffentlichten Aufsatz schätzt Dr. Jurij Orlow, daß zu diesem Zeitpunkt etwa fünf Millionen Russen in Arbeitslagern lebten[21]), werden die Briefe Fürst Kurbskijs nichts von ihrer beklemmenden Aktualität einbüßen.

6

Der Briefwechsel zwischen Fürst Kurbskij und Iwan dem Schrecklichen

Nach Ansicht J. L. I. Fennells, eines profunden Kenners der russischen Geschichte, der die Kurbskij-Briefe sowie eine kurze von Kurbskij verfaßte Geschichte Iwans IV. ins Englische übersetzt hat, ist diese Korrespondenz von »außerordentlicher Bedeutung für ein Verständnis des mittelalterlichen Rußland«.[1] Die Briefe vermitteln ein »ungewöhnlich anschauliches und doch sachliches Bild jener Zeit«, denn sie wurden von einem »echten Moskowiter verfaßt, der bis ins einzelne in das politische Ränkespiel seiner Zeit eingeweiht war und auch die Namen von Iwans Opfern kannte«. In gewisser Hinsicht sind die Kurbskij-Briefe mit Solschenizyns *Archipel Gulag* vergleichbar.

Kurbskijs Briefe und Iwans Antwortschreiben sind vor allem deshalb so überaus interessant, weil sonst kaum Briefe des Zaren oder der Mitglieder seines Hofes existieren, die von geschichtlichem Interesse wären. Gerade dieser weitgehende Mangel an authentischen Dokumenten aus jener Epoche der russischen Geschichte hat den amerikanischen Historiker Edward L. Keenan veranlaßt, die Authentizität der Briefe anzuzweifeln.[2]

Keenan ist der Meinung, dieser Briefwechsel sei zu literarisch, um echt zu sein. Er nimmt an, die Briefe seien sechzig bis achtzig Jahre später verfaßt worden. Bis zum Erscheinen von Keenans Buch im Jahre 1971 war jedoch noch nie angezweifelt worden, daß Fürst Kurbskij und Iwan IV. die Autoren dieser Briefe sind. Wir haben es also mit einem Text zu tun, der offenbar für sich selbst spricht. Der Leser mag selbst entscheiden, ob diese Briefe von Iwan und seinem General oder aus der Feder eines anderen stammen. Leider sind die Originalmanuskripte verlorengegangen; die ältesten Kopien, die wir besitzen, datieren von 1620.

Die zentrale Frage des Briefwechsels ist das Widerstandsrecht des Untertanen. Iwan wirft Kurbskij vor, er sei »von solch schlechten Gedanken besessen, in allem gegen den Herrn aufzubegehren, der dir von Gott gegeben ist«. Sowohl Iwan als auch Kurbskij untermauern ihre Argumente häufig mit Zitaten aus der Bibel. Iwan vergleicht Kurbskij mit Judas, Kurbskij Iwan mit Saul, der vor wichtigen Entscheidungen Wahrsager zu Rate gezogen habe. Iwan zitiert weitschweifig aus byzantinischen Texten; Kurbskij schickt dem Zaren die Übersetzung zweier Kapitel aus Ciceros *Paradoxa Stoicorum* (die Kapitel 2 und 4). Die folgenden Passagen sind eine einzige Anklage gegen Iwan:

Du weißt nicht Rasender, du weißt nicht, welche Kräfte die Tugend hat. Nur den Namen der Tugend eignest du dir an; was sie aber wert ist, verstehst du nicht ... Deine Begierden martern dich. Tag und Nacht quälst du dich, dem nicht genügend ist, was ist, und der du von eben dem, was du hast, fürchtest, daß es nicht lange dauere. Dich stachelt das Bewußtsein deiner Übeltaten, dich schrecken die Schrecken der Gerichte, der Gesetze. Wohin du immer blickst, so umgeben dich wie strafende Göttinnen deine Ungerechtigkeiten, die dir nicht aufzuatmen gestatten ... Alle Toren rasen. Ich aber werde dich nicht als töricht, wie oft, nicht als böse, wie immer, sondern als verrückt und rasend mit wahrhaften Tatsachen erweisen ... Jener Zusammenlauf der Räuber und das unter deiner Führung auf dem Marktplatze eingerichtete Räuberunwesen ... ist das der Staat? ... Doch sieh, wie ich jene Pfeile deiner Räuberei verachte! ... Nichts gibt es, weder was das Meine noch irgend jemandes ist, das weggenommen, das entrissen, das zugrunde gerichtet werden

kann. Wenn du mir die bleibende Standhaftigkeit meines Geistes
entrissen hättest ... dann würde ich bekennen, daß ich eine Krän-
kung empfangen hätte ... Du aber bist auch jetzt in Wahrheit mit-
nichten Bürger, denn wer kann Widersacher sein und Bürger?
Oder unterscheidest du einen Bürger vom Widersacher nach Natur
und Ort, aber nicht nach Geist und Tat? Ein Gemetzel hast du auf
dem Markte angerichtet, mit bewaffneten Übeltätern hast du die
Kirchen gehalten; der Privaten Häuser, die heiligen Kirchen hast du
niedergebrannt ... Alle Übeltäter und Gottlosen, deren Führer zu
sein du bekennst, welche die Gesetze mit Verbannung bestraft wissen wollen, sind verbannt, auch wenn sie das Land nicht vertausch-
ten. Wenn nun alle Verordnungen dich einen Verbannten zu sein
heißen, wirst du nicht ein Verräter sein? ... Aber was verkündige
ich allgemeine Gesetze, nach denen allen du ein Verräter bist![3]

Dies waren die Worte, mit welchen Cicero Antonius an-
klagte, der ihn aus Rom verbannt hatte. Man könnte
Kurbskijs Anschuldigungen gegen Iwan den Schrecklichen mit gleichem Recht gegen Stalin und die übrigen
kommunistischen Diktatoren im Kreml erheben. Nicht
von ungefähr haben die sowjetischen Erziehungsbehör-
den die Kurbskij-Briefe aus den russischen Standardlehr-
büchern für Geschichte verbannt. Kurbskij selbst wird als
einer der Höflinge Iwans abgetan, dessen Glaubwürdig-
keit daher angezweifelt werden müsse.

Kurbskijs erster Brief an Iwan beginnt mit bitteren Anklagen ob der entsetzlichen Grausamkeiten des Zaren:

Dem Zaren, der von Gott hocherhoben ist, besonders in Rechtgläubigkeit leuchtend erschien, nun aber um unserer Sünden willen
dem zuwider erfunden wird. Wer Verstand hat, soll verstehen, mit
seinem aussätzigen Gewissen, wie es sich nicht einmal unter gottlosen Heiden findet. Und mehr als dies über dies alles der Reihe nach
zu reden, ließ ich meiner Zunge nicht zu. Wegen bitterster Verfolgung aber durch deine Macht spreche ich, vor vielem Kummer meines Herzens beeile ich mich, ein wenig zu dir zu reden.

Weshalb, Zar, hast du die Starken in Israel vernichtet und die dir
von Gott gegebenen Woiwoden (Heerführer) mannigfachen Todesarten überantwortet? Und ihr sieghaftes heiliges Blut in den Kirchen

Gottes, bei priesterlichen Feiern vergossen und mit ihrem Märtyrerblut die Kirchenschwellen befleckt? Und gegen deine Willfährigen, die die Seele für dich einsetzten, unerhörte Peinigungen und Verfolgungen und Todesarten ersonnen, des Verrates und der Zauberei und anderer Ungebühr die Rechtgläubigen falsch beschuldigend und mit Eifer trachtend, das Licht in Finsternis zu verkehren und Süßes bitter zu nennen? ... So vergaltest du uns Armen, uns in ganzen Geschlechtern vertilgend?

Dünkst du dich unsterblich, Zar? Oder bist du in unerhörte Ketzerei verstrickt, als ob du nicht vor den unbestechlichen Richter treten wolltest, den gottgeborenen Jesus, der den Erdkreis nach Gerechtigkeit richten wird, zumal die gar hoffärtigen Peiniger ... Er ist mein Christus, sitzend auf dem Thron der Cherubim, zur Rechten der Kraft der Herrschaft in der Höhe, Richter zwischen dir und mir.

Welch Übel und Verfolgung habe ich von dir nicht erduldet! Und welches Elend und Unheil hast du nicht über mich gebracht, und welch boshaftes Lügengewebe hast du nicht gegen mich gesponnen! Aber die von dir (mir) zugefügten mannigfachen Übel kann ich nach der Reihe wegen ihrer Menge jetzt nicht aufzählen, dieweil ich noch vom Kummer meiner Seele umfangen bin. Doch insgesamt werde ich alles vollständig sagen: von allem wurde ich beraubt und von der Erde Gottes ohne Schuld verjagt, von dir vergewaltigt ... Und Böses hast du mir für Gutes erwiesen und für meine Liebe unversöhnliche Feindschaft ... Vor deinem Heer bin ich gezogen und nicht gewichen, und keinerlei Unehre habe ich dir eingetragen, sondern nur leuchtende Siege habe ich mit Hilfe des Engels des Herrn zu deinem Ruhm erstritten, und niemals habe ich deine Heere mit dem Rücken zum Gegner gewandt, sondern vielmehr ruhmreiche Eroberungen dir zum Preise bewirkt. Und dies nicht in einem Jahr oder in zweien, sondern in genügend vielen habe ich mich bemüht mit viel Schweiß und Geduld; und immer war ich von meinem Vaterland entfernt, und wenig habe ich gesehen, die mich gebar, und mein Weib nicht erkannt, sondern immer stand ich in weitentlegenen Städten gegen deine Feinde gewappnet und erduldete viele Nöte und natürliche Krankheiten, wofür mein Herr Jesus Christus Zeuge ist; noch mehr wurde ich von Wunden durch Barbarenhände in mannigfachen Schlachten heimgesucht, und von Schwären habe ich schon den ganzen Leib verzehrt. Aber dir, Zar, war all dies gleich nichts, sondern vielmehr unerträgliche Wut und bitterste Feindschaft, ja glühende Öfen hältst du für uns bereit.

Und dir, Zar, sei dazu kundgetan: nicht mehr wirst du, hoffe ich, in der Welt mein Angesicht sehen bis zum Tag des ruhmreichen Erscheinens meines Christus ...

Die von dir Getöteten flehen, am Thron des Herrn stehend, Rache gegen dich; wir, die Verbannten und ohne Recht von dir Vertriebenen, aber schreien von der Erde zu Gott Tag und Nacht, magst du dich auch tausendfach in deiner Hoffart brüsten in diesem zeitlichen schnell dahineilenden Leben, gegen das Christengeschlecht Marterwerkzeuge ersinnend, ja das Engelsbild beschimpfend und niedertretend unter dem Beifall deiner Schmeichler und Tafelgenossen, deiner streitsüchtigen Bojaren, deiner Verderber an Seele und Leib, welche dich zu aphrodisischen Dingen anreizen und mit ihren Kindern übler tun als die Priester des Kronos. (Titan der griechischen Mythologie, der seine eigenen Kinder fraß, aus Angst, sie könnten ihn töten.)

Dies mit Tränen benetzte Schreiben lasse ich mir ins Grab legen, bis ich mit dir zum Gericht meines Gottes Jesus Christus schreiten werde. Amen. Geschrieben in Wolmar, der Stadt meines Herrn, des Königs August Sigismund, von dem ich viel Guttaten und Tröstungen nach all meinen Kränkungen erhoffe, durch seine Herrschergnade und mehr noch mit Gottes Hülfe.

Kurbskij brauchte nicht lange auf die Antwort des Zaren zu warten: Er erhielt einen umfangreichen Brief, der sechzehn mal länger war als sein eigener und in dem Iwan zahlreiche Beispiele gottgewollter tyrannischer Herrschaft aus der Bibel und dem Geschlecht seiner eigenen Ahnen, der Rurikiden-Dynastie, anführt:

Unser dreieiniger Gott, der von Ewigkeit her war und ist, Vater, Sohn und heiliger Geist, weder Anfang hat noch Ende, in dem wir leben und weben, von dem die Zaren herrschen und die Mächtigen rechtsprechen, durch welchen gegeben ward des eingeborenen Wortes Gottes in Jesu Christo, unserem Gott, siegreiches Banner und heiliges Kreuz – und niemals ist es besiegt – dem ersten Zaren in der Frömmigkeit Konstantin und allen rechtgläubigen Zaren und Erhaltern des rechten Glaubens und den Gottesdienern, durch deren Beaufsichtigung das Gotteswort sich allenthalben erfülle. Indem das Gotteswort über den ganzen Erdkreis wie mit Adlersflug lief, gelangte ein Funke der Frömmigkeit sogar bis ins Russische Reich: die Selbstherrschaft ist nach Gottes Ratschluß gegründet vom Großfürsten Wladimir, der das ganze russische Land mit der heiligen Taufe erleuchtet hat ...

Im folgenden zählt Iwan seine Vorfahren auf: Wladimir Monomach, Alexander Newskij, Dmitrij Donskoj, Iwan Kalita, Wasilij III., den ›Erwerber des Landes in tiefgewurzelten Ahnenherrschaften‹, und nennt schließlich sich selbst als den letzten in dieser Reihe von Herrschenden, die nach Gottes Ratschluß ins Zarentum geboren seien. Erst nach jener langatmigen Einleitung beginnt Iwans eigentlicher Brief:

Dies ist unsere christlich demütige Antwort dem ehemaligen Bojaren und Rat und Woiwoden der rechtgläubigen wahren Christenheit und unserer Selbstherrschaft, jetzt aber Eidbrüchigen am heiligen und lebenschaffenden Kreuze des Herrn und Vernichter der Christenheit, Fürst Andreij Michailowitsch Kurbskij ...

Warum, oh Fürst, wenn du wähnst, Frömmigkeit zu besitzen, hast du deine eingeborene Seele weggeworfen? Weshalb gabst du um den Leib die Seele vollständig dahin, da du den Tod fürchtetest nach deiner dem Teufel vertrauten Freunde und Späher lügnerischem Wort? ... Wenn du von uns vielfach sagst, wir führten gegen Christen Krieg, nämlich gegen Germanen und Litauer, so ist dem nicht so. Wären Christen in diesen Gegenden, so würden wir auch nach der Weise unserer Vorfahren Krieg führen, wie es auch vordem oftmals sich ereignete. Jetzt wissen wir, in diesen Gegenden sind keine Christen außer ganz wenigen Dienern der Kirche und verborgenen Knechten des Herrn ...

Du aber hast des Leibes wegen die Seele vernichtet, und kurzlebigen Ruhmes halber hast du unschönen Ruhm erworben, und nicht gegen einen Menschen bist du wütend geworden, sondern gegen Gott bist du aufgestanden. Bedenke, Elender, von welcher Höhe in welchen Abgrund bist du mit Seele und Leib geraten! ... Warum verachtetest du den Apostel Paulus, wenn er sagt: »Jede Seele soll untertan der herrschenden Obrigkeit sein; denn (es ist) keine Obrigkeit, die nicht von Gott verordnet ist; widerstrebest du also der Obrigkeit, so widerstrebest du Gottes Gebot.« (Röm. XIII, Vers 1 und

2.) Bedenke dies und überlege: der Obrigkeit widerstreben heißt Gott widerstreben, und wenn jemand Gott widerstrebt, so wird er ein Abtrünniger genannt, was die ärgste Sünde ist. Und dies nun ist gesagt von jeder Gewalt, d. h. auch wenn man mit Blut und Streit die Gewalt erlangt (hat). Bedenke aber das oben Gesagte, daß ich nicht durch Raub das Zartum erwarb. Darum nur um so mehr: wer der Gewalt widerstrebet, widerstrebet Gott. Desgleichen, was der Apostel Paulus an anderem Orte sagt, auch diese Worte hast du verachtet: »Ihr Knechte, seid gehorsam euern Herrn, nicht mit Dienst allein vor Augen, als den Menschen zu gefallen, sondern Gott, und nicht allein den Gütigen, sondern auch den Wunderlichen, nicht allein um der Strafe willen, sondern um des Gewissens willen« (Paulus' erster Brief an Petrus, II, 18). Dies ist der Wille des Herrn: von Wohltat wegen zu leiden. Und wenn du rechtschaffen und fromm bist, warum hast du nicht von mir, dem wunderlichen Herrscher, leiden wollen und die Krone des Lebens ererben?

Wie denn schämst du dich nicht vor deinem Knecht Waska Schibanow? Denn er hat seine Frömmigkeit bewahrt und vor dem Zaren und vor allem Volk, an den Toren des Todes stehend, um des Kreuzesschwurs willen dich nicht verleugnet, sondern (dich) preisend war er auf jegliche Art beflissen, für dich zu sterben. Du aber hast dieser Frömmigkeit nicht nachgeeifert.

Schibanow, Kurbskijs ergebener Diener, wurde in den Verliesen des Kreml gefoltert und schließlich hingerichtet, nachdem er den ersten Brief des Fürsten Kurbskij Iwan dem Schrecklichen überbracht hatte. Ein Chronist des 17. Jahrhunderts berichtet, Iwan habe Schibanow gezwungen, Kurbskijs Brief auf der Roten Treppe des Kremlpalastes laut vorzulesen. Als der Zar bemerkte, daß dieser Brief ein gezielter Affront gegen seine Person war, soll er Schibanow die Eisenspitze seines Stabes in den Fuß gestoßen und ihn gezwungen haben, trotz der Schmerzen weiterzulesen.

In seinem Brief an Kurbskij fuhr Iwan fort:

Dein Schreiben ist angenommen und deutlich verstanden worden ... Ist das die Ehrenerweisung, die dem von Gott gegebenen Gebieter gebührt, daß du nach teuflischer Art Gift ausspeist? ...

Was aber, du Hund, schreibst du voll Kummer, nachdem du solche Bosheit vollendet hast? Wem wird nun dein Ratschluß gleichen, der übler stinkt als Kot? ...

Wie aber hast du dieses nicht verstehen können, daß es sich für Herrschende nicht ziemt, wie ein Tier zu wüten, noch auch widerspruchslos sich zu besänftigen? ... Und immerdar geziemt es den Herrschern, umsichtig zu sein: hier sehr milde, dort grimmig ... Wenn ein Zar aber diese Eigenschaften nicht hat, so ist er kein Zar; denn der Zar ist nicht den guten Werken, sondern den Bösen zu fürchten ... Denn stets wirst du finden, daß ein Reich zerstört wird, wenn es von Popen beherrscht wird. Wonach trachtest du also? (Danach,) wie sie bei den Griechen das Reich zugrunde richteten und den Türken untertan wurden?

Die Starken aber haben wir in Israel nicht umgebracht ... Und wenn wir unsere Woiwoden durch mannigfache Todesarten vernichtet haben, so besitzen wir mit Gottes Hilfe eine Menge von Woiwoden auch außer euch Verrätern. Es steht uns aber frei, unsere Sklaven zu belohnen, und es steht uns auch frei, sie zu strafen. Blut aber in den Kirchen haben wir gar keines vergossen; von Sieger- und Heiligenblut in unserem Lande in der jetzigen Zeit ist nichts bekannt und wissen wir nichts. ›Die Kirchenschwellen‹ aber, – sofern es eure Kraft und Verstand begreift, (so wisset:) wie unsre Untertanen uns ihren Diensteifer kundtun, also erstrahlt die Kirche Gottes in jeglicher Zier, in jeglichen frommen Werken, wie wir sie nach eurem teuflischen Regiment geschaffen haben, nicht nur Schwellen und Portale, sondern auch die Vorhallen, auf daß allen Fremdstämmigen die Zier sichtbar sei. Mit keinerlei Blut aber beschmutzen wir die Kirchenschwellen: Märtyrer aber für den Glauben gibt es zu dieser Zeit bei uns nicht ... Aber Pein und Verfolgung und allerlei Todesarten haben wir gegen keinen ersonnen ...

Dann geht Iwan lang und breit darauf ein, wie schlecht er als Kind behandelt worden sei:

Wie litt ich durch Mangel an Kleidung und durch Hunger, denn in allem dem hatte ich keinen Willen, sondern alles ging nicht nach meinem Willen ... Fürst Iwan Wassiljewitsch Schujskij grüßte uns nicht nur väterlich, sondern wie ein Herrscher seinen Knecht und ohne daß irgendeine Veranlassung vorlag. Wer kann solchen Hochmut ertragen! Wie wären so viele jämmerliche Leiden aufzuzählen, wie ich sie in der Jugend erlitt! Oftmals habe ich spät gegessen, nicht nach meinem Willen ... Dann warfen sie (die Bojaren) sich auf die Städte und Dörfer und plünderten so unter bitterster Pein auf vielerlei Art die Besitztümer der dort Lebenden ohne Gnade ...

Als wir aber das fünfzehnte Jahr unseres Wachstums erreichten, da nahmen wir auf Gottes Unterweisung es selbst auf uns, unser Zartum einzurichten, und mit Hilfe des allmächtigen Gottes begannen wir unser Zartum friedlich und ohne Aufruhr nach unserem Willen einzurichten ... Weshalb prahlst du, Hund, in Hoffart mit (deiner) wie auch der anderer Hunde und Verräter kriegerischer Tapferkeit? ... Du bist ein Nichts: in der Heimat ein Verräter und im Kriegslager ohne Überlegung ...

Aber als wir solche Verrätereien von unsern Großen gesehen hatten, da hoben wir diesen (Adaschew) vom Misthaufen auf und stellten ihn neben die Großen, indem wir von ihm aufrechte Dienste erwarteten. Welche Ehren und Reichtümer häufte ich nicht auf ihn, nicht nur auf ihn, sondern auch auf sein Geschlecht! Welche Dienstleistung aber erhielt ich von ihm in Wirklichkeit dafür? Höre zuvor! Darauf, um des geistlichen Rates und der Rettung meiner Seele willen, nahm ich den Popen Sylvester auf, in der Erwartung, daß er um der Vorstandschaft willen am Throne des Höchsten seiner Seele schonen werde ... Er aber ließ sich von der Macht hinreißen gleich dem Priester Eli, indem er sich Freunde zu verbinden anfing, wie die Weltlichen ... Wenn wir auch (einmal) etwas Gutes rieten, in dem allen machten wir uns ihnen nichtsnutzig; wenn sie aber etwas Nichtsnutziges machten und wenn sie etwas Starrköpfiges und Verderbtes rieten, in dem allen taten sie gut ... Wenn nun die Untergebenen dem Zaren nicht gehorchen, werden sie niemals von brudermörderischen Kämpfen abstehen ... Bisher wurde den russischen Herrschern von niemandem etwas abgenötigt, sondern es stand ihnen frei, ihre Untertanen zu belohnen und zu bestrafen, und man rechtete mit ihnen vor niemandem ... Als aber Alexeijs und eure hündische Macht aufhörte, da erst und so wurden sie (die tatarischen Königreiche) unserer Reichsherrschaft in allem gefügig, und mehr als dreizehntausend (tatarische) Kämpfer ziehen (nun) aus, dem rechten Glauben zuhilfe ...

Wie sehr habt ihr euch damals vor dem litauischen Heer wie vor kindischen Gespenstern gefürchtet! ... Und wäre nicht euer verteufeltes Straucheln gewesen, so wäre mit Gottes Hilfe fast das ganze Deutschland [gemeint ist das vom Deutschen Orden regierte Liv-

Moscouiter

wunderbare Historien: In welcher

deß treffenlichen Grossen land Reüssen / sampt der hauptstatt Moscauw/
vnd anderer nammhafftigen vmligenden Fürstenthumb vnd stetten gelegenheit/
Religion/vnd selzame gebreüch: Auch deß erschrockenlichen Großfürsten zü
Moscauw härkomen/mannlicherthaten/gewalt/vnd lands ordnung/
auff das fleyßigest ordenlichen begriffen: so alles biß här
bey vns in Teütscher nation vnbe-
kandt gewesen.

Erstlich durch den wolgebornen herren Sigmunden Freyherren zü
Herberstein/Neyperg/ vnd Gütenhag ɪc. welcher zü etlichen malen Röm. Ray.
vnd Künig. May. in selbigen landen Legat gewesen/fleyßig zü latein beschriben:
Jetz zü malen aber durch den ehrwürdigen herren Heinrich Pantaleon der
Freyen künsten vnd Arzney doctorn zü Basel/auff das treüw-
lichest verteütschet vnd in truck ver-
fertiget.

Mit sampt H. Pauli Iouij Moscouitischer landen: Vnd h. Heinrich Pantaleon Littawrischen/
Polnischen/Schwedischen/Leyfflendischen/Nordwegischen/Vngarischen/Türckischen/vnd
Tartarischen völckeren / so zü ringharum an die Moscouiter flossend: Demnach H. Georgen
Wernhern Vngarischer wunderbaren wasseren beschreibung/ auch etlichen schönen
figuren vnd Landtaflen/darzü einem vollkommenen Register be-
zieret:alles ganz wunderbar/nutzlich/vnd kurtz-
weylig zü lesen.

Gedruckt zü Basel/Anno 1567

Titelseite der deutschen Ausgabe
von Herbersteins ›Moskowiter wunderbare Historien‹,
Basel 1567

land] zur Rechtgläubigkeit gelangt ... Aber ›in ganzen Geschlechtern vertilgen‹ wir euch nicht, aber Verrätern wird überall Strafe und Ungnade zuteil; auch in dem Land, in das du gezogen bist, wirst du davon ausführlicher erfahren ... Ich lebe nicht in dem Wahn, unsterblich zu sein, wo doch der Tod, die Sünde Adams, die allgemein geforderte Schuldzahlung aller Menschen ist. Denn wenn ich auch den Purpur trage, so weiß ich doch dieses, daß ich in allem gleich allen Menschen, der Natur meinen Zoll zahle, aber nicht, wie ihr erklügelt, indem ihr mich übernatürlich zu sein heißt ... Ich glaube an das Jüngste Gericht des Erlösers ... Als ob wir nicht vor Gott Christus treten wollten, uns zu verantworten über unsere Versündigungen, dem, der alles Verborgene und Geheime kennt ... Ich weiß, daß Christus unser Gott der wahre Widersacher aller hoffärtigen Verfolger ist ... Wir werden nun aber darüber eine Erwägung anstellen, wer gar hoffärtig ist: ich, (der) ich nur von Gott aus euch, den untergebenen Knechten, befehle, meinen Willen zu tun; oder ihr, die ihr Gottes Befehlen widerstrebt, meine Herrschaft und euer Knechtsjoch abwerfet und wie Herren mir befehlet, euren Willen zu tun, und belehret, beweiset und die Würde des Lehrers euch anmaßt. Ist das aber hoffärtig, als Herrscher den Knecht lehren? Oder ist das hoffärtig, als Herrscher dem Knecht befehlen? Und das kann selbst ein Ungebildeter, wie du, Hund, verstehen.

Übel aber und ungereimte Verfolgung hast du von mir nicht erfahren, und Elend und Unheil haben wir nicht über dich gebracht; aber die geringe Strafe, die auf dir lag, traf dich für dein Vergehen, weil du mit unseren Verrätern im Einverständnis warst. Lügen aber und Verrat, die du nicht verübt, haben wir dir auch nicht zur Last gelegt, sondern welche Vergehen du verübt hast, nach diesen deinen Verschuldungen haben wir dir die Strafe zugemessen. Und wir haben dich nicht aus dem Lande Gottes vertrieben, sondern du selbst hast dich aller Dinge beraubt ... In allem warst du besser (gestellt) als dein Vater dank unserer allerhöchsten Gnade gegen dich; an Tapferkeit aber bist du viele Male schlechter als dein Vater, nur im Verrat hast du vor ihm den Vorrang. Und das also ist deine tugendsame Liebe zu uns, daß du immerdar und allenthalben Netze zum Straucheln ausgelegt und dem Judas gleichend die Seelen zum Untergang belehrt hast?

Ihr habt mich einer vollen Liebe nicht gewürdigt. Aber was unsere Zarin und unsere Kinder betrifft, so habt ihr nicht im geringsten (auf sie) acht gegeben ... Und was deine ›Leuchtenden Siege und ruhm-

reichen Eroberungen‹ anbelangt: wann hast du sie aufgewiesen? . . .
Wenn ihr nun auch viele Wunden erlitten habt, so habt ihr doch keinerlei Siege davongetragen. So war es auch vor der Stadt Newel:
fünfzehntausend Mann stark konntet ihr viertausend nicht schlagen, und nicht nur (nicht) gesiegt habt ihr, sondern ihr selbst seid
ohne jeden Erfolg kaum . . . wiedergekehrt. Ist das ein ›leuchtender
Sieg und ruhmreiche Eroberung‹? . . . Wenn du aber ein kampfbe-
reiter Mann wärest, so hättest du die Kampfesmühen nicht aufge-
zählt, sondern vielmehr dich noch über zukünftige verbreitet; wenn
du aber die Kriegsmühen aufzählst, so hast du dich damit als Aus-
reißer erwiesen, der kriegerische Mühen nicht ertragen und deswegen in Ruhe verbleiben will . . . Dein Angesicht, schreibst du, werde
uns nicht (mehr) erscheinen bis zum Tage des Jüngsten Gerichtes
Gottes: wer aber wird denn ein solches Äthiopen-Gesicht sehen
wollen!

Ich aber rühme mich keiner Sache in Hoffart und bin auch kein
Freund hoffärtigen Wesens. Denn ich verrichte mein zarisches
(Werk) und tue nichts Höheres, als (zu was) ich (verpflichtet bin).
Vielmehr ihr seid hoffärtig, euch blähend: denn obwohl ihr Knech-
te seid, habt ihr das zarische und das hohepriesterliche Amt an euch
gerissen in Lehre und Verbot und Befehl.

Gegen das Christengeschlecht ersinnen wir keinerlei Marterwerkzeuge; vielmehr wünschen wir für sie gegen alle ihre Feinde nicht
nur bis aufs Blut, sondern bis auf den Tod zu leiden. Unseren guten
Untertanen reichen wir Gutes dar, desselbengleichen den Bösen
Böses, nach dem Spruchdichter: »Alles was vom Anbeginn geschaffen ist, das ist den Frommen gut, aber den Gottlosen schädlich.«
Nicht mit Willen noch Wunsch tun wir dies, sondern aus Notwendigkeit: um ihrer bösen Übertretung willen wird ihnen Strafe. Weißt
du, wie oftmals und ohne Wollen, aus Notwendigkeit den Gesetz-
esübertretern Strafe widerfährt?

Die Kronospriester betreffend, wie du gleich einem Hunde bellst,
Schlangengift ausspeiend, das hast du ungeziemend geschrieben:
. . . Unser Wottschina aber, auf livländischer Erde, nennst du die
Stadt Wolmar die unseres Feindes, des Königs Sigismund: so voll-
führst du deinen teuflischen, hündischen Verrat bis zum Ende . . .
Du hast (dir) einen solchen Herrscher nach deinem teuflischen Be-
gehren ausgesucht, der in gar nichts von sich selbst aus gebietet,
sondern vielmehr der schlechteste von den schlechtesten Knechten ist, denn er steht unter dem Befehl von allen und befiehlt nicht

selbst ... Das mag aber eher ein Trost sein, dieweil dort ein jeglicher einzelne (nur) um das Seine sich sorgt.

Geschrieben in unseres Großrußlands hochberühmter Residenz- und Hauptstadt Moskau, der Stufe zu unserer zarischen Schwelle, im 7072. Jahre seit der Erschaffung der Welt, am 5. Tage des Monats Juli.

Der zweite Brief Kurbskijs an Iwan IV. war wesentlich kürzer gehalten, doch er dürfte den Zaren nicht minder erbost haben.

Kurze Antwort des Fürsten Kurbskij auf die breitspurige Epistel des Großfürsten von Moskau.

Dein großsprecherisches und viellärmendes Schreiben habe ich erhalten und habe verstanden und erkannt, daß es von unbezähmbarem Zorn mit giftigen Worten ausgespien ist, wie dies nicht nur einem so großen und auf dem Erdkreis berühmten Zaren, sondern auch einem einfachen, armen Krieger nicht angestanden hätte; und besonders so, (weil) es aus vielen heiligen Worten zusammengerafft (ist), und dies mit vieler Wut und Grausamkeit, nicht in Strophen noch in Versen, wie es der Brauch für Kunstfertige und Gelehrte, wenn es jemandem beifallen wird, über etwas, in kurze Worte tiefen Sinn einschließend, zu schreiben, sondern über die Maßen weitschweifig und verworren in ganzen Büchern, ganze Parömien und Sendschreiben. Ebenda schreibst du über Betten und Leibpelze und andere unzählige Dinge, fürwahr wie Märchen verrückter Weiber; und so barbarisch nicht nur für gelehrte und kunstfertige Männer, sondern auch für einfache und Kinder zum Staunen und Gelächter ...

Ritterlichen Männern steht es nicht an, sich zu zanken wie Knechte, besonders aber ist es gerade für Christen gar schimpflich, unreine und beißende Worte aus dem Munde auszuspeien, wie ich schon vorher des öfteren gesagt habe. Für besser hielt ich es, mein Vertrauen zu setzen auf den allmächtigen Gott, den in drei Gestalten gepriesenen und angebeteten; denn Er ist Zeuge für meine Seele, daß ich mich vor dir in keinem Dinge schuldig fühle. Aber derohalben laßt uns ein wenig abwarten; denn ich glaube, daß nahe, schon auf der Schwelle des Vorhofes unserer christlichen Hoffnung, die Wiederkunft Gottes des Herrn und unseres Erlösers Jesus Christus ist. Amen.

Kurbskij schrieb diesen zweiten Brief an den Zaren vermutlich im Jahre 1565. Er mußte sich zwölf Jahre gedulden, ehe er Iwans Antwortschreiben erhielt. Dieser Brief des Zaren war deutlich kürzer, wiederholte im wesentlichen jedoch das Argument, er sei von Gottes Gnaden zum Zaren bestimmt und könne tun, was ihm beliebe.

Ich erinnere dich, o Fürst, mit Demut: siehe die Größe der Vorsehung Gottes, welche meine Umkehr von meinen Versündigungen, ja mehr, von meinen Freveltaten erwartet, der ich mehr als Manasse Freveltaten beging, außer dem Abfall (von Gott) ... Also wolltet auch ihr mit dem Popen Sylvester, mit Alexeij Adaschew und mit ihren ganzen Familien das ganze russische Land unter euern Füßen sehen; Gott aber gibt die Macht, wem er will ...

Aber warum schiedet ihr mich von (meinem) Weibe? Wenn ihr mir nur nicht die Geliebte meiner Jugend entrissen hättet! Dann hätte es kein ›Kronosopfer‹ gegeben. Du wirst sagen, ich hätte nicht darunter gelitten und nicht die Keuschheit bewahrt: nun, wir sind alle Menschen. Warum nahmst du die Frau des Strelizen? Wenn ihr nur nicht gegen mich mit dem Popen aufgetreten wäret, dann wäre nichts davon geschehen: das alles war durch eure Selbstherrlichkeit veranlaßt ... Geboren wurde ich nach Gottes Gefallen in das Zartum, und ich erinnere mich dessen nicht, daß Väterchen mich mit der Herrschaft zu begaben geruhte, sondern ich wuchs auf in der Herrschaft ... Ich wollte euch unter meinen Willen zwingen, und ihr, wie beschmutztet und beschimpftet ihr dafür das Heiligtum des Herrn! Ihr waret gegen einen Menschen aufgebracht, aber bei Gott habt ihr damit angestoßen. Wie viele Kirchen und Klöster und heilige Orte habt ihr beschimpft und beschmutzt!

Aber du hast, dir selbst zum Ärgernis, geschrieben, daß wir dich in weitentlegene Städte, wie in Ungnade verschickten: nun wohl, jetzt sind wir nach Gottes Willen in unserem grauen Haar noch weiter als in deine weitentlegenen Städte gerückt, und mit den Hufen unserer Rosse haben wir alle eure Wege abgeritten, (die) aus Litauen und nach Litauen (führen) ... Und wo du Ruhe finden wolltest von allen deinen Mühen, in Wolmar, auch dorthin, an deinen Ruhesitz, hat uns Gott geführt. Und wohin du dich zu entfernen hofftest, dort sind wir mit Gottes Willen: wir haben dich eingeholt, und du zogest dann in noch weitere Ferne fort. Erwäge bei dir selbst, was und wie du getan hast und weshalb! Und die Größe der Gnade göttlicher Vorsehung über uns erwäge, und was du (dagegen) ausgerichtet hast! Dies bedenke bei dir selbst und erläutere dir selbst dies alles! Wir aber haben dir das alles geschrieben, nicht uns brüstend noch blähend: Gott weiß es, sondern zur Ermahnung für deine Besserung, damit du eingedenk seiest der Rettung deiner Seele. Geschrieben in unserer Wottschina des livländischen Landes, in der Stadt Wolmar, im Jahre 7086, (1577), dem 43. unserer Herrschaft.

Während der folgenden zwei Jahre schrieb Kurbskij noch drei weitere Briefe an Iwan. Zudem verfaßte er eine kurze Geschichte Iwans IV., in der er detailliert auf die Übergriffe und Verbrechen des Zaren eingeht und die Namen der Opfer und die genaueren Umstände ihres Todes nennt. Iwan hatte seinen zweiten Brief an Kurbskij mit einer langen Auflistung der Städte und Provinzen seines Reiches begonnen. In seinem dritten Brief nahm Kurbskij dies zum Anlaß, dem Zaren Überheblichkeit ›ohne Maß und Grenzen‹ vorzuwerfen.

In der Fremde weilend und in Armut durch deine Verfolgung, habe ich deinen großmächtigen und gar langgedehnten Titel fortgelassen (denn von Armen ist dir, großer Zar, das nichts nütze, sondern nur von einem Zaren zum anderen gebührt sich dies, solche Benennungen mit überflüssiger Weitläufigkeit aufzuzählen); aber wenn du mir wie einem verschwiegenen Priester, dein Beichtbekenntnis der Reihe nach ablegst, so bin ich unwürdig, als einfacher Mann aus dem Kriegerstande auch nur mit halbem Ohr es anzuhören. Aber immerhin wäre es fürwahr wert, sich zu freuen und sehr fröhlich zu sein, nicht nur für mich, der ich einstmals dein treuer Knecht war, sondern für alle christlichen Könige und Völker, wenn deine Reue wahr wäre, wie im Alten Testament die Manasses, – denn man sagt, er habe, nach blutdürstigen Taten und Ungerechtigkeiten, bereut und im Gesetz des Herrn gelebt, bis zum Tode sanftmütig und gerecht, und ohne ein großes, nicht einmal ein kleines Unrecht mehr zu tun.

Und wenn doch deine Reue übereinstimmen würde mit diesen heiligen Mustern ... Einmal erniedrigst du dich im Überfluß, das andere Mal überhebst du dich ohne Maß und Grenzen!

Ich will Zurückhaltung üben und mich dem Zank entziehen, dieweil es (auch) uns Kriegern nicht wohl ansteht, wie Knechte zu zanken ... Aber wenn du schreibst und uns dafür Verräter nennst, daß wir von dir gezwungen wurden, wider unseren Willen das Kreuz zu küssen, wie es dort bei euch Brauch ist (wenn einer nicht schwören würde, so würde er des bittersten Todes sterben), darauf sei dir (dies) meine Antwort: Alle Weisen sind sich darüber einig, daß, wenn jemand wider seinen Willen den Eid leistet oder schwört, es nicht dem Sünde ist, der das Kreuz küßt, sondern vielmehr dem, der (ihn dazu) zwingt, auch wenn keine Verfolgung wäre; daß aber einer, wenn er um gar grausamer Verfolgung willen nicht entflieht, gleichsam an sich selbst zum Mörder wird, indem er dem Wort des Herrn zuwiderhandelt: »Wenn sie euch aber«, sagt er, »in einer Stadt verfolgen, so fliehet in eine andere.« (Matthäus X, 23)

Wenn du aber gesagt hast, daß ich, indem ich auf einen Menschen erzürnt war, gegen Gott verstieß, nämlich die Kirchen Gottes zerstörte und verbrannte, so antworte ich dir darauf: Ich aber erfülle nicht das Geheiß heidnischer, sondern das christlicher Könige; nach ihrem Geheiß zog ich (zu Feld). Doch ich bekenne dir meine Sünde: daß ich gezwungen ward, auf deinen Befehl den großen Ort Witebsk und in ihm vierundzwanzig christliche Kirchen zu verbrennen ... Wenn du aber schreibst, als ob von jenen vorerwähnten Männern und von mir deine Zarin behext und du von ihr geschieden worden wärest, so antworte ich dir nicht für jene Heiligen; denn die Tatsachen künden laut, heller als die Drommete schmetternd, von ihrer Heiligkeit und Tugend. Über mich dagegen antworte ich dir in Kürze – und zwar mit großem Widerwillen, doch wurde ich von dir gezwungen; wenn ich dir nicht die Wahrheit antworten würde, so wäre ich wie stumm oder dessen schuldig, womit du mich fälschlich verleumdest –: Wenn ich auch sehr sündenbeladen und unwürdig bin, so bin ich doch von adligen Eltern geboren, aus dem Stamme des Großfürsten von Smolensk Fjodor Rostislawitsch, wie es auch deine zarische Hoheit aus den russischen Chronisten gut weiß, und Fürsten dieses Geschlechts (sind) nicht gewohnt, ihren eigenen Leib zu essen und das Blut ihrer Brüderschaft zu trinken, wie es gewissen (anderen) seit langem Gewohnheit ist ...

Aber auf das, was du über Kurljatew, über die Prosorowskijs und Sizkijs und Strelizenfrauen schreibst, darauf braucht es als etwas Lächerliches und trunkener Weiber Märchen keine Antwort, nach

232

dem hochweisen Salomo: »Antworte«, sagt er, »dem Dummen nicht nach seiner Dummheit.« Denn es war schon (gegen) alle jene Vorgenannten, nicht nur gegen die Prosorowskijs und Kurljatews, sondern noch gegen unzählige Edelgeborene qualvolle Grausamkeit entbrannt, und an ihrer Stelle blieben Vagabunden, die du dich bemühst als Woiwoden einzusetzen, trotzig wider Vernunft und Gott streitend. Und um deswillen vergehen sie schnell und wie Hagel-(schlossen), nicht nur aus Schrecken vor einem einzigen Krieger, sondern vor einem im Winde rauschenden Blatt.

Du hast das russische Reich, d. h. die freie menschliche Kreatur, wie in einer Höllenburg verschlossen. Und wer immer aus deinem Land – ›in fremde Lande‹ abzog, den heißt du einen Verräter, und wenn man ihn an der Grenze aufgreift, so richtest du ihn hin mit mancherlei Todesarten. Und ebenso grausam verfährt man, dir nachahmend, auch hier ... und zudem bitte ich dich: wage nicht mehr an fremde Diener zu schreiben und gar an solche, die zu erwidern verstehen.

Kurbskijs vierter Brief, den er aus Polozk an Iwan schickte, entstand ein oder zwei Jahre später.

Ich sah, was von Gott geschah nach deinen Taten und nach dem Beginnen deiner Hände: den gar schändlichen und ganz über die Maßen schimpflichen Sieg über dich und über dein Heer, daß du vernichtetest den Ruhm göttlichen Angedenkens der großen russischen Fürsten, deiner Vorfahren und unserer, die in Großrußland glückselig und gar ruhmvoll regierten. Und nicht genug, daß du dich nicht scheutest und nicht schämtest bei dem Strafgericht des Herrn, an das wir dich (schon) in den ersten Episteln erinnert hatten, nämlich bei den mancherlei gerechten Heimsuchungen um deines Frevels willen, wie sie in Rußland niemals (vorher) dagewesen ... Sehr verwundere ich mich darüber und alle, die Verstand haben, besonders aber die, welche dich vordem kannten, als du in den Geboten des Herrn verweiltest, erwählte ansehnliche Männer um dich hattest und nicht nur ein tapferer, männlicher Streiter und deinen Feinden furchtbar warst, sondern auch von der Heiligen Schrift erfüllt und durch das Heiligtum in Reine erleuchtet. Aber jetzt, in welchen Abgrund der Dummheit und des Wahnsinns bist du um der Verderbtheit deiner unflätigen Tollhäusler willen gezogen und gesunden Denkens beraubt.

Du dünkst dich aus übermäßiger Aufgeblasenheit und Hoffart, der weise Lehrer des ganzen Erdkreises zu sein ... worüber man dich hier nur verlacht und verspottet ...

Geschrieben in der hochberühmten Stadt Polozk unseres Herrn, des durchlauchtigen Königs Stephan, der zumal in Heldentaten hochberühmt ist, am dritten Tage nach der Einnahme der Stadt. (31. August 1579) Andreij Kurbskij, Fürst auf Kowel.

Vier Wochen später schrieb Kurbskij seinen fünften und letzten Brief an Iwan den Schrecklichen. Darin kommt er neuerlich auf die Wirrnisse und auf die Übergriffe des Zaren in Rußland zu sprechen:

Als aber die Verderbten und Arglistigen dich verderbten, verwandeltest du dich ins Gegenteil, und nach solcher Reue kehrtest du zum ersten Unrat zurück nach Rat und Meinung deiner geliebten Schmeichler, als sie den Tempel deines Leibes mit allerlei Unreinigkeiten beschmutzten, zumal aber mit päderastischen Abscheulichkeiten und anderen zahllosen und unaussprechlichen Übeltaten ihren Mutwillen übten, womit unser Allverderber, der Satan, das menschliche Geschlecht seit alters zum Abscheu und Greuel vor Gott macht und ins letzte Verderben hineinreißt, wie es jetzt auch deiner Majestät von ihm widerfuhr. Statt der erlesenen und hochwürdigen Männer, die sich nicht scheuten, dir die Wahrheit zu sagen, hast du unflätige Schmarotzer und Tollhäusler dir nahegebracht, statt der starken Strategen und Stratilaten die ganz abscheulichen und Gott greulichen Bjelskijs mit Gefährten, statt des tapferen Heeres die Höllensöhne oder die blutdürstigen Opritschniki, hunderttausendfach schlimmer als Henker ... Wie der gesegnete David sagt: »Nicht werden lange vor Gott sein, die den Thron der Ungesetzlichkeit aufrichten.«

Und wenn (schon) die Zaren und Herrscher untergehen, die schwere Dekrete und nicht leicht aufgenommene Gesetze aufrichten, um wieviel mehr müssen, die nicht nur nicht leicht aufgenommene Befehle und Verordnungen aufrichten, mit ihrem Hause untergehen. Doch als welche werden (erst) diejenigen erfunden, die ihr Land verwüsten und die Untertanen, ohne auch nur der kleinen Kinder zu schonen, in ganzen Geschlechtern vertilgen, für welche die Herrscher, ein jeglicher für seine Untertanen, verpflichtet sind, ihr Blut wider die Feinde zu vergießen, und die, so sagt man, Scharen reiner Mädchen sammeln, sie hinter sich fuhrenweise herschleppen und schonungslos ihre Reinheit entehren, nicht mehr befriedigt durch ihre fünf oder sechs Frauen. (Iwan lebte damals mit seiner sechsten Frau, Wasilisa Melentijewa.)

Noch vieles andere, wie es uns hierher aus deinem Lande Kommende künden, viel tausendmal Abscheulicheres und Gott Greuliches, unterlasse ich zu schreiben ...

Erinnere dich deiner ersten Tage, welche du glückselig regiertest! Vertilge nicht weiter dich und dein Haus!

Wenn David sagt: »Wer die Ungerechtigkeit liebt, hasset seine Seele«, um wie viel mehr werden diejenigen, die in Christenblut schwimmen, in Bälde mit dem ganzen Hause verschwinden ...

Nimm das göttliche Gegengift, durch das, ich sage (es dir), die unheilbaren todbringenden Gifte geheilt werden, mit denen du von Speichelleckern und von deren Vater selbst, dem gar grausamen Drachen, schon gehörig trunken (gemacht) bist.

Geschrieben in Polozk unseres Herrschers, des Königs Stephan, vier Tage nach dem Siege bei Sokol (25. September 1579).

Auch Jakob von Ulfeld, der damalige dänische Gesandte am Hof von Moskau, berichtet, daß den Zaren auf allen seinen Reisen ein Harem »von fünfzig Jungfrauen, die er aus Livland verschleppt hatte« begleitete. Wie Kurbskij in seinem letzten Brief schreibt, wurden sie von Iwan »schonungslos ihrer Reinheit beraubt und unaussprechlicher Entehrung überliefert, die schrecklich anzuhören war«. Zwischen 1573 und 1578 verfaßte Kurbskij *Die Geschichte des Großfürsten von Moskau,* die uns über die Identität vor allem der von Iwan ermordeten russischen Aristokraten Auskunft gibt. Die Namen der zahllosen Opfer, die Iwans Schreckensherrschaft im einfachen Volk forderte, nennt allerdings kein Geschichtsbuch.

Iwan kannte nur ein Mittel, der Unzufriedenheit und der wachsenden Unbotmäßigkeit seiner Untertanen zu begegnen: Er verhängte noch drakonischere Strafen als zuvor und befahl noch mehr Hinrichtungen. Doch Iwans Willkür bewirkte nur, daß sich überall in seinem Reich immer mehr Menschen, ob arm oder reich, der Bedrükkung und Tyrannei durch Flucht zu entziehen versuchten. Aber auch die Bereitschaft zum Widerstand gegen den Despoten von Gottes Gnaden nahm beständig zu: 1567 plante eine Gruppe von Bojaren unter der Führung von Iwan Petrowitsch Tscheliadin-Fedorow, den Zaren während eines Besuches an der litauischen Front zu ergreifen und Sigismund, dem König von Polen auszuliefern. Als Nachfolger des Zaren hatten die Verschwörer Fürst Wladimir Andrejewitsch auserkoren, den bereits während der schweren Krankheit Iwans im Jahr 1553 die meisten Bojaren gewählt hatten. Doch die Verschwörung wurde aufgedeckt und ihre Anführer hingerichtet. Fürst Kurbskij schildert im Detail, welche Strafen Iwan für die Insurgenten bereithielt:

Er ließ seinen Vetter Fürst Wladimir umbringen und verschonte auch dessen Mutter Fürstin Efrosiane nicht, eine gar fromme Seele und tugendhafte Zierde des Witwenstands. Dann ließ Iwan die Frau seines Vetters, die fromme Fürstin Odoewskij, hinrichten und mit ihr ihre beiden Kinder, das eine kaum zehn Jahre alt, das andere noch jünger. Viele ihrer ergebenen Gefolgsleute folgten ihnen in den Tod – nicht nur Edelleute und deren Söhne, sondern auch deren Frauen und Töchter aus vornehmem Geschlecht. Iwan brachte auch Iwan Petrowitsch Tscheliadin-Fedorow, der bereits ein hohes Alter erreicht hatte, und dessen fromme Frau Maria ums Leben, deren einzigen Sohn der Zar ihr bereits zuvor entrissen und enthauptet hatte. Der Zar war außer sich vor Zorn über den Verrat der Tscheliadins, und er ließ nicht nur alle ihre Gefolgsleute töten und die schrecklichsten Foltern erleiden, er setzte auch all ihre Städte und Dörfer in Brand, während er mit seinen Kindern der Finsternis, den *Opritschniki*, das Land heimsuchte, und wo immer er einen von ihnen fand, verschonte er ihn nicht noch sein Weib noch deren Kinder, die an der Mutterbrust lagen. Und sie sagen, daß er sogar befahl, nicht ein einziges Stück Vieh zu verschonen ...

Durch seine Schreckensherrschaft, vor allem durch den Terror seiner Opritschniki, gelang es Iwan, jede offene Rebellion seiner Untertanen zu unterdrücken. Einige

*Zar Iwans Leibgarde, die gefürchtete Opritschniki,
überfällt einen russischen Landadeligen.
Nach einem Gemälde von A. N. Nowockoljew*

westliche Historiker haben allerdings Iwans Greueltaten
verharmlost und ihm als Herrscher von Gottes Gnaden
eine Art Freibrief für Grausamkeiten ausgestellt. Diese
Interpretation der historischen Tatsachen kommt beinahe einem Kniefall vor Iwans ungezügelter Terrorherrschaft gleich. Wenigstens läßt sich für dieses Verhalten
kaum ein anderer plausibler Grund angeben. Auch in der
Biographie Iwans IV., die Ian Grey in den sechziger Jahren veröffentlicht hat, ist diese Tendenz zur Verharm-
losung unübersehbar:

Ich habe weitaus weniger Schreckliches an Iwan finden können, als
die Legende diesem Zaren zuschreibt. Das soll nicht heißen, daß die
Grausamkeiten, die während seiner Herrschaft verübt wurden, verschwiegen oder in irgendeiner Weise beschönigt werden sollen ...

Doch Iwan konnte auch ganz unerwartet milde und gnädig sein – etwa gegenüber einigen Bojaren, die sich des Verrats schuldig gemacht hatten. Als er zum Beispiel Fürst Iwan Belskij verdächtigte, die Flucht nach Litauen zu planen, forderte Iwan Belskij auf, beim Kreuz Christi zu schwören, das Reich nicht zu verlassen. Darüber hinaus verlangte Iwan, daß 29 Männer für den Fürsten bürgten und weitere 120 Männer für jene. Ungeachtet dieser außergewöhnlichen Vorsichtsmaßnahme des Zaren machte sich Belskij noch im gleichen Jahr erneut des Verrats schuldig, als er an Sigismund August eine Botschaft schickte, in der er den polnischen König um sicheres Geleit nach Litauen bat. Der Zar verzieh ihm auch dies. Es sind im übrigen noch andere Fälle bekannt, in denen der unberechenbare Zar Milde walten ließ.[4]

Dies sollte den Leser jedoch nicht irritieren, denn alle Tyrannen leisten sich hin und wieder den Luxus der Milde.

Der hervorragende russische Historiker Karamzin charakterisiert Iwan als »ein Tier, einen rasenden Blutsauger«.[5] Der im Volk angesehene Kurbskij floh 1564 außer Landes und kämpfte auf seiten des Feindes gegen den Zaren. Dies ließ vermutlich in vielen Russen die Hoffnung aufkeimen, der Abfall eines seiner verdientesten Generale werde den Zaren zur Vernunft bringen und ihr Leben ein wenig leichter, ihre Armut ein wenig erträglicher und ihr Sterben ein wenig humaner machen. Doch Iwan sah in Kurbskijs Abfall nur einen Beweis dafür, daß alle Bojaren seine und daher Staatsfeinde seien. Er war davon überzeugt, er müsse das Volk nur um so härter knechten, damit die Kluft nicht in Vergessenheit gerate, die zwischen den Untertanen und dem von Gott erwählten und erleuchteten unfehlbaren Zaren bestehe. In seinen beiden an Kurbskij gerichteten Briefen wiederholt Iwan unentwegt, er sei von Gott ermächtigt, ohne Gnade zu töten. Er belegt dies mit weitschweifigen Zitaten aus dem Alten Testament. Vor allem in seinem wortreichen ersten Brief bemüht Iwan die Bibel so oft zur Rechtfertigung seiner Verbrechen, daß der Leser bald wünscht, diese Sammlung althebräischer Mythen, Legenden und geschichtlicher Begebenheiten wäre nie nach Rußland gelangt.

1564 konnte das russische Volk noch hoffen, Iwan würde vielleicht bald etwas unternehmen, damit die Situation im Lande nicht noch unerträglicher werde. Doch das Schlimmste sollte dem russischen Volk noch bevorstehen.

7

Ein zerstückeltes Land

Nach Kurbskijs Abfall wurden Iwans Entscheidungen immer absurder. Sie stürzten die russische Bevölkerung nun vollends in Verwirrung und hatten sogar eine Gefährdung von Iwans persönlicher Sicherheit zur Folge. Aber wieder zeigte sich, daß Iwan die schier unglaubliche Duldsamkeit seiner Untertanen richtig einzuschätzen wußte. Insgeheim entwickelte er in der zweiten Hälfte des Jahres 1564 eine neue Strategie gegen seine verhaßtesten Feinde – nicht etwa gegen die Litauer oder gegen die Polen, nein, gegen seine Bojaren und ihre zahllosen Anhänger, gegen sein eigenes Volk! Außer ihm selbst und einigen wenigen Bojaren war bis zum letzten Augenblick niemand in seine Pläne eingeweiht. Es ist fast unmöglich, sich in seinen damaligen Gemütszustand hineinzuversetzen. Obwohl er den blinden Gehorsam seiner Untertanen richtig einschätzte, fürchtete er doch um seine eigene Sicherheit und war davon überzeugt, daß er von lauter Verrätern umgeben sei. Dabei sollte Rußland selbst kurz darauf von seinem eigenen Monarchen verraten werden, als sei es ein fremdes Land.

Mitte des Winters schlug Iwan los. Bereits Monate zuvor hatte er einigen Mitgliedern des niederen Adels befohlen, sich bereitzuhalten und ihre Frauen und Familien nach Moskau zu bringen. Über den Anlaß dieses Befehls ließ er die Adeligen indes im unklaren. Sie hätten durchaus Anlaß zu der Vermutung gehabt, daß in einem so eisig kalten Winter nichts Bedeutsames geschehen werde und daß sie Moskau vor Beginn des Frühlings nicht würden verlassen müssen. Aber da kannten sie Iwan schlecht. In den frühen Morgenstunden des 3. Dezember öffnete sich auf dem Roten Platz der Vorhang zum ersten Akt einer neuerlichen Tragödie. Schlitten fuhren vor und wurden mit Kleidern, Ikonen, goldenem Geschirr und dem Kronschatz beladen. Iwan wohnte einem Abendmahlsgottesdienst in der Uspenskij-Kathedrale bei. Danach nahm der Hof von seinem Herrscher Abschied. Gemeinsam mit seiner kirgisischen Frau Maria und seinen beiden Söhnen Iwan und Fjodor sowie einigen seiner Bojaren bestieg der Zar einen Schlitten und gab den Befehl zum Aufbruch. Niemand wußte, wohin die Reise führen würde.

Iwan hätte Moskau zu keiner schlimmeren Jahreszeit verlassen können. Nachdem die fürstliche Gesellschaft den Kreml verlassen hatte, begab man sich zunächst nach Kolomenskoj, einem Gut im Südteil der Stadt. Bevor man von dort aus die Reise fortsetzen konnte, wurde der eisige Frost von einem plötzlichen Tauwetter und tagelangen Regengüssen abgelöst, die zunächst sämtliche Wege, aber auch die Treibeis führenden Flüsse unpassierbar machten. Zwei weitere Wochen dauerte es, bevor Iwan seine mysteriöse Pilgerfahrt fortsetzen konnte. Drei Wochen später erreichte er sein Ziel: das Kloster von Alexandrowsk, eine kleine Ansammlung von Backsteingebäuden, die in den düsteren Wäldern – einhundert Kilometer nördlich der Hauptstadt – versteckt lagen. Mit seinem Gefolge kam der Zar hier am Weihnachtstag an. Als das neue Jahr begann, wußte in Moskau noch immer niemand etwas über den Verbleib des Zaren.

Iwan führte nun ein beispielloses Manöver durch, das auf dramatische Weise eine Eigenschaft beleuchtet, die die Russen von den anderen Völkern der Welt unterscheidet – nämlich ihren Gehorsam. Iwan brachte sich selbst in eine außerordentlich schwache Position, die in jedem anderen Land als taktischer Fehler ersten Grades angesehen würde. Er verminderte die Zahl seiner Wachen und kehrte seinen Feinden sogar den Rücken zu, um sie zu einem Angriff herauszufordern. In jedem anderen Land würde solch ein Vorgehen als ein von vornherein zum Scheitern verurteiltes, verrücktes Spiel gelten. Die Bevölkerung Moskaus aber verhielt sich wie eine Schafherde, die ihren Hirten verloren hatte. Die Geschäfte schlossen, und Handel und Wandel kamen zum Erliegen. Am 3. Januar 1565, einen vollen Monat nach Iwans Verschwinden, traf endlich eine Nachricht in Moskau ein. Boten, die Iwan von Alexandrowsk aus in die Hauptstadt gesandt hatte, überbrachten zwei Briefe des Herrschers. Der äußerst knapp gehaltene Inhalt der beiden Schreiben gab Anlaß zu Furcht und Sorge.

Iwan erhob in seinem an den Metropoliten gerichteten Brief verletzende Anschuldigungen gegen Erzbischöfe, Bischöfe, Archimandriten und Äbte, höhere und niedere Bojaren und gegen die Staatsbeamten – schlechthin gegen jeden, der ein offizielles Amt oder eine gehobene gesellschaftliche Stellung innehatte. Niemand war in seinen Augen vertrauenswürdig. Sogar den Metropoliten beschuldigte er, sich für Menschen verwandt zu haben, die der Zar bereits abgeurteilt hatte. Wegen dieses allgemeinen Ungehorsams habe er sich zum Weggehen entschlossen: »Wir haben mit großen Schmerzen im Herzen den Zarenthron zurückgelassen, weil wir eure Treulosigkeit nicht länger ertragen konnten, und gehen dorthin, wo immer Gott uns hinführen möge.«[1]

Keine Nachricht des Zaren hätte überraschender und verwirrender sein können – gerade für ein Volk, das gelernt hatte, dem Herrscher fast göttliche Verehrung entgegenzubringen. Der Inhalt dieses ersten Briefes war so erstaunlich, daß er den Glauben der Adressaten auf eine harte Probe stellte. Was meinte Iwan wirklich? Der zweite

Brief wurde vor dem wartenden Volk verlesen. Iwan versicherte in diesem Schreiben seinen Untertanen seinen guten Willen, sofern sie ihm weiterhin treu ergeben blieben. All das konnte die Menschen jedoch nicht beruhigen, diese Bekundungen stürzten sie nur in neue Verwirrung. Man mußte eigentlich den Eindruck gewinnen, Iwan danke ab, um der eigenen Regierung den Krieg zu erklären. In seinem ersten Brief beschuldigte er die von ihm erwählten Minister, sie hätten ihren Herrn um Geld und Land betrogen, und er brandmarkte die Ruchlosen als Diebe. Überdies behauptete er, sie machten gemeinsame Sache mit Verbrechern und böten ihnen Zuflucht. Durch diese erdrückenden Anklagen ermutigte Iwan das Volk geradezu, sich gegen die Regierung aufzulehnen. Gleichzeitig gebot er den Bürgern jedoch, ihm treu zu bleiben und seinen Befehlen zu gehorchen.

Ein Bienenschwarm, den man seiner Königin beraubt hat, hätte nicht konfuser reagieren können. Iwan setzte sein Glück auf die Feigheit seiner Bojaren – und gewann! Eine Abordnung von Bischöfen, Bojaren und Hofbeamten, die von Pimen, dem Erzbischof von Nowgorod, und dem Archimandriten des Chudoij-Klosters in Moskau angeführt wurde, reiste durch Schnee und Eis zu Iwan, um ihn zur Rückkehr zu bewegen. Genausogut hätte auch der Metropolit Afanasij diese Abordnung anführen können, aber er beschloß, in der Hauptstadt zu bleiben. Die Chroniken berichten, die Moskowiter hätten ihn gebeten, sie nicht im Stich zu lassen. Aber er wird für seine Entscheidung wohl persönliche Gründe gehabt haben. Die Bittgänger überreichten Iwan gleichsam die für ihren eigenen Hals bestimmte Schlinge. Der Zar erklärte sich mißlaunig bereit, nach Moskau zurückzukehren, aber nur unter der Bedingung, daß es allein ihm – ohne jegliche Einmischung von seiten der Kirche oder der Bojaren – überlassen bleibe, die von ihm für schuldig Erklärten zu bestrafen. Hierin kann man ihn in der Tat nicht der

Doppeldeutigkeit bezichtigen. Iwan verlangte einen Freibrief, und niemand muckte gegen diese Forderung auf. Man feierte eine Messe im Kloster von Alexandrowsk und dankte Gott für den guten Willen des Zaren.

Es sollte jedoch noch ein weiterer Monat vergehen, bevor Iwan schließlich erneut seinen Fuß auf Moskauer Boden setzte. Bereits am Tag nach seiner Rückkehr trat er vor seinen versammelten Hof und den Klerus und verkündete sein neues Programm. Bereits sein bloßer Anblick war schockierend. Der vierunddreißigjährige Mann war weit vor seiner Zeit gealtert – er ging gebeugt; seine Augen hatten ihre alte Wachheit verloren, und sein Kopf war fast kahl. Während seines Aufenthaltes in Alexan-

Einzug der Fürsten in den Kreml 1612.
Holzschnitt, um 1890

drowsk hatte er einen schweren Nervenzusammenbruch erlitten.

Durch die beiden Briefe, die Iwan an den Metropoliten beziehungsweise das Volk von Moskau gerichtet hatte, war es ihm gelungen, das Land in zwei gesellschaftliche Lager zu spalten. Er hatte in diesen Schreiben das Volk dazu ermutigt, die Bojaren nicht nur individuell, sondern als Klasse zu hassen. Vor seinem im Kreml versammelten Hofstaat schwang er jetzt wieder die Axt und riß eine weitere böse Kluft auf. Er brach das Land buchstäblich in zwei Teile auseinander und spaltete es in zwei getrennte Hälften mit jeweils eigenen Regierungen auf. Von nun an bestand Rußland sozusagen aus den beiden Staaten *Opritschnina* und *Zemschtschina*. ›Oprich‹ bedeutet abseits, und ›oprichnina‹ hieß der Teil eines Gutes, der für die Witwe des Gutsbesitzers bereitgestellt wurde. Den Begriff *Zemschtschina* leitete Iwan von ›zemlya‹ ab, was Land bedeutet. Es war sein Plan, die Opritschnina mit Unterstützung von sechstausend Mitgliedern des niederen Adels zu regieren, während er die Zemschtschina den beiden Fürsten Iwan Belskij und Iwan Mstislawskij übergab.

Die Tatsache, daß niemand genau wußte, wo die Grenze zwischen beiden Landeshälften verlief, machte die Sache noch komplizierter. Das Gebiet der *Opritschnina* bildete Iwan aus einem Flickwerk von Besitzungen, die nördlich, östlich und westlich der Hauptstadt lagen. Rußland wurde nicht nur in zwei Hälften zerteilt, sondern dem Land drohte geradezu eine Zerstückelung. Es wurde von Iwans Elitekavallerie besetzt, den *Opritschniki*. Den Mitgliedern dieser Elitetruppe gab er Geld, Land und besondere Privilegien. Ihr wichtigstes Vorrecht war jedoch ihre Immunität: Niemand konnte sie wegen ihrer Vergehen belangen – selbst Verbrechen wie Mord, Raub und Verschleppung konnten sie ungesühnt begehen. Auch ehemalige Banditen, Schurken und Wandermönche, sogenannte ›yuradivye‹ oder Schwachsinnige, fanden in dieser Armee, dieser staatlichen Sicherheitspolizei, Aufnahme.[2] Diese Männer konnten Strafen festsetzen und Menschen auspeitschen lassen, die mit irgendwelchen Zahlungen in Rückstand geraten waren. Mit schwarzen Uniformen – das heißt schwarzen Kutten und schwarzen Stiefeln – bekleidet, ritten sie auf ihren schwarzen Pferden durch das Land und beschlagnahmten das Eigentum der kleinen und großen Landbesitzer. Als Insignien ihrer Macht trugen diese Reiter stets einen Besen und einen Hundekopf bei sich, die sie in einem am Sattel befestigten Köcher aufbewahrten. Dieser Sattel war ebenso wie ihre gesamte Ausrüstung tiefschwarz. Wie Hunde mußten sie alle Verräter ausschnüffeln und sie vom Angesicht der Erde hinwegfegen. Mit ihrer Hilfe eignete sich Iwan nahezu die Hälfte der *Opritschnina* an. Die gewaltsam von Haus und Hof Vertriebenen ließ er entweder erschlagen oder im anderen Teil Rußlands, der *Zemschtschina*, ansiedeln.

Die Bürger Moskaus bekamen nun ihre elende Niederlage doppelt zu spüren. Er forderte von ihnen eine große Geldsumme, um ihn, »den Zaren und unumschränkten Herrscher, für die Verluste zu entschädigen, welche er durch seine undankbaren Untertanen erlitten hatte, die eines solch treusorgenden Herrschers ohnehin unwürdig seien. Sie seien es schließlich gewesen, die ihn veranlaßt hätten, den Kreml zu verlassen und wie ein Bettler umherzuziehen.«[3] Rußland, das heißt die *Zemschtschina*, mußte nun den Zaren mit 100000 Rubeln für sein angeblich erzwungenes Exil entschädigen. Iwan forderte außerdem eine finanzielle Kompensation für drei Pferde, die auf der Reise eingegangen waren.

Die zutreffendste Beschreibung des damaligen Rußland – beziehungsweise der beiden neuen Rußland von Iwans Gnaden – findet sich in Samuel Purchas' berühmten mittelalterlichen Reiseberichten. Sein Kapitel über die ersten europäischen Besucher Rußlands eröffnet er mit einer bestürzenden Feststellung: »Unwetter und Stürme haben sich in Rußland verbündet und sich hier das Zentrum ihres Höllenschlundes geschaffen. An diesem Ort haben sie die Zelte der Zerstörung aufgeschlagen und Throne der Trostlosigkeit errichtet.«[4]

Übereinstimmend beschrieben sämtliche Rußlandbesucher der damaligen Zeit das Zarenreich als die reinste Hölle auf Erden. Giles Fletcher, Antony Jenkinson, Jerome Horsey, Tilman Bredenbach, Paul Oderborn und Reinhold Heidensten erwähnen zahllose Einzelheiten, die immer wieder belegen, daß Kurbskij nicht übertrieben hatte, als er Rußland als ein Land des tiefsten Elends geschildert hatte. Oft haben sowjetische oder westliche Historiker versucht, das Leid des russischen Volkes in jener Zeit zu beschönigen. Sie wollten damit Stalins Greuel rechtfertigen (mit dem Argument, ein hartes Durchgreifen sei manchmal unumgänglich) oder beweisen, daß die russischen Zaren auch nicht schlimmer waren als die kapitalistischen Könige. Doch jeder dieser Versuche offenbart nur einen unschönen Mangel an Sympathie für die zahllosen Menschen aller Klassen und Altersstufen, die damals Iwan zum Opfer fielen.

Iwan ließ nicht nur die Bojaren schamlos foltern und gnadenlos umbringen. Im Jahre 1588 kam Giles Fletcher als englischer Botschafter nach Rußland. Man ließ ihn so lange auf eine Audienz warten, daß er Zeit fand, einen ausführlichen Bericht über die Art und Weise zu schreiben, wie Iwan seine Untertanen behandelte. Sein Werk *Of The Russe Commonwealth* war so schockierend, daß die in Rußland lebenden englischen Kaufleute, die sich zur Muscovy Company zusammengeschlossen hatten, den Herausgeber Lord Burleigh überredeten, in der ersten Ausgabe des Buches bestimmte Passagen wegzulassen. Das geschah allerdings nicht wegen möglicher Fehldarstellungen, sondern aus Angst, die Russen würden nach der Lektüre des Buches die Handelsbeziehungen zu England abbrechen. Das vollständige Werk konnte erst 1643 erscheinen.

In einer der Passagen, die damals der Selbstzensur zum Opfer fielen, beschreibt Fletcher, was einem einfachen Russen widerfuhr, der eines Vergehens angeklagt war und sich unversehens im Kerker wiederfand:

Die einzige Untersuchungsmethode, die bei einer solchen Gelegenheit zur Anwendung gelangt, ist die Folter. Denn hier glaubt man, daß es notwendig sei, den angeblichen Gesetzesbrecher zum Schuldbekenntnis zu zwingen. Ohne ein solches Bekenntnis ist eine Verurteilung nicht möglich. Der Angeschuldigte wird mit fingerdikken Ochsennerven oder Lederriemen gepeitscht, die sich in sein Fleisch graben. Oder aber er wird an einen Spieß gebunden und geröstet. Ersatzweise wird ihm eine Rippe gebrochen, die mit einer glühenden Zange aus seinem Körper herausgewunden wird; oder das Fleisch unter seinen Fingernägeln wird herausgeschnitten.

Die entsprechenden Untersuchungsergebnisse werden dann an den Präfekten des Bezirks weitergeleitet, der sie der Ratsversammlung vorlegt. Danach wird der Bericht vor einem Richtertribunal verlesen, welches den Beschuldigten weder in Augenschein nimmt noch ihn anhört. Für die Todesstrafe kommen folgende Möglichkeiten in Betracht: Hängen, Enthaupten, Prügeln, Pfählen, Ertränken, in das Eis einfrieren, Verbrennen usw. Oft werden die im Sommer Verurteilten bis zum Winter in Gewahrsam gehalten, so daß man sie zu Tode frieren lassen kann.[5]

Fletcher erwähnt außerdem, daß viele der Bojaren, die Iwan am meisten haßte, schlimmer als Sklaven leben mußten. Die von ihren Gütern Vertriebenen wurden in entfernte Provinzen verbannt,

wo sie als Heimatlose und Unbekannte weder in Gunst stehen noch Ansehen besitzen. Einige schickt man unter dem Vorwand, sie sollten dort in ein Dienstverhältnis treten, nach Sibirien, Kazan oder Astrachan; dort werden sie dann entweder umgehend beseitigt oder in den Kerker geworfen. Andere werden in Klöster gesperrt und wegen angeblicher Verbrechen zum Gelübde gezwungen.[6]

248

Da im damaligen Rußland die Möglichkeit bestand, Titel und Eigentum auch in der weiblichen Linie zu vererben, wurden zahlreiche adelige Mädchen in Klöster verschleppt, um sie an der Familiengründung zu hindern. In der Tat hätte kein ausländischer Eroberer die Russen abscheulicher behandeln können.

Zwei Tage nach seiner Ankunft in Moskau ging Iwan zum Angriff über. Er fühlte sich durch die pathetischen Unterwerfungsgesten seiner Untertanen, die man als Schuldbekenntnis interpretieren konnte, in seiner Position gestärkt. Sein erstes erlauchtes Opfer war Fürst Alexander Gorbatij Schuiskij, dessen siebzehn Jahre alter Sohn zusammen mit vier weiteren Edelleuten unter großen Schmerzen getötet wurde. Um potentielle Verräter von vornherein in die Defensive zu drängen, befahl Iwan, den Fürsten Dmitrij Schewijrew der entsetzlichsten Hinrichtung zu unterziehen, die nur denkbar ist – nämlich der Pfählung. Diese Art der Hinrichtung dauert viele Stunden, weil das Körpergewicht des Todeskandidaten den Pflock nur sehr langsam durch dessen Eingeweide und schließlich durch sein Herz treibt. Ein ganzer Tag verging, ehe Fürst Schewijrew starb.

Viele andere Bojaren wurden in entfernte Landesteile verbannt; anderen erlaubte man, zu bleiben oder durch die Zahlung einer hohen Kaution eine Bestrafung abzuwenden. Am darauffolgenden Tag wurden Tausende von Moskowitern aus ihren Häusern vertrieben, um der neuen Armee der *Opritschniks* Platz zu machen. Fürst Iwan Kurakin und Fürst Dmitrij Nemoij wurden verhaftet; sie wurden zunächst geschoren und dann in fernab gelegene Klöster verbannt. Weitere Opfer des Zaren waren die Fürsten Iwan Kaschin und Dmitrij Kurlijatew nebst ihren Frauen und Kindern, die alle erwürgt wurden. Fürst Peter Schtschenijatew entschloß sich, in der Hoffnung, dem Tod zu entgehen, einem Mönchsorden beizutreten; aber auch das rettete ihn nicht. Man trieb

Nadeln unter seine Fuß- und Fingernägel und verbrannte ihn dann auf einem heißen Blech. Zwei seiner Vettern wurden ebenso getötet. Fürst Iwan Schischkin wurde zusammen mit seiner Frau und seinen Kindern hingeschlachtet.

Den Sommer des Jahres 1565 hindurch nahmen die Ermordungen und Enteignungen kein Ende. In dem eiskalten Winter desselben Jahres ließ Iwan seine *Opritschniks* die Häuser, Güter und Gutshöfe von zwölftausend Familien übernehmen. Männer, Frauen und Kinder wurden aus ihren Häusern verjagt und zu Fuß oder auf armseligen Karren nach Osten getrieben, wo es in den von Rußland gerade erst eroberten Gebieten ihnen selbst überlassen blieb, einen Platz zum Leben zu finden. Diese ungeheuerliche Strafaktion hatte unmittelbare Auswirkungen auf Iwans Krieg gegen Livland, da die Armee unter diesen Umständen kaum genügend Soldaten rekrutieren konnte. Heinrich von Staden berichtet von der schweren Verpflichtung, unter der Iwans Soldaten lebten: Es war ihnen nämlich unter keinen Umständen gestattet, in Kriegsgefangenschaft zu gehen. Zivilisten unterlagen dem gleichen Gebot: »Wenn die Untertanen des Großfürsten [Zaren] eine Stadt, eine Befestigungsanlage oder eine Burg aufgeben und lebendig nach Rußland zurückkehren, so werden sie zusammen mit ihren Verwandten getötet. In den Kirchen der Russ wird sogar um ihre ewige Verdammnis gebetet.«[7]

Den Russen wäre vielleicht ein erträglicheres Schicksal beschieden gewesen, wäre ihr Herrscher weltoffener wie Dschingis Khan oder Tamerlan gewesen. Der Geist dieser Männer war weniger verworren und von Gewissensbissen gemartert. Deshalb hatten die beiden eine halbwegs beständige Herrschaft ausgeübt. Es war ihnen sogar gelungen, ein wenig Frohsinn und Freude in das Leben ihrer Untertanen zu bringen. Iwan jedoch litt wegen der Sünden, die er beging und die in seinem

Namen verübt wurden, Gewissensqualen. Seine Reue wurde durch seine tief verinnerlichte christliche Auffassung von Hölle und Verdammnis sogar noch angefacht. Auch dürfte es nicht gerade zu seinem Wohlbefinden beigetragen haben, daß er den Sündern bereits auf ihrem Weg zur Hölle die Hölle bereitete. Iwan selbst fühlte allerdings keinen Hang, auch nur in der Nähe der Gräber seiner Ahnen zu schlafen.

Nicht nur das Land war nun in zwei Teile gespalten, sondern auch die Hauptstadt selbst. Familien, die in den westlichen Bezirken lebten, wurden aus ihren Häusern geworfen, damit die *Opritschniks* dort einziehen konnten. Auch der Zar selbst verließ den Kreml und zog es vor, in einem bewachten Haus zwischen der Arbat- und der Nikitskajastraße im westlichen Teil der Stadt zu wohnen, weil er sich dort besser geschützt wähnte. Nur sechs Jahre später, 1571, ging dieses Gebäude in Flammen auf. Aber die Angst vor einem Attentat trieb Iwan aus seinem Refugium und schließlich ganz aus Moskau fort. Er lebte fortan in dem nördlich von Moskau gelegenen Kloster Alexandrowsk, das er jetzt auch befestigen ließ. Dort konnte er ungehindert weitere Pläne für seinen Krieg gegen die Bojaren und seine Minister schmieden. Dort konnte er Gott auch ungestört um die Vergebung seiner Sünden bitten. Es ist schwierig, ein Urteil über die Echtheit seiner Motive und über seine Frömmigkeit abzugeben, da ein derart psychopathischer Mensch stets dazu neigt, von einer Sekunde auf die nächste zu verzweifeln und einmal übertrieben selbstkritisch und dann wieder völlig unmoralisch zu reagieren. Beständigkeit ist aber ohnehin nie eine hervorstechende Eigenart des russischen Charakters gewesen.

Das ganze Ausmaß von Iwans Monomanie zeigt auch der Eid, den jeder *Opritschnik* beim Eintritt in diese Elitetruppe schwören mußte. Jeder einzelne dieser Männer mußte Iwan persönlich absolute Loyalität und Ergebenheit versprechen und diese Loyalität über alle sonstigen menschlichen Bindungen stellen. Auch Familienbande galten nichts, solange die Treue zu Iwan dies erforderte. Vielleicht war Iwan der harten Worte Jesu eingedenk, der gegenüber seinen Jüngern erklärt hatte, er sei gekommen, »den Sohn mit seinem Vater zu entzweien, die Tochter mit ihrer Mutter, die Schwiegertochter mit ihrer Schwiegermutter. So werden des Menschen Feinde seine eigenen Hausgenossen. Wer Vater oder Mutter mehr liebt als mich, ist meiner nicht wert. Und wer Sohn oder Tochter mehr liebt als mich, ist meiner nicht wert« (Mt 10, 36–38). Sogar die Treue, welche diese Elitesoldaten gegenüber ihrem Land empfanden, sollten sie der Loyalität, die sie Iwan schuldeten, unterordnen. Die *Opritschniks* erhielten für jede Festnahme, die sie durchführten, eine Belohnung. Konnte der Betreffende eines Verbrechens überführt werden, so wurden alle seine Güter eingezogen. Iwan nahm sich davon die Hälfte, und die übrige Hälfte wurde zu gleichen Teilen zwischen dem beteiligten *Opritschnik* und dem Informanten aufgeteilt. Auf diese Weise wurde gleichsam jeder einzelne Russe dazu ermutigt, seine Nachbarn zu denunzieren. Galt jemand beispielsweise als potentieller Staatsfeind, so konnte er seine Loyalität beweisen, indem er seine Nachbarn verriet und sich so selbst vor dem Kerker schützte. Heinrich von Staden, der sieben Jahre bei den *Opritschniks* diente, berichtete später:

Jeder *Opritschnik* konnte jeden Mann der *Zemschtschina* bezichtigen, dieser schulde ihm eine bestimmte Geldsumme. Sogar wenn der *Opritschnik* den von ihm beschuldigten Mann aus der *Zemschtschina* weder kannte noch ihn jemals gesehen hatte, mußte der Bezichtigte umgehend das Geld zahlen; anderenfalls wurde er täglich auf dem Marktplatz mit Keulen und Knüppeln geschlagen, bis er zahlte. Weder der Klerus noch die normalen Sterblichen waren hiervon ausgenommen. Der *Opritschnik* benutzte jede Art von Machenschaften, die man überhaupt gar nicht beschreiben kann, um an das Geld und die Güter der Menschen aus der *Zemschtschina* zu kommen. Entsprechend ihrem Eid durften die *Opritschniks* kein Wort mit den Menschen aus der *Zemschtschina* wechseln, geschweige denn, sich mit ihnen verheiraten. Wenn der Vater oder die Mutter eines *Opritschniks* in der *Zemschtschina* lebte, war es diesem nicht erlaubt, sie zu besuchen. Der Großfürst [Iwan] überließ den Kreml der *Zemschtschina*.«[8]

Wenn Iwan auf die *Zemschtschina* verzichtet hätte, so hätte dieser Teil des Landes wenigstens mit einem gewissen Maß an Effizienz verwaltet und regiert werden können. Aber die Bojaren in beiden Landesteilen mußten Iwan in allen wichtigen Angelegenheiten konsultieren. Einige Ministerien arbeiteten ausschließlich innerhalb ihres eigenen Gebietes. Die Finanzverwaltungen beider Landesteile arbeiteten partnerschaftlich zusammen, und nur die Kammer für auswärtige Angelegenheiten funktionierte wie vor der Teilung. Falls es Iwans Ziel gewesen sein sollte, ein heilloses Chaos anzurichten, so war er in der Tat äußerst erfolgreich.

Das Leben in dem neuen Rückzugsort des Zaren, der neuen Hauptstadt zu Alexandrowsk, hätte nicht lächerlicher sein können. Folter und Frömmigkeit gingen hier eine innige Verbindung ein. Das Kloster wurde in eine Trutzburg verwandelt und mit einem Burggraben, hohen Wällen, bewachten Palisaden und schließlich einer Mauer aus Stein umgeben. Bereits dreieinhalb Kilometer von dem Kloster entfernt waren an den Zufahrtsstraßen Wachposten aufgestellt. Wollte man sich dieser Wolfshöhle nähern, so konnte das sehr gefährlich sein. Nach von Stadens Auskunft wurden unschuldige Männer, »ob Fürsten, Bojaren oder deren Diener von den Wachen aufgegriffen, gefesselt und sofort getötet. Einige von ihnen wurden vor Iwan entkleidet und so lange im Schnee herumgewälzt, bis sie starben. Dasselbe Schicksal erwartete jene, die die Festung verlassen wollten und auf dem Weg nach Moskau von den Wachen aufgegriffen wurden.«[9]

Iwan bildete aus 300 besonders vertrauenswürdigen *Opritschniks* einen inneren Kreis von ›Brüdern‹, die ihm als Mönche, Saufkumpane und Killer jederzeit zur Verfügung standen. Für diese Mörderbande muß es allerdings ausgesprochen verwirrend gewesen sein, daß Iwan sie unentwegt zu Übungen der religiösen Hingabe zwang. Bereits um vier Uhr früh erhob sich der Abt dieser Brüdergemeinde – der Zar – von seinem Lager, weckte seine beiden Söhne Iwan und Fjodor und läutete die Glocke, um die Brüder zur Morgenandacht zu rufen. Anwesenheit war Pflicht. Jeder, der zu betrunken oder zu

Zar Iwan im Gespräch mit
seinem Berater, dem Bojaren Gegorij Nagoi.
Stahlstich, 19. Jahrhundert

254

faul war, in der Kapelle zu erscheinen, wurde für acht Tage eingesperrt. Zwei Stunden lang mußten die ›frommen‹ Mönche dann ihre Morgenandacht verrichten. Die *Opritschniks*, die ja nicht aus religiösen Gründen Iwans Mördertruppe beigetreten waren, fanden diese frühmorgendliche Aktivität vermutlich abgeschmackt und äußerst unbequem. Aber Iwan behielt seine frommen Mönche beständig im Auge und beteiligte sich auch selbst mit großem Eifer an diesen Gebetsstunden. Dabei warf er sich immer wieder vor dem Altar nieder, schlug seine Stirn auf den Boden und fügte sich während dieser frommen Übungen jedesmal etliche Wunden zu. Ein weiterer Gottesdienst war für acht Uhr angesetzt und dauerte wiederum zwei Stunden. Danach gestattete er den armen Mönchen endlich ein Frühstück. Das war natürlich mehr nach dem Sinn der rauhen Gesellen, da bei dieser Gelegenheit mit alkoholischen Getränken und deftigen Gerichten nicht gespart wurde. Während sie nun beim Essen die Schattenseiten ihres Gott wohlgefälligen Lebens zu vergessen suchten, verdarb ihnen Iwan regelmäßig die Stimmung: Denn er baute sich bei dieser Gelegenheit stets an einem Pult auf und verlas fromme Erbauungstexte. Was von der Morgenmahlzeit übrigblieb, wurde den Bettlern überlassen. Danach pflegte der fürstliche Abt sein zweites Frühstück alleine einzunehmen. Manchmal allerdings wartete ihm dabei ein echter Mönch auf, mit dem er sich in religiösen Disputen ergehen konnte.

Am Nachmittag fanden dann die – durch Foltervorführungen aufgelockerten – Verhöre der Gefangenen statt. Dabei stellte sich mit schöner Regelmäßigkeit heraus, daß einer der Vorgeführten Iwan haßte oder daß der Zar einer Verschwörung auf die Spur gekommen war. Dies bestärkte ihn in dem Gefühl, daß all sein Mühen und sein unbequemes Kriegerleben immerhin nicht ganz sinnlos seien. Abends um acht Uhr marschierten die

Mönche wiederum zur Vesper in die Kapelle, und um zehn Uhr ging Iwan zu Bett. Drei Blinde übernahmen es abwechselnd, ihm Geschichten zu erzählen, bis er die Augen schloß. Aber nur zwei Stunden später stand er bereits wieder auf, um neuerlich an einem Gottesdienst teilzunehmen. Wenn er nicht gerade betete, Gott anflehte oder sich an den Folterschreien der Gefangenen ergötzte, aß und trank er feierlich und empfing ausländische Gesandte. Reue folgte auf Zügellosigkeit, und inbrünstig betete er für das Seelenheil seiner zahllosen Opfer, »deren Namen, oh Herr, Du Selbst kennst«, wie er dabei immer wieder ausgerufen haben soll.

Sein ganzes Gebaren war Ausdruck krankhafter Heuchelei und unerträglicher Überheblichkeit. Iwan war zur gleichen Zeit von der Vorstellung seiner eigenen wie von der eingebildeten Schuld seiner Bojaren besessen. Täglich fürchtete er, er werde in dieser Welt einem Attentat zum Opfer und in der nächsten der ewigen Verdammnis anheimfallen. Um so mehr war er bestrebt, Gott in den perfidesten Gewaltorgien zu vergessen und das Schicksal der Menschen durch inbrünstige und verzweifelte Gebete aus seinem Bewußtsein zu verdrängen.

Iwan fühlte sich vom Schicksal ungerecht behandelt und wähnte sich infolge seiner lieblosen Kindheit und aufgrund so mancher Schicksalsschläge, die er hatte einstecken müssen, grundsätzlich benachteiligt. Immer wieder gaben ihm seine Bojaren Anlaß zu Wutausbrüchen, da sie weder seine Nähe zu Gott noch ihre Minderwertigkeit erkennen wollten.

Kurbskij und die meisten Bojaren wollten ihrem Zaren als verantwortliche Minister zur Seite stehen; Iwan aber konnte nur mit Speichelleckern und Männern minderer Güte umgehen. Offenbar war er fest entschlossen, es sich mit jedermann zu verderben, selbst mit den echten Mönchen im Kloster zu Alexandrowsk. Sie bewunderten vermutlich die gewissenhafte Teilnahme ihres Zaren an Bittandachten und Gottesdiensten und seinen klösterlichen Lebensplan ebenso wie seine beharrlichen Bemühungen, seine Elitesoldaten in brave Kirchgänger zu verwandeln. Aber sogar diese heiligen Männer waren vermutlich erschüttert, als der Zar deutsche Lutheraner nach Alexandrowsk einlud und lange Gespräche mit ihnen führte.

Iwan hatte es sich inzwischen zur Gewohnheit gemacht, ganze Dörfer und Städte zu entvölkern. So hatte er die meisten Einwohner der livländischen Stadt Dorpats kurz entschlossen in einige östlich von Moskau gelegene Städte deportieren lassen. Er hatte ihnen jedoch erlaubt, ihren lutherischen Glauben weiterhin auszuüben. Ihrem Pastor hatte er gestattet, die Gemeinden des Landes zu besuchen und nach Alexandrowsk zu kommen, um dort mit dem Zaren über religiöse Fragen zu diskutieren. Außerdem hatte er den Pastor mit der Aufgabe betraut, in dem russischen Kloster eine Bibliothek einzurichten. Vier Lutheraner dienten in Iwans privatem Gefolge als Sekretäre. In Moskau mußte man es als den Gipfel der Beleidigung empfinden, als Iwan den Lutheranern die Erlaubnis erteilte, im heiligen Moskau selbst eine Kirche zu errichten.

Die einzige Zerstreuung, die Iwan sich außerhalb seiner schwerbewachten Festung gestattete, war die Bärenjagd. Diesen Zeitvertreib empfand er offenbar als Erholung von seiner sonstigen Hauptbeschäftigung: nämlich der Jagd auf Menschen und deren möglichst qualvolle Tötung. Zusätzlich unternahm er gelegentlich noch Beutezüge. Dabei ließ er seine Stoßtrupps ausschwärmen und alles, was der Verschönerung von Alexandrowsk dienlich sein konnte, raubend und plündernd an sich bringen. Die Beute, die er auf diese Weise in Twer und Nowgorod machte, war riesig. Die großen Bronzetüren, die bisher die Kathedralen der beiden Städte geziert hatten, wurden nun am West- und Südeingang der Kathedrale von Alexandrowsk angebracht, die Iwans Vater

Wasilij III. 1513 hatte erbauen lassen. Diese aus Holz gefertigten und mit Bronzeplatten beschlagenen Türen sind mit Szenen aus dem Alten Testament verziert. Weitere Trophäen, die nach Alexandrowsk gebracht wurden, waren Kelche, Becher, Schöpflöffel, Ikonen, Kerzenleuchter, Gold- und Silberbesteck sowie Geschirr aus verschiedenen Städten und Gemeinden des Landes.[10]

Als 1567 die Verschwörung des Iwan Petrowitsch Tscheliadin aufgedeckt wurde, von der bereits weiter vorne die Rede war (siehe Seite 236), trat der von Iwan angezettelte Krieg in eine neue Phase ein. Es gelang Iwan, einige Briefe abzufangen, die der polnische König Sigismund an Tscheliadin und die drei Fürsten Belskij, Mstislawskij und Worotijnskij gerichtet hatte. Es überrascht nicht, daß es Kreise gab, die es sich zum Ziel gesetzt hatten, Iwans Schreckensherrschaft ein Ende zu bereiten. Das von den *Opritschniks* angerichtete Leid und Elend ließ die Feindseligkeit gegen Iwan immer stärker anwachsen. 1621 veröffentlichte ein Moskauer Bürger, der zuvor viele der Familien aufgesucht hatte, die diese Jahre des Schreckens heil überstanden hatten, unter dem Titel ›Die Piskarew-Chronik‹ einen Bericht. Darin heißt es:

Der Haß gegen den Zaren blühte überall im Land. In zahlreichen Petitionen drängten Bürger den Zaren, die *Opritschnina* aufzulösen. Und in dieser Situation taten sich böse Menschen, die das Gute hassen, hervor. Sie befleißigten sich, dem Großfürsten Verleumdungen gegen all diese Menschen einzuflüstern, was einige der Petitionsunterzeichner mit dem Leben bezahlten. So setzten immer mehr Menschen ihre Hoffnungen in Fürst Wladimir Andreijewitsch von Staritsa, einen Cousin Iwans IV. Und überall gab es großes Wehklagen.[11]

Die drei Fürsten, deren Briefe man abgefangen hatte, konnten fliehen, aber Tscheliadin und fünf andere Fürsten wurden verhaftet und getötet. Karamzin hat uns über Tscheliadins Sterben einen Bericht hinterlassen. Der

Rebell, ein alter Mann, mußte sich vor dem versammelten Gerichtshof in Iwans Gewänder kleiden, die Zarenkrone aufsetzen und auf dem Thron Platz nehmen. Der Zar beugte sich dann vor ihm nieder und rief aus: »Heil dir, großer Zar des russischen Landes! Ich habe dir nun die Ehre erwiesen, nach der es dich so sehr gelüstete. Aber da ich die Macht habe, dich zum Zaren zu machen, kann ich dich ebenso wieder vom Thron herunterstoßen!«[12]

Iwan stieß dann ein Messer in Tscheliadins Herz und rief seine *Opritschniks* herbei, die dessen Leib in Stücke hackten. Es ist allerdings ebensogut möglich, daß Tscheliadin auf andere Weise beseitigt wurde. Wenn man sich Iwans sonstige Bluttaten vor Augen führt, ist ein solches Ende des alten Mannes jedoch gar nicht so unwahrscheinlich. Fürst Wladimir, den die meisten gerne als Iwans Nachfolger gesehen hätten, wurde samt Frau und Kindern entweder vergiftet, enthauptet oder erstochen.[13]

In dem umfassenden Werk über mittelalterliche Reisen, das Samuel Purchas uns unter dem Titel *Purchas His Pilgrimes* hinterlassen hat, erwähnt er auch Tscheliadins Tod. Er zitiert dort aus Richard Hakluyts Buch *Principal Navigations*, das erstmals 1589 veröffentlicht wurde:

Iwan Pjotrowitsch Tscheliadin, ein Mann von hohem Rang, mußte sich auf den Thron setzen. Iwan beugte sich zu ihm nieder und stieß ihm ein Messer so tief ins Herz, daß die Eingeweide aus Tscheliadins Körper herausquollen. Tscheliadins Diener wurden ebenfalls hingeschlachtet und dreihundert weitere Bedienstete in seiner Burg exekutiert. Seine Bojaren pferchte man in ein Haus und jagte sie dann mit Pulver in die Luft. Ihre Frauen und Töchter wurden vor Tscheliadins Augen geschändet und dann in Stücke geschnitten; die Frauen der Bauern zog man nackt aus, jagte sie in einen Wald und tötete sie dort.[14]

Aber Hakluyt weiß noch von weiteren Grausamkeiten zu berichten:

Während der Kanzler Dubrowtsi mit seinen zwei Söhnen bei Tisch saß, wurde er in Stücke geschnitten. Sein dritter Sohn wurde bei lebendigem Leib gevierteilt, wobei fünfzehn Männern die beiden Räder jeweils in entgegengesetzte Richtungen zogen. Die Frau des ersten Notars Micijedowischtschlij wurde gemeinsam mit ihrer Dienerin verhaftet und wochenlang eingekerkert; danach hängte man sie über der Tür ihres Hauses auf und beließ sie dort zwei Wochen lang, während man ihren Gatten zwang, beständig durch diese Tür ein- und auszugehen. Die Frau eines anderen Notars wurde zuerst vergewaltigt, dann nach Hause geschickt und anschließend über dem Tisch gehängt, an dem ihr Gatte täglich zu essen genötigt wurde ... Wenn Iwan einer Frau begegnete, deren Ehemann ihm nicht gefiel, so zwang er sie, so lange nackt dazustehen, bis sein gesamtes Gefolge vorübergezogen war ... Untertanen, die es wagten, sich zu beklagen, schnitt man die Zungen heraus und trennte ihnen Hände und Füße ab. Er ließ Hunderte von Männern unter das Eis zugefrorener Gewässer befördern, einmal sogar siebenhundert Frauen, ein weiteres Mal 378 Gefangene gleichzeitig. Fünfhundert Matronen und Jungfrauen von edlem Geblüt wurden vor Iwans Augen von Tataren geschändet ... Den Erzbischof setzte man auf eine Stute, band ihm die Füße unter deren Bauch zusammen und zwang ihn, während er so durch die Stadt ritt, auf einem Dudelsack zu spielen. Mönche wurden schändlich gequält und erschlagen. Der Gründer von zwölf Klöstern, Theodor Sirconi, wurde gefoltert, bis er den Klosterschatz verriet, und dann erschlagen ... Iwans Sekretär Wiasemskij starb nach vielen Tagen fortwährender Folterung ... Iwan selbst verschaffte sich Abwechslung, indem er Bären im Menschengedränge losließ.[15]

In seiner Geschichte Iwans IV. gibt Fürst Kurbskij weitere Auskünfte über die militärischen Aktionen, die der Zar gegen die Unzufriedenen und Verräter unternahm:

Iwan reiste umher und ließ die Städte und Dörfer des Iwan Petrowitsch Tscheliadin samt ihrer Bewohner niederbrennen. Einmal kam er an einem sehr hohen Haus vorüber und befahl, daß Iwan Borisowitsch Kolijtschew in einem der Dachzimmer fest angebunden werde. Dann ließ er ein paar Pulverfässer unter dieses und unter einige Nachbarhäuser rollen, die voller Menschen waren, welche man dort zusammengepfercht und eingeschlossen hatte.

Iwan selbst stand mit seinen Truppen in einiger Entfernung, als ob er im Begriff sei, eine fremde Stadt zu erobern, und wartete auf die Sprengung des Hauses. Als dann nicht nur das besagte Haus, sondern auch die anderen explodiert und zerstört waren, schrie er gemeinsam mit allen seinen Kindern der Finsternis – einem Verrückten gleich, der von rasenden Männern umgeben ist – wie Feinde in der Schlacht und wie Männer, die einen ruhmreichen Sieg errungen haben. Dann ritt er mit seinem Gefolge in vollem Galopp an den Schauplatz des Geschehens, um die zerfetzten Leiber der Christen zu begutachten. Ein wenig später fand man dann Iwan Borisowitsch irgendwo im Freien; mit einem Arm an einen Dachbalken gebunden, saß er heil und gesund auf dem Boden und lobte den Herrn. Zuvor hatte man ihn in dem Haus mit ausgestreckten Armen und Beinen gefesselt. Als jetzt Iwans Kinder der Hölle davon hörten, raste einer der Männer los, um vor den anderen bei Iwan Borisowitsch zu sein. Auf der Stelle schlug er mit einem Säbel den Kopf seines Opfers ab und brachte das Haupt des Getöteten wie ein kostbares Geschenk dem Zaren, der ihm an Grausamkeit gewiß nicht nachstand. Der Zar ließ den Kopf sofort in einem ledernen Sack einnähen und übersandte diesen Sack an den Onkel des Getöteten, den Metropoliten Erzbischof Philipp, mit der Botschaft: ›Hier ist der Kopf deines Verwandten! Deine beschwörenden Worte haben ihm nichts genützt!‹[16]

Wenn man sich einmal vor Augen führt, wie grausam Iwan während dieser Jahre die Mitglieder der russischen Aristokratie und die hohen Hofbeamten quälte und dezimierte, so wird man diese Bilder des Grauens wohl kaum mehr vergessen. Auch durch den Tod der Opfer verlieren Greueltaten nichts von ihrem Schrecken. Sie vergiften das Denken und verbittern auf Generationen die Erinnerungen von Frauen, Müttern, Kindern, Verwandten und Nachfahren. Sie sind eine Erblast des Landes, in dem diese Verbrechen stattgefunden haben. Wir alle sind sozusagen Nachkommen einer großen Familie, denn nichts anderes ist ein Volk letzten Endes. Aus Rücksichtnahme gegenüber dem Leser oder gegenüber der russischen Regierung oder aus Angst um ihr eigenes Leben haben russische Schriftsteller in Vergangenheit und Gegenwart

Iwans Greueltaten häufig nur am Rande erwähnt oder gar völlig verschwiegen. Natürlich *kann* man sämtliche zeitgenössischen Berichte ignorieren, als übertrieben abtun oder rundweg als erlogen hinstellen. Die Aussagen der Überlebenden aus den deutschen oder russischen Todeslagern werden vielleicht von künftigen Generationen einmal spöttisch als Übertreibungen oder Entstellungen bezeichnet werden. Ganz sicher werden bisweilen bestimmte Berichte über die Tragödien dieser Welt durch Haß- oder Schmerzgefühle entstellt, oder sie enthalten im einzelnen gewisse Übertreibungen. Aber die Geschehnisse, die zu solchen Berichten den Anlaß gegeben haben, darf man wegen derlei Vorkommnissen nicht aus dem Gedächtnis der Menschheit streichen. Denn immerhin steht völlig außer Frage, daß diese Berichte existieren.

Kurz nach Tscheliadins Tod wurden drei Fürsten der Rostowskij-Familie und drei weitere Fürsten, nämlich Schtschenijatew, Pronskij und Kurakin, ermordet. Fürst Kurakin wurde »bis auf die Haut entkleidet und mit sechs Drahtpeitschen, die seinen Rücken, seinen Bauch und seine Eingeweide aufrissen, zu Tode gepeitscht«. Diesen Bericht hat uns Sir Jerome Horsey hinterlassen. Die folgende Beschreibung der Hinrichtung des Iwan Obrossimow, eines Beamten am Hofe des Zaren, habe ich ebenfalls diesem Bericht entnommen:

Der Herrscher fühlte sich stets in Gefahr, verraten und beseitigt zu werden – wofür er täglich neue Beweise fand. Den Iwan Obrossimow ließ er an dessen Fersen an einen Galgen hängen; dann wurden dem Hofbeamten die Haut und das Fleisch von Kopf bis Fuß vom Körper abgetrennt und von vier *Pallatschniks* (Henkern) mit Messern zu ›Menschenklein‹ verarbeitet. Aber einer von ihnen wurde der langwierigen Schneidearbeit müde und stieß sein Messer tief in die Eingeweide, um Obrossimow schneller ins Jenseits zu befördern. Daraufhin schnitt man diesem die Hand ab und schickte ihn sofort an einen anderen Henkersplatz, wo er, da seine Wunde nicht verheilte, am nächsten Tage starb. Einigen anderen Gefange-

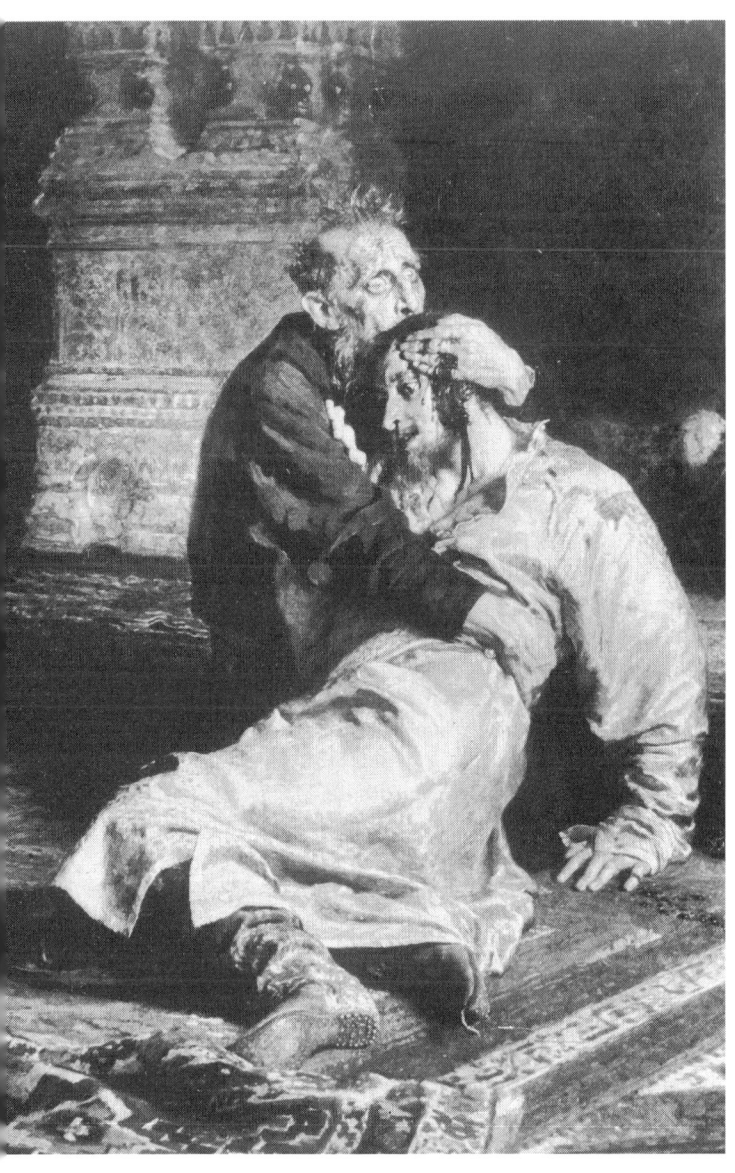

Iwan erschlägt seinen eigenen Sohn. Gemälde von Repin

nen zerschmetterte man den Schädel und warf sie in Teiche oder Seen, wo sich die bereits übergroßen Hechte, Karpfen und andere Fische an ihrem Fleisch gütlich taten. Ich könnte noch vieles von denen berichten, die die Härte und Grausamkeit der strengen und freudlosen Hand dieses Herrschers zu spüren bekamen, aber ich nehme davon Abstand, die gesitteten Augen und die christliche Geduld derer noch weiter zu strapazieren, die dieses lesen sollten.[17]

Schon bald, nachdem Iwan seine zweite Frau Maria geehelicht hatte, verlor er das Interesse an ihr. Aber sie blieb als Zarin im Kreml, bis sie 1569 nach acht Ehejahren verstarb. Da sie dem Zaren keine Kinder geschenkt hatte, wurde bei ihrem Tod nur eine kurze Staatstrauer angeordnet. Wie es auch bei Anastasia der Fall gewesen war, kursierten nach Marias Tod Gerüchte, sie sei vergiftet oder verhext worden. Das wiederum gab Iwan Gelegenheit, jene Männer, die angeblich für den Tod der Zarin verantwortlich waren, festnehmen und hinrichten zu lassen. Iwan waren nur wenige direkte Nachkommen beschieden. Er hatte lediglich zwei Söhne, von denen der jüngere, Fjodor, genau wie Iwans Bruder geistig zurückgeblieben war. Der mittlerweile vierzehnjährige Thronerbe Iwan Iwanowitsch fing schon bald an, die zügellosen sexuellen Ausschweifungen seines Vaters nachzuahmen. Eines Abends im Juli 1568 hielt Iwan sich im Kreml auf. Da er sich langweilte, sandte der Zar einen Trupp seiner führenden *Opritschniks* auf einen Beutezug, den man nur als Vergewaltigungsexpedition bezeichnen kann. Fürst Afanasij Wiasemskij, Malijuta Skuratow und Wasilij Grijasnoi – vielleicht ein sprechender Name – führten den Trupp an. (Das Wort *gryazni* bedeutet im Russischen soviel wie verdorben und schmutzig). Diese Männer drangen in Begleitung weiterer *Opritschniks* unterwegs in die Häuser verschiedener Kaufleute und Regierungsbeamter ein, von denen bekannt war, daß sie attraktive Frauen hatten. Sie ergriffen nun diese Frauen und brachten sie in den Kreml. Dort wurden sie dem

Zaren vorgeführt, der einige für sich selbst auswählte. Die anderen wurden dann von Iwans Freunden vergewaltigt. Einige Stunden später, noch in derselben Nacht, ritten Iwan und seine Gefolgsleute in die Vorstädte von Moskau, setzten die Häuser bestimmter Bojaren in Brand und vertrieben Mensch und Tier. Anschließend galoppierte der Zar in den Kreml zurück und schickte die Frauen, die er und seine Freunde zuvor vergewaltigt hatten, wieder nach Hause.

Für die Bewohner dieses unglückseligen Landes verschlimmerte sich das Leben nun zusehends. Immer mehr Fürsten und Bojaren verschwanden über Nacht von ihren Gütern und wurden gezwungen, entweder im Livlandkrieg oder in den bereits eroberten tatarischen Provinzen Kasan und Astrachan Dienst zu tun. Andere wurden in Moskau exekutiert. Aber trotz all dieser Exzesse stand die Kirche als Beschützerin der Monarchie und als Trösterin der Beraubten und Einsamen weiterhin auf Iwans Seite. 1568 indes, im dritten Jahr von Iwans neuem Doppelreich, sorgte dieser für eine Eskalation der inneren Wirren, indem er das Oberhaupt der Kirche, den Metropoliten Philipp, angriff. Er hätte keinen Mann finden können, der in allen Klassen der russischen Bevölkerung beliebter gewesen wäre. Das Volk und die Bojaren hatten ihren Metropoliten schon mehrmals angefleht, beim Zaren wegen der Gemeinheiten der *Opritschniks* Protest einzulegen. Philipp war nach allgemeiner Überzeugung der einzige Mann in Rußland, dem die Drohungen und Angriffe des Herrschers nichts anhaben konnten, war er doch durch sein heiliges Amt vor Übergriffen geschützt. Karamzin und Solowijew haben uns einen außerordentlich detaillierten Bericht über die im folgenden beschriebenen schmutzigen Verbrechen des Zaren hinterlassen.

Weil sowohl die Bojaren als auch das einfache Volk in Moskau all ihre Hoffnungen auf den Metropoliten gesetzt hatten, war Iwan bereits davon überzeugt, daß der heilige Vater mit dem Feind, der verachteten Aristokratie, unter einer Decke stecke. Iwan glaubte, es sei nicht ausreichend, den Metropoliten in einer privaten Konfrontation zu demütigen. Deshalb beschloß er, seinen Erzbischof öffentlich in dessen eigener Kathedrale zu beleidigen. So betrat er eines Tages die Maria-Himmelfahrt-(Uspenskij-)Kathedrale im Kreml, die sein Großvater, Iwan III., hatte errichten lassen. Und tatsächlich traf er auf Philipp, der neben dem Eingang zum Allerheiligsten nahe der Ikonenwand betete. Iwan war nicht allein gekommen, sondern es waren einige *Opritschniks* bei ihm, denen es oblag, mögliche Besucher des Gotteshauses mundtot zu machen:

»Heiliger Vater«, sagte einer von ihnen, »hier siehst du deinen Herrscher! Segne ihn!«

Aber anstatt diesem Befehl demütig Folge zu leisten, wandte sich Philipp, der vorher Iwan den Rücken zugekehrt hatte, zu diesem um und erwiderte:

»In den meisten heidnischen und barbarischen Ländern gibt es Gesetz und Gerechtigkeit. Dort begegnet man dem Volk mit Großmut – aber nicht so in Rußland! Das Leben und das Eigentum unserer Bürger sind völlig schutzlos. Mord und Plünderung sind an der Tagesordnung. Und diese Taten werden dazu noch im Namen des Zaren begangen!«

Iwan hörte sich diesen und eine Reihe weiterer schwerer Vorwürfe an. Dann stieß er seinen Stab mit der Eisenspitze auf den Boden, schnitt dem Erzbischof das Wort ab und schrie:

»Schweigt! Laßt mich sprechen! Schweigt, Heiliger Vater! Seid nun ruhig und segnet mich!«

Philipps Antwort hätte nicht eindeutiger ausfallen können:

»Unser Schweigen wird als Sünde auf eurer Seele liegen – und euch den Tod bringen!«

»Alle, die mir nahe sind«, sagte Iwan, »haben sich gegen mich erhoben und wollen mir Übles. Aber was bringt euch dazu, euch in unsere kaiserlichen Angelegenheiten einzumischen?«

»Ich bin der Hirte der christlichen Herde«, erwiderte Philipp.

»Philipp! Versucht nicht, euch meiner Macht entgegenzustellen, denn andernfalls werdet ihr meinen Zorn auf euch selbst laden! Es wäre besser, ihr würdet euer Amt als Metropolit freiwillig aufgeben.«

»Ich habe weder gefordert noch durch andere versucht oder aber durch Bestechung danach gestrebt, dieses Amt zu erhalten«, antwortete Philipp. »Warum habt ihr mich aus meiner Abgeschiedenheit geholt und mich an diesen Platz gestellt?«[18]

Dem Zaren waren diese Worte unerträglich, und er überließ die Kathedrale zunächst seinem Erzbischof. Dann ging er zum Angriff über: Unter einem Vorwand lud er Philipp vor einen Gerichtshof, dem er selbst als oberster Richter vorstand. Noch während der Verhandlung verließ Philipp den Gerichtssaal, um der Verachtung Ausdruck zu geben, die er für die Anschuldigungen und das Gericht selbst hegte. Daraufhin fügte der Zar der Vielzahl seiner Untaten noch das Verbrechen der Blasphemie hinzu. Er wartete bis zum 8. November 1568, da er wußte, daß Philipp an diesem Tag in der Uspenskij-Kathedrale die Messe lesen würde. Iwan vermutete, daß an diesem Tag, dem Namenstag des Erzengels Michael, zahlreiche Gläubige in der Kathedrale anwesend sein würden. Während des Gottesdienstes marschierte nun Alexeij Basmanow, einer der Anführer der *Opritschniks*, mit einem großen Haufen seiner Folterknechte in das Gotteshaus. Sie schritten schnurstracks auf den Altar zu, an dem der Metropolit die Messe zelebrierte, und unterbrachen den Gottesdienst. Einer dieser in schwarze Mönchsgewänder gehüllten Mordgesellen las nun das von Iwan verfügte Gerichtsurteil laut vor. Der Zar hielt

Philipp zahlreicher Verbrechen für schuldig, die angeblich eine sofortige Bestrafung erforderten. Darauf zog man dem heiligen Mann die Robe aus und zwang ihn, eine schlichte, weiße Mönchskutte anzuziehen. Vor den Augen der versammelten Gemeinde führte man ihn dann aus der Kathedrale hinaus. Ein ganzes Jahr lang wurde er nun in drei verschiedenen Klöstern gefangengehalten, bis im Dezember 1569 sein Martyrium durch Malijuta Skuratow ein Ende fand, der Philipp in dessen Zelle erwürgte.

Diesem Akt ausgesprochener Dummheit und Grausamkeit ließ Iwan schon bald noch weitaus größere Ungeheuerlichkeiten folgen. Zu Beginn seiner Herrschaft hatte er bei der Eroberung von Kasan und Astrachan bereits Tausende von Männern geopfert, um der tatarischen Invasion ein Ende zu bereiten. Nun ging er auf eigenem Territorium zu einem Totalangriff über, der schlimmer und grausamer war, als jede Invasion es hätte sein können – Ziel dieser Attacke war die zweitgrößte Stadt Rußlands, das einst blühende Nowgorod.

Im tiefsten Winter des Jahres 1569 brach der Zar gemeinsam mit seinem älteren, mittlerweile fünfzehnjährigen Sohn und einer aus Russen, Tataren und *Opritschniks* gebildeten Armee von Alexandrowsk aus zu einer weiteren Schlacht in seinem selbstaufgebürdeten Bürgerkrieg auf. Iwan zweifelte an der Loyalität der Nowgoroder und argwöhnte, sie hätten dem König von Polen ihre Gefolgschaft angetragen – was nur allzu verständlich gewesen wäre. Außerdem fühlte er sich durch das Selbstbewußtsein, das die Bürger von Pskow und Nowgorod an den Tag legten, persönlich gekränkt und hatte deshalb bereits fünfhundert Familien aus Pskow und einhundertfünfzig aus Nowgorod nach Moskau zwangsübersiedeln lassen. Diese Umsiedlung hatte allerdings weder seinen monströsen Größenwahn befriedigt noch seinen Haß und seine Aggressivität vermindert. Nicht anders als Stalin, der Iwan der Schreckliche des zwanzigsten Jahrhunderts, war Iwan beständig bestrebt, ›Beweise‹ gegen seine Feinde in die Hand zu bekommen, bevor er zu einem neuen Schlag ausholte. So ließ er in der Nowgoroder Kathedrale der Hl. Sofija einen gefälschten Brief verstecken, in dem der dortige Erzbischof den polnischen König Sigismund angeblich um Hilfe bat. Wie nicht anders zu erwarten, entdeckten Iwans Spione dieses Schreiben genau zur rechten Zeit. Offiziell behaupten Historiker bis heute, daß es damals in Nowgorod einen Mann gegeben habe, den man wegen eines Vergehens bestraft hatte und der aus Rache einen derartigen Brief verfaßt haben soll. Aber auch diese Version der Geschichte klingt unglaubwürdig. Es spricht nur wenig dafür, daß der Verfasser eines solchen Briefes dieses Dokument ausgerechnet in der Kathedrale aufbewahrt hätte, an einem der Öffentlichkeit jederzeit zugänglichen Ort also.

Auf dem Weg nach Nowgorod metzelte die Armee alles nieder, was ihr gerade in die Quere kam. Bevor Iwan und seine Mannen am Ziel ihres Marsches ankamen, plünderten und zerstörten sie noch rasch sämtliche Städte und Dörfer im weiten Umkreis von Nowgorod. Nirgendwo erhob sich Widerstand. Männer, Frauen und Kinder wurden von den Soldaten des Zaren wie Feinde behandelt oder besser gesagt wie dummes Vieh. Die Städte Twer, Klin und andere Orte wurden mit Raub, Brandstiftung und Mord überzogen. Der Metropolit Philipp lag zu dieser Zeit in einem Verließ in Twer. In Iwans Auftrag forderte Skuratow den Metropoliten nun auf, den Zaren vor dessen gegen Nowgorod gerichtete Bestrafungsaktion zu segnen. Als Philipp sich weigerte, ergriff und erwürgte ihn Iwans Abgesandter. Fünf Tage lang zogen die *Opritschniks* plündernd und mordend durch Twer.

Fünf Wochen dagegen sollte ihr Morden in Nowgorod dauern. Der stadtbekannte ›Narr in Christo‹, Mikula

Swet, stellte sich dabei dem Zaren entgegen und nannte ihn einen Blutsauger. Er wurde nicht bestraft. Dafür jedoch ließ Iwan Tausende unschuldiger Menschen hinschlachten. Die Zahl der in diesem Blutbad ermordeten Bürger Nowgorods wird in den Quellen mit 27 000 bis 60 000 beziffert. Viele dieser Männer und Frauen verloren ihr Leben, indem man sie zu Tode prügelte, über kleinen Feuern röstete oder im Fluß ertränkte. Auch Kinder und Säuglinge fanden kein Erbarmen.

Iwan konnte auf diesem Raubzug seine Goldgier voll befriedigen. Kathedralen, Kirchen, Klöster und Herrenhäuser in Stadt und Umland – nichts war vor seinem Zugriff sicher. Überall ließ er mitgehen, was nur irgendwie von Wert war. In seinen um 1605 verfaßten Annalen beschreibt Iwan Timofeijew die damaligen Geschehnisse so:

Weil sich Iwan IV. einen Plan ausgedacht hatte, der voller Wut gegen seine Untertanen steckte, mußte er alle Städte seines Landes hassen ..., er plünderte die Kathedrale der Hl. Sofija und nahm die wunderwirkenden Ikonen und alle Schätze, eben alles Wertvolle mit. Er ließ den Palast des Erzbischofs und alle Klöster ausrauben und quälte alle Menschen und viele orthodoxe Gläubige mit grausamen Foltern. Weitere – man spricht von ungefähr 60 000 Männern, Frauen und Kindern – wurden in den großen Fluß getrieben; man hält ihn deshalb noch heute für einen verfluchten Fluß. Ebenso verschleppte Iwan aus anderen Städten, die zu Nowgorod gehörten, zahllose Menschen und raubte ihre Klöster und Kirchen aus.[19]

Viele Handelshäuser, ja ganze Warenlager, die mit Wachs, Flachs, Talg, Fellen, Salz, Wein, Baumwollstoffen und Seide angefüllt waren, wurden ein Raub der Flammen. Man brachte Männer und Frauen zu Iwan, der sie verhörte und dann in den Tod schickte. Unter Iwans Oberaufsicht kam jede schmerzhafte Todesart, die man sich vorstellen kann, zur Anwendung. Die Henkersknechte des Zaren zogen mit glühenden Zangen die Rippen aus den zuckenden Leibern ihrer Opfer, rissen Fingernägel aus und spießten Männer auf Pfähle auf, so daß diese elend zugrunde gingen. Sie erhitzten Spezialbleche, auf denen Menschen zu Tode schmorten. Sie transportierten noch zuckende Leiber auf Schlitten zum Volchow-Fluß hinunter und warfen sie in die Fluten, wobei die Säuglinge ihren Müttern auf den Rücken gebunden wurden. Männer in Booten drückten die, die noch nach Luft schnappten, mit Bootshaken unter die Oberfläche. Die gesamten Viehbestände der Stadt und ihrer Umgebung wurden geschlachtet. Überall war der Schnee blutgetränkt.

Einen Einblick in die entsetzlichen Grausamkeiten dieses Krieges in Nowgorod vermittelt auch die Chronik des Cyril-Klosters. Allein in diesem Buch sind 3470 Opfer der Zaren-Barbarei namentlich genannt. Neben den Namen der Familienväter kann man häufig Zusätze lesen wie: »... mit seiner Frau und seinen Kindern; ... mit seinen Töchtern; ... mit seinen zwei Söhnen und zehn Männern, die ihm zu Hilfe kamen; 20 Männer, die zum Dorf gehörten; 80 Menschen aus Matweitsche; ... Gedenke, Herr, der Seelen deiner Diener, der Bewohner dieser Stadt.«[20]

In einem anderen Bericht heißt es, daß »die ärmeren Menschen, von Hungersnot getrieben, die Leichen der Erschlagenen aufaßen und danach ihrerseits erschlagen wurden«.[21]

Neben seiner Lust am Schmerz anderer Menschen war noch ein anderes Motiv für Iwans teuflische Grausamkeit bestimmend. Er wünschte nämlich, keines seiner Opfer solle der Erlösung teilhaftig werden. Sofern es ihm gelang, sämtliche Mitglieder einer Familie einschließlich der entfernten Verwandten auszulöschen, so gab es niemanden mehr, der für die Seele seiner Opfer hätte beten können. Dieser Glaube an die Wirksamkeit der Gebete war ein wichtiger Bestandteil der russischen Religiosität.

Ansicht von Nowgorod am Wolchowfluß.
Kupferstich, 1656

Einem Menschen, der ertränkt, zerstückelt, von Hunden
oder Fischen gefressen oder verbrannt wurde, war selbst
die Möglichkeit einer christlichen Bestattung genommen.
Nach russischer Auffassung waren Menschen, denen
solches widerfuhr, auf ewig zu den Qualen der Hölle ver-
dammt. Deshalb tat Iwan alles, um seinen Feinden die
Segnungen der Kirche und des Gebetes vorzuenthalten.
Nach fünf Wochen des irrwitzigen Wütens ließ der Erz-
schurke die gebrochenen Überlebenden des Gemetzels
zusammentreiben und zwang sie, einer von ihm selbst
verfaßten, ekelerregend scheinheiligen Predigt zu lau-
schen:

Bürger von Groß-Nowgorod, ich gewähre euch das Leben! Betet
zu Gott, zu seiner heiligen Mutter und zu allen Heiligen in unserem
gesegneten Reich, daß der Herr unserer christlichen Armee in ihrem
Bemühen, alle sichtbaren und unsichtbaren Feinde zu überwinden,

Kraft verleihe. Möge Gott diesen Verräter, euren Erzbischof Pimen, und alle seine üblen Ratgeber und Komplizen richten. Diese Verräter werden einst für all dies hier vergossene Blut zur Rechenschaft gezogen werden. Grämt euch nicht über das, was geschehen ist. Lebt ehrbar in Nowgorod! An meiner Stelle lasse ich meinen Bojaren und Befehlshaber, den Fürsten Danilowitsch Pronskij, bei euch als Gouverneur zurück.[22]

Von Sir Jerome Horsey erfahren wir, was der Zar tat, nachdem er nach Moskau zurückgekehrt war:

Iwan beauftragte seine Beamten, zahlreiche junge und alte Menschen samt ihren Familien, ihrem Besitz und ihrem Vieh aus den Städten und Dörfern im Umkreis von 80 Kilometern zu holen und sie die große und zerstörte Stadt Nowgorod säubern und wieder bewohnen zu lassen. Dies kam allerdings einem weiteren Anschlag auf das Leben seiner Untertanen gleich. Denn viele starben an der Pest, von der die ganze ekelerregende Luft in jenem Ort erfüllt war, in den sie kamen.

Diese Grausamkeit erzeugte in seinem ganzen Reich einen solchen allgemeinen Haß, aber auch soviel Angst und Unzufriedenheit, daß es viele Machenschaften und Pläne gab, diesen Tyrannen zu vernichten.[23]

Iwan zog nun triumphierend wieder gen Moskau. Sein Weg führte ihn jedoch durch Pskow. Zunächst plante er, in dieser Stadt ein ähnliches Blutbad anzurichten wie in Nowgorod. Aber dann beschränkte er sich auf nur eine Greueltat und begnügte sich mit dem Raub kostbarer Ikonen und Kirchengewänder sowie einiger Klosterglocken. Die Straße, die auf die Maria-Himmelfahrt-Kirche in Pskow zuführt, heißt heute noch ›Blutige Straße‹. Im Februar 1570 traf hier der Abt des Petscherskij-Klosters, der Gelehrte und Architekt Kornilij, vor dem Portal seiner Kirche ganz zufällig mit Iwan zusammen. Er muß bei dieser Gelegenheit einige Worte gesprochen haben, die den Zaren so wütend machten, daß er sein Schwert zog und Kornilij den Kopf abschlug. Iwan nahm den blutenden Leichnam in seine Arme und trug ihn zur Kathedrale.

Nach Auskunft eines zeitgenössischen Schriftstellers »wurde Iwan sogleich von Reue erfaßt und machte Kornilijs Kloster eine große Schenkung«.[24] In Pskow besuchte Iwan auch den von allen verehrten Einsiedler Salos an einem Fastentag in dessen Klause. Zum Entsetzen des Zaren nannte der Mönch den Herrscher »einen Blutsauger und gierigen Verschlinger von Christenfleisch«. Dann bot er Iwan ein Stück rohes Fleisch an. Der Zar erwiderte, er sei Christ und werde deshalb an einem Fastentag kein Fleisch essen. Daraufhin richtete Salos an ihn die Frage: »Wie ist das möglich, da du doch Menschenblut trinkst?« Iwan war unfähig, darauf eine Antwort zu geben, und rannte aus der Klause.

Wieder in Moskau, beschloß Iwan, auf dem Roten Platz einen weiteren Höhepunkt der Barbarei und des Entsetzen zu veranstalten. Zahlreiche seiner vertrauenswürdigsten Ratgeber waren als Freunde der Angeklagten von Nowgorod denunziert worden. Als man nun den Erzbischof von Nowgorod verhörte, bestätigte dieser, daß Iwan im Kreml gehaßt werde. Die Moskauer selbst verschonte der Zar. Nur 200 ausgesuchte Gefangene ließ er foltern und hinrichten. Aber die Bevölkerung mußte mit ansehen, wie diese armen Männer einen grauenvollen Tod erlitten. Unter ihnen befanden sich Mitglieder des Adels und ehemalige Gefährten Iwans, darunter auch ›verdiente‹ Henkersknechte aus der *Opritschnina,* die sämtlich aufgrund von Foltergeständnissen, welche man den Bewohnern Nowgorods abgepreßt hatte, angeklagt waren. Man röstete und verstümmelte sie, bevor man sie auf den Roten Platz zerrte. Vor Beginn des ganzen Schauspiels mußte auf Iwans Befehl der Sohn Alexeij Basmanows seinen Vater töten, einen der Anführer der *Opritschnik,* bevor auch der Sohn hingerichtet wurde. Fürst Wiasemskij, der bis dahin Iwan ebenfalls nahegestanden war, starb während des Verhörs an den durch die Folter zugefügten Verletzungen.

Achtzehn Galgen und verschiedene Folterinstrumente hießen die widerwilligen Zuschauer auf Moskaus großem Platz willkommen, wo die Gefangenen nach gräßlichen Qualen die Erlösung durch den Tod kaum mehr erwarten konnten. Das haarsträubende Schauspiel dauerte vier Stunden. An diesem Julitag des Jahres 1570 starben zwar ›nur‹ 200 Menschen, aber die unfreiwilligen Zeugen des gräßlichen Geschehens sollten ihr Leben lang von der Erinnerung an diesen Tag gezeichnet sein.

Iwan Wiskowatij, der dem Zaren seit Beginn seiner Herrschaft als Ratgeber gedient hatte, wurde entblößt und an den Fersen aufgehängt. Dann schnitt man ihm »all seinen Unschuldsbeteuerungen zum Trotz« die Ohren, die Lippen, den Penis und die Hoden ab.[25] Am Abend dieses Tages vergewaltigte der Zar Wiskowatijs Frau. Außerdem wurden achtzig *Opritschnik*- Witwen erschossen oder ertränkt.

Die verstümmelten und übelriechenden Leichen der Ermordeten blieben nach Beendigung der Schlächterei tagelang auf dem Roten Platz liegen und verrotteten in der Hochsommerhitze. Nur den Hunden war es gestattet, sich an dem Fleisch der Verstümmelten gütlich zu tun, bis schließlich *Opritschniks* mit langen Messern und Äxten anrückten, um die Überreste in kleine Stücke zu schneiden. Diese Maßnahme sollte heimliche Bestattungen verhindern. Die Leichen der Männer, Frauen und Kinder, die die *Opritschniks* auf dem Lande umgebracht hatten, lagen wochenlang in den Häusern, auf den Straßen und auf den Feldern herum. Die Überlebenden hatten um ihr eigenes Leben Angst, falls sie sich um die Toten kümmerten. Sie schreckten deshalb vor der Bestattung der Opfer zurück, auch weil sie fürchteten, man könne sie andernfalls des Mitleids mit Verrätern anklagen.[26]

Zwei zutiefst abscheuliche Morde ließ der Zar an seinem Schatzmeister, Nikita Afanasijewitsch Founikow, und dessen schöner Frau, der Schwester Fürst Wiasem-skijs, ausführen. Seit Iwans frühen Tagen hatte Founi-kow dem Zaren zur Seite gestanden. Er hatte als einer der letzten dem Thronerben die Treue geschworen, als Iwan 1553 beinahe gestorben war. Dennoch hatte der Zar ihn nicht aus dem Amt entfernt. Es ist möglich, daß der Schatzmeister Schritte unternommen hatte, um Gelder, die aus Nowgorod eingegangen waren, nicht in Iwans endlosem Livlandkrieg zu verschwenden. Der arme Mann war eines der ersten Opfer dieses schrecklichen

Iwan an der Leiche seines erschlagenen Sohnes.
Gemälde von W. G. Schwarz, 19. Jahrhundert

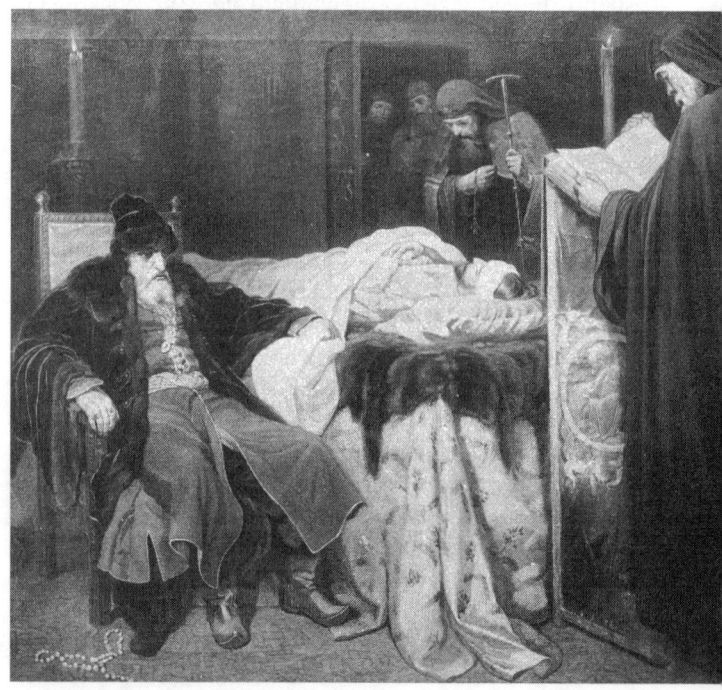

Tages. Man entblößte ihn und tauchte ihn zuerst in kochendes, dann in kaltes Wasser; das ging abwechselnd so weiter, bis sein Herz stillstand. Seine Frau starb auf eine Weise, die die ganze unaussprechliche Verderbtheit des Mannes kundtut, welcher alle diese Tötungen ersann und mehr als jeder andere Mörder der Geschichte den Namen der Schreckliche verdient hat. Da sie nicht sagen konnte, wo oder ob ihr Gatte irgendwelche Wertsachen versteckt habe, brachte man sie in einen Raum und kleidete sie vor den Augen ihrer fünfzehnjährigen Tochter vollständig aus. Das einzig vorhandene Folterinstrument war ein einfaches Seil, das straff von einer Wand zur anderen gespannt war. Man zog sie nun, wobei ihre Beine zu beiden Seiten des Seils hingen, immer wieder vorwärts und rückwärts von einer Seite des Raumes zur anderen. Danach steckte man sie in ein Kloster, wo sie nach kurzer Zeit verschied.[27]

Iwan hatte einen bösen Wind gesät, sein Volk erntete jetzt den Sturm. Der Vers, der im alttestamentarischen Buch Osee (8, 7) auf diese Metapher folgt, beschreibt exakt die nächste Katastrophe, die durch die Ausschweifungen der *Opritschnina* über Rußland kommen sollte: »Nicht sproß ihm eine Saat. Was wächst, das gibt kein Mehl, und würde es gedeihen, verzehrten's Fremde.« Um sich den übertriebenen Forderungen der *Opritschniks* und der Armee zu entziehen, erwirtschafteten die russischen Bauern nur soviel, wie sie für ihren Eigenbedarf brauchten. Aber selbst diese Versorgung brach im Herbst 1570 nach einem ungewöhnlich verregneten Sommer zusammen. Zum Winter hin ging im Lande eine Hungersnot um. Mit dieser Hungersnot kam die Pest und tötete Tausende von Menschen. Ein holländischer Kaufmann berichtete, daß in jenem Winter 250000 Russen starben; Jenkinson schätzte die Zahl der Opfer – mit 300000 – weitaus höher ein. Heinrich von Staden charakterisiert die Freveltaten, die sich die *Opritschniks* vor der Pest hatten zuschulden kommen lassen, knapp in zwei Sätzen: »Das Land war eine trostlose Einöde. Die kleinen Bauern hätten sich am liebsten lebendig begraben, nur um der Ungerechtigkeit zu entgehen.«[28]

Nach der Pest kamen die Tataren von der Krim. Ihr Khan, Dewlet Girej, hatte von der in Rußland grassierenden Hungersnot, von der Pest, dem Engagement von Iwans Armee in Livland und von der Dezimierung der fähigsten Männer Rußlands Kunde erhalten. Er hatte geschworen, für den Verlust von Kasan und Astrachan Rache zu nehmen, und glaubte, die Zeit der Vergeltung sei gekommen. Mit einer Armee von 120 000 Mann marschierte er in Rußland ein und erreichte die Tore Moskaus, ohne auf Widerstand zu stoßen. Iwans Soldaten, die am Fluß Oka standen, umging er. Ohne den Beginn des Angriffs auf Moskau auch nur abzuwarten, floh Iwan nach Alexandrowsk und von dort aus weiter gen Norden nach dem zweihundert Kilometer von Moskau entfernten Rostow. Iwans Armee, die hundert Kilometer südlich von Moskau am Oka stand, war 50 000 Mann stark. Ohne den verheerenden Livlandkrieg hätten seine Streitkräfte viel mächtiger sein können. Der Haß auf den Zaren war mittlerweile so allgemein geworden, daß Deserteure die tatarische Vorhut an unbewachten Stellen über den Fluß geleiteten. Iwans Hauptheer, das auf dessen Befehle wartete, die allerdings niemals eintrafen, leistete nur einen Scheinwiderstand und zog sich zurück. Dabei gaben seine Soldaten die Straße nach Moskau völlig frei. Dort machten die Tataren an die 150 000 Gefangene, meist junge Frauen und Mädchen. Ein Gesandter des Khan fand Iwan schließlich nördlich der Hauptstadt in Alexandrowsk und überbrachte ihm die Duellforderung seines Herrn, da der Zar sich ja offensichtlich den Tataren mit seinem Heer nicht stellen wolle. Um zu demonstrieren, welch jämmerliche Figur er vor seinen Untertanen und vor der Welt abgebe, überreichte ihm der Gesandte ein

Messer und empfahl ihm, sich mit dieser Waffe am besten selbst den Tod zu geben. Die Tataren setzten nun die Vorstädte Moskaus in Brand. Sie stürmten die Stadt und schlugen bis auf den Kreml alles kurz und klein. Zu diesem Zeitpunkt war die Stadt voller Russen, die dort Schutz suchten. Diese und die Einwohner eilten nun zum Kreml, um sich hinter dessen starken Mauern in Sicherheit zu bringen. Aber alle Tore waren versperrt. Männer, Frauen und Kinder warfen sich daraufhin in heller Panik in die Moskwa. Bei dieser Gelegenheit ertranken und erstickten so viele Menschen in dem Fluß, daß das Wasser nicht mehr abfließen konnte.

Die Geschwindigkeit, mit der sich das Feuer in Moskau ausbreitete, überraschte die Tataren, und sie zogen sich mit ihrem gigantischen Gefangenentroß wieder auf die Krim zurück. Die hohe Zahl der Gefangenen deutet darauf hin, daß viele Russen glaubten, sie hätten nichts zu verlieren. Sie hielten wohl ein Sklavenleben in dem wärmeren Klima eines anderen Landes nicht für schlechter als ein Leben unter den inhumanen Bedingungen, die ihr eigenes Land ihnen bot. Nachdem die Tataren das Land verlassen hatten, kehrte Iwan in den Kreml zurück, wo er eine Botschaft Dewlet Girejs vorfand:

Wegen Kasan und Astrachan verbrenne und verwüste ich alles, was vor mir liegt. Ich habe deine Stadt in Brand gesetzt. Ich wollte deinen Kopf und deine Krone, aber du bist nicht erschienen und nicht gegen uns marschiert. Und dennoch rühmst du dich als Monarch von Moskau.[29]

Sogar noch nach dieser Katastrophe blieb Iwan Herr in seinem Reich, was nur zu deutlich zeigt, wie leicht es war, das russische Volk zu beherrschen. Der Khan forderte die Übergabe von Kasan und Astrachan und drohte, wiederum auf Moskau zu marschieren. Iwan erwiderte, er werde Astrachan möglicherweise aufgeben und dem Khan eine hohe Geldsumme als Entschädigung zahlen. Im darauffolgenden Sommer griff Dewlet erneut an. Diesmal blieb Iwan 500 Kilometer vor Moskau in Nowgorod. Aber er hatte genügend Zeit gehabt, unter dem Oberbefehl Fürst Michael Worotijnskijs eine Armee nach Süden zu schicken. Der Kampfmut der Soldaten und die geschickte Taktik ihres Generals bewahrten Iwan vor einer zweiten schlimmen Niederlage. Nach etlichen Kämpfen, die nur 50 Kilometer vor Moskau stattfanden, wurden die Tataren besiegt und kehrten auf die Krim zurück. Das Blutbad, das Iwan in Nowgorod angerichtet hatte, und die schimpfliche Zerstörung seiner Hauptstadt durch die Tataren, das Elend und die Verwüstungen, welche die verhaßten *Opritschniks* angerichtet hatten – dies alles hatte das russische Volk so sehr eingeschüchtert, daß es sich des Urhebers seiner Schmach und seiner Leiden nicht entledigte. Niemand weiß, was diese Menschen damals wirklich über ihren Zaren dachten. Aber vielleicht glaubten immer noch viele daran, daß ein zorniger Gott ihn gesandt habe, um sie zu züchtigen.

8

Iwan und Königin Elisabeth

Vom russischen Standpunkt aus betrachtet, stellt sich die Geschichte der englisch-russischen Beziehungen überwiegend als Mißerfolg dar. So manchem Expansionsplan, den Rußland zu Lasten der Türkei, Persiens, Indiens und Chinas durchzuführen gedachte, wäre vielleicht Erfolg beschieden gewesen, doch alle diese Ambitionen scheiterten am englischen Widerstand. Im 17. und 18. Jahrhundert war Sibirien nur der Hinterhof Rußlands, und die Region weiter östlich war noch völlig unerforscht und stieß bei den europäischen Mächten auf wenig Interesse. Doch im 19. Jahrhundert wurde jenes unbekannte Gebiet Ostsibirien erschlossen. In dieser schwierigen Situation bekam es Rußland ständig mit den allgegenwärtigen Engländern zu tun. Auch der russischen Expansion in den Schwarzmeergebieten geboten die Engländer Einhalt, denn sie unterstützten die Türkei und Persien. In Zentralasien wurde die russische Expansion durch die Briten in Afghanistan und Indien aufgehalten. Und auch im heutigen Fernen Osten Rußlands setzte der stetige Westmarsch der Briten in Kanada dem russischen Expansionsdrang vermutlich Schranken. Ausschlaggebend dafür, daß Rußland im Jahre 1867 Alaska für lächerliche sieben Millionen Dollar an die Vereinigten Staaten von Amerika verkaufte, war wohl das Bestreben, unter allen Umständen eine Übernahme Alaskas durch England zu verhindern. Auch in China richteten sich ab 1833 unter dem Schutz eines britischen Regierungsbeauftragten englische Händler ein. Damals hatte England endgültig seine absolute Weltstellung erreicht. Unter dieser Entwicklung litt natürlich auch der russisch-chinesische Überlandhandel ganz erheblich, der bis dahin über das südlich des Baikalsees gelegene Kijachta abgewickelt worden war. 1842 besetzten die Briten Hongkong, das nur 100 Kilometer von Kanton, dem wichtigsten chinesischen Hafen, entfernt war. In den Augen einiger Berater des Zaren war es deshalb nur folgerichtig, daß die erwerbstüchtigen Engländer mit ihrer mächtigen Flotte auch die Amur-Mündung in Ostsibirien besetzen

Elisabeth I., Königin von England.
Gemälde von Pourbus, 16. Jahrhundert

würden. Dieses Gebiet war so entlegen, daß kaum zu erwarten stand, China werde sich der Durchführung eines solchen Planes entgegenstellen. Es handelte sich um ein völlig menschenleeres Territorium, das auf Besiedlung und Ausbeutung geradezu wartete.

England spielte diese Obstruktionsrolle seit Anbeginn der britisch-russischen Beziehungen. 1551 gründete Sebastian Cabot gemeinsam mit einer Gruppe wagemutiger Kaufleute in London »die Gilde und Gesellschaft der Handelsabenteurer zur Entdeckung noch unbekannter Gebiete, Gemeinwesen, Inseln und Ortschaften«. Cabots Vater war der Entdecker Neufundlands, das später die erste englische Kolonie wurde. Das erklärte Ziel der von Cabot junior gegründeten Gesellschaft war es, eine neue Route nach China zu finden.

Die Genueser, Venezianer, Spanier und Holländer hatten im Wettrennen um den Fernen Osten die Engländer zu diesem Zeitpunkt weit hinter sich gelassen. 1337 hatten die Genueser eine Handelsniederlassung im südlichen China gegründet und trieben seither einen äußerst profitablen Seiden- und Gewürzhandel. Der Zimt, die Muskatnüsse und der Pfeffer, die sie nach Europa brachten, trugen zur Verfeinerung der westlichen Eßkultur erheblich bei. Diese Seeleute waren auf der südöstlichen Route rund um das Kap der Guten Hoffnung und durch den Indischen Ozean gesegelt. Cabot war entschlossen, einen kürzeren Weg zu finden. Er hoffte, die Schiffe seiner neuen Gesellschaft würden eine Nordost-Passage entdecken. Seine erste Expedition bestand aus nur drei Schiffen und einer Besatzung von insgesamt 111 Männern, und zwar der *Edward Bonaventura*, der *Bona Esperanza* und der *Bona Confidencia*. Unter dem Oberkommando von Sir Hugh Willoughby, der zugleich auch Kapitän der *Bona Esperanza* war, stach diese erste Expedition am 10. Mai 1553 in Deptford in See. Man hatte verabredet, daß für den Fall einer Trennung jedes Schiff einzeln

Vardo, eine vor der Küste Lapplands gelegene Insel, anlaufen und dort auf die anderen warten solle.

Henry Sidney, Sir Philip Sidneys Vater, bewies echten Realitätssinn, als er die Kaufleute der neuen Gesellschaft vor ihrer Expedition verabschiedete. Er prophezeite den Seefahrern, sie müßten darauf gefaßt sein, »wilde und grausame Menschen« zu treffen und »den unglaublichsten und schrecklichsten Seeungeheuern« zu begegnen.[1] Angesichts der gefährlichen Route und der geringen Größe der Schiffe überrascht es kaum, daß das Unheil tatsächlich nicht lange auf sich warten ließ. Ein paar Tage, nachdem die Schiffe die Shetlandinseln verlassen hatten, gerieten sie in einen schweren Sturm und verloren sich aus den Augen. Die *Esperanza* und die *Confidencia* wurden im darauffolgenden Frühling vor der Küste Russisch-Lapplands entdeckt. Die einundsechzig Besatzungsmitglieder waren zu Eisstatuen gefroren. Das dritte Schiff, die *Bonaventura*, gelangte sicher nach Vardo. Richard Chancellor, ihr Kapitän, wartete sieben Tage auf die beiden anderen Schiffe und segelte dann alleine weiter. Nach zwei Monaten sichtete er zum erstenmal Land. Am 24. August ging sein Schiff unweit der heutigen Stadt Archangelsk in der Dwinamündung vor Anker.

Da Chancellor weder See- noch Landkarten dieser Gegend besaß, hatte er keine Vorstellung davon, wo er sich gerade befand. Er suchte mit den Einheimischen in Kontakt zu treten, die zunächst vor ihm wegliefen, dann aber zurückkehrten und seine Füße küßten. So erfuhr er von ihnen, daß er in Rußland sei. Den ortsansässigen Fischern war es nicht gestattet, ohne die Erlaubnis ihres Herrschers mit den Fremden Geschäfte zu treiben. Chancellor bat sie deshalb, ihn und seine Männer zum Zaren zu bringen. Aber zunächst mußte ein Bote mit der Meldung nach Moskau geschickt werden, daß Fremde angekommen seien und man um weitere Anweisungen bitte. Iwan der Schreckliche war sich darüber im klaren, daß

Litauen und Schweden ihm Livland nicht kampflos überlassen würden. Außerdem wußte er, daß seine Armee seinen Nachbarn technisch weit unterlegen war. Er war deshalb über die Ankunft der Engländer hocherfreut und gab den Befehl, sie unverzüglich nach Moskau zu bringen. Chancellor war inzwischen ungeduldig geworden und hatte sich auf eigene Faust auf die 2300 Kilometer weite Reise nach Moskau begeben, ohne noch länger auf den Boten des Zaren zu warten. Mehr als drei Monate, nachdem er im Weißen Meer an Land gegangen war, erreichte er im Dezember schließlich gemeinsam mit seinen Männern Moskau. Sie mußten zwölf Tage warten, bevor man sie zum Zaren vorließ. Es stand ihnen jedoch frei, sich unter Aufsicht relativ ungehindert in der Hauptstadt zu bewegen. Chancellor schätzte nicht anders als Hakluyt, daß Moskau »größer [sei] als London mit seinen Vorstädten …, diesem jedoch an Schönheit und Anmut nicht standhält«. Endlich kam der Tag, als die Engländer eine Audienz beim Herrscher erhielten. Iwan der Schreckliche war damals erst dreiundzwanzig Jahre alt, aber wie Chancellor später Clement Adams, einem am englischen Hof tätigen Privatlehrer, berichtete, war an dem jungen Zaren keine Spur von Unreife zu erkennen:

Unsere Männer waren beeindruckt von der Erhabenheit des Herrschers, als man sie in den Audienzsaal führte. Er saß erhöht auf einem wahrhaft königlichen Thron. Auf seinem Kopf hatte er ein Diadem bzw. eine Goldkrone. Er trug eine mit Goldschmiedearbeiten durchwirkte Robe, und in seiner Hand hielt er ein Zepter, das mit Edelsteinen besetzt war. Aber nicht nur war seine ganze Erscheinung wahrhaft fürstlich, sondern auch sein Gesichtsausdruck ließ eine Hoheit erkennen, die genau der Vorzüglichkeit seines Standes entsprach. Links und rechts von ihm standen sein Chefsekretär Michailow [Iwan Michailowitsch Wiskowatij] und der große Zeremonienmeister; beide waren gleichermaßen mit goldenen Gewändern ausstaffiert. Außerdem saß dort der Rat von einhundertfünfzig Männern, die alle in gleicher Weise ausstaffiert und von hohem Stande waren.

Diese so ehrbare Versammlung und eine solche Erhabenheit des Herrschers und des Ortes hätten unsere Männer wohl leicht aus der Fassung bringen können. Aber der unerschrockene Master Chancellor entbot seinen Gruß und tat nach Englands Brauch gegenüber dem Herrscher seine Pflicht. Er händigte ihm die Nachricht unseres Königs Edward IV. aus.[2]

Iwan der Schreckliche nahm nun den Brief in Augenschein, der in verschiedenen Sprachen – darunter auch Griechisch – abgefaßt war, und ließ sich dessen Inhalt ins Russische übersetzen. Später am selben Tag lud man die Engländer zu einem Staatsbankett. Adams zeichnete ebenfalls genau auf, was Chancellor ihm hierüber berichtete. Aus seinen Schilderungen geht insbesondere hervor, daß im damaligen Rußland der Gegensatz zwischen der Üppigkeit des Hofes und der Armut ringsum sehr auffällig gewesen sein muß:

Der Herrscher sitzt auf einem hohen stattlichen Thron und ist mit einer Silberrobe angetan. Auf seinem Kopf trägt er ein Diadem. Nachdem man unseren Männern einen Platz gegenüber Iwan angewiesen hat, setzen sie sich. Alle Gäste sind mit Leinengewändern bekleidet, die mit reichen Innenfuttern ausstaffiert sind. Wann immer der Herrscher ein Brot oder ein Messer zur Hand nimmt, bekreuzigt er zunächst seine Stirn. Bevor das Fleisch aufgetragen wird, reicht er jedem seiner Gäste unter Bekanntgabe von dessen Titel und dessen Ehren ein Stück Brot, wobei er spricht: »Der Großherzog von Moskau, der Zar von Rußland, reicht dir, Johann Wassilijwitsch, ein Stück Brot.«

Daraufhin erheben sich die Gäste der Reihe nach und nehmen dann wieder Platz. Danach erscheint der Zeremonienmeister mit einer außerordentlich großen Zahl von Dienern, welche nun die Gedecke auftragen. Sobald er dem Herrscher seine Reverenz erwiesen hat, stellt er eine goldene Schüssel auf den Tisch, in der sich ein junger Schwan befindet. Er legt Hand an die übrigen Gedecke, da man sie nicht in der richtigen Reihenfolge hereingebracht hat. Unser Gewährsmann weiß es zwar nicht mit Gewißheit zu sagen, aber es ist wahr, daß das Geschirr und die Trinkgefäße, die für die einhundert Gäste bereitstanden, alle aus reinem Gold waren und daß die Tische derart mit Goldgefäßen überladen waren, daß sie einigen von ihnen keinen Platz mehr boten.

Es verdient noch Erwähnung, daß die 140 ganz in Gold gekleideten Bediensteten während des Banketts dreimal ihr Gewand wechselten. Wie die übrigen Gäste erhielten auch sie ihr Brot vom Herrscher zugeteilt. Nach Beendigung des Mahles wurden wegen der beginnenden Dämmerung Kerzen hereingetragen, und der Herrscher rief alle seine Gäste und die Edlen bei ihrem Namen auf, und zwar in einer Weise, daß es geradezu wunderbar erschien.[3]

Während des ganzen Banketts saß Iwan abgesondert von den anderen da. »Niemand saß in seinem weiten Umkreis.« Nicht nur die Diener kleideten sich einige Male um. Auch Iwan selbst wechselte seine Krone einmal vor dem Bankett und zweimal während des langen Mahles. Chancellor hatte sich während der Tage des Wartens einige Militärparaden in Moskau angesehen und war beeindruckt von der Ausrüstung der Kavallerie. Er berichtete, die Kavalleristen hätten »einen Kettenmantel« getragen und »auf dem Kopf einen Totenschädel. Einige der Mäntel sind mit Samt oder Gold besetzt. Das höchste Verlangen dieser Männer ist es, auf dem Schlachtfeld besonders prächtig zu erscheinen. Der Herzog [Iwan der Schreckliche] ist über alle Maßen reich gekleidet. Sein Baldachin ist mit goldenem oder silbernem Tuch bespannt und so reich mit Edelsteinen besetzt, daß es wundervoll anzusehen ist. Ich habe die Baldachine der Königlichen Majestäten Englands und des französischen Königs gesehen, die zwar erlesen schön sind, an diese indes nicht heranreichen.«

In seinen Bemerkungen über die religiösen Auffassungen und Bräuche der Russen weist Chancellor auch darauf hin, daß jeder Leichnam mit einem Bittbrief an den hl. Petrus ausgestattet wurde. In diesem Brief wurde der Heilige gebeten, dem Verstorbenen im Himmel doch einen höheren Platz anzuweisen als den römisch-katholischen Gläubigen.

Die Engländer statteten auch Nowgorod und dem nordöstlich von Moskau an der Wolga gelegenen Yaroslawl Besuche ab. Ende Februar 1554 brachen sie von Moskau aus wieder in Richtung Nordküste auf. Ihr epochemachender Besuch sollte in der Zukunft noch reiche Früchte tragen. Chancellor brachte das Angebot des Zaren für einen russisch-englischen Handelsvertrag mit nach Hause, der den englischen Kaufleuten »den unbeschränkten Handel mit jeglicher Art von Waren und zu jeglicher Freiheit, zu kommen und zu gehen, wohin sie wollen, in meinem ganzen Reich« eröffnete.[4]

1555 segelten die *Bonaventura*, eine neue *Confidencia* und eine ebenfalls neue *Esperanza* unter Chancellors Oberkommando nach Rußland. Der für den Zaren bestimmte Brief der englischen Königin Maria und des ihr ein Jahr zuvor angetrauten Philipp von Spanien begann mit der folgenden eindrucksvollen Aufzählung von Titeln: »Maria und Philipp, König und Königin von England, Frankreich, Neapel, Jerusalem und Irland, Prinz und Prinzessin von Spanien und Sizilien, Erzherzöge von Österreich, Herzöge von Mailand und Brabant.« Das Schreiben war in italienischer, griechischer und polnischer Sprache abgefaßt und muß Iwan wohl einen übersteigerten Eindruck von Englands tatsächlicher Macht in Europa gegeben haben. Chancellor und er erörterten nun die weiteren Einzelheiten des Handelsvertrages. Man kam überein, daß künftig ein russischer Botschafter die Interessen seines Landes in England vertreten würde. Englands Interessen sollten von zwei ständigen Beauftragten wahrgenommen werden, von denen einer in Moskau akkreditiert sein sollte und der zweite in Kolmogorij, dem Ort, wo Chancellor zuerst gelandet war. Kolmogorij wurde dann später zum Hauptumschlagplatz englischer Handelsgüter.

Ein schwerer Sturm hätte auf der Rückreise nach England beinahe der gesamten Expedition ein tragisches

Ende bereitet. Die *Esperanza* und die *Confidencia* verschollen samt Besatzung nahe der norwegischen Küste. Die *Bonaventura* hielt diesem Unwetter zwar stand, zerschellte aber kurz darauf nicht weit von Kinnaird's Head an den Felsen der schottischen Nordostküste. Chancellor und fast die ganze Mannschaft fanden dabei den Tod. Osip Nepea, der erste russische Botschafter in England, und ein paar Seeleute konnten sich mit Mühe und Not an die Küste retten. Nepea hatte einige wertvolle Geschenke des Zaren mitgebracht, darunter auch mit Gold und Zobel durchwirkte Stoffballen. Diese Bündel trieben an Land. Anders als die gehorsamen Einheimischen von Kolmogorij stahlen die schottischen Küstenbewohner diese Geschenke ganz ohne Bedenken. Der Botschafter war über das Ende der Expedition äußerst bestürzt. Als er schließlich in London eintraf, bereiteten ihm jedoch 140 Mitglieder der Muskovy Company samt der gleichen Anzahl von Dienern einen ermutigenden Empfang. Während seines Einzugs in die Hauptstadt veranstaltete man zu seiner Unterhaltung sogar eine Fuchsjagd.

Iwan der Schreckliche glaubte, die Aufnahme von Handelsbeziehungen mit England werde ihm die Möglichkeit verschaffen, von dort die Waffen zu beziehen, die er für seinen Krieg gegen Litauen und Polen so dringend benötigte. Vielleicht würden sogar Truppen folgen, sollte über kurz oder lang ein echtes Bündnis mit dem Inselreich zustande kommen. Er ersuchte deshalb zunächst die Königin Maria, jeglichen Handel mit Polen zu unterbinden. Zur selben Zeit schrieb der König von Polen den Engländern einen Brief, indem er sie darum bat, keinerlei Handelsbeziehungen mit Rußland einzugehen: »Bisher konnten wir ihn [Iwan] beherrschen, weil ihm Bildung und Kultur fremd waren.« Aber Maria und später dann Elisabeth ignorierten die Wünsche beider Herrscher. Sie waren lediglich daran interessiert, England im Rußlandhandel eine Monopolstellung zu sichern. Nepea sträubte sich allerdings, den Engländern ein derartiges Vorrecht einzuräumen. Er fand die bedenkenlose Eile, mit der die Engländer ihren Vorteil suchten, befremdlich. Daraufhin schrieb der Sekretär der Muscovy Company dem englischen Gesandten in Moskau – wie bereits erwähnt – einen Brief. Darin merkte er an, daß »wir den Botschafter für bei weitem der Vernunft nicht so zugänglich halten, wie wir ursprünglich angenommen hatten. Er ist sehr mißtrauisch und glaubt, jedermann wolle ihn hintergehen.«[5]

Antony Jenkinson, einer der brillantesten englischen Abenteurer-Unternehmer, ließ sich durch den mangelnden russischen Kooperationswillen nicht weiter beeindrucken. 1557, im letzten Jahr der unglücklichen Regierungszeit von Königin Maria, segelte er ins Weiße Meer, um die gewünschte Monopolstellung der englischen Kaufleute doch noch sicherzustellen. Als er schließlich in Moskau eintraf, veranstaltete der Zar für ihn ein großes Bankett, das fünf Stunden dauerte, und beschenkte ihn danach mit einem herrlichen Mantel aus rotem Damast. Der Zar faßte sofort eine Zuneigung zu Jenkinson und war von dessen Klugheit und Wissen beeindruckt. Infolgedessen nahmen die Engländer nun allmählich am russischen Hofe eine Stellung ein, um die sie von den übrigen Ausländern, aber auch von den Russen selbst, beneidet wurden.

Jenkinson erkannte sofort, daß es nicht ratsam war, den Zaren übereilt zu weiteren Konzessionen zu drängen. Er hatte rasch begriffen, daß man in Moskau wie auch in den anderen östlichen Ländern die besten Ergebnisse erzielt, wenn man sich gleichgültig und desinteressiert gibt. Deshalb ließ er sich Zeit und genoß vier Monate lang alle Unterhaltungen und Ablenkungen, die das Moskauer Gesellschaftsleben zu bieten hatte. Im April 1558 machte er sich dann auf den Weg nach Bochara, um sich einer der Karawanen anzuschließen, die von dort aus bisweilen nach dem damals Kathay genannten China zogen. Sein ganzes Auftreten auf dieser Reise erwies Jenkinson als perfekten Gentleman.

Mit englischen Tuchmustern ausgestattet, reiste er in Begleitung der beiden Engländer Richard und Robert Johnson und eines tatarischen Führers mit dem Schiff die Moskwa und die Oka hinab nach dem an der Wolga gelegenen Nižnij-Nowgorod. Von dort aus folgte er dem 3800 Kilometer langen Fluß bis nach Astrachan, wo die Wolga in das Kaspische Meer mündet. Anschließend reiste er mit seinen Begleitern per Schiff zur Ostküste des Kaspischen Meeres und setzte dann seine Expedition auf Kamelen fort. Abgesehen von einem Angriff türkischer Banditen, den sie mit Feuerwaffen abwehrten, hatten sie auf dem Weg nach Bochara keine größeren Abenteuer zu bestehen. Am 23. Dezember 1558, acht Monate, nachdem die kleine Gruppe in Moskau gestartet war, erreichten die drei Engländer – übrigens als erste Briten – die zentralasiatische Stadt. Jenkinson notierte, daß »diese Stadt sehr groß ist und ihre Häuser meistenteils aus Erde sind. Aber es gibt dort auch prächtig gebaute und verzierte Häuser, Tempel und Monumente aus Stein.« Besonders beeindruckt war er von den Badehäusern: »Die Badeöfen sind so kunstvoll erbaut, daß dergleichen nirgendwo in der Welt zu finden ist: und zwar so außerordentlich schön, daß ich nicht genügend Worte habe, es zu beschreiben.«

Der Khan von Bochara zeigte sich sehr freimütig gegen die Engländer. Er »nötigte uns, vor seinen Augen Handfeuerwaffen abzufeuern und übte sich dann selbst in ihrem Gebrauch«. Allerdings ließ das Betragen des Khans letztlich doch zu wünschen übrig. »Nach all seiner großartigen Gastfreundschaft zeigte er sich vor meiner Abreise zuletzt doch noch als echter Tatar: Denn er zog in den Krieg und blieb mir Geld schuldig. Er war mir den Gegenwert von 19 Bahnen Kersey [ein englisches Tuch] schuldig.« Diese Kleinkriege begünstigten nicht gerade Jenkinsons Weiterreise nach China. Er erfuhr, daß die Feindseligkeiten seit etwa drei Jahren immer wieder aufgeflackert waren. Im übrigen konnte ihm niemand sagen, wann die nächste Karawane aufbrechen würde. Die Hin- und Rückreise dauerte schon unter normalen Bedingungen neun Monate. Aber noch länger warten konnte und wollte er nicht. Außerdem riet man ihm, Bochara zu verlassen, da die Stadt sich auf einen Krieg vorbereite.

Jenkinson und seine Freunde schlossen sich der nächsten Karawane nach Astrachan an. Zehn Tage später wurde Bochara tatsächlich angegriffen. Die Stadt wurde vom Khan von Samarkand zunächst belagert und dann geplündert. Fast sechs Monate vergingen, ehe Jenkinson wieder in Moskau war. Begleitet wurde er von einem Gesandten aus Bochara und dessen Gefolge, einem weiteren Gesandten des (südlich der heutigen afghanischen Grenze gelegenen) Königreichs von Balch und vier Botschaftern aus Urgenij, einem kleinen tatarischen Khanat südlich des Aral-Sees. Urgenij war die alte Hauptstadt von Tschoresim. Es war bereits Jahrhunderte zuvor einmal von Dschingis-Khan geplündert und von Tamerlan dem Erdboden gleichgemacht worden. In Jenkinsons Gesellschaft befanden sich überdies fünfundzwanzig Russen, die »viele Jahre als Sklaven im Tatarenreich« gelebt hatten. Für Iwan den Schrecklichen hatte der Engländer ein nutzloses, aber dennoch originelles Geschenk mitgebracht: nämlich »den Schwanz einer weißen Kuh aus Kathay«. In einer Abhandlung über die englisch-russischen Beziehungen, die der russische Geheimrat und Historiker Dr. J. Hamel 1846 publizierte, bezeichnete dieser das Präsent als »Schwanzriemen eines Yak-Ochsen«.[6]

Der unerschrockene Jenkinson kehrte nun für ein Jahr nach England zurück. Danach schickte ihn die neue Königin Elisabeth erneut nach Moskau. Nachdem Iwan die Zuverlässigkeit des Engländers ein weiteres Mal auf die

Probe gestellt hatte – zu diesem Zweck beauftragte er ihn, in Persien Geheimverhandlungen zu führen –, händigte er ihm einen Brief aus. Darin unterbreitete er England einen Bündnisvertrag. Er hatte den Engländern bereits das Monopol für den gesamten über das Weiße Meer abgewickelten Rußlandhandel eingeräumt. Obendrein hatte er den Briten für deren Persien- und Chinahandel eine generelle Durchreisegenehmigung durch Rußland erteilt. Jetzt forderte Iwan als Gegenleistung einige Vergünstigungen. Da diese Wünsche fast ausschließlich mündlich übermittelt und außerdem geheimgehalten wurden, wissen wir über seine Forderungen kaum etwas Genaues. Aber einige der Details sind dennoch bekannt geworden. So schlug Iwan vor, zwischen den beiden Ländern ein defensives und ein offensives Bündnis abzuschließen. Er regte an, Königin Elisabeth möge ›seinen Freunden ein Freund und seinen Feinden ein Feind sein‹, dann werde er sich umgekehrt der gleichen Loyalität verpflichtet fühlen. Und er bat um die Übersendung von »Schiffbaumeistern, die auch segeln können«. Schließlich gelüstete es ihn noch nach »den verschiedensten Artilleriegeschützen und nach Kriegsgerät aller Art«. Des weiteren zeigte er sich interessiert an:

Baumeistern, die für uns Befestigungsanlagen, Bastionen und Paläste bauen können – ebenso an Chirurgen und Apothekern wie auch an Meistern, die sich auf die Entdeckung und Ausbeutung von Gold- und Silberminen verstehen.

Noch überraschender wirkt Iwans Vorschlag, Elisabeth und er sollten sich wechselseitig die Gewährung von Zuflucht versprechen. Denn immerhin sei es durchaus möglich, daß einer von ihnen beiden eines Tages froh sein werde, Zuflucht in einem Land zu finden, das ihm »Erlösung von Angst und Gefahr verheißt«. Inzwischen war Iwan nämlich davon überzeugt, alle seine Untertanen seien ihm gegenüber feindlich gesinnt oder unfähig, seine gottgleiche Autorität über sie zu verstehen. Deshalb war es für ihn nur folgerichtig, auch eine Flucht vor diesen unwürdigen und verachtenswerten Menschen ins Auge zu fassen. Sir Jerome Horsey berichtet, daß Iwan »in großer Gefahr sowie in Angst vor Verrat und Ermordung lebte«.[7]

Elisabeth ließ sich mit der Beantwortung dieser peinlichen Anfrage Zeit. Es lag ihr fern, ihr Land auf solche Weise an ein anderes zu binden. Iwan gestattete ungeachtet dieser Verzögerung Mitgliedern der Muscovy Company im September 1567, russisches Gebiet bis nach Kasan, Astrachan, Narwa und Dorpat in Livland zu bereisen und dort Handel zu treiben – im Süden sogar bis Bulgarien. Von einem politischen Bündnis war jedoch nun zunächst keine Rede mehr. Bald schon erfuhr Elisabeth jedoch, daß Iwan im Auftrag fremder Mächte agierenden Händlern, darunter allerdings auch zwei Engländern, den erst kurz zuvor eroberten baltischen Hafen Narwa geöffnet hatte. Daraufhin sandte sie Thomas Randolfe als neuen Botschafter nach Moskau, zumal auch die in der Muscovy Company zusammengeschlossenen Kaufleute immer häufiger durch Restriktionen behindert wurden. Thomas Randolfe erhielt Anweisung, ›die Ordnung des englischen Handelsverkehrs wiederherzustellen‹.

Es hatte sich bereits gezeigt, daß Iwan bereit war, den Engländern sehr weit entgegenzukommen. Er hatte diesen Fremden wirtschaftliche und soziale Vergünstigungen eingeräumt, die nicht mit ihren materiellen Gegenleistungen in Einklang standen. Seinem Ersuchen nach der Entsendung handwerklich ausgebildeter Fachkräfte wurde nur in sehr geringem Umfang entsprochen, und der Warenaustausch blieb ebenfalls hinter seinen Erwartungen zurück – was angesichts der großen Entfernung zwischen beiden Ländern nicht weiter verwundert. Die Menschen in Moskau waren über die Leutseligkeit, mit welcher ihr Zar den Engländern begegnete, zweifellos überrascht. Nun erhielten sie noch weitere Beweise für das außerordentliche Interesse, das Iwan diesem fernen Land entgegenbrachte. Aber worauf wollte der Zar hinaus?

Allerdings waren nicht nur die Russen verwirrt. Randolfe wurde in Moskau äußerst kühl empfangen. Er mußte geschlagene vier Monate warten, bevor der Zar ihn erstmals zu einer Audienz empfing. Worüber die beiden bei diesem Zusammentreffen sprachen, ist nicht bekannt. Ein paar Tage später stattete Randolfe – als Russe verkleidet – dem Kreml einen mitternächtlichen Besuch ab. Dann hatte er eine dreistündige Unterredung mit dem Zaren. Aber auch über diese Begegnung wissen wir so gut wie nichts. Königin Elisabeth hatte Randolfe angewiesen, er solle Iwan zu verstehen geben, daß dieser im Falle eines Falles in England stets willkommen sei. Randolfe deutete jedoch an, es sei unwahrscheinlich, daß seine Königin ihrerseits in Rußland Zuflucht suchen werde. Denn da ihr keine Gefahr drohe, brauche sie auch keinen Zufluchtsort.

Zu einem späteren Zeitpunkt erwähnte Iwan einmal, daß Randolfe bei dieser Gelegenheit ausschließlich »von pöbelhaften Geschäftsdingen sprach und kaum bereit war, unseren fürstlichen Angelegenheiten einige Aufmerksamkeit zu schenken«.[8] Ungeachtet solcher Vorbehalte bestätigte der Zar das den Engländern bereits früher zugestandene Handelsmonopol im Weißen Meer. Auch wurde ihnen abermals das Recht verliehen, auf ihren Handelsreisen nach Persien und Bochara russisches Gebiet zu durchqueren. Außerdem wurden sie beauftragt, die Ausbeutung einer am Wijtschegda-Fluß, ungefähr tausend Kilometer nordöstlich von Moskau, gelegenen Erzmine zu übernehmen. Königin Elisabeth registrierte die aus Rußland eintreffenden Nachrichten vermutlich dennoch mit gemischten Gefühlen. Horsey berichtet,

Iwan habe bei Wologda »zahlreiche durchaus brauchbare Schiffe bauen und seine wertvollsten Schätze zum Verladen dorthin schaffen lassen – in der Absicht, die Dwina hinabzufahren und dann weiter mit englischen Schiffen nach England«. Tatsächlich sah es zwischenzeitlich so aus, als erwäge der Zar von Rußland ernsthaft, nach England zu flüchten. Elisabeth versicherte ihm, daß man ihm bei Bedarf in England ein entsprechendes Haus zur Verfügung stellen würde. Um ihn jedoch in dieser Sache nicht allzusehr zu ermutigen, ließ die englische Königin ihn wissen, daß er für die Kosten seiner Unterbringung selbst würde aufkommen müssen. Diese Forderung war angesichts seines gewaltigen persönlichen Reichtums nur vernünftig.

Drei Jahre waren nun bereits vergangen, seit Iwan erstmals ein offizielles Bündnis zwischen Rußland und England vorgeschlagen hatte. Jenkinson hatte derweil mit den Russen über den Abschluß eines Handelsvertrages gesprochen, der auch tatsächlich im September 1567 zustande kam. Nach J. Hamels Auskunft unterbreitete Iwan im Verlauf dieser Verhandlungen erstmals einen erstaunlichen Vorschlag, denn er soll erklärt haben: »Und nun müssen wir mit Königin Elisabeth wegen einer möglichen Heirat Kontakt aufnehmen.«[9] Von Sir Jerome Horsey wissen wir, daß Iwan einen Dr. Elisaeus Bomel aus Westfalen, der in Cambridge Medizin studiert hatte und nun als Astrologe tätig war, konsultierte,

»um von dem Doktor zu erfahren, ob ihm Erfolg beschieden sein werde, sollte er um die Hand der Königin anhalten. Und obwohl er in dieser Sache ziemlich mutlos war, da er ja bereits zwei Frauen hatte und schon viele Könige und große Fürsten als Freier Ihrer Majestät aufgetreten waren und nicht obsiegt hatten, stellte er dennoch sich selbst, seine Weisheit, seinen Reichtum und seine Größe über alle anderen Fürsten. Er erklärte deshalb, er wolle einen Versuch wagen und verbannte seine damalige Frau sogleich in ein Nonnenkloster«.[10]

Hamel berichtet, Karamzin habe zu Unrecht behauptet, »daß Bomel der erste war, der dem Zaren eine Heirat mit Elisabeth vorgeschlagen hat. Denn er riet ihm nur erneut dazu aufgrund seiner astrologischen Spekulationen und Berechnungen.«[11] Horsey, der während seiner Moskauer Zeit mit Bomel gut bekannt war, berichtet, Bomel habe den Herrscher getäuscht. Er habe diesen zu dem Glauben verleitet, die Königin von England sei jung, und es sei für ihn von Vorteil, sie zu heiraten.[12]

1570 war Iwan ein — vor seiner Zeit gealterter — Mann von vierzig Jahren. Seine zweite Frau Maria war ein Jahr zuvor gestorben. Elisabeth war drei Jahre jünger als der

Königin Elisabeth im Ornat mit Zepter, Krone und Apfel. Radierung, um 1600

Zar. Iwan haßte Ungehorsam, Elisabeth hingegen liebte ihre Unabhängigkeit. Sie hatte inzwischen verstanden, daß die barsche Zurückweisung der Heiratsanträge ausländischer Herrscher ihr politisch schon verschiedentlich geschadet hatte und daß in dieser heiklen Frage ein vieldeutiges Schweigen oder Taktieren durchaus Gold wert sein konnte. Den in Rußland lebenden britischen Kaufleuten kam es nun zugute, wenn ihre Königin den Zaren darüber im unklaren ließ, daß sie keinerlei Absicht hegte, jemals Zarin oder die Frau eines ausländischen Potentaten zu werden. Der Zar aller Rus verlor jedoch schon bald die Geduld. Gewöhnlich ist in den diplomatischen Noten, die Staatsoberhäupter aneinander richten, von persönlichen Gefühlen und Empfindungen keine Rede. Jede Art von persönlicher Betroffenheit wird in solchen Korrespondenzen durch vornehme Zurückhaltung überspielt. Inzwischen wartete Iwan bereits seit fast einem Jahr auf eine eindeutige Stellungnahme seines Londoner Botschafters Andreij Sawin. Als dann der Botschafter bei seiner Rückkehr nach Moskau noch immer keine Antwort überbrachte, schickte Iwan am 24. Oktober 1570 einen verärgerten Brief an Elisabeth. Wenn sich ein Monarch dazu hinreißen läßt, sich in beleidigender Weise über die Menstruation einer Frau auszulassen, so kann man davon ausgehen, daß für ihn mehr auf dem Spiel steht als nur die Handelsbeziehungen:

»Ihr habt den wirklich bedeutenden Geschäften, die zwischen uns zu verhandeln wären, keinerlei Beachtung geschenkt, und Euer Kronrat speist unsern Gesandten mit Kaufmannsgeschwätz ab, und in Eurem Reich führen die Händler unsere Geschäfte. Wir wähnten, daß Ihr in Eurem Land die Herrscherin seid und daß Ihr darauf bedacht seid, Ehre für Euch selbst und Nutzen für Euer Land zu gewinnen, und deshalb haben wir diese wichtigen Geschäfte in Vorschlag gebracht. Nun aber wissen wir, daß andere Männer bei euch herrschen, ja, nicht einmal Männer, sondern Händler und ungehobelte Bauern, denen nichts daran gelegen ist, die Ehre und den

Ruhm unserer beiden Majestäten zu mehren, sondern die nur auf schnöden Profit aus sind. Und Ihr laßt Euch wie ein junges Mädchen von den Zyklen Eures Geschlechtes beherrschen. Wen immer wir mit unsern Angelegenheiten betraut haben, der hat uns enttäuscht. Ihr hättet ihnen nicht mit solcher Gutgläubigkeit begegnen dürfen. Nun, da wir die Verhältnisse kennen, schaffen wir uns zugleich mit der ganzen Angelegenheit auch die ungehobelten Händler vom Hals, die den Anlaß dazu gegeben haben, daß die Ehre und der Wohlstand unserer beiden Majestäten ... (?); denn sie sind immerzu nur auf ihren eigenen Vorteil aus, und sie werden sehen, welche Behandlung ihnen zukünftig hier zuteil wird. Alle Privilegien, die wir in der Vergangenheit erteilt haben, sind von diesem Tag an null und nichtig. Eure Bauern (muzhiks) mögen mit Euch verfahren, wie es ihnen beliebt. Ich speie auf Euch und Euren Palast.«[13]

Elisabeth und Burleigh werden sich über diesen Brief nicht wenig amüsiert haben. Ganz sicher sprengte Iwans Schreiben die Routine der üblichen diplomatischen Korrespondenzen. Die Anspielung auf den Status der englischen Kaufleute in Rußland gab jedoch durchaus zur Sorge Anlaß. Der einzige Mann, der voraussichtlich imstande sein würde, sie zu retten, war Antony Jenkinson. Diesmal kehrte er als Botschafter nach Moskau zurück, ohne sich davon einschüchtern zu lassen, daß Iwan angeblich geschworen hatte, ihn in dem Augenblick köpfen zu lassen, in dem er russischen Boden betrat. Während der folgenden sechs Monate wartete Jenkinson in Komogorij. Iwan stellte zum Schutz des neuen englischen Botschafters weder Wachen ab, noch ließ er ihn mit Lebensmitteln versorgen. Während Jenkinson sich nun auf eigene Faust durchschlug, harrte er entschlossen der Dinge, die da kommen würden. Tatsächlich hätte er für seine Rußlandreise keine schlimmere Zeit auswählen können. Denn das ganze Land wurde, wie er berichtete, damals gerade »von der Hand Gottes schlimm mit der Pest heimgesucht«. Inlands- wie Auslandsreisen waren strikt untersagt. In einem Brief (vom 8. August 1571) stellte er fest, der Hunger habe die Russen in den Kannibalismus getrieben. Schätzungen zufolge starben während dieser Monate beinahe 300 000 Menschen. Etwa ebenso viele fielen den Tataren in die Hände, als diese Südrußland überrollten.[14] Während des Großbrandes, den die Tataren in Moskau entfachten, wurde das Haus, das die russische Regierung den englischen Kaufleuten zur Verfügung gestellt hatte, völlig zerstört. Dabei fanden vier Briten den Tod. Dreißig Menschen hatten im Bierkeller des Hauses Schutz gesucht: Engländer mit ihren Familien und deren Freunde, aber auch Fremde, die aus der Feuerhölle geflohen waren.

Jenkinsons Geduld wurde schließlich belohnt. In einem an Elisabeth gerichteten Brief schrieb Iwan: »Und sogar jetzt haben wir die gute Nachricht erhalten, daß Antony hier sei ... Sollte Antony uns aufsuchen, so werden wir ihn mit Freuden empfangen.«[15] Einmal mehr konnte Jenkinson durch sein Taktgefühl und seine Überredungsgabe den Zaren für die Sache Englands gewinnen. Und nach einigen privaten Unterredungen der beiden Männer erhielt die Muscovy Company ihre sämtlichen Privilegien zurück. Nachdem der Botschafter seine Aufgabe erfolgreich erledigt hatte, kehrte er nach Hause zurück. Iwan war allerdings mit der Situation nach wie vor nicht zufrieden. In seiner Verärgerung belegte er die englischen Kaufleute nun mit einer Steuer. Zwar wurden die Engländer nur halb so hoch besteuert wie die übrigen Ausländer. Die betreffende Summe war aber gleichwohl so beträchtlich, daß Elisabeth sich veranlaßt sah, mit Daniel Sylvester einen neuen Botschafter nach Rußland zu entsenden. Als dieser 1575 in Moskau ankam, wurde ihm als erstes mitgeteilt, der Zar habe zugunsten eines Tatarenfürsten abgedankt. Sylvester wurde in den Kreml beordert, wo er tatsächlich den Tataren Simeon Bekbulatowitsch auf dem Thron vorfand. Iwan selbst nahm die Stellung eines Höflings ein.

Der neue englische Gesandte fand schon bald heraus, daß dieser neue Herrscher nicht wirklich regierte und daß Iwan noch immer die Fäden in der Hand hielt. Dann wurde Sylvester ein Ultimatum überreicht, in dem es hieß, man werde den gesamten Außenhandel in die Hände der deutschen Hanse und der Venezianer legen, sofern Iwan von Elisabeth nicht ›volle Genugtuung‹ erhalte. Der Botschafter segelte daraufhin nach London zurück und kehrte einige Zeit später mit der Antwort der Königin zurück. Der Inhalt dieser Antwortnote ist unbekannt: Sylvester wurde in Kolmogorij vom Blitz erschlagen. Sein Haus und alle seine Unterlagen verbrannten. Kurz zuvor hatte ein Blitzschlag Sylvesters Haus getroffen und auch einen Schneider getötet, der dem Hausherrn gerade ein neues Wams aus gelbem Satin angepaßt hatte.[16] Iwan sah in diesem Vorfall ein klares Zeichen Gottes. Was er im einzelnen dachte, wissen wir nicht. Aber er mag wohl den Eindruck gehabt haben, daß Gott ein besonderes Augenmerk auf den Umgang des Zaren mit den Engländern gerichtet habe. Elisabeths Kaufleuten wurden denn auch keine weiteren Einschränkungen auferlegt. Aber ungeachtet dessen war Iwan noch immer auf mehr aus als nur auf englische Handelsgüter und technische Fertigkeiten.

Elisabeth war inzwischen wahrscheinlich zu der Überzeugung gelangt, sie brauche sich wegen etwaiger weiterer Heiratsanträge keine Gedanken mehr zu machen. Aber tatsächlich sollten noch einige Überraschungen auf sie zukommen. Als der Zar 1582 mit Maria Fjodorowna Nagaja seine siebte Frau geehelicht hatte, unterbreitete er Elisabeth schriftlich den Vorschlag, er würde gerne eine ihrer Verwandten heiraten. Er ließ Sir Jerome Horsey, den Gesandten der Muscovy Company, zu sich kommen und übergab ihm zwei an die englische Königin gerichtete Geheimnoten. In der ersten dieser beiden Noten ersuchte er um die Überlassung von Militärgütern wie Pulver, Salpetersalz, Blei und Schwefel, während die zweite die Bitte um eine englische Braut enthielt. Diese Botschaften wurden Horsey in einer hölzernen Wodkaflasche übergeben, die nach seinem Bekunden »keine fünf Pfennig wert war«. Dann reiste er mit »400 Dukaten in Gold, die in meine Stiefel und meine abgerissensten Kleidungsstücke eingenäht waren«, zu Pferde quer durch Europa. – Iwan war der zeitraubenden Verhandlungen auf dem Seeweg überdrüssig geworden. Auf seinem Ritt durch Litauen wurde Horsey zweimal als Spion verhaftet. Er schwor jedoch in beiden Fällen, daß er vor den Russen auf der Flucht sei. Als er schließlich der englischen Königin die beiden Schreiben aushändigte, bemerkte sie, das Papier rieche penetrant nach Wodka. Bereitwillig entsprach Elisabeth Iwans Wunsch nach militärischen Hilfsgütern. Im folgenden Jahr kehrte Horsey mit dreizehn Schiffen nach Rußland zurück, die bis obenhin mit Kriegsmaterialien beladen waren, unter anderem mit Blei und Kupfer. Der Wert der Ladung betrug 9000 englische Pfund. Eine Braut befand sich zwar nicht an Bord, dafür jedoch Robert Jacob, ein englischer Arzt. Iwan engagierte den Engländer als seinen Leibarzt und erfuhr von ihm, daß Königin Elisabeth eine Nichte habe, nämlich Lady Mary Hastings, die Tochter des Earl von Huntingdon.

Iwan war über diese Neuigkeit hocherfreut und ernannte sogleich Fjodor Pissemskij zum neuen Botschafter. Er erteilte ihm den Auftrag, mit der königlichen Nichte zu sprechen und bei seiner Rückkehr ein Porträt der jungen Dame mitzubringen. Es gab da allerdings ein geringfügiges Problem: den Umstand nämlich, daß Iwan – entgegen der Vorschrift der orthodoxen Kirche, die einem Mann während seines Lebens die Heirat von maximal drei Frauen gestattete – bereits zum siebten Mal verheiratet war. Er hatte somit die von seiner Kirche zugelassene Zahl von Ehefrauen bereits um vier überschritten. Seine dritte Frau war Marfa Sobakina, die Tochter eines

Kaufmanns aus Nowgorod. Ihr Name war nicht gerade schmeichelhaft: Denn im Russischen bedeutet *sobaka* Hund. Dieses arme Mädchen starb bereits nach sechzehn Ehetagen, und zwar angeblich durch Gift oder Hexerei. Das war 1571, und im gleichen Jahr noch heiratete Iwan erneut. Seine vierte Frau war Anna Koltowskaja, die Tochter eines Bojaren aus Kolomna. Da er mit dieser Heirat gegen das Gesetz verstieß, fand die Trauung ohne kirchlichen Segen statt. Nach nur drei kinderlosen Ehejahren wurde Iwan ihrer überdrüssig. Er ließ ihr den Kopf scheren und schickte sie in ein Kloster. Er bezichtigte ihre ganze Familie des Verrats und ließ Annas sämtliche Verwandten ermorden. Nur sie selbst kam mit dem Leben davon. Sie starb 1626. Seine fünfte Frau, Anna Wassiltschikowa, heiratete Iwan 1575. Wiederum fand die Trauung ohne geistlichen Beistand statt, und die Familie der Braut wurde nicht einmal in den Kreml geladen. Es ist nicht bekannt, wie lange es ihr vergönnt war, den Titel einer Zarin zu tragen. Denn noch im selben Jahr heiratete Iwan zum sechsten Mal. Seine neue Braut hieß Wasilisa Melentijewa. In den Augen seiner Untertanen wirkte diese Heirat doppelt verwerflich. Denn sie war nicht nur ein weiterer Beweis dafür, daß der Zar für die Kirchengesetze nichts als Verachtung übrig hatte, sondern seine Frau war zudem bereits mit einem anderen Mann verheiratet gewesen. Bei Hof nannte man sie immer nur »diese Frau«.[17] Drei Jahre später bezichtigte Iwan sie der Untreue und schickte sie gleichfalls in ein Kloster. Ihren angeblichen Liebhaber, den Fürsten Iwan Dewtelew, ließ er töten. Aus all diesen Ehen ging nur Iwan Iwanowitsch, den Iwan mit Anastasia gezeugt hatte, als geeigneter Thronerbe hervor. Er war damals vierundzwanzig Jahre alt. Vier Jahre später, 1582, heiratete der Zar – wiederum ohne den Segen der Kirche – seine siebte und letzte Frau, Maria Nagaja, die Tochter eines Hofbeamten. Ihre Familie stammte von den Nagaj-Tataren ab, die in der Gegend zwischen dem Asowschen und dem Kaspischen Meer beheimatet waren. Im Russischen bedeutet *nagaja* nackt.

Keine dieser Frauen konnte Iwan allerdings sein Verlangen nach einem englischen Mädchen – möglichst königlichen Geblüts – vergessen machen. Der Gesandte Pissemskij wurde deshalb angewiesen, der englischen Königin Elisabeth zu erklären, daß Iwans siebte Frau nicht legal mit diesem verheiratet sei. Das entsprach tatsächlich der Wahrheit, da er ja die gesetzlich gestattete Höchstzahl an Ehefrauen bereits um mehr als das Doppelte überschritten hatte. Iwan ließ außerdem durchblikken, daß es für ihn ein leichtes sei, sich Marias zu entledigen und sie in ein Kloster zu stecken. Überdies deutete er an, daß England sich mit dem bißchen Kriegsmaterial nicht aus der Affäre ziehen könne. Der endlose Krieg, den er seit vielen Jahren gegen Polen geführt hatte, war mit einem für ihn unvorteilhaften Frieden zu Ende gegangen. Deshalb verlangte er von Pissemskij, dieser solle die Engländer zur Entsendung von Truppenkontingenten und Kriegsschiffen bewegen, damit der Zar einen neuen Angriff beginnen könne. Im übrigen biete die Erfüllung dieses Verlangens den Engländern Gelegenheit, ihrer Dankbarkeit für die zahllosen Vergünstigungen Ausdruck zu geben, die Iwan ihren Kaufleuten in Rußland eingeräumt habe.

Im September 1582 kamen Pissemskij und sein Gefolge in London an, genau zu dem Zeitpunkt, als Franz, der Herzog von Alençon, sich sehr nachdrücklich um Elisabeths Hand bemühte. Die englische Königin zweifelte inzwischen nicht mehr daran, daß Protestanten, Katholiken oder Puritaner gegen jeden ihrer möglichen Heiratskandidaten – sei dieser nun Engländer oder nicht – Einwände vorbringen würden. Im übrigen hatte sich erwiesen, daß die Vermeidung einer Heirat politisch durchaus nutzbringender sein konnte als eine Eheschließung. Eine Vermählung mit Alençon hätte zwar die besten Voraussetzungen für eine politisch äußerst nützliche Allianz mit Frankreich geschaffen. Aber Elisabeth fühlte sich zu dem – im übrigen nicht gerade attraktiven – Herzog nicht sonderlich hingezogen. Sie liebte den schönen Grafen von Lancaster, der jedoch schon verheiratet war. Und als dann dessen Frau starb, munkelte man, er selbst sei für ihren Tod verantwortlich. Außerdem hätten die verschiedenen ausländischen Königshäuser keinen Grund mehr gehabt, auf eine mögliche dynastische Verbindung mit England zu spekulieren, wenn Elisabeth einen Engländer geehelicht hätte. Heiratete sie hingegen einen Ausländer, so würden ihre Untertanen sie des mangelnden Patriotismus bezichtigen. Denn daß ihre Schwester einen Spanier, wenn auch den König jenes Landes, geheiratet hatte, war Elisabeths Popularität im eigenen Land nicht gerade zugute gekommen. Als nun Pissemskij in London erklärte, sein Herrscher wünsche Elisabeths Nichte zu heiraten, praktizierte die englische Regierung wieder einmal die bereits erwähnte Politik einer gespielten Unschlüssigkeit. Elisabeth hatte indes nicht im entferntesten die Absicht, ihre Nichte – die Iwan zum Objekt seiner Begierde erkoren hatte – nach Rußland gehen zu lassen. Lady Mary Hastings selbst lehnte aus verständlichen Gründen den russischen Freier ab, den sie zwar noch nicht gesehen, von dem sie aber bereits um so mehr gehört hatte. Ungeachtet dessen wurde nun eine Komödie der Diplomatie und Rücksichtnahme in Szene gesetzt, um den seiner Erhörung harrenden Möchtegernliebhaber nicht über Gebühr zu brüskieren.

Fünf Monate später erklärte Elisabeth, sie sei bereit, mit Rußland eine Art Militärbündnis abzuschließen, allerdings unter der Voraussetzung, daß der gesamte russische Außenhandel in englische Hände gelegt werde. Nach drei weiteren Monaten gespielter Unschlüssigkeit in der Frage der von Iwan vorgeschlagenen Heirat ließ sie

verlauten, sie sei mit einer Begegnung zwischen Pissemskij und der ›Kaiserin von Moskau‹, wie Lady Mary bei
Hofe inzwischen augenzwinkernd genannt wurde, einverstanden. Jetzt konnte der zweite Akt der Komödie beginnen.

Einer der Mitwirkenden dieser Hofvorstellung war Sir
Jerome Horsey, dem wir auch einen Bericht über die erste
Begegnung des russischen Gesandten mit Lady Mary
Huntingdonska verdanken, wie die von Iwan begehrte
Verwandte der Königin Elisabeth nun bisweilen auch ge-
nannt wurde. Acht Monate nach Pissemskijs Ankunft in
England traf dieser im Mai 1583 erstmals im Garten von
York House mit Lady Mary zusammen. Das im Zentrum
Londons nahe Whitehall gelegene Haus gehörte dem
Lordkanzler Sir Thomas Bromely, der kurz zuvor Sir Nicholas Bacon in diesem Amt abgelöst hatte. »Ihre Majestät hatte veranlaßt«, berichtet Horsey, »daß diese Dame
von verschiedenen großen Damen, adligen Mädchen
und jungen Edelmännern umgeben war.« Lady Mary
verbeugte sich höflich und stand dann ruhig da. Sie
sprach kein Wort. Pissemskij »verlor nun völlig seine Fassung, warf sich ihr zu Füßen nieder, erhob sich dann und
entfernte sich nun, immer noch sein Gesicht ihr zugewandt, eilends von ihr, was sie und die übrigen Anwesenden mit Verwunderung zur Kenntnis nahmen. Mit
Hilfe eines Dolmetschers brachte er nun hervor, er sei zu
glücklich, den Engel zu erblicken, den sein Herr hoffent-
lich als seine künftige Gattin gewinnen werde.« Darauf
verabschiedete er sich, um seinen Bericht an den Zaren
zu schreiben. Pissemskij war so überrascht und derart
verwirrt, daß er sogar Lady Marys Namen und Titel
durcheinanderbrachte. Denn an einer Stelle bezeichnete
er sie als Fürstin Titounski, in anderem Zusammenhang
als Fürstin von Houtinsk: »Marie Hantis ist groß, schlank,
hellhäutig, hat blaue Augen, eine ebenmäßige Nase und
lange, spitz zulaufende Finger.«[18]

Iwan wird vermutlich nicht entgangen sein, daß in dieser zurückhaltenden Beschreibung eine Reihe von Details nicht genannt waren. Sein vorsichtiger Botschafter hielt es offenbar für ratsam, nicht zu erwähnen, daß Lady Mary nicht nur nicht schön, sondern überdies noch durch Pockennarben entstellt war. Außerdem verkniff er sich vermutlich den Hinweis, daß ihr nichts ferner lag, als seinen Herrn zu heiraten. Nach dieser absurden Begegnung wähnte Elisabeth, die Angelegenheit sei nunmehr erledigt. Sie drückte Pissemskij ihr Bedauern darüber aus, daß Lady Mary wohl kaum den ästhetischen Erwartungen des Zaren entspreche. Um so erstaunter wird sie gewesen sein, als Pissemskij erklärte: »In meinen Augen ist sie schön, und Gott wird alles weitere sehn.« Man überreichte ihm nun ein Portrait von Lady Mary, und nachdem er noch einer ihm zu Ehren veranstalteten Flottenparade beigewohnt hatte, stach er gen Rußland in See. Beim Abschied versicherte ihm Elisabeth noch einmal ganz ausdrücklich, daß Iwan in England jederzeit willkommen sei.

Etwa zu dieser Zeit tauchen auch in der englischen Literatur erstmals Russen beziehungsweise als Russen verkleidete Figuren auf, beispielsweise in Shakespeares *Verlorene Liebesmüh* und in Francis Bacons *The Order of the Helmet.* In beiden Stücken verkleiden sich Männer als Russen. Zwar ist das Entstehungsdatum von *Verlorene Liebesmüh* nicht bekannt, aber aus der Handlung läßt sich erschließen, daß das Stück wahrscheinlich 1594 verfaßt wurde. In Szene zwei des fünften Aktes treten König Ferdinand von Navarra, Berowne, Longaville und Dumain ›voller Werben und voller Pracht‹ als Russen verkleidet auf. Der Shakespeare-Forscher Sir Sidney Lee vertrat daher die Ansicht, daß Shakespeare zu dieser Idee durch den Auftritt Pissemskijs und seiner Adjutanten am englischen Hof sowie durch das absonderliche Werben des russischen Gesandten um Lady Marys Hand inspiriert worden sei. Ferdinand und seine Herzöge komplettieren ihre Verkleidung noch durch Masken. Es ist bekannt, daß Königin Elisabeth von Maskenspielen besonders angetan war.

Die nächsten Russen, die in der englischen Literatur auftauchen, treten in Francis Bacons *The Order of the Helmet* auf. Dieses Maskenspiel wurde Weihnachten 1594 im Gray's Inn uraufgeführt. Sein Verfasser Francis Bacon wurde im York House oder im Palast von Whitehall geboren und verbrachte – zur Zeit des Lordkanzlers Nicholas Bacon – auch seine Kindheit und Jugend dort. Es spricht deshalb vieles dafür, daß Francis Bacon einer der ›jungen Edelleute‹ gewesen ist, die bei dem erwähnten Zusammentreffen Pissemskijs mit Lady Mary Hastings im Garten von York House zugegen waren. In der kurzen Biographie, die sein Sekretär und Kaplan John Rawley über Bacon geschrieben hat, heißt es, daß dieser entweder »im York House oder am York Place« geboren wurde. York Place war nur ein anderer Name für den Königspalast von Whitehall. Als Bacons Maskenspiel 1594 in Gray's Inn uraufgeführt wurde, war er Spielleiter und lebte in einer kleinen Wohnung im Gray's Inn. Er selbst übernahm in dem Stück *The Order of the Helmet* die Rolle des Henry Helme. In Shakespeares Komödie *Verlorene Liebesmüh* werden die Russen von Mohren begleitet und im Maskenspiel *The Order of the Helmet* von ›Neger-Tataren‹, d. h. von schwarzen Sklaven der Tataren, die ihrerseits nun russische Untertanen waren. Eine weitere Übereinstimmung zwischen Shakespeares Komödie und dem Maskenspiel ist die in beiden Stücken zu verzeichnende Anspielung auf eine Rückreise von Moskau. In *Verlorene Liebesmüh* erwähnt Rosaline, daß König Ferdinand blaß sei, weil er »seekrank wurde, glaube ich, auf seiner Rückreise von Moskau«. In Bacons Maskenspiel erklärt der Prinz von Purpoole, er sei außerstande, bestimmte Zeremonien sogleich auszuführen, da er sich nach einem

Rußlandbesuch ein wenig erschöpft fühle »von der Dauer meiner Reise und von meiner Krankheit auf See«.[19] Auch Axel Guldenstern, der dänische Gesandte in Moskau, berichtete zu dieser Zeit, daß die Russen bemüht seien, ihre Kontakte zu den westeuropäischen Mächten zu verbessern.

Seit Elisabeths Thronbesteigung waren nun (1583) bereits fünfundzwanzig Jahre vergangen, und ebenso viele Jahre stand sie inzwischen mit Iwan und seinen Ministern in Verhandlungen. Am 1. Juni 1561 wies Sir Nicholas Bacon den Sekretär des Lordkanzlers Thomas Cotton schriftlich an, »für eine mit Gold und Silber durchwirkte Spitze, deren Länge etwa acht Yards beträgt und welche Ihre königliche Majestät zusammen mit einigen Briefen dem Zaren von Rußland übersandt hat, den Betrag von sechs Schillingen und acht Pence pro Yard bereitzustellen.«[20] Am 1. September 1569 schrieb Elisabeth an Iwan, daß »er samt seiner edlen Gattin und seinen lieben Kindern in England stets herzlich willkommen« sei. »Wir haben es für gut gehalten, Eurer Hoheit diesen unseren geheimen Breif auf diskrete Weise zukommen zu lassen. Dieses Schreiben, dessen Inhalt niemand außer uns selbst und unserem Geheimen Rat kennt, möge Euch des guten Willens versichern, den wir für das Wohlergehen und die Sicherheit Eurer Majestät hegen.«[21] Elisabeth war auch am Russischen interessiert und erklärte gegenüber Jerome Horsey, daß sie an dieser Sprache ein besonderes Gefallen finde. »Ich könnte sie gewiß rasch lernen«, sagte sie, »denn das Russische ist die berühmteste und wortreichste Sprache der Welt.« Auch Lord Essex, ihrem damaligen Begleiter, machte sie den Vorschlag, er solle doch ebenfalls Russisch lernen.[22]

Der englische Gesandte, der gemeinsam mit dem heimkehrenden Pissemksij nach Rußland reiste, war Sir Jerome Bowes. Er sollte mit seinem neuen Posten allerdings zunächst erhebliche Schwierigkeiten haben. Er war eitel, hektisch und manches Mal taktlos. Es blieb ihm nicht erspart, den Zaren durch die Nachricht zu enttäuschen, Lady Mary Hastings sei zu schwach, um die lange und unbequeme Reise nach Rußland zu unternehmen. Und zusätzlich verärgerte er den russischen Potentaten noch, als er diesen dazu aufforderte, Englands Handelsmonopol im Weißen Meer zu bestätigen. Das Weiße Meer war zu diesem Zeitpunkt Rußlands einziger Zugang zum internationalen Seeverkehr, da Iwan Narwa kurz zuvor an die Polen verloren hatte. Iwan fühlte sich durch Bowes' überheblich vorgetragenes Verlangen gekränkt und fragte ihn, warum Rußland soviel für Elisabeth tun solle, »solange sie selbst nicht bereit ist, auch einmal etwas für mich zu tun«. Bowes antwortete unvorsichtigerweise, daß es zumindest ein Dutzend Verwandte der Königin gebe, die dem Zaren gewiß gefallen würden. Iwan fragte nach deren Namen. Doch darauf konnte Bowes nur erwidern: »Ich habe in dieser Sache keine Anweisungen.«

In einem späteren Gespräch beschwerte sich der Gesandte über das Essen und ebenso über einige Minister des Zaren. Iwans Anfrage, ob Elisabeth ihn bei der Rückeroberung des kurz zuvor an Polen verlorenen Territoriums unterstützen werde, beantwortete Bowes schelmisch mit der Feststellung, daß seiner Herrin Eroberungen zuwider seien. – Im übrigen hätten die Niederlande gerade erst um Englands Schutz gebeten. Während eines anderen Beisammenseins prahlte Iwan vor Bowes mit dem vollkommenen Gehorsam seiner Untertanen und lieferte auch sogleich einen Beweis für die Richtigkeit dieser Behauptung. Er befahl einem seiner Höflinge, aus einem Fenster zu springen, was dieser unverzüglich tat. In welchem Stockwerk sich das Fenster befand und welches Schicksal der treue Diener erlitt, ist nicht bekannt. Dieser erschreckende Vorfall gab Bowes Gelegenheit zu der Bemerkung, die englische Königin Elisabeth setze das Leben ihrer Untertanen für sinnvollere Zwecke ein.

Als Bowes in einem Gespräch, in dessen Verlauf Iwan einige unhöfliche Bemerkungen über Königin Elisabeth hatte fallenlassen, die britische Monarchin vehement verteidigte, bekam Iwan einen Wutanfall. Bowes mußte den Palast auf der Stelle verlassen, wurde jedoch unverzüglich zurückgerufen und wegen seines Mutes und seiner Treue belobigt. »Bei Gott«, sagte Iwan, »hätte ich doch auch wenigstens einen solch treuen Diener.«[23] Je mehr sich Iwan an diesen exzentrischen und typischen Engländer gewöhnte, desto ruhiger und umgänglicher wurde

Zar Boris Godunow im Jahre 1605

auch Bowes selbst. Iwans Liebesaffäre mit England war aber noch immer nicht ausgestanden. Schließlich hatte er sich ja bisher nur einmal um die Hand einer Verwandten Elisabeths beworben. Bei einer Gelegenheit ließ er verlauten, er wolle nun selbst nach England reisen, dort einer der Verwandten der Königin den Hof machen und sie dann an Ort und Stelle heiraten. Im übrigen konnte Bowes Elisabeth berichten, daß Iwan versprochen habe, Englands Monopolstellung im Weißmeerhandel zu bestätigen und einen neuen Botschafter nach London zu entsenden.

Der letzte Akt dieser elisabethanischen Komödie gelangte 1602 zur Aufführung, als Zar Boris Godunow Iwans Bemühungen um eine Annäherung zwischen Rußland und England durch einen nur folgerichtigen Schritt fortführte. Er bestimmte neun junge Adelige, die ins Ausland gehen und dort die jeweiligen Landessprachen in Wort und Schrift erlernen sollten. Außerdem sollten sie sich einen umfassenden Einblick in die Sitten und Gebräuche ihres jeweiligen Gastlandes verschaffen. Fünf dieser Studenten gingen nach Lübeck und die anderen vier nach England. In einem anderen Dokument ist die Rede von achtzehn Studenten, die nach Deutschland, Frankreich und England geschickt wurden. Offensichtlich fühlten sie sich in Mittel- und Westeuropa außerordentlich wohl. Nikifor Olferiew Grigoriew, einer der Russen, die bei dieser Gelegenheit nach England kamen, entwickelte ein besonderes Interesse für die religiösen Sitten und Anschauungen seines Gastlandes und trat 1618 in Wooley, einer kleinen Gemeinde in Huntingdonshire, die Stelle des Pfarrers an. Er heiratete ein englisches Mädchen und starb 1668 im Londoner Stadtteil Hammersmith. Seine Laufbahn in der Kirche von England endete 1643 aus unbekannten Gründen. 1621 versuchte der russische Gesandte in London, seine emigrierten Landsleute nach Hause zurückzuholen. Dabei stellte er fest, daß zwei von ihnen inzwischen gestorben waren und der dritte sich nach Irland abgesetzt hatte, wo er nicht mehr auffindbar war. Der Gegensatz zwischen dem Leben in Mittel- und Westeuropa einerseits und Rußland andererseits war so groß, daß keiner der in die Fremde entsandten Studenten in sein Heimatland zurückkehrte.[24] Schon aus jener Zeit stammt also die Angst zahlreicher russischer Regierungen, ihre Bürger könnten das Land verlassen und nie mehr zurückkehren. Offenbar war es den verschiedenen russischen Regierungen nicht möglich zu regieren, ohne die Bürger des Landes ihrer Freiheit zu berauben. Denn schließlich hat sogar ein Hund, den man an die Kette legt, das Verlangen, seiner elenden Gefangenschaft möglichst schnell durch die Flucht zu entkommen.

9

Letzte Greueltaten

Trotz des unbeschreiblichen Elends, in das Iwan das russische Volk während der trostlosen Jahre seiner Herrschaft gestürzt hatte, blieben die Untertanen, die seine Exzesse überlebt hatten, ihrem Zaren treu ergeben. Menschen, die nie etwas anderes erlebt haben als Tod und Zerstörung, neigen offenbar dazu, jede Art von Widerstand für selbstmörderisch zu halten. Wie die uns aus jener Zeit erhaltenen Grundbücher belegen, waren damals zwischen 83 und 97 Prozent aller Bauernhäuser im Nordwesten Rußlands verlassen. Die Bevölkerung Nowgorods war am Ende von Iwans Herrschaft gegenüber früher um vier Fünftel zurückgegangen. In dem zirka einhundert Kilometer südöstlich von Moskau gelegenen Kolomna standen 1578 fast alle Häuser – nämlich 95 Prozent – leer.[1] 1588 berichtete Giles Fletcher, daß »viele der ein bis anderthalb Kilometer langen Dörfer und Landstädte unbewohnt« gewesen seien, »weil deren Einwohner wegen der ihnen auferlegten unmäßigen Forderungen in andere Gegenden geflohen waren«.[2] Fletcher erkannte bereits klar die katastrophalen Auswirkungen dieser Verödung auf die ohnehin prekäre Versorgung des Landes: »Je mehr diese Menschen besitzen, desto mehr ist nicht nur ihre Versorgung mit Lebensmitteln, sondern sogar ihr Leben gefährdet. Sobald sie auch nur das geringste in ihrem Besitz haben, verstecken sie es, so gut sie eben können – manchmal sogar unter der Erde oder im Wald, ganz so wie Menschen, die aus Angst vor der Invasion einer fremden Macht alles Wertvolle in Sicherheit bringen.«[3]

1566 zeigte sich das Ausmaß dieser Angst besonders deutlich, als Iwan erstmals seit sechzehn Jahren wieder eine Art Ständeversammlung einberief. Immer mehr Bojaren und Mitglieder des niederen Adels zogen es vor, Rußland zu verlassen und in der polnischen und litauischen Armee zu dienen. Jene, die Rußland noch nicht den Rücken gekehrt hatten, aber auch der Metropolit baten Iwan nun inständig, mit seinen westlichen Nachbarn Frieden zu schließen und das Land nicht weiterhin durch Kriege und Exekutionen auszubluten. Aber die Delegierten, die zu dieser Versammlung geladen waren, kannten natürlich ihren Zaren. Sie wußten, wie riskant es war, sich der Livland-Passion ihres Herrschers zu widersetzen. Sie waren sich darüber im klaren, daß aus Iwans Sicht das Programm der Bojaren auf einen Rückzug hinauslief und daß Iwan zu einem Rückzug nicht bereit war, sofern er nicht durch hohe russische Verluste dazu gezwungen würde. Die Versammlung bestand aus 374 Delegierten: älteren Bojaren, kirchlichen Würdenträgern, führenden Militärs (die in Form von Landübertragungen besoldet wurden), Regierungsbeamten, fünfundsiebzig Kaufleuten und einigen Landbesitzern von der litauischen Grenze. In seiner Rede forderte Iwan die Versammelten auf, ihm zu sagen, ob sie bereit seien, seinen Livlandkrieg weiterhin zu unterstützen, oder aber die von König Sigismund von Polen in Vorschlag gebrachte Kompromißlösung akzeptieren wollten. Derzufolge sollten sich die beiden kriegführenden Parteien jeweils mit dem Teil Livlands begnügen, den sie bereits besetzt hielten. Außer dem Kanzler Iwan Wiskowatij unterstützten sämtliche Delegierten Iwans Politik. Der Kanzler hingegen favorisierte Sigismunds Plan, weil er glaubte, die polnische Armee werde sich ohnehin früher oder später aus dem

Westen Livlands zurückziehen. Er redete damit einer Politik des *divide et impera* das Wort, die dann von späteren russischen Regierungen durchaus erfolgreich praktiziert wurde. Alle Delegierten wußten, wie sehr Iwan Kompromisse haßte. Sie waren also bereits darauf gefaßt, daß er jedes zugunsten einer friedlichen Lösung abgegebene Votum rundweg ablehnen würde.

Aber ganz unabhängig davon, daß die Delegierten Angst davor hatten, den Unwillen ihres Zaren zu erregen, standen die Chancen auf einen Erfolg in Livland letztendlich tatsächlich gar nicht so schlecht. Denn die Kräfte der Polen und Litauer waren nach dem jahrelangen Hin und Her zwischen kurzfristigen Gewinnen, auf die schon bald wieder Niederlagen und Verluste folgten, erschöpft. Siegreich beenden lassen würde sich dieser Krieg gleichwohl nur durch einen mutigen militärischen Anführer und weitsichtigen Staatsmann. Aber auf beiden Gebieten erwies sich Iwan immer wieder als Versager. Er machte sich in Livland durch die barbarische Behandlung der Kriegsgefangenen verhaßt; strategisch ließ er Ausdauer und Beharrlichkeit vermissen; und aufgrund der aggressiven Verachtung, mit der er seinen polnischen Nachbarn begegnete, verpaßte er darüber hinaus 1572, als Sigismund August starb, die Gelegenheit, sich vom polnischen Adel zum König des Landes wählen zu lassen.

Zu dieser Zeit zählte Iwans Armee zwischen 40000 und 60000 Mann, von denen etwa 10000 Tataren waren. Wie Sir Jerome Horsey berichtet, waren die Livländer »das anständigste Volk der Welt wegen ihres ... kühlen und trockenen Klimas ... Er [Iwan] hatte das Land völlig ausgeplündert und ging bei dessen Eroberung äußerst grausam vor ..., er saugte das Land aus und ließ alle Reichtümer und die wichtigsten Leute von dort wegbringen. Die Grausamkeit und Tyrannei, die Iwan dabei an den Tag legte, setzten sich auf die bedauerlichste Weise in der Geschichte Livlands fort ..., des besten Landes, in dem Milch und Honig fließt und dem es an nichts gebricht und worin die schönsten Frauen und besterzogenen Menschen wohnen, mit denen man in der Welt nur Umgang pflegen kann, die allerdings die Neigung haben, sich dem Luxus, dem Müßiggang und dem Vergnügen allzusehr hinzugeben.«[4]

Hätte Iwan dem von Sigismund angebotenen Waffenstillstand zugestimmt, so wäre ihm die Hälfte Livlands und ein schmaler, aber wertvoller Abschnitt der baltischen Küste zugefallen. Da er den Krieg jedoch fortsetzte, verlor er auch noch alles, was seine Armee bis dahin gewonnen hatte. Als er die polnischen Bedingungen ablehnte, meldete er zugleich neuerlich seinen Anspruch auf ganz Livland an. Aber auch damit nicht genug: Er verlangte sogar von Polen die Auslieferung seines hartnäckigsten Widersachers, nämlich des Fürsten Andreij Kurbskij. Sigismund weigerte sich natürlich, diese Forderungen zu erfüllen, also ging der Krieg weiter. Ihre gemeinsame Angst vor Rußland führte Litauen und Polen enger zusammen, und 1569 vereinigten sich beide Länder unter König Sigismund. Während der ersten Jahre seiner Regierungszeit hatten Sigismund und das polnische Volk für eine solche Vereinigung wenig übriggehabt, aber schon bald wurde klar, daß der Inbesitznahme Livlands durch die Russen Angriffe auf Litauen und schließlich auf polnisches Gebiet folgen würden. Moskau würde dabei wie üblich auf seine Sicherheitsinteressen verweisen und auf das Recht, alle Gebiete, die die Fürsten von Kiew fünfhundert Jahre vorher einmal besessen hatten, zurückzuerobern. In seinem Bemühen um die Beilegung des Konfliktes lehnte König Sigismund sogar ein Bündnisangebot des ottomanischen Reiches ab, um nicht seine Verhandlungen mit Iwan zu gefährden. Aber selbst diese Geste war vergeblich, da der Zar noch immer glaubte, er könne die Polen besiegen.

Der Tod König Sigismunds eröffnete Iwan die Möglichkeit, zugleich mit der polnischen Krone den größten Sieg seiner Regierungszeit zu erringen. Polen hatte bereits zu dieser Zeit eine konstitutionelle Monarchie und war damit seiner Zeit weit voraus. Aber der Adel fügte dem Land erheblichen Schaden zu, indem er seine Macht auf Kosten des Königs immer mehr vergrößerte. Diese Entwicklung hatte Ende des vierzehnten Jahrhunderts begonnen. Als Sigismund nun starb, setzte der Adel in seiner Gesamtheit für sich das Recht der Königswahl durch. Dieses demokratische Recht hatte in Polen bereits seit 1377 bestanden. Damals war Jagiello, der Großherzog von Litauen, zum polnischen König gewählt worden. Solange die von ihm begründete Jagiellonen-Dynastie fortbestanden hatte, hatte der polnische Adel stets den jeweiligen Repräsentanten dieser Linie zum polnischen König gewählt. Aber 1572 sah sich der Adel des Landes schließlich gezwungen, sich nach einem neuen Monarchen umzusehen. Die folgenden Kandidaten waren ins Gespräch gebracht worden: Ernst, der Sohn des deutschen Kaisers Maximilian II.; der Schwedenkönig Erik und sein Sohn; Heinrich, der Herzog von Anjou und Bruder Karls IX. von Frankreich, und Iwan der Schreckliche, den einige orthodoxe russische Adelige aus Litauen vorgeschlagen hatten. Iwans zweiter Sohn Fjodor wäre für eine Kandidatur ebenfalls in Frage gekommen. Sein Vater sprach sich jedoch dagegen aus, da Fjodor keine Autoritätsstellung einzunehmen in der Lage war.

Heinrich, der Herzog von Anjou, war der einzige Kandidat, dessen Sache von einem Wahlagenten gefördert wurde – denn in dieser Funktion trat der französische Gesandte für ihn auf. Allerdings galt es wegen der Jugend und der beschränkten Geistesgaben dieses Kandidaten als wenig wahrscheinlich, daß die Wahl ausgerechnet auf ihn fallen würde. Iwan selbst bestritt seine eigene Kampagne äußerst ungeschickt. Dabei standen seine

Chancen auf den Erwerb der polnischen Krone gar nicht einmal so schlecht. Denn nur wenige polnische Adelige sprachen sich für Maximilian oder ein anderes Mitglied des Hauses Habsburg aus, da jener mit dem böhmischen Adel nicht gerade zimperlich umgesprungen war. Iwans Erfolgsaussichten waren deshalb wahrscheinlich gar nicht so schlecht, wie sie vielleicht auf den ersten Blick erscheinen mochten. Aber er versuchte erst gar nicht, einzelne Mitglieder des polnischen Senats auf seine Seite zu bringen oder zwecks Förderung seiner Kandidatur einen Botschafter nach Warschau zu entsenden. Ebensowenig konnten die Verlautbarungen überzeugen, die er in dieser Sache von sich gab. Seine Versprechungen klangen doch ein wenig hohl und belanglos:

»Wenn ihr uns zum Herrscher über euch wünscht, dann solltet ihr darauf bedacht sein, uns nicht zu verärgern und das zu tun, was euch unsere Bojaren in unserem Namen vortragen, damit die Christenheit in Frieden leben möge. Wenn es Gott gefällt, daß ich Herrscher [über Polen und Litauen] werde, so verspreche ich [dem Adel], alle Rechte und Freiheiten zu erhalten und sogar in größerem Umfang, als die Umstände es verlangen. Ich möchte nicht von meiner Freundlichkeit und Grausamkeit sprechen. Wenn die polnischen und litauischen Adeligen ihre Söhne in meinen Dienst stellen, so werden sie bald sehen, wie grausam und wie mildherzig ich bin.

In eurem Lande behaupten viele Menschen, ich sei übellaunig. Es ist wahr, daß ich übellaunig bin und einen Hang zur Raserei habe. Darauf bilde ich mir nichts ein. Aber laßt sie mich fragen, gegen wen ich übelgesonnen bin. Ich werde ihnen antworten, daß es gegen die ist, die zu mir böse sind. Jene aber, die mir treu ergeben sind, spüren nicht die Ketten meines Zorns ... Wenn ihr mich aber nicht als Herrscher wollt, dann schickt mir eure großen Botschafter, auf daß wir zu einer sicheren Übereinkunft gelangen. Ich bestehe nicht darauf, Polotsk samt all seiner Gebiete zu behalten, die jetzt zu Moskowien gehören, sofern man mir nur Livland entlang der Dwina überläßt. Dann werden wir ewigen Frieden mit Litauen schließen.

Wir sind die Herrscher eines Reiches, die sich von Anbeginn der Zeiten auf Augustus Cäsar zurückführen. Dieses ist allen Menschen bekannt.«[5]

Diese Erklärungen trugen nicht gerade dazu bei, die Befürchtungen der polnischen Abgesandten zu beschwichtigen. Iwan beging überdies noch zwei weitere Dummheiten: Erstens behauptete er, daß Sigismund und nicht er selbst für den Krieg zwischen Ost- und Westslawen verantwortlich zeichne. Zweitens brüskierte er den Schwedenkönig Erik mit der geradezu absurden Forderung, dieser solle ihm Katharina ausliefern, die Frau des Herzogs Johann von Finnland, die zu heiraten sich Iwan nach Anastasias Tod vergeblich bemüht hatte. Katharina war Sigismunds Schwester. Dieser Umstand allein schon hätte Iwan auf die Idee bringen müssen, daß er durch sein Verlangen seine Aussicht auf den polnischen Thron erheblich gefährdete. Sogar der sowjetrussische Geschichtswissenschaftler R. Wipper bekennt in seiner beschönigenden Iwan-Biographie von 1947, daß »die große diplomatische Kampagne« – der Livlandkrieg –, »die Iwan zwischen 1553 und 1576 mit solcher Energie betrieben hat, mit einem Fehlschlag endete«.

Hätte Iwan sich in gleicher Weise engagiert und ebensoviel Geld aufgewendet wie der französische Gesandte in Warschau, so wäre er vielleicht dennoch König von Polen und Litauen geworden. Eine solche Entscheidung hätte für Rußland und Osteuropa tiefgreifende und dauerhafte Folgen gehabt. Wenn beide Teile Osteuropas, die katholischen wie die orthodoxen Slawen, unter einem Souverän vereinigt worden wären, so wären ihnen vielleicht jahrhundertelange Kriege und das Opfer von Millionen von Menschenleben erspart geblieben. Zu diesem Zeitpunkt war Iwan zwar erst vierzig Jahre alt, doch körperlich und geistig bereits ein alter Mann. Unter einem Monarchen, der wirklich um das Wohl seiner Untertanen besorgt und nicht von seiner eigenen Wichtigkeit so krankhaft besessen gewesen wäre, hätte ganz Rußland von einer solchen Allianz gewiß profitieren können. Es hätte durch die friedliche Vereinigung mit Polen die reife, gerade erst durch die italienische Renaissance bereicherte Ernte europäischer Zivilisation und Kultur übernehmen können. Kein anderer europäischer Monarch hat je eine solch günstige Gelegenheit bekommen. Kein anderes der bedeutenderen europäischen Länder hat je die Möglichkeit gehabt, sich friedlich mit einer anderen wichtigen Macht zu vereinigen, mit der es zudem noch kurze Zeit vorher in einen Krieg verwickelt gewesen war. Vielleicht wäre das Experiment fehlgeschlagen, vielleicht hätte das alte Laster der religiösen und politischen Rivalität abermals die Oberhand behalten. Aber genausogut hätte der Versuch auch gelingen können. Und eine solche Entwicklung hätte für den Frieden in Europa und in der Welt ungeahnte Folgen gehabt.

Verständlicherweise beeindruckte die Gefügigkeit des französischen Kandidaten die polnischen Adeligen stärker als Iwans Hinweis auf seine römisch-kaiserliche Abstammung: Und so wählten sie Herzog Heinrich von Anjou zu ihrem König. Aber er hatte diese Position noch nicht einmal ein Jahr inne, als sein Bruder, Karl IX., starb. Sofort bereitete sich Heinrich auf die Abreise vor. Der polnische Senat hatte ihn in seiner Handlungsfreiheit vielfältig beschränkt, und Heinrich fand diesen Zustand unerträglich. Die Adeligen waren nicht bereit, seine Abdankung hinzunehmen, weil sie der Meinung waren, er könne Frankreich gewiß auch von Warschau aus regieren. Der enttäuschte König, der unter Heimweh litt, mußte nun wie ein Verbrecher oder politischer Flüchtling aus Polen fliehen. Im darauffolgenden Jahr, 1576, wurde dann ein Ungar, Fürst Stefan Bathory von Transsilvanien, zum neuen polnischen König gewählt. Er war ein willensstarker und mutiger Mann.

In den Jahren, die der Wahl Stefans zum polnischen König vorausgingen, tat Iwan absolut nichts, um in Polen oder Litauen Freunde zu gewinnen. Bereits 1571 hatte er sich als unfähig erwiesen, seine eigene Hauptstadt gegen die Krimtataren zu verteidigen. Statt dessen hatte er es vorgezogen, sich fernab von seinen Truppen wie ein Feigling verborgen zu halten. Als im November desselben Jahres seine dritte Frau Marfa Sobakina nach nur sechzehn Ehetagen gestorben war, hatte er wie wild auf die Familien seiner beiden ersten Frauen eingeschlagen. In einem Zustand geradezu bestürzender Verwirrung interpretierte er den Tod seiner Ehefrau als ein Zeichen von Gottes Zorn. Außerdem suchte er in seiner Umgebung nach Schuldigen, die durch Zauber oder langsame Vergiftung den Tod seiner Gattin herbeigeführt haben sollten. Deshalb ließ er die Verwandten seiner beiden ersten Frauen ergreifen und töten. Dabei fanden natürlich auch

Stefan Bathory empfängt russische Feldherrn.
Gemälde von Jan Mateijko, 19. Jahrhundert

eine Reihe von Nichtverwandten den Tod, weil sie angeblich ebenfalls an irgendwelchen Verbrechen beteiligt gewesen waren. Grigorij Grijasnoi, ein führender *Opritschnik*, wurde vergiftet, und der Fürst Michailo Temgrukowitsch, ein Bruder von Iwans zweiter Frau, wurde gepfählt und verstarb unter grauenhaften Schmerzen.

Über den eingebildeten Verrat an seinem Hof entsetzt, von der von ihm selbst verübten blutigen Rache angeekelt und von der Scham über sein Versagen bei der Verteidigung Moskaus zerfressen, verfiel Iwan nun in Zustände tiefster Reue und Verzweiflung. Oft kniete oder lag er stundenlang auf dem Boden vor seinen Ikonen und flehte um Vergebung und Gottes Führung. Dieses Schamgefühl wurde wohl noch durch den Umstand verstärkt, daß es die Armee der von Iwan verschmähten *Zemschtschina* gewesen war, die unter Worotijnskijs Befehl Moskau vor einem zweiten Tatarenangriff bewahrt hatte. Im Sommer 1572 besuchte Iwan das zerstörte Nowgorod, die einst blühendste Provinzstadt Rußlands. In der düsteren Stadt wurde er von dem Gefühl niedergedrückt, sein Tod stehe nahe bevor. Deshalb schrieb er seinen Letzten Willen nieder. Anders als viele der heutigen russischen Historiker, die Iwan als den fast idealen Nationalhelden zu zeichnen bemüht sind, beschreibt der Zar selbst sich freimütiger und schonungsloser, als irgendein anderer Monarch der Welt je von sich gesprochen hat. Sein Testament ist ein einzigartiges Dokument der Selbstverdammung.

Einige der Reisenden, die damals Rußland besuchten, brachten zum Ausdruck, wie sehr sie davon überrascht waren, daß das russische Volk auch in dieser Situation offenbar noch fest zu seinem Herrscher stand. Tatsächlich haßten ihn aber viele, wie er selbst in seinem Testament zugibt. Wahrscheinlich muß man korrekterweise sagen, daß die Überlebenden der zahllosen Katastrophen, die Rußland wärend Iwans Herrschaft zu erdulden hatte, es

für ratsam erachteten, lieber zu schweigen und ihrer
›Liebe‹ oder Loyalität nur bei Bedarf Ausdruck zu verleihen.

Die Lektüre des Testamentes läßt eigentlich nur den
Schluß zu, daß in Iwans Persönlichkeit manisch-depres-
sive Züge sowie völlige Verwirrung nun vollends die
Oberhand gewonnen hatten:

Ich, Iwan, der sündige und arme Sklave Gottes, schreibe dieses Bekenntnis bei klarem Verstande ... Viel Leid hat meinen Geist über-
schattet. Mein Körper ist schwach geworden. Meine Seele ist be-
trübt. Meine seelischen und körperlichen Wunden haben sich ver-
mehrt, und kein Arzt kann mir helfen. Ich habe auf einen Menschen
gewartet, der Mitleid mit mir hat. Aber niemand hat sich meiner er-
barmt. Umsonst habe ich einen Tröster gesucht. Alle haben mir
meine Freundlichkeit mit Übel vergolten und meine Liebe mit Haß.

Ich bin schlecht in meiner Seele und körperlich verdorben. Der
Schutzmantel der Gnade ist von mir genommen, und ich bin halbtot
meinen Wunden überlassen. Zwar lebe ich noch, aber wegen meiner
gemeinen Taten bin ich vor Gott schlimmer als ein stinkender und
widerwärtiger Leichnam, den der Priester wohl sieht, jedoch nicht
beachtet. Ja sogar die Leviten sind achtlos an mir vorübergegangen.

Von Adam bis zum heutigen Tage habe ich alle Sünder mit meiner
Gesetzwidrigkeit hinter mir gelassen, und deswegen hassen mich
alle Menschen ... Meine Vernunft war völlig verdorben, und im
Geiste und in Gedanken war ich voll Grausamkeit. Durch mein Verlangen nach verwerflichen Taten habe ich meinen eigenen Kopf besudelt. Ich habe meinen Mund verdorben, weil ich über Mord, Unzucht und alle bösen Taten mit unanständigen Worten, in nieder-
trächtiger Sprache und in Unmäßigkeit gesprochen habe. Ich habe
meine Hände besudelt, weil ich mit ihnen aus unersättlicher Raff-
gier, Vermessenheit und innerer Mordlust unanständige Dinge be-
rührt habe. Ich habe meinen Kopf durch Unersättlichkeit und Trunkenheit verdorben und meine Lenden durch maßlose Unzucht und
unanständige Zurückhaltung besudelt und alles nur mit Bösem umgeben. Ich habe meine Füße beschmutzt, weil ich all diesen bösen
Dingen so schnell nachgejagt bin und weil ich gemordet, den Reichtum anderer unersättlich geraubt und mich unanständigen Vergnü-
gungen hingegeben habe.

Nehmt jetzt einen Rat von mir entgegen, meine Kinder. Ich befehle euch, einander zu lieben, und möge der Gott des Friedens mit euch sein. Haltet am christlich-orthodoxen Glauben fest und leidet tapfer für ihn, sogar bis in den Tod. Macht euch mit der Kriegskunst so gut wie möglich vertraut. Wenn mich aufgrund meiner vieler Sünden, die Gottes großen Zorn erregten, die Bojaren von meinen Besitzungen vertreiben würden und ich dann durch mein Reich ginge, ermattet auch darob nicht in eurem Leid. Legt eure Nöte in die Hände Gottes, und er wird euch erhalten.

Du, mein Sohn Iwan, beschütze meinen Sohn Fjodor wie dich selbst. Ihr seid die einzigen Söhne, die eure Mutter mir geboren hat ... Die von mir gegründete *Opritschnina* überlasse ich dem Ratschluß meiner Kinder Iwan und Fjodor, die mit ihr machen mögen, was ihnen am besten dünkt. Aber die Ordnung des Staates ist jetzt für sie bereitet ...

Meine Seele gebe ich hiermit in die Obhut meines Vaters und Fürsprechers Anton, des Metropoliten von ganz Rußland ...[6]

Das restliche Dokument besteht aus einer genauen Aufzählung aller russischen Städte und der zugehörigen Gebiete, die Iwan Iwanowitsch erben sollte. Was Iwan in seinem Testament über die *Opritschnina* sagte, ist von größter Bedeutung: Die Ordnung des Staates war nun in der Tat festgelegt. Bis zum heutigen Tage leben die Russen in Angst vor den speziellen Staatssicherheitsdiensten ihrer jeweiligen Regierungen. Als die Kommunisten 1917 die Zügel der Macht übernahmen, legten sie ihre Untertanen mit den altbekannten Ketten in Fesseln und nannten ihre *Opritschniks* OGPU, dann NKVD, MGB und heute KGB. Im russischen Volk heißen die Mitglieder des KGB auch heute noch *Opritschniks*.[7] Genau wie Iwans Hauptschergen Wiasemskij, Basmanow und Grijasnoi letztendlich von dem blutigen Strudel der *Opritschnina* verschlungen wurden, so fielen auch Stalins Henkersknechte Jagoda, Jeshow und Berija am Ende dem von ihnen selbst geschaffenen System zum Opfer. Aus dem Londoner Exil richtete Mitte des letzten Jahrhunderts Alexander Herzen einen Brief an den Zaren Alexander II.:

Das Hauptproblem unseres Landes ist seine Regierungsform. Die Zensur erstickt jedes freie Wort, bevor es nur ausgesprochen werden kann. Und sollte es sich hie und da doch einmal Bahn brechen, so ergeht per Eilbote sofort ein Geheimbefehl, und der Autor ward nimmer mehr gesehen. Stellen Sie sich vor, Jesus Christus persönlich würde sich anschicken, irgendwo auf dem Admiralitäts-Platz

Demetrius, der Zarensohn und Demetrius von Saloniki, dargestellt als Heilige.
Der Sohn und Nachfolger Iwans IV. wurde 1591 ermordet, wahrscheinlich von Boris Godunow

oder in den Sommergärten [in St. Petersburg] eine Predigt zu halten, so würde es eines Judas nicht bedürfen. Bereits der erste beste Polizeioffizier würde ihn der Sicherheitspolizei übergeben, und von dort würde Jesus in die Armee zwangseingewiesen oder – schlimmer noch – in das Solowetskij-Kloster.[0]

Kurz nachdem er in seinem eigenen Testament gleichsam ein Verdammungsurteil über sich selbst gesprochen hatte, löste Iwan 1572 die allseits verhaßte *Opritschnina* auf oder behauptete jedenfalls, dies zu tun. Die Frage, ob Iwan diese Bande privilegierter Polizisten nun tatsächlich auflöste oder nicht, verunsicherte nicht nur seine verängstigten und völlig verwirrten Untertanen, sie konnte auch von den russischen Historikern bis auf den heutigen Tag nicht wirklich beantwortet werden. Die *Opritschniks* erhielten den Befehl, sich von den Ländereien zurückzuziehen, die sie sich – mit Duldung und offener Unterstützung des Zaren – widerrechtlich angeeignet hatten. Und als die Bewohner der *Zemschtschina* nun wieder auf ihre alten Güter zurückkehrten, herrschte allgemeine Verwirrung. Die Militärorganisation brach auf weiten Strecken zusammen, was wiederum die Schlagkraft der Livlandarmee erheblich beeinträchtigte. So gingen die in diesem Land bereits eroberten Gebiete wieder verloren. Die Landbesitzer und Bauern, die nun auf ihre ehemaligen Besitzungen zurückkehrten, fanden ihr Eigentum im allgemeinen in einem heruntergewirtschafteten Zustand vor. Denn die *Opritschniks* hatten die von ihnen beschlagnahmten Güter vernachlässigt, und die Kleinbauern waren entweder geflohen, verhungert oder an der Pest gestorben. Aber während die einzelnen Mitglieder der *Opritschnina* unter dem Verlust ›ihres‹ Landes zu leiden hatten, nahm die Organisation selbst möglicherweise kaum Schaden. Karamzin, Solowijew und Klijutschewskij sind der Auffassung, Iwan habe auch weiterhin mit Hilfe der *Opritschnina*-Organisation regiert und nur deren

Namen abgeschafft. Auf der anderen Seite hat der sowjetrussische Historiker S. W. Weselowskij kategorisch erklärt, die *Opritschnina* sei damals abgeschafft worden.[9] Es ist nicht einmal mit Sicherheit nachzuweisen, daß die *Opritschnina* überhaupt jemals gänzlich abgeschafft worden ist.

Während die Russen nach 1572 über die Existenz oder Nichtexistenz der *Opritschnina* im Zweifel gelassen wurden, erklärte Iwan offiziell, daß die Organisation künftig kein Thema mehr sei und öffentlich nicht mehr erwähnt werden dürfe. Von Staden berichtet in diesem Zusammenhang: »Niemand wagte mehr, von ihr zu sprechen – aus Angst vor der Pein künftiger Bestrafung: Wer gegen die Anordnung des Zaren verstieß, den entblößte man bis zur Hüfte und schlug ihn mit einer Knute.« Bis dahin hatte man den russischen Bürger geprügelt, wenn er gegen die *Opritschnina* protestierte oder ihr nur im Weg stand. Jetzt prügelte man ihn, sobald nur ihr gefürchteter Name über seine Lippen kam. Russische Gesandte und Staatsbeamte, die von Ausländern nach der Existenz der Organisation gefragt wurden, waren unter Strafandrohung gehalten zu leugnen, daß die *Opritschnina* jemals existiert habe. Jegliches von seiten neugieriger Außenstehender geäußerte Interesse an den Aktivitäten oder Nichtaktivitäten von Iwans berüchtigter Geheimpolizei galt von nun an als Verleumdung des souveränen russischen Staates.

Während die offizielle Abschaffung oder doch wenigstens die teilweise Auflösung der *Opritschnina* dem russischen Volk die tägliche Last der Angst und der Not ein wenig erträglicher machte, hatten die Litauer und Livländer weiterhin unter den Folgen von Iwans Eroberungswahn zu leiden. 1573 begab er sich selbst an die Front dieses wechselvollen, kräftezehrenden und scheinbar endlosen Krieges, um seinen Soldaten neuen Kampfeswillen einzuflößen. Die russischen Truppen eroberten daraufhin fast den gesamten Norden Livlands und fielen dann mit völlig sinnloser Grausamkeit über die Bevölkerung her. Aber wie schon früher kam auch diese anfänglich erfolgreiche Offensive in dem Augenblick zum Stillstand, als Iwan nach Moskau zurückkehrte, um einen Aufstand der Kasan-Tataren zu ersticken. Sobald der Zar sich entfernt hatte, erlahmte die Kampfmoral seiner Armee aufs neue. Und so konnten die livländischen und litauischen Streitkräfte die besetzten Dörfer und Städte nach und nach zurückerobern.

In den Jahren 1574 und 1575 kam es in Moskau neuerlich zu einer ganzen Flut von Exekutionen, denen unter anderem Fürst Nikita Odoijewskij, Michail Morosow samt Frau und Kindern und die beiden Bojaren Peter Kurakin und Iwan Buturlin zum Opfer fielen. Sie alle wurden des Verrats beschuldigt. Weitere Hinrichtungen folgten, und auch einige führende *Opritschniks* waren unter den Opfern. Dieses Blutvergießen gipfelte in der Ermordung der Fürsten Michael Worotijnskij und Boris Tulupow. Worotijnskij galt als Rußlands hervorragendster Heerführer. Die Eroberung Kasans im Jahre 1552 hatte man hauptsächlich seiner mutigen Führung zu verdanken. Durch den Sieg, den er 1572 über die Krimtataren errungen hatte, war sein Ansehen in Volk und Armee so sehr gestiegen, daß Iwan neidisch wurde. Vier der zwanzig Jahre, die zwischen diesen beiden Feldzügen lagen, war Worotijnskij bereits im Kloster von Belo-osero im Norden Rußlands inhaftiert gewesen. Auch jetzt zog er wieder den Argwohn und den Neid des Zaren auf sich. Der General wurde deshalb mit dem Kopf nach unten an einen Baum gehängt und verbrannt. Iwan selbst nahm an dieser Hinrichtung aktiven Anteil und schürte persönlich das Feuer.[10]

Im darauffolgenden Jahr, 1575, ließ er mit Fürst Boris Tulupow einen weiteren General verhaften und töten. Dieser hatte seit 1570 in leitender Stellung im Livlandkrieg gedient und war 1573 Mitglied des Rates der Bojaren geworden. Seine Hinrichtung war zwar nur eine der zahllosen Quälereien Iwans, aber sie war so furchtbar leidvoll, daß sie selten erwähnt wird. Der Bericht, den Jerome Horsey über Tulupows Sterben verfaßte, hat in älteren Iwan-Biographien keine Berücksichtigung gefunden. So bleiben dem Leser im allgemeinen die abscheulichen Einzelheiten erspart und Iwan selbst die Schmach. Horseys Beschreibung zollt fürwahr dem Opfer und allen anderen Menschen Tribut, die einen ähnlichen Tod haben erleiden müssen. Zugleich ist sie aber auch eine vernichtende Charakterisierung des Zaren selbst:

Ein großer Günstling dieser Zeit, Fürst Boris Tulupow, wurde als Verräter gegen den Herrscher und als Verbündeter des unzufriedenen Adels überführt. Man zog ihn nun auf einen langen, spitzen Pfahl, den man ihm vom Unterleib aus durch den gesamten Körper rammte, bis die Spitze am Nacken wieder aus dem Körper hervortrat. So siechte er unter entsetzlichen Schmerzen fünfzehn Stunden lang dahin und sprach mit seiner Mutter, die man herbeigeführt hatte, Zeugin dieses herzzerreißenden Anblicks zu werden. Und diese gottesfürchtige Matrone wurde nun, weil sie dem Herrscher mißfiel, einhundert Artillerieschützen übergeben, die sie, einer nach dem anderen, zu Tode trampelten. Als ihr wunder und geschundener Leib dann nackt auf dem Platze lag, ließ Iwan seine Jäger mit ihren hungrigen Hunden kommen, die ihr Fleisch und ihre Knochen in alle Richtungen rissen und verschlangen. Bei diesem Anblick sagte der Herrscher: »Jenen, die in meiner Gunst stehen, erweise ich Ehre, und meinen Verrätern lasse ich dieses angedeihen.«[11]

Iwans entsetzliche Gewaltherrschaft sowie die von ihm verübten Greueltaten haben im russischen Charakter und bei den späteren Kremlführern dauerhafte Narben hinterlassen. Iwan bewies seinen Nachfolgern, daß ein russischer Herrscher mit Mord immer wieder davonkommen kann und daß die Russen – wohl nicht alle, aber doch ausreichend viele – Tyrannen sogar noch bewundern. Ein Beleg dafür, welch außerordentlichen Einfluß Iwan auch heute noch auf die Gemüter seiner Nachfolger ausübt, sind die offiziell abgesegneten Iwan-Biographien der sowjetrussischen Historiker. Iwan selbst würde wenig Ursache haben, sich über diese Darstellungen zu beklagen.

Das für die Benutzung in den heutigen russischen Schulen empfohlene offizielle Geschichtsbuch ist das 1947 in Moskau veröffentlichte Standardwerk von R. Wipper. In dieser Heiligenlegende ist immer wieder von den fortschrittlichen und rühmlichen Charakterzügen dieses Zaren die Rede:

Giles Fletcher war unfähig, die außerordentliche Begabung und das große geistige, soziale und technische Talent des russischen Volkes zu verstehen. Die Historiker, die immer wieder auf die sinnlosen Rasereien hinweisen, welche Iwan sich angeblich zwischen 1568 und 1572 hat zuschulden kommen lassen, sollten nicht vergessen, wie unpatriotisch und staatsfeindlich sich die oberen Klassen zu dieser Zeit verhielten – das heißt ein beträchtlicher Teil der Bojaren, des Klerus und der Staatsbeamten. Diese gegen das Leben des Zaren gerichtete Verschwörung steht in einem engen Zusammenhang mit der Absicht jener Kreise, nicht nur die damals gerade erst eroberten Gebiete (Livland) dem Feind zu überlassen, sondern auch altes russisches Land, und zwar riesige Gebiete, sowie die wertvollsten Schätze des Moskauer Staates. Was damals auf der Tagesordnung stand, war die Niederschlagung des inneren Aufruhrs und der ausländischen Einmischung sowie die Verteidigung eines großen Staatswesens gegen seine räuberischen Feinde.

Mußte nicht Iwan die Flucht einzelner, ja sogar ganzer Gruppen von illoyalen Staatsbeamten und älteren Befehlshabern und Verwaltungsbeamten nach Litauen – und das mitten in einem Krieg mit jenem Land – als schlimmstes Verbrechen gegen Rußland ahnden? Iwan unterschätzte sogar noch die Gefahr, in der er schwebte, und eliminierte nicht die tatsächlichen Verräter in seinem Gefolge.

1572 fand eigentlich keine strategische, verwaltungstechnische oder agrarwirtschaftliche Umstrukturierung [der *Opritschnina*] statt. Die ganze Reform beschränkte sich lediglich auf einen Austausch von Personen. Das von der *Opritschnina* besetzte Gebiet nahm sogar an Ausdehnung noch zu, und zugleich damit wuchs auch der entsprechende Verwaltungsapparat. »[Die *Opritschnina*] schob sich nun wie ein Keil in das moskowitische Territorium und hatte nicht nur die Funktion, die feudalen Fürsten und Bojaren durch eine Neuverteilung des Landes entscheidend zu schwächen, sondern stellte zugleich eine geeignete Organisation dar, um einen wirksamen Schlag gegen ausländische Feinde zu führen« (P. A. Sadikow).

Iwan war ein umsichtiger militärischer und politischer Führer. Gerade in der Außenpolitik fühlte er sich völlig in seinem Element und zudem all seinen Widersachern überlegen. Ich würde ihn als einen der hervorragendsten Diplomaten aller Zeiten bezeichnen. Nur hin und wieder nahm er Zuflucht zu beißendem Sarkasmus ... Iwan konnte sich mühelos in einen charmanten Gesprächspartner verwandeln, in einen gütigen Friedensstifter und einen Freund von Freiheit und Toleranz.

Die gesteigerte Aufmerksamkeit, die Iwans Greueltaten entgegengebracht wird, die vernichtend-harte Beurteilung seines Charakters wie auch die Neigung, ihn als geistig abnormen Menschen zu betrachten – all dies ist nur ein Produkt der sentimentalen Aufklärung dieses Zeitalters und des Liberalismus der herrschenden Klasse.[12]

In dem 1965 in Moskau veröffentlichten *Abriß der Geschichte der UdSSR* können wir von einem gewissen I. I. Smirnow erfahren, was wir uns wohl sonst niemals hätten träumen lassen: daß nämlich während des jahrzehntelangen Livlandkrieges »die antifeudale Freundschaft zwischen dem russischen und den baltischen Völkern« auf ein unerschütterliches Fundament gegründet worden sei. In der unlängst von Paul Dukes veröffentlichten *Geschichte Rußlands* können wir nachlesen, daß ein anderer sowjetrussischer Historiker, nämlich ein gewisser R. G. Skrijnnikow, zu bedenken gibt: »... wir sollten deshalb weder die kurzfristigen noch die langfristigen Folgen der *Opritschnina* überschätzen.« Anders ausgedrückt heißt das etwa: Es gibt keinen Anlaß, sich allzu intensiv mit diesem qualvollen Kapitel von Iwans Herrschaft zu beschäftigen. Und selbstverständlich sollte auch niemand die kurz- oder langfristigen Folgen Lenins, Stalins oder der sowjetrussischen Geschichtsschreibung übertreiben.

Drei Jahre nach dem tatsächlichen oder angeblichen Ende der *Opritschnina* verblüffte Iwan seinen Hof durch eine weitere, diesmal allerdings schmerzlose Überraschung. Als er das Land 1565 in zwei Hälften geteilt hatte, war er in dem einen Teil seines ehemaligen Reiches, nämlich der *Zemschtschina,* zurückgetreten oder hatte jedenfalls einen solchen Schritt in Erwägung gezogen. Jetzt erklärte er seinen Rücktritt von allen Ämtern und Funktionen. Vor dem versammelten Hof überreichte er seine Krone einem gewissen Sain Bulat von Kasimow, einem tatarischen Beamten. Von diesem Augenblick an wurde dieser Marionetten-Zar als Zar Simeon bezeichnet, da er bei seiner Konversion zum christlichen Glauben den Namen Simeon Bekbulatowitsch angenommen hatte. Die offiziellen Dokumente jener Zeit weisen ihn als Großfürst Simeon von ganz Rußland aus. Iwan der Schreckliche selbst nannte sich nun Iwan Moskowskij und lebte als Bojar in einem unweit des Kremls in der Petrowka-Straße gelegenen Haus. Diese Geste zeigte allerdings einmal mehr, wie eisern Iwan das Leben seiner Untertanen noch immer beherrschte. Außerdem entsprach Simeons Macht nicht im entferntesten der Stellung eines wirklichen Herrschers. Er zeichnete sich im übrigen auch nicht gerade durch besondere Intelligenz aus und konnte sich auf keine Gruppe der Bojaren stützen. Man kann diese Scharade als ein an die zahlreichen Tataren in Iwans Reich gerichtetes Zeichen der Freundschaft interpretieren. Aber Sir Jerome Horsey und Giles Fletcher vertraten die Auffassung, Iwan habe sich aus anderen Motiven zu dieser Pseudoabdankung entschlossen. In ihren Augen war Iwans Rücktritt nur ein Schachzug, der es ihm gestattete, das durch den Aufbau und die anschließende partielle Auflösung der *Opritschnina* entstandene Chaos einem andern Mann aufzuhalsen. Er selbst verschwand im Hintergrund und nahm »von irgendwelchen ihm obliegenden Verpflichtungen keinerlei Notiz ...« (Horsey). Und Fletcher berichtet, daß nun »alle Privilegien der Bistümer und Klöster aufgekündigt wurden. Auf diese Weise preßte er den Bistümern und Klöstern neben ihren Ländereien, die er dem Kronland zuschlug, auch große Geldsummen ab.« Russische Historiker sind allerdings hinsichtlich der Frage, ob diese Privilegien damals wirklich abgeschafft wurden, geteilter Meinung.

In seinem etwa 1605 geschriebenen ›Brief‹ kommentiert Iwan Timofeijew die Pseudoabdankung Iwans des Schrecklichen folgendermaßen: »Iwan IV. sah voll Zorn auf sämtliche Städte seines Landes und entwarf gegen seine Sklaven einen aus dieser Wut gezeugten Plan ... Im ganzen Volk entfachte er Bestürzung, als er vorübergehend einen anderen rechtgläubigen Zaren, nämlich den Tataren Simeon Bekbulatowitsch, an seinen Platz stellte und dabei seinen Sohn, sein eigen Fleisch und Blut, überging. Iwan selbst erniedrigte sich zum Sklaven und behielt nur einen kleinen Teil seines Besitzes. Bald indes nahm er alles wieder an sich und machte sich auf diese Weise lustig über Gottes Volk. Viele adelige Würdenträger seines Reiches ließ er niedermetzeln.«[13] Bei Hof pflegte sich Iwan vor dem tatarischen Zaren mit folgenden Worten zu verbeugen: »Iwan Wassilijewitsch, Fürst von Moskau, der gekommen ist, dir seine Huldigung zu erweisen.« Als ein ausländischer Diplomat Iwan nach dem tatsächlichen Status des neuen Zaren fragte, erhielt er zur Antwort: »Zar Simeon trägt meine Krone, aber ich habe noch sieben weitere.« Dieses außerordentliche Verwirrspiel fand bereits nach einem Jahr ein abruptes Ende. Iwan ernannte Simeon zum Gouverneur der Provinz Twer und bestieg wieder selbst den Thron.

Iwan hatte erkannt, daß seine Todesahnungen sowie seine Furcht vor einem Anschlag der Bojaren vorerst grundlos waren. Er unternahm deshalb einen letzten Versuch, ganz Livland und dessen baltische Küste zu erobern. Kompromißlos wie er war, wies er alle Friedensvorschläge des polnischen Königs wie auch des österreichischen Kaisers weit von sich. Er lehnte sogar einen attraktiven Alternativvorschlag, den jeder andere auf Eroberung erpichte Herrscher freudig begrüßte hätte, brüsk ab. Denn die Österreicher hätten Iwan gerne in einer Allianz der christlichen Staaten gesehen, um mit ihm gemeinsam die ungläubigen Türken anzugreifen. Als Preis für die Vertreibung der Türken aus Konstantinopel sollte Iwan die ehemalige byzantinische Hauptstadt zufallen. Dieser war indes von seinem Livland-Plan derart besessen, daß er dieses einmalige Angebot ausschlug. Ende des Jahres 1576 wandte sich Iwan jedoch selbst an den neuen österreichischen Kaiser Rudolf und schlug diesem vor, gemeinsam mit Rußland den – kurz zuvor gewählten – außerordentlich fähigen polnischen König Stefan Bathory niederzuwerfen. Aber Rudolf lehnte Iwans Vorschlag ab, weil er fürchtete, Rußland werde sich nach einem Sieg über die Polen zu Lasten der Türken im Balkanraum festsetzen. Iwan war deshalb gezwungen, auf eigene Faust gegen die Polen zu kämpfen. Zwar gelang es seinen Truppen, einige relativ unbedeutende Siege zu erringen, jedoch mußte er letztendlich zu viele Verluste hinnehmen. Seine Siege hatten überdies zur Folge, daß sich die militärischen und politischen Führer Schwedens, Litauens und Polens darauf einigten, die Russen zum Rückzug zu zwingen. Spätestens zu diesem Zeitpunkt war ihnen klargeworden, daß eine russische Besetzung Livlands Iwan oder einen seiner Nachfolger zu einem Vorstoß nach Ostpreußen und Nordlitauen ermuntern könnte. Iwan mußte zudem überrascht feststellen, daß er nicht als einziger auf Eroberungen aus war. Denn Stefan Bathory hatte sich mittlerweile von der Notwendigkeit überzeugt, daß er keine andere Wahl

hatte, als Iwan nicht nur in Livland, sondern auch in Rußland selbst zu besiegen. Dabei kalkulierte er auch die
Möglichkeit einer Eroberung Moskowiens ein.

Vor König Stefans Wahl zum polnischen König und
Oberbefehlshaber der polnischen und litauischen Truppen wäre es für Iwan ein leichtes gewesen, auf Warschau
zu marschieren. Aufgrund der veränderten Umstände
ließ er sich jetzt jedoch zu übervorsichtigen und sprung-
haften Aktionen verleiten. Stefan machte sich Iwans zau-
dernde Haltung zunutze und startete eine massive Offensive. 1580 drang er auf russischen Boden vor. Er nahm
Polotsk und marschierte dann auf Pskow; dort leisteten
die Russen dann allerdings hartnäckig und letztlich erfolgreich Widerstand. Iwan hatte an dieser Verteidigung
jedoch keinen wesentlichen Anteil. Denn die Befehle, die
er seinen Generalen erteilte, waren nichts weiter als phra-
senhafte Ermahnungen. Sie lauteten etwa: »Schreitet mit
Gottes Führung mutig voran. Ich richte all meine Hoffnung auf Gott und auf euren Kampfseifer.« Stefan bezichtigte Iwan der Feigheit und forderte ihn – wie seiner-
zeit der Khan der Krimtataren – zum Duell: »Warum
hast du dich uns nicht mit deinen Truppen zum Kampf
gestellt? Warum hast du nicht deine schützende Hand
über deine Untertanen gehalten? Sogar eine arme Henne
breitet ihre Flügel schützend über ihre Küken, wenn sich
ein Habicht nähert. Aber du doppelköpfiger Adler, du
versteckst dich!«[14]

Stefan Bathorys militärische und diplomatische Erfolge
wären in den letzten Jahren des Livlandkrieges erheblich
gefährdet gewesen, hätte Iwan ein Bündnisangebot Dä-
nemarks akzeptiert. Der dänische König Friedrich II.
hatte Iwan eine Art Kooperation vorgeschlagen, da er sowohl den Schweden als auch den Polen mißtraute. Iwan
erkannte jedoch nicht, wie nützlich die Dänen Rußland
hätten sein können, und verwarf deshalb Friedrichs Frie-
dens- und Kooperationsangebot mit arroganter Herab-

lassung. Der Gerechtigkeit halber darf allerdings nicht unterschlagen werden, daß diese Friedensofferte bereits 1576 an Iwan ergangen war, also vier Jahre vor der Rußlandoffensive Stefan Bathorys. Jetzt aber, 1580, standen die Polen in der Provinz Pskow auf russischem Gebiet und belagerten die Stadt. Zugleich waren jetzt auch Iwans Gewinne in Livland aufs höchste gefährdet. Deshalb mußte er sich nun seinerseits um einen Waffenstillstand bemühen. Zuerst ließ er beim österreichischen Kaiser anfragen, ob dieser bereit sei, als Vermittler zu fungieren. Da Österreich dieses Ersuchen jedoch ablehnte, mußte Iwan nach einem anderen Monarchen Ausschau halten, um einer völligen Kapitulation zu entgehen.

Papst Gregor XIII.

Iwan wandte sich daher mit der Bitte um Beistand und Vermittlung an Papst Gregor XIII. – ein völlig ungewöhnlicher Schritt für einen Großfürsten Moskowiens und Abkömmling der Rurikiden-Dynastie. Denn die russischen Zaren hatten den römisch-katholischen Glauben von jeher verachtet, da sie sich mit ihrem orthodoxen Glauben, wie ja das Wort ›orthodox‹ schon besagt, im Einklang mit der einzig wahren Lehre wähnten. Jeder andere Glaube galt ihnen als unwahr, jeder Andersgläubige als fehlgeleitet, verachtenswert und gefährlich. Christliche Theologen aller Jahrhunderte haben die Spaltung der einen Kirche und die aus dieser Uneinigkeit resultierende Entwertung des christlichen Glaubens beklagt. Nun aber, 1580, bat der Herrscher des größten orthodoxgläubigen Landes das Oberhaupt der katholischen Kirche höflich um Beistand gegen die immer bedrohlicher werdenden Angriffe des polnischen Königs. Iwan hätte sich zwar direkt an König Stefan wenden und mit ihm über einen Frieden verhandeln können. Ein solches Gesuch wäre ihm indes unehrenhaft erschienen. Es fiel ihm noch leichter, den Papst um eine Vermittlung zu bitten. Da Iwan selbst immer wieder seiner eigenen Propaganda zum Opfer fiel, hatte sein Land oftmals völlig überflüssige Belastungen zu bestehen. Durch seinen Größenwahn versklavte er somit nicht nur sich selbst, sondern auch seine Untertanen.

So höflich das Ersuchen auch war, das Iwan an den Papst richtete, seine Darstellung der Kriegsursachen hatte mit der Wahrheit wenig zu tun. Er behauptete, König Stefan habe den Krieg begonnen. Da Polen mit den ungläubigen Türken im Bunde sei, kämpfe Rußland im Grunde genommen für die Sache der Christenheit. Tatsächlich sagte ihm Papst Gregor seine Unterstützung zu und wies den Jesuiten Antonio Possevino an, zwischen Warschau und Moskau zu vermitteln. Insgeheim hoffte der Papst natürlich, Iwan werde ihm zum Dank für

seine Vermittlung dabei helfen, die zwischen der Ost-
und der Westkirche bestehende Kluft zu überwinden.
Zunächst einmal sah er jedoch seine Aufgabe darin, die
beiden zerstrittenen christlichen Länder zusammenzu-
bringen und sie von der gegenseitigen Zerfleischung ab-
zuhalten. Insbesondere die Russen befanden sich zu diesem Zeitpunkt in schrecklicher Not. Zehntausende russischer Opfer hatte dieser lange Krieg bereits gefordert.
Rußlands Reichtümer wurden überdies auf geradezu tragische Weise vergeudet, und in Livland war das Kriegsglück ferner denn je. Rußlands Truppen waren völlig erschöpft. Durch ihr Wüten hatten sie sich nicht nur den
Haß der gesamten baltischen Bevölkerung zugezogen,
sondern auch den Zorn der eigenen Landsleute, weil sie
deren ohnehin knapp bemessene Nahrungsmittelvorräte
aufgezehrt hatten. Das von Iwan inszenierte Spiel endete
somit in einem völligen Desaster. Deutlich wurde das
ganze Ausmaß dieser Niederlage erst während des folgenden Jahrhunderts, das durch eine Periode von fünfzehn chaotischen Jahren eingeleitet wurde. Diese Zeit der
Wirren wird nicht umsonst bis heute als ›Wüstungsperiode‹ bezeichnet. Die unendlich zähe politische, soziale
und militärische Entwicklung, die sich im Rußland des
siebzehnten Jahrhunderts vollzog, beweist ganz deutlich,
daß der Livlandkrieg wie auch Iwans grausame Hinrichtungen den Fortschritt auf diesen drei Gebieten um mehr
als hundert Jahre zurückgeworfen hatten.

Trotz seiner riesigen Armee gelang es Iwan nicht, Livland zu erobern. Ebensowenig war er imstande, das Land
unter seine Kontrolle zu bringen, indem er Magnus Prinz
von Dänemark zum Marionettenkönig von Livland
machte. Auch konnte er in den zwischen Possevino und
den Polen anberaumten Friedensgesprächen seinen
Besitzanspruch auf fünfunddreißig livländische Städte
nicht durchsetzen. Darüber hinaus verweigerte er die
vom Papst erbetene Genehmigung zum Bau einer katho-

lischen Kirche in Moskau. Auf der anderen Seite lud er jedoch venezianische Kaufleute ein, in Rußland Handel zu
treiben. »Wir haben in der Vergangenheit keine römischen Kirchen gehabt«, tat er kund, »und werden sie auch
in Zukunft nicht haben.« (Die erste römisch-katholische
Kirche Rußlands wurde 1698 von General Patrick Gor-
don, dem Freund und Berater Peters des Großen, errichtet.) Bei den Friedensverhandlungen selbst stimmten
Iwans Abgesandte nach vielen Verzögerungen schließlich dem Vorschlag zu, ganz Livland und die bedeutende
polnische Stadt Polotsk wieder abzutreten. Die russischen Unterhändler gaben bei dieser Gelegenheit ganz
beiläufig zu verstehen, daß Rußland bereit sei, auch auf
die an Ostpreußen grenzende westliche Provinz Livlands, nämlich Kurland, sowie auf den an der Dwina-
Mündung gelegenen Hafen Riga zu verzichten. Wären
die übrigen Unterhändler auf diesen versteckten Trick
hereingefallen, der einen Verzicht auf Gebiete vorsah,
die niemals zu Rußland gehört hatten, so hätte Rußland
zu einem späteren Zeitpunkt eben diesen Friedensver-
trag als Legitimation für einen neuerlichen Angriff miß-
brauchen können. Aber Possevino ließ sich nicht täu-
schen. Er lehnte es ab, diesen besonderen ›Verzicht‹ mit
in den Vertrag aufzunehmen, und fuhr die russischen
Gesandten an: »Sie sind hierher gekommen, um zu steh-
len, nicht um zu verhandeln.« Nach zwölf Monaten in-
tensiver Verhandlungen wurde der Vertrag schließlich
am 6. Januar 1582 unterzeichnet. Im Jahr darauf un-
terschrieb Iwan ein Waffenstillstandsabkommen mit
Schweden und gab damit jeden Anspruch auf den Hafen
von Reval sowie Estland auf.

Nach Abschluß dieses Friedens sandte König Stefan
einige Noten des guten Willens an Iwan und schlug die
Einrichtung kontinuierlicher Handelsbeziehungen zwischen ihren beiden Ländern vor. Iwan ließ diesen Vorschlag unbeantwortet. Obwohl erst zweiundfünfzig

Jahre alt, war er doch bereits ein alter Mann und ging seinem Ende entgegen. Im eigenen Land war er – jedenfalls nach eigener Auffassung – von Verrätern umgeben, und im Ausland mußte er eine Niederlage nach der anderen hinnehmen. Der Papst hatte die Hoffnung gehegt, Iwan werde sich zum Abschluß eines Bündnisses mit Polen und Österreich überreden lassen, gemeinsam mit diesen Mächten dem Osmanischen Reich entgegentreten und vielleicht sogar auf eine Annäherung mit der katholischen Kirche eingehen. Aber keiner dieser beiden Pläne wurde Wirklichkeit. Iwan spürte kein Verlangen danach, seiner ausgebrannten Armee einen weiteren Krieg zuzumuten. Im übrigen war er völlig unfähig, sich auf Verhandlungen einzulassen, die von ihm möglicherweise Zugeständnisse verlangt hätten. Vielmehr bevorzugte er die unterkühlte Atmosphäre der Uneinigkeit, in der jede der beiden Seiten sich einigelt und auf ihrer Seite der Grenze bleibt. »Wenn wir erst einmal anfangen, über Religion zu reden«, ließ er Possevino wissen, »dann wird jeder eifersüchtig seinen eigenen Glauben verteidigen und sich über den andern erheben wollen. Dann bricht Streit aus, und wir müssen befürchten, daß zwischen uns Feindseligkeit erwächst. Ihr sagt, euer römischer Glaube sei eins mit dem griechischen Glauben, aber wir halten uns nicht an den griechischen, sondern an den einzig wahren christlichen Glauben. Der Papst ist nicht Christus. Der Thron, auf dem euer Papst sitzt, ist keine Wolke, und die ihn tragen, sind keine Engel. Ebensowenig halte ich euren Papst Gregor für berechtigt, sich mit Christus zu vergleichen.« Im Verlauf dieser Unterredung wurde Iwan dann noch ein wenig ausfallender: »Euer römischer Papst ist überhaupt gar kein Hirte; er ist ein Wolf.«[15]

Sogar Possevinos Bitte, russische Bürger nach Rom ausreisen und sie dort Latein studieren zu lassen, beschied Iwan abschlägig.

Nun, da Iwans Eroberungsträume in Europa zerbrochen waren und alles weitere düster und freudlos vor ihm lag, bescherten ihm seine Untertanen einen wirklichen Sieg: Mit dem riesigen Sibirien gewannen sie ihm neues Land in Asien hinzu, das auf die Ausbeutung seiner Mineralienschätze geradezu wartete und einen unermeßlichen Reichtum an Tierfellen bot. Das neue Gebiet erwies sich obendrein als ein ideales Gefängnis; es hatte ein kaltes und abstoßendes Klima und war außerdem weit genug von Moskau entfernt.

1582 traf eine Gruppe von Kosaken in Moskau ein. Die Männer führten 5000 Zobel-, Biber-, Fuchs- und Bärenpelze mit sich und außerdem einen gefangenen sibirischen Tatarenanführer. Auch früher schon hatten einige Expeditionen das Land jenseits des Ural erforscht. Letztendlich war indessen keiner dieser Expeditionen auf Dauer Erfolg beschieden gewesen. Die Männer von Nowgorod hatten sich einmal im elften und zweimal im zwölften Jahrhundert in die unerforschte Weite Sibiriens hinausgewagt. 1499 waren 4000 Männer aus Moskau bis an den Fluß Ob vorgedrungen. Von jener letzten Expedition hatte man 1000 Gefangene zurückgebracht. Bei jeder dieser gefährlichen Unternehmungen kamen infolge der außergewöhnlichen Kälte, aber auch durch Angriffe der in Sibirien lebenden Stämme, zahllose Russen ums Leben. Seit jener Expedition von 1499 betrachteten die Moskowiter das Land jenseits der Berge als ein Reich der Geheimnisse und Legenden. Auf allen ihren Expeditionen waren die Russen zunächst dem Flußlauf des Petschora gefolgt und hatten das Uralgebirge im hohen Norden überquert. Sie hatten dort nicht nur mit dem Klima zu kämpfen gehabt, sondern den Ural ausgerechnet in jenem Bereich überqueren müssen, wo die Pässe am höchsten waren.

Der Führer dieser jüngsten Entdeckungsreise war der Geächtete Jermak Timofeijew. Er befand sich beständig

Jermaks Kampf gegen den sibirischen Khan Kutchum 1582

auf der Flucht vor Iwans Soldaten, weil er zusammen mit anderen gesellschaftlichen Außenseitern die russischen Handelsschiffe auf der Wolga ausgeraubt und außerdem die Nagaj-Tataren verschiedentlich überfallen hatte. Jermaks Vater hatte sich den Kosaken angeschlossen. So wurden jene Russen genannt, die – entweder auf der Flucht vor dem Gesetz oder aus freien Stücken – nach Süden gezogen waren, um den unaufhörlichen Kriegen und den hohen Steuern zu entgehen, die das Leben in Moskowien so unerträglich machten. Der Khan beschwerte sich bei Iwan dem Schrecklichen über diese Männer, da sie Saraitschik, die Hauptstadt der Nagajs, angegriffen und zahlreiche Mädchen verschleppt und an die Harems auf der Krim und im Osmanischen Reich verkauft hatten. Da Iwan nicht das Risiko eingehen wollte, in einen weiteren Krieg verwickelt zu werden, befahl er, Jermak und dessen Gefährten zu verhaften und die Rädelsführer hinzurichten. Die Verfolgten konnten jedoch über den Kama-Fluß nach Nordosten in die Heimat Jermaks entkommen. Er hatte in dieser Gegend, die der reichen Familie der Stroganows gehörte, seine Kindheit zugebracht. Die Stroganows waren unternehmungsfreudige Pioniere, die der Zar mit der Kolonisierung eines fünfeinhalb Millionen Hektar großen Gebietes sowie mit der Gründung von Salzraffinerien und Eisenminen beauftragt hatte.

Die Stroganows hatten von Iwan die Genehmigung erhalten, die jenseits des Ural gelegenen Gebiete ebenfalls ihrem Einflußbereich einzuverleiben. Sie überlegten nun, was sie mit diesen neuen Ländereien anfangen sollten, als Jermak unversehens in ihrem Gebiet auftauchte. Der tatarische Khan des auf östlicher Seite an den Ural angrenzenden Landes hatte bereits erklärt, daß er bereit sei, gegen entsprechende Sicherheitsgarantien einen jährlichen Tribut von 1000 Rubeln zu entrichten. Aber jetzt zog von Süden eine mächtige Tatarenhorde unter der Führung Kuchums heran, eines alten, halbblinden, aber mut- und kraftstrotzenden Mannes. Diese Tataren töteten den Khan und besetzten sein Gebiet. Kuchum war der Sohn des Emirs von Bochara und nahm deshalb für sich in Anspruch, direkter Abkömmling des großen Dschingis Khan zu sein. Er weigerte sich sogleich, den jährlichen Tribut an den Zaren zu entrichten, und schickte statt dessen Beutetrupps über den Ural. Bei einem dieser Angriffe wurde ein Repräsentant des Zaren, den dieser mit einer Botschaft zu den Stroganows gesandt hatte, getötet. Die Stroganows versäumten es nicht, Iwan sofort von diesem Vorfall in Kenntnis zu setzen. Sie erbaten vom Zaren die Erlaubnis, nach Sibirien einzudringen – ein ansonsten nur selten geäußerter Wunsch – und den feindlichen Überfällen ein Ende zu bereiten. Sie hofften, ihr Ersuchen werde Iwan veranlassen, auch seinerseits Soldaten zu ihrer Unterstützung zu entsenden. Der Zar beantwortete die Bitte der Stroganows mit einem neuen Privileg, welches sie zur Ausdehnung ihrer Machtstellung auch auf die ›Sibirische Ukraine‹ (d. h. Grenzland) ermächtigte. Genau das war es, was sie gewünscht hatten. Jetzt hatten sie nur noch das Problem, genügend Männer aufzutreiben, um in dem Kampf gegen die Tataren bestehen zu können. Genau zu diesem Zeitpunkt trafen Jermak und seine Leute auf dem Gebiet der Stroganows ein. Die Stroganows statteten die Abenteurer mit Musketen aus und stellten dreihundert ihrer eigenen Männer bereit. Davon waren einige deutsche und litauische Gefangene, die den Russen im Livlandkrieg in die Hände gefallen waren. Nun belief sich Jermaks Privatarmee auf 840 Männer, die am 1. September 1581 in roh behauenen Booten zu ihrer Entdeckungsreise in das Land jenseits des Ural aufbrachen. Iwan der Schreckliche hatte kurz zuvor Nachricht von der militärischen Expedition der Stroganows erhalten und daß geächtete Räuber zur Durchführung des Unternehmens engagiert worden

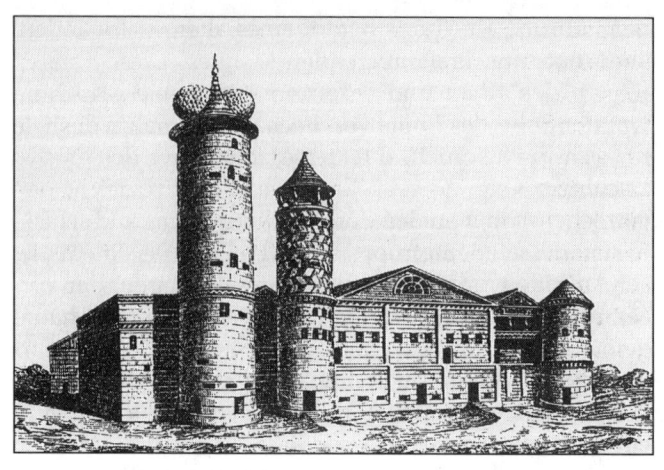

Der hölzerne Palast der Familie Stroganow aus
dem 16. Jahrhundert nach einer zeitgenössischen Illustration

seien. Da diese Nachricht gleichzeitig mit Meldungen über furchtbare Raubüberfälle eintraf, zu denen es weit im Norden des von Kuchum besetzten Gebietes gekommen sein sollte, zog Iwan fälschlicherweise den Schluß, daß beide Ereignisse zusammenhingen. Er glaubte, die Kosaken hätten, wie sie es ja bereits an der Wolga mehrfach getan hatten, wiederum Streit vom Zaune gebrochen. Deshalb befahl er die sofortige Umkehr der Expedition. Er drohte, er werde die Stroganows hart bestrafen und Jermak hängen lassen, falls seinen Befehlen nicht Folge geleistet werde.

Die Boten, die er aussandte, um diesen Befehl zu überbringen, brauchten für die etwa 1000 Kilometer lange Reise von Moskau nach dem Oberlauf des Kama allerdings mehr als einen Monat, so daß sich die Stroganows in der glücklichen Lage befanden, diesen für sie ungünstigen Befehl nicht ausführen zu können. Als die Nachricht schließlich an ihrem Bestimmungsort eintraf, hatte Jermak bereits den Ural überschritten und schuf die Voraussetzungen für die Erschließung des in der Folge größten russischen Herrschaftsgebietes. Für Jermak und seine Kosaken stellte das Ural-Gebirge, dessen höchste Gipfel kaum über 1000 Meter emporragen, kein großes Hindernis dar. Mit seinen Männern ruderte er zunächst zwei Seitenarme des Kama entlang, ließ dann die Boote an Land ziehen und überquerte mit seiner Mannschaft den Gebirgskamm. Auf der anderen Seite angekommen, hielten sie Ausschau nach dem nächstgelegenen Fluß, der in die grenzenlose Ebene hinabfloß, welche sich zu ihren Füßen in unendlicher Ferne verlor. Dann bauten sie neue Boote und setzten ihre Reise fünf Tage lang ungestört fort. Am sechsten Tag wurden sie von Einheimischen angegriffen, die vom Ufer aus Pfeile auf sie schossen. Aber bereits wenige Musketenschüsse reichten aus, um diese Feinde zu verjagen. Kurz darauf konnten Jermak und seine Gefolgsleute einen von Kuchums Männern gefangennehmen. Zum Glück des Gefangenen begnügte sich Jermak damit, vor dessen Augen einen Harnisch mit Musketenschüssen zu durchlöchern. Er tat dies, um dem Mann einen Vorgeschmack davon zu vermitteln, was dessen Landsleute für den Fall erwarte, daß sie sich den Eroberern entgegenstellten. Dann wurde der Gefangene laufengelassen.

Nicht weniger listig ging Jermak vor, als er das erste Mal auf massiven Widerstand der Tataren traf. An einer besonders engen Stelle des Tobol-Flusses hatte Kuchum eiserne Ketten von Ufer zu Ufer spannen und zu beiden Seiten des Flusses seine Krieger Stellung beziehen lassen. Jermak hatte offenbar bereits im voraus von diesem Hinterhalt erfahren, denn er ging mit seinen Männern oberhalb der betreffenden Stelle an Land und ließ seine Leute zu beiden Seiten des Flusses vorrücken. Zunächst aber holten seine Kosaken Jacken, Hosen und Kopfbedeckungen herbei, die sie mit Reisigbündeln ausstopften und in einige der Boote setzten. Mit je einem Mann am Ruder ließ er diese Boote dann flußabwärts gegen den Feind treiben. Den Hauptangriff startete er erst in dem Augenblick, als die Lockboote auf Höhe der Tataren angekommen waren und deren ganze Aufmerksamkeit auf sich zogen. Diese listige Attacke der Russen überraschte die ahnungslosen Tataren völlig, und sie flohen entsetzt vor den russischen Musketen. Zwei weitere Kämpfe fanden am unteren Flußlauf statt, in denen Jermak erstmals schwere Verluste hinnehmen mußte. Als er mit seinen Männern Kuchums Hauptstadt Sibir erreichte, hatte er 107 Männer verloren.

Seit der Expeditionstrupp die Stroganows verlassen hatte, waren acht Wochen vergangen. Die Männer hatten etwa fünfhundert Kilometer zurückgelegt, als sie auf eine völlig verlassene Stadt trafen. Sie fanden in den wenigen Holz- und Lehmhäusern zwar Felle, Teppiche und sogar vereinzelt Goldschmuck, jedoch kaum Lebensmittel. Glücklicherweise waren die Bewohner der Umgebung, die Ostijaken, gegenüber Kuchum feindlich eingestellt, weil dieser sie gegen ihren Willen zum Islam bekehren wollte. Deshalb gaben sie Jermak und seinen Leuten zu essen. Den Winter über blieben die Kosaken in Sibir. Im Dezember gelang es Machmetkul, dem Anführer von Kuchums Reiterei, eine Gruppe von zwanzig Russen in einen Hinterhalt zu locken und völlig aufzureiben. Im Gegenzug konnten die Russen Machmetkul bei einem überraschenden Angriff gegen sein Lager persönlich gefangennehmen.

Da der mittlerweile über achtzigjährige und beinahe völlig erblindete Kuchum nun seinen wichtigsten Mann verloren hatte, glaubte Jermak, die Kraft der Tataren sei gebrochen. Gemeinsam mit seinen Kosaken machte er sich deshalb von Sibir auf und fuhr zunächst nach Irtysch und dann den Ob hinab, einen der drei großen sibirischen Flüsse, die in das Polarmeer münden. Die Strapazen dieser langen Reise gingen nicht spurlos an Jermak und seinen Leuten vorüber. Sein Trupp hatte ja auch zuvor bereits schwere Kämpfe und Verluste hinzunehmen gehabt. Nach der neuerlichen Anstrengung aber kannten viele der Männer nur mehr ein Ziel: Sie wollten in das relativ sichere Leben zurückkehren, das sie früher einmal westlich des Urals gekannt hatten. Deshalb machte sich eine ganze Anzahl von ihnen aus dem Staube. Jermak selbst hatte die Absicht, erst in das Mutterland zurückzukehren, wenn die Zugehörigkeit des neuen Gebietes zu Rußland sichergestellt war. Bevor er jedoch weitere Erkundungsreisen unternahm, übermittelte er den Stroganows wie auch dem Zaren einen ausführlichen Bericht über seine Entdeckungen. In der Botschaft, die er Iwan sandte, bat er inständig um die Vergebung all seiner Verbrechen. Außerdem ersuchte er den Zaren demütig darum, Soldaten und einen Gouverneur in das neu erschlossene Gebiet zu entsenden, da die jüngste Kolonie des Russischen Reiches auf Dauer anders nicht zu halten sei. Als Überbringer wählte er seine rechte Hand, den wegen Piraterie auf der Wolga zum Tode verurteilten Iwan Kolzo. Die Entsendung dieses Mannes sollte die Bedeutsamkeit von Jermaks Brief noch unterstreichen. Als Iwan Kolzo im Jahr 1582 mit seiner Delegation in Moskau eintraf, erregten die Männer den erwarteten Eindruck. Iwan war mit den Kosaken mehr als zufrieden. Er vergab ihnen all ihre früheren Verbrechen und machte Jermaks Männern Geldgeschenke. Jermak selbst ließ Iwan einen seiner eigenen Pelzmäntel überbringen sowie zwei edle Rüstungen. Außerdem entsandte er Fürst Simeon Bolchowskij samt 500 Soldaten als Militärgouverneur in die neue Provinz.[16]

Ungeachtet der für Sibirien typischen langen Winter und kurzen Sommer drangen die Russen rasch immer weiter nach Asien ein. 1632 gründeten sie etwa 4000 Kilometer östlich des Ural die Stadt Jakutsk. Ein Jahr zuvor hatten die Kosaken bereits im äußersten Nordosten die sibirische Küste erreicht und unweit des Kolyma-Flusses große Mengen von Mammut-Stoßzähnen entdeckt. Später dann, im neunzehnten Jahrhundert, fand man in dieser Gegend Gold. Während des siebzehnten und achtzehnten Jahrhunderts wurden in Sibirien mehr als 20000 durch die Kälte konservierte Mammuts gefunden! Nur fünfundfünfzig Jahre, nachdem Jermak vom Kama-Fluß aus seine Expedition gestartet hatte, erreichten die Russen 1636 die pazifische Küste. Jener Punkt, von dem aus die russischen Pioniere erstmals die Mündung des Amur vor sich sahen, ist etwa 4500 Kilometer Luftlinie vom Ural entfernt. Angesichts der fast gänzlich fehlenden Unterstützung durch die russische Regierung sowie der traditionell in Rußland geltenden Beschränkungen der Reisefreiheit und der nur zu verständlichen Abneigung der meisten Russen, sich in dem eiskalten Klima Sibiriens anzusiedeln, ist die Leistung der wenigen Männer, die jenes weite und reiche Land erschlossen haben, nur um so bewundernswerter. Während einiger Wochen im Winter gefriert dort sogar das Quecksilber in den Thermometern, was erst unterhalb einer Temperatur von mehr als minus 38,4° C möglich ist. In Werchojansk, etwa 650 Kilometer nördlich von Jakutsk, kann die Temperatur bis auf minus 70° C sinken.

1580 unternahm der alternde Zar erneut einen Angriff auf die Kirche. Da es ihn nach ihren Reichtümern gelüstete, ließ er die führenden Kleriker des Landes einmal mehr zusammenrufen und beschimpfte sie mit bitterbösen Worten. Er warnte sie vor der Gefahr, die Stefan Bathorys mächtiges Heeresaufgebot für sie selbst und ihre Kirche darstellte. Vor allem aber warf er ihnen voll Verachtung vor, daß die Priester – trotz dieser Gefahr – nichts zur Landesverteidigung beitrügen und sich unbekümmert ihrem Wohlleben widmeten. Sir Jerome Horsey, den

Iwan oftmals in sein Vertrauen zog, hat diese lange Rede auszugsweise festgehalten:

Der Adel und das Volk rufen mir ihre Klagen entgegen ..., [nämlich daß] ihr den Unterhalt eurer Hierarchie gewährleistet und alle Schätze des Landes an euch bringt, indem ihr jegliche Art Handel betreibt und zudem weder Zoll an eure Krone zahlt noch euch an den Kriegslasten mit Geld beteiligt. Ihr habt unsere edelsten, fähigsten und besten Untertanen mit ihrem sterbenden Gewissen erschreckt, habt den Dritteil der Städte erhalten und die Dörfer dieses Reiches mit Hexerei und Zaubersprüchen in euren Besitz gebracht. Ihr kauft und verkauft die Seelen unseres Volkes. Ihr führt ein äußerst müßiges Leben mit allen Freuden. Ihr begeht die schrecklichsten Sünden. Ihr erpreßt, besteckt und treibt Wucher! Ihr strotzt vor blutigen, himmelschreienden Sünden, vor Tyrannei, Unersättlichkeit, Müßiggang und Sodomie, ja sogar mit wilden Tieren.

Vielleicht helfen eure Gebete aber weder mir noch meinem Volk. Vor Gott müssen wir schuldig sein, daß wir gezwungen sind, euch zu ertragen – und viele, die euch an Wert überragen, müssen gar für euch sterben. Möge Gott mir meine Teilhaberschaft an eurem Tun verzeihen ... Oft habe ich mich gedrängt gefühlt, euren Stand zugunsten der Erneuerung und Wiedereinsetzung Tausender meiner alten und verarmten Adeligen aufzulösen. Ihren Vorfahren verdankt ihr doch den Großteil eurer Einkünfte, die gerechterweise eigentlich denen gehören, die ihre Ehre, ihr Leben und ihren Unterhalt für eure Sicherheit und Bereicherung geopfert haben. Mein reiches Volk, meine Untertanen sind durch eure Plünderungen und euren teuflischen Trug verarmt. Ein schönes Beispiel dafür, wie auf der anderen Seite ein blühendes Gemeinwesen zu begründen und zu unterhalten ist, hat der mutige König Heinrich VIII. von England gegeben. Mein Adel und meine Untertanen sind geschwächt, und unser Kronschatz ist erschöpft ...

Ich verlange deshalb von euch, mir bis zu einem bestimmten Tag eine glaubhafte und ehrliche Auflistung der Schätze und jährlichen Einkünfte vorzulegen, über die eure Häuser verfügen. Die jetzige Not erlaubt weder Aufschub noch Entschuldigungen. Der König und die Fürsten von Polen und Litauen, der schwedische König und der König von Dänemark, sie alle verbünden sich, während unsere Aufrührer mit der starken Macht der Krim [-Tataren] ein Bündnis suchen.[17]

Nachdem Iwan diese schonungslose Kritik vorgetragen hatte, führte er während der folgenden Tage intensive Gespräche mit den Priestern und Bischöfen. Iwan machte diese Art des Zeitvertreibs viel Spaß. Auf der einen Seite hatte seine Rede den Klerus gehörig eingeschüchtert, andererseits schmeichelte er den Priestern durch die Art, wie er sein Interesse an Fragen der Lehre und des Rituals bekundete. Nach Horseys Auskunft mußten im Anschluß an diese Gespräche sämtliche Anwesenden zusehen, wie sieben Klosterbrüder der Reihe nach in eine Bärengrube geworfen und zerfleischt wurden. Einige russische Historiker sind der Meinung, Horsey habe den Inhalt von Iwans Rede korrekt wiedergegeben. Sie halten jedoch dafür, seine Beschreibung des Massakers in der Bärengrube basiere auf Geschichten, die er bei anderer Gelegenheit über die Hinrichtung hoher Geistlicher gehört habe.[18] Horsey war zu gut über diese Rede des Zaren informiert, um die anschließenden Grausamkeiten zu erfinden. In Rußland sind zahllose historische Dokumente vernichtet oder unterdrückt worden. Aber der Einfluß der diversen russischen Regierungen hat es doch nicht vermocht, selbst noch die im Ausland von Augenzeugen über bestimmte Geschehnisse in Rußland veröffentlichten Berichte zu zensieren. Auf jeden Fall durften die Klöster, solange Iwan lebte, keine weiteren Landschenkungen mehr annehmen.

Viele der Anschuldigungen, die Iwan auf jenem Kirchenkonzil in seiner Rede dem Klerus vorhielt, waren gerechtfertigt. Die Klöster hatten tatsächlich aus ihrem besonderen Status erheblichen Nutzen gezogen, waren sie doch die einzigen Einrichtungen im Land, die im allgemeinen von Schikanen und Übergriffen der *Opritschniks* verschont blieben. Einige hatten sogar, was eigentlich in Anbetracht der damaligen Zeitumstände gar nicht so erstaunlich ist, Prostituierte bei sich aufgenommen.[19] Der Zar selbst hatte schließlich auch nicht gerade ein leuchtendes Vorbild der Mäßigung abgegeben. Eine der an seinem Hof beliebten Zerstreuungen bestand darin, ganze Gruppen junger Landmädchen zu entkleiden und dann nackt Geflügel umherscheuchen zu lassen, während man mit Pfeilen auf sie schoß. Horseys Hinweis auf die Bärengruben des Zaren klingt nur zu glaubhaft, hatte Iwan sich doch während seines ganzen Lebens daran ergötzt, die perversesten Todesmartern zu ersinnen. Für die im mittelalterlichen Rußland lebenden Menschen gab es in der Tat nur wenig Zerstreuung. Iwan selbst hatte nun einmal Freude daran, andere Menschen sterben zu sehen, und es gefiel ihm gleichermaßen, wenn auch andere diesen grausigen Schauspielen beiwohnten.

Horsey hat seinem Bericht ein bezeichnendes Vorwort vorangestellt, in dem er von dem Haß spricht, den sowohl der Adel als auch der Klerus dem Zaren entgegenbrachten:

Die einflußreichsten Bischöfe, Klostervorsteher und Äbte trafen sich oft in ihrer Verwirrung und sprachen über ihren Herrscher mit dem unzufriedenen Adel. Gemeinsam überlegten sie, wie dem Herrscher die Stirn zu bieten und Widerstand zu leisten sei. Es fehlte ihnen jedoch ein Anführer oder General mit genügendem Mut, der eine solche Armee hätte anführen und befehligen können, die der gewaltigen Macht des Zaren hätte standhalten können. Denn sie hatten allesamt weder Pferde noch Waffen ... Der Herrscher ließ am Tag des Hl. Isaias seine riesigen, wilden, bösartigen und hungrigen Bären aus ihren dunklen Höhlen und Käfigen in eine Art Arena führen, die von hohen Mauern umgeben war. Etwa sieben dieser aufrührerischen, dicken, fetten Klosterbrüder wurden nacheinander hereingebracht. In der einen Hand hielten sie ihr Kreuz und den Rosenkranz und in der anderen zu ihrer Verteidigung einen fünf Fuß langen Jagdspieß. Dann wurde ein wilder Bär losgemacht und durch das Rufen und laute Schreien der Menge aufgehetzt. Der Bär rannte in seiner Wut auf den Bruder los und zermalmte dessen Kopf, riß dessen Körper, Eingeweide, Arme, Beine und alles andere in Stücke, bis er zum Fleisch, zum Blut und zu den Knochen kam. Dann verschlang er diesen ersten Bruder als seine Beute. Der Bär wurde nun ebenso durch die Schüsse von Schützen getötet. Dann brachte man den nächsten Bruder und einen frischen Bären auf den Platz, bis alle sieben, wie der erste, verschlungen waren. Aber einer war noch übrig, der seinen Speer sehr behende führte; er hielt das stumpfe Ende gegen den Boden und das andere auf die Brust des Bären gerichtet, bis der Bär mit der Brust in die Speerspitze rannte. Aber trotzdem wurde der Bruder von dem Bären nur um so wütender verschlungen, und beide starben auf dem Platz. Der Bruder wurde als mutiger Heiliger von seinen überlebenden Mitbrüdern des Troiza-Klosters kanonisiert.[20]

Iwan drohte daraufhin an, sieben weitere Klosterbrüder verbrennen zu lassen. Er erhielt aber das vom Klerus geforderte Verzeichnis der Klostergüter. Das bewahrte die Klöster zwar vor der Auflösung, aber trotz der Unterwürfigkeit, die sie an den Tag legten, mußten sie Iwans Forderung nach 300 000 Pfund Sterling Folge leisten.[21]

Der zusehends alternde, einundfünfzigjährige Iwan beging dann, ein Jahr nach diesem zweiten Kirchenkonzil, die letzte Bluttat seiner Herrschaft. Immer noch diente ihm das Kloster zu Alexandrowsk als militärisches Hauptquartier. Dorthin konnte er sich zurückziehen und Gott um Vergebung bitten; dort aß und trank, schändete und vergewaltigte er am liebsten. Sein Sohn und Thronerbe, Iwan Iwanowitsch, war mittlerweile siebenundzwanzig Jahre alt. Im Gegensatz zu seinem Bruder hatte er sich in den Augen seines Vaters als geeigneter und intelligenter Nachfolger empfohlen, zumal er auch klaglos an den Orgien, Folterungen und Massentötungen teilnahm. Iwan Iwanowitsch hatte bis dahin keinen Anlaß zu Eifersucht und Mißtrauen gegeben, was man vom übrigen Hof nicht gerade sagen kann. Zu dieser Zeit wurde die bedeutende Stadt Pskow vom polnischen König Stefan belagert. Es ist durchaus möglich, daß sich der Zarewitsch schämte, weil weder sein Vater noch er selbst bei den Soldaten an der Front war. Deshalb bat er seinen Vater wohl, wenigstens ihm die Teilnahme an der

Schlacht und die Wiederherstellung seiner Ehre zu gestatten. Das kann, muß aber nicht der Anfang einer Auseinandersetzung zwischen Vater und Sohn gewesen sein, die schließlich in einem Wutausbruch des Zaren gipfelte.

Dem päpstlichen Gesandten Possevino, der zu Beginn des darauffolgenden Jahres in Moskau weilte, berichtete man über einen anderen Anlaß, der angeblich Iwans Zorn erregt hatte. Ewdokia, die im siebten Monat schwangere Frau des Zarewitsch, war gemeinsam mit Iwan und seinem Sohn nach Alexandrowsk gekommen. Als nun der Zar an jenem Tag ihre Gemächer betrat, traf er sie nicht in den Gewändern an, die eine Frau in ihrem Zustand nach Vorschrift der Kirche hätte tragen sollen. Aus diesem oder einem anderen Grund wurde Iwan wütend, schlug Ewdokia nieder und trat sie wiederholt mit den Füßen. Sein Sohn hörte ihre Schreie, rannte in das Zimmer und wollte ihr beistehen. Iwan traf nun im Handgemenge mit der eisernen Spitze seines Stabes gegen die Schläfe seines Sohnes, der bewußtlos zusammenbrach. Boris Godunow hielt sich ebenfalls in dem Zimmer auf und versuchte den Thronerben zu beschützen – aber es war bereits zu spät. Hätte Boris Godunow auch nur eine Sekunde früher eingegriffen, so wäre er vermutlich selbst getötet oder sehr schwer verwundet worden. Hätte er hingegen einfach teilnahmslos weiter zugesehen, so wäre er vermutlich später der Feigheit bezichtigt und hingerichtet worden. Iwan stand nun in dem mit Blut besudelten Raum, der von den Entsetzensschreien der Umstehenden widerhallte, ratlos da und hielt seinen schwerverletzten Sohn in den Armen. Man brachte seine Schwiegertochter zu Bett, die in der darauffolgenden Nacht eine Fehlgeburt erlitt. Drei Tage später, am 19. November, verstarb dann der Zarewitsch an den Folgen dieses mörderischen Streites. Iwan hatte damit nicht nur seinen einzigen fähigen Erben getötet, sondern auch noch sein Enkelkind zu Tode getreten. Auch Ewdokia verschied einige Zeit nach dieser Katastrophe.

Vermutlich wäre es für Iwan – und für Rußland – besser gewesen, wenn er nun ebenfalls gestorben wäre. Doch sollte sein Leben noch drei weitere Jahre dauern. Sein seelisches und geistiges Gleichgewicht war jetzt jedoch vollends erschüttert, so daß er sich seinen Selbstkasteiungen und seiner Verzweiflung fortan völlig ungehemmt hingab. Wann immer er sich im Kreml aufhielt, irrte er des Nachts unter Jammern und Wehklagen von Raum zu Raum und suchte seinen Sohn. Er raufte sich die Haare und den Bart und schrie seine Höflinge an, um sie kurz darauf um Vergebung anzuflehen. Er schämte sich seines überlebenden Sohnes Fjodor und erklärte, dieser sei »ein Sakristan und nicht der Sohn eines Zaren«. Denn Fjodor fand sein größtes Vergnügen darin, unentwegt die Palastglocken zu läuten. Noch einmal gab Iwan nun seinen Bojaren die Chance, einen anderen Zaren zu wählen: Vor dem versammelten Hof kündigte er offiziell an, er werde den Rest seines Lebens in mönchischer Einsamkeit fernab von Moskau zubringen. Die Mehrheit seiner Minister war offensichtlich von Iwans ehrlicher Absicht überzeugt. Denn den Chroniken zufolge reagierten sie bezeichnenderweise, indem sie Iwan anflehten: »Verlaß uns nicht! Wir wollen keinen anderen Zaren als den, der uns von Gott gegeben ist.«[22] Sie gelobten Iwan also – ganz unabhängig von seinen Taten – ewige Treue und unbedingten Gehorsam, da sie ihn als einen Gott auf Erden ansahen. Für jene, die von der Göttlichkeit des Zaren überzeugt waren, wäre die Tötung Iwans einem Gottesmord gleichgekommen. Dieser geradezu insektenhafte Gehorsam der russischen Untertanen resultierte aus ihrer jahrhundertelangen Indoktrination durch die Kirche und wurde zudem durch permanente Gewaltanwendung und die ständige Angst vor Bestrafung immer aufs neue erzwungen.

Iwan hatte sein ganzes Leben in einer Art von Vakuum zugebracht. Er hatte keinerlei Kontakt zu jener ganz normalen Welt, in der unsere Handlungen auf Widerstände stoßen, in der gewöhnliche Sterbliche also lernen, was sie tun und was sie nicht tun können. Dieser Mangel an festen Konturen trieb Iwan vermutlich in den Wahnsinn. Kurz nach Iwans Tod schrieb Iwan Timofejew über die Regierungszeit des grausamen Zaren: Iwan »verwüstete sein Land. Er hätte seinen Verstand vollends verloren und alles Land zerstört, wenn nicht Gott seinem Leben ein Ende gesetzt hätte.«[23] Das Ende sollte allerdings ziemlich lange dauern.

Der Tod Iwans des ›Schrecklichen‹.
Holzschnitt, 19. Jahrhundert

Anfang 1584 erleuchtete ein Komet den nächtlichen Himmel über Rußland. Man kann es den damaligen Menschen nicht verübeln, daß sie den Kometen für ein Zeichen Gottes hielten und davon überzeugt waren, Gott habe zu guter Letzt seine Geduld mit Iwan dem Schrecklichen verloren. Iwan selbst jedenfalls interpretierte die seltsame Himmelserscheinung in diesem Sinn.[24] Der Umstand, daß der Allmächtige auf eine solch dramatische Weise Verbindung mit ihm aufnahm, gab Iwans Glauben an seine eigene Gottgleichheit wahrscheinlich sogar noch Auftrieb. Der Schweif des Kometen bildete – vielleicht in Verbindung mit den Wirkungen des Nordlichtes – die Form eines Kreuzes. Um Gottes Absichten tiefer zu ergründen, berief nun der Zar sechzig Astrologen aus dem Norden seines Landes an den Hof, um mit ihnen die Frage seines Todes zu erörtern. Iwan ließ dieser astrologischen Nationalversammlung in Moskau ein Haus zur Verfügung stellen und verlangte dann von den Gelehrten die exakte Berechnung seines Sterbedatums. Da den angesehenen Astrologen sein zunehmender Verfall kaum entgangen sein dürfte, konnten sie mit einiger Sicherheit davon ausgehen, daß sie Iwans Wunsch Folge leisten konnten, ohne ihr eigenes Leben in akute Gefahr zu bringen. Und genau wie der Todestag des Zaren stand auch ihr eigenes Schicksal in den Sternen geschrieben.

Für Iwan rückte der Tod nun jedoch tatsächlich unaufhaltsam näher. Die genauen Ursachen sind indes, wie so viele Einzelheiten seines Lebens, nicht bekannt. Vielleicht litt er unter einem Nierenleiden oder an einer unspezifischen Syphilis des Gehirns und der Aortaklappe. Jedenfalls schwoll sein Körper zusehends an, und einige unserer Gewährsleute, die in dieser Zeit vertrauten Umgang mit ihm pflegten, berichten, er habe einen fast unerträglichen Geruch ausgeströmt – was auf innere Fäulnis hindeutet. Ein bestimmter Bereich von Iwans Körper war laut Jerome Horsey besonders stark angeschwollen, nämlich seine Hoden, »mit denen er schreckliches Leid erregt hatte. – Rühmte er sich doch, tausend junge Mädchen entjungfert und Tausende von Kindern, die er gezeugt hatte, der Zerstörung preisgegeben zu haben«.[25]

Die Astrologen berieten sich nun und konnten sich auch tatsächlich auf den Todestag ihres Herrschers einigen. Sie hätten natürlich auf Nummer Sicher gehen und behaupten können, sein Tod werde erst an einem fernen Tag in der Zukunft eintreten. Aber sie nahmen keine Zuflucht zu einer derartigen Ausrede. Nach ihrer Auffassung stand Iwans Todestag kurz bevor. Um den jähzornigen Tyrannen nicht gegen sich aufzubringen, hatten sie beschlossen, diese Information vorerst für sich zu behalten. Nach Horseys Auskunft wurde Iwan jedoch »wütend und drohte ihnen an, er werde sie alle am selbigen Tage verbrennen lassen«. Durch diese Drohung eingeschüchtert, taten die Astrologen schließlich kund, daß Iwan am 18. März – plus minus zwei Wochen – sterben werde.

Am 15. März war Jerome Horsey gemeinsam mit einigen anderen ausgewählten Mitgliedern des Hofes zu einer Zusammenkunft in Iwans Schatzkammer im Kreml geladen. Iwan wurde in den Raum getragen und auf einen Stuhl gesetzt. Er hielt dann eine weitschweifige Rede über seine Juwelen, die teilweise vor ihm ausgebreitet lagen. Horsey hielt einige seiner Bemerkungen fest:

»Der euch allen bekannte Magnet besitzt große und verborgene Kraft, ohne die die Meere nicht schiffbar wären ... Ihr seht diese schöne Koralle hier und diesen feinen Türkis. Nehmt ihn in eure Hand; von seiner Natur sind die Farben des Orients. Legt die Steine auf meine Hand und meinen Arm. Ich bin von Krankheit vergiftet. Ihr könnt sehen, wie sie ihre Kräfte zeigen, denn ihre klaren Farben werden immer trüber. Sie kündigen meinen Tod an. Überreicht mir meinen Herrscherstab, das Horn des Einhorns, mit Diamanten, Rubinen, Saphiren, Smaragden und anderen wundervollen, teuren Steinen verziert – sein Wert beträgt siebzigtausend Pfund Sterling.

David Gauer, einer von den Augsburgern, hat ihn gefertigt. Haltet Ausschau nach einigen Spinnen.«

Darauf ließ er seinen Arzt einen Kreis in die Tischplatte ritzen. Iwan setzte eine Spinne in den Kreis und eine weitere, die aber beide sofort starben; einige andere setzte er außerhalb des Kreises auf den Tisch. Die lebendigen Spinnen rannten schnell von der Kreislinie fort.

»Es ist zu spät, es wird mich nicht retten. Dieser Diamant ist der teuerste des Orients und der schönste von allen. Ich habe ihn niemals angerührt. Er bezähmt Wut, Überfluß, Enthaltsamkeit und Keuschheit. In Pulverform genügt die geringste Menge, ein Pferd zu vergiften – und erst recht einen Menschen.«

Er zeigt auf einen Rubin. »Ah! Dieser hier ist gut für Herz, Hirn, Lebenskraft und das Gedächtnis des Menschen. Er reinigt geronnenes und verdorbenes Blut.« Er nimmt den Smaragd in die Hand. »Dieser wertvolle Stein hat die Natur des Regenbogens und ist ein Feind der Unreinheit. Versucht einmal folgendes: Haltet diesen Stein über einen Mann und eine Frau, die lustvoll miteinander verkehren, und er wird über der freigesetzten Natur zerspringen. Ich finde großen Gefallen an diesem Saphir. Er erhält und vergrößert den Mut, die Herzensfreuden, tut allen lebendigen Sinnen gut und ist äußerst wertvoll für die Augen; er klärt den Blick, reinigt blutunterlaufene Augen und stärkt ihre Muskeln und Sehnen.« Dann nimmt er den Onyx in die Hand. »All diese Steine hier sind Gottes wundervolle Geschenke, Geheimnisse der Natur zwar, aber sie offenbaren sich dem Menschen, auf daß er sie nutze und betrachte. Sie sind Freunde der Gnade und der Kraft und Feinde des Lasters. Mir wird übel; tragt mich hinaus, bis zum nächsten Mal.«[26]

Die sechzig Astrologen werden sich vermutlich zu diesem Zeitpunkt nicht besonders wohlgefühlt haben. Am 17. März sandte der schmerzgepeinigte Iwan eine Nachricht an seine Wahrsager und teilte ihnen mit, daß man sie wegen ihrer ungenauen Angaben auf dem Scheiterhaufen verbrennen werde. Als der 18. März heraufdämmerte, hielt Iwan sich noch immer aufrecht. Er fühlte sich sogar stark genug, heiß zu baden, und er »tröstete und belustigte sich mit wohlgefälligen Liedern, wie er es immer zu tun pflegte«. Ein Höfling, der offensichtlich großen Respekt vor den Astrologen hatte, konnte Iwans Zorn besänftigen, als dieser wieder einmal damit drohte, sämtliche Wahrsager verbrennen zu lassen. »Herr«, sagte er, »seid nicht so zornig. Ihr wißt, der Tag ist gekommen und endet erst nach Untergang der Sonne.« Im Anschluß an ein ausgedehntes Bad – Horsey spricht von vier Stunden Dauer – lag Iwan wieder auf seinem Bett und war gerade damit befaßt, auf einem Schachbrett die Figuren zu arrangieren, da er mit Boris Godunow oder einem der Höflinge ein Spiel machen wollte. Plötzlich schrie er auf und stürzte dann rücklings auf das Bett. Als schließlich ein Arzt und ein Priester eintrafen, hatte Iwan der Schreckliche – wie Horsey sich ausdrückt – »sein Leben ausgehaucht«.

Wie es der Vorschrift des Moskauer Hofrituals entsprach, wurde die Leiche rasiert und geschoren und dann vom Metropoliten in den Mönchsstand erhoben. Dann zog man dem Toten eine Mönchskutte an und setzte ihn an der Seite seines ermordeten Sohnes im Sanktuarium der Archangelskij-Kathedrale im Kreml bei. Man legte ein herrliches venezianisches Kelchglas mit in den Sarg. Es enthielt ein spezielles, von der Kirche geweihtes Salböl zur Heilung der Kranken und zur Reinigung der Toten.

Jerome Horsey erinnert sich, daß er unmittelbar nach Iwans Hinscheiden Boris Godunow, der rechten Hand des neuen Zaren Fjodor, »mich selbst, Männer, Pulver und Pistolen angeboten habe«. Dieser habe Horseys Offerte »mit freudiger Miene« dankend angenommen. »Denn der Metropolit, die Bischöfe und zahlreiche Adelige strömten in die Burg [den Kreml], um den Festtag ihrer Erlösung zu begehen.« Gott hatte endlich den Tyrannen getötet, der so viele seiner Landsleute umgebracht hatte. Die demoralisierten und geknechteten Russen wirkten wie ein ausgeraubtes Volk, wie Überlebende eines Holocaust. Deshalb ging nach Iwans Tod ein Aufatmen durch das ganze Land, das so lange einen schrecklichen Alptraum hatte durchleben müssen. Doch schon bald erwartete ein weiterer Alptraum das russische Volk, nämlich ›die Zeit der Wüstung‹, die abermals Chaos, Wirrnisse und Invasionen über die Menschen brachte. Von dieser schlimmen Zeit der Wüstung wäre Rußland vermutlich verschont geblieben, hätte Iwan das Land nicht durch seine unberechenbare Politik, die Schikanierung des Adels, den sinnlosen Livlandkrieg und schließlich die Ermordung des Zarewitsch so über alle Maßen geschwächt. Denn der nunmehr tote Zarewitsch hätte durchaus auf weite Sympathie im Volk rechnen können.

Ungeachtet seiner zahllosen Schwächen hat Iwan sowohl russische als auch westliche Historiker immer wieder dazu angeregt, ihre Federkiele in den Tintenbrunnen der Phantasie und der romantischen Verklärung einzutauchen. Ein gutes Beispiel für diese romantische Betrachtungsweise ist Iwan Koslows gewiß nicht verklärende Studie über den schrecklichen Zaren. Dort heißt es: »Iwan war ein Mystiker, Visionär, Rächer, Hasser, Eroberer. Seine Persönlichkeit ragt aus jenem mystischen Dunkel hervor, das für Rußland – in gewissem Maße bis heute – so charakteristisch ist.« Viele Russen wären mit einer so weitreichenden Gleichsetzung Iwans des Schrecklichen mit dem russischen Volk gewiß nicht einverstanden. In dem Drama *Jermak* bezeichnet A. S. Chomijakow Iwan als »einen der Wut und der Wildheit verfallenen Wahnsinnigen, einen Sklaventreiber der Christen und gekrönten Feind seines Landes«. In seiner detaillierten Darstellung der russischen Geschichte erwähnt Karamzin zwar eine Reihe von abstoßenden Einzelheiten aus Iwans Leben, aber es stand ihm gleichwohl nicht frei, die ganze Geschichte zu erzählen. Deshalb schrieb er: »Möglicherweise werden es mir die Zensoren nicht gestatten, freimütig über die Grausamkeiten des Zaren Iwan Wasilijewitsch zu berichten ... Das Leben eines

Zar Peter der Große.
Kupferstich, 18. Jahrhundert

Tyrannen ist eine Tragödie für die Menschheit, doch das
Wissen um seine Taten ist für Herrscher und Volk immer
von Nutzen. Will man in den Menschen einen Abscheu
vor dem Bösen entfachen, so gelingt dies nur, wenn man
in ihnen die Liebe zur Tugend erweckt. Mögen wir in Zukunft von seinesgleichen verschont bleiben!«[27]

Dieser Wunsch Karamzins ist allerdings nicht in Erfüllung gegangen. Iwans Nachfolger waren natürlich davon
beeindruckt, daß dieser straflos Mord an Mord hatte reihen können. Immerhin hatten sie es mit dem gleichen
Menschenschlag zu tun wie Iwan, nämlich mit den leidenschaftlichen, streitlustigen, aber fügsamen Slawen,
die unbedingt an die Göttlichkeit ihres Zaren glauben
wollten. Ein schwedischer Diplomat beobachtete im siebzehnten Jahrhundert, daß Zar Alexeij, der von 1645 bis
1676 regierte, Iwan Grosnoj zutiefst bewunderte:

Der Zar ist derart in die Lektüre all der Bücher versunken, die man über Iwan und seine Kriege geschrieben hat, daß er kaum etwas anderes wünschen kann, als in dessen Fußstapfen zu treten. Der Zar ist eitel, unbezähmbar grausam und daher zu allem fähig. Er kann sich deshalb nur an den Geschichten erfreuen, die über Iwan und dessen Tyrannei in Umlauf sind.[28]

Peter der Große nahm sich Iwans Regierungsmethoden zum Vorbild und imitierte dessen Terrorherrschaft. Genau wie Iwan stellte er die Armee in den Mittelpunkt seiner Außenpolitik. Genau wie Iwan war er der Mei-

Wladimir Iljitsch Lenin.
Gemälde von A. M. Gerassimow, 1930

nung, Rußlands Grenzen müßten ständig erweitert werden. Livland war auch während seiner Regierungszeit einmal mehr das Schlachtfeld, und abermals waren Abertausende tatarischer Soldaten vonnöten, um die Bevölkerung zu terrorisieren und abzuschlachten. Iwan hatte das Leben so unglaublich vieler Russen auf dem Gewissen, daß man meinen könnte, er habe seine Landsleute verachtet. Immerhin hielt er sich in Moskau auf, wenn er sich nicht gerade nach Alexandrowsk zurückgezogen hatte. Peter der Große haßte Moskau und opferte das Leben zahlloser Russen, als er 650 Kilometer von Moskau entfernt eine neue Hauptstadt aus dem Boden stampfen ließ. Dieser monströse Kraftakt kam natürlich einer Entweihung Moskaus gleich, das auch damals schon im Brennpunkt des russischen Patriotismus stand, und degradierte die Stadt zu einem Provinzzentrum zweiter Ordnung. Aber Peter hatte ja bereits von Iwan dem Schrecklichen gelernt, daß man die Russen ungestraft wie Vieh behandeln konnte. Wer sich gegen die Regierung auflehnte, wurde einfach erschossen oder eingekerkert. Peter sprach ganz deutlich aus, was er von Iwan dachte: »Er war mein Vorläufer und Vorbild. Von jeher war ich bestrebt, seinen Mut und seine weise Staatsführung nachzuahmen.« Aber nicht nur in dieser Hinsicht eiferte er Iwan dem Schrecklichen nach.

Lenin, Stalin und ihre Nachfolger orientierten sich in ihrer Politik an Iwans skrupellosen Methoden. Für Stalin entsprach Iwan dem Ideal des eisenharten Mannes. Hitler wiederum ist in die Schule Stalins gegangen.[29] Nicht anders als Iwan nahmen diese drei Tyrannen des zwanzigsten Jahrhunderts die Verwundbarkeit ihres jeweiligen Landes zum Vorwand dafür, das Leben der ihnen unterstellten Menschen einer totalen Kontrolle zu unterwerfen. Unter Stalin war es streng verboten, auch nur die leiseste Kritik an Iwan zu üben. Denn Stalin betrachtete diesen Zaren als Leitfigur und geistigen Vater, eben als einen Mann, der ungestraft jedes Verbrechen begehen konnte. Genau wie Iwan schufen auch Lenin, Stalin und Hitler einen machtvollen Staatssicherheitsdienst, der die Bürger gnadenlos unterdrückte. Sie behaupteten übereinstimmend, daß derart harte Maßnahmen unumgänglich seien, um das eigene Land gegen die Angriffe feindlicher Nachbarn und vor der Mißregierung des Adels oder

Josef Wissarionowitsch Stalin,
Lithographie nach einem Gemälde von J. Toidz, 1945

des Bürgertums zu schützen. Die Folge dieser ›Politik‹ war es, daß die Deutschen wie die Russen in beständiger Furcht vor den Übergriffen eines ihnen feindlich gesonnenen Diktators leben mußten und vor dem Machtmißbrauch von dessen wildgewordenen ›Sicherheits‹-Kräften. Iwan, Peter, Stalin und Hitler verehrten allesamt den Götzen ›schrankenlose Macht‹ und haßten jegliche Art von Kompromissen, Toleranz und Gnade. Sowohl Rußland als auch das Deutschland der Weimarer Republik hatten mit erheblichen wirtschaftlichen Problemen zu kämpfen und ließen sich eine geradezu verbrecherische Vergeudung von Menschenleben zuschulden kommen. Beide Systeme glaubten auf Arbeitslager und damit Sklavenarbeit nicht verzichten zu können, und beide errichteten solche Lager, um die vielen Oppositionellen auszuschalten. Beide Systeme terrorisierten ihre eigenen Bürger durch nächtliche Verhaftungen und Folterverhöre. Sowohl Nazi-Deutschland als auch das kommunistische Rußland verstanden es, ihr eigenes Volk bei jenen zivilisierten Nationen, welche sie ihrer Herrschaft unterwarfen, verhaßt zu machen. Beide Länder machten sich den Leitsatz zu eigen, daß der Zweck die Mittel heilige. Beide stiegen zu großer Macht auf, und beide stürzten ihre Völker in großes Elend.

Wenn man die Herrschaft Iwans des Schrecklichen unter dem Gesichtspunkt der territorialen Expansion betrachtet, so war sie zweifellos erfolgreich – ja Iwan ist stets das leuchtende Vorbild des russischen Expansionismus gewesen. Zugleich ist jedoch darauf hinzuweisen, daß dieser Zar auf kultureller, sozialer und geistiger Ebene einen Scherbenhaufen hinterließ. Von einem christlichen oder humanistischen Standpunkt aus betrachtet, verwundert es nicht, daß fortgesetzte diabolische Grausamkeit die Nachgeborenen auf lange Zeit in ihrem Bannstrahl hält. Auch heute noch sind die Schreie der Verzweifelten nicht verklungen.

ANHANG

Die Rurikiden-Dynastie

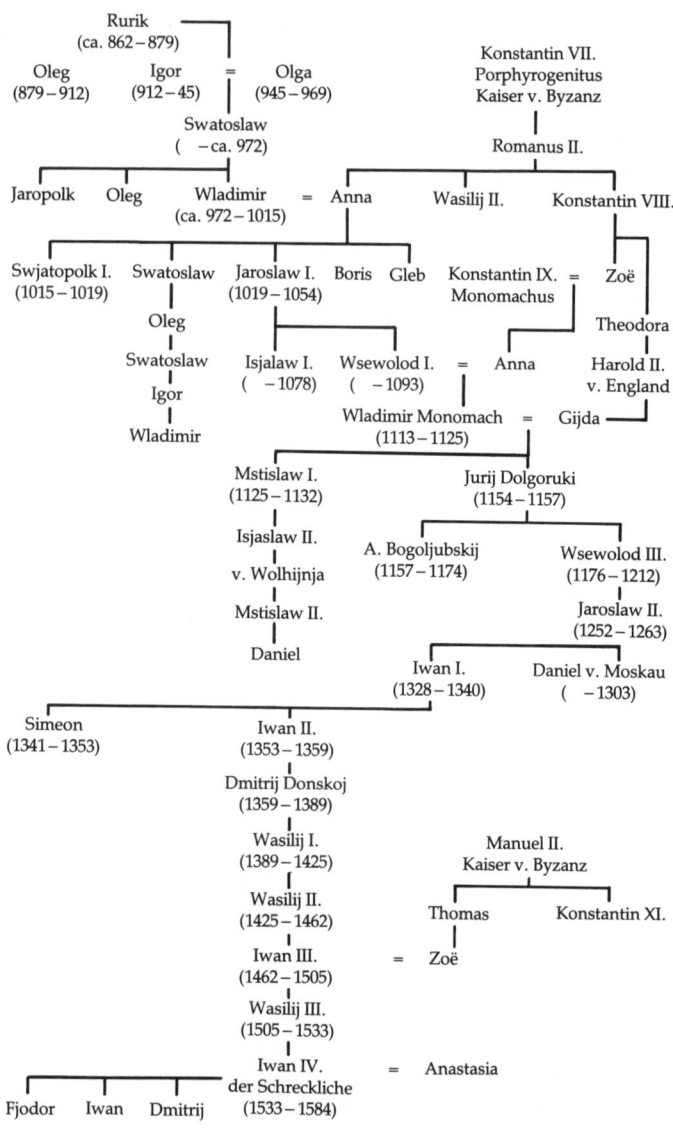

370

Anmerkungen

1 Iwans Erbe: Die Ostslawen – Leben in endloser Weite

1 Laurens van der Post, *A Portrait of All the Russias,* Hogarth Press 1964

2 Essays in Russian History, Hg. Alan D. Ferguson und Alfred Lewin (Archon Books 1964); Philip Lozinski, *The Name Slav,* S. 21–28

3 George Vernadsky, *Ancient Russia,* New Haven 1951, S. 50

4 Dmitrij Obolensky, *The Byzantine Commonwealth,* Weidenfeld & Nicolson 1971, S. 182. *De Rossorum Incursione, Homilia I: Fragmenta Historicum Graecorum,* Paris 1870, S. 162–7; *The Homilies of Photius,* Cambridge, Mass. 1958, übers. v. C. Mango, S. 82–95

5 *Die Nestor-Chronik,* Wiesbaden 1969; S. M. Toyne, *The Scandinavians in History,* Edward Arnold 1948, S. 42

6 Ebd., S. 43

7 H. R. Ellis Davidson, *The Viking Road to Byzantium,* Allen & Unwin 1976, S. 63

8 *Historia nova,* Buch IV, Leipzig 1887, S. 59

9 Joel Carmichael, *A Cultural History of Russia,* Weidenfeld & Nicolson 1968, S. 34, 38

10 H. R. Ellis Davidson, *The Viking Road to Byzantium,* Allen & Unwin 1976, S. 276. Anna Comnena, *The Alexiad,* übers. v. E. A. S. Dawes, London 1928, XI, S. 292

11 H. R. Ellis Davidson, *The Viking Road to Byzantium,* S. 110

12 Ebd., S. 112

13 Ebd., S. 135

14 Louis Réau, *L'Art Russe des Origines à Pierre le Grand,* in: Einführung zu: Boucher und J. H. Fragonard, *Schatzkammer der Malerei;* Werner Keller, *Ost minus West = Null,* München 1963

15 Ronald Hingley, *A Concise History of Russia*, Thames & Hudson 1972, S. 15

16 Ellis Davidson, *The Viking Road to Byzantium*, S. 152; E. H. Minns, *Scythians and Greeks*, Cambridge University Press 1913, S. 536

17 Joel Carmichael, *A Cultural History of Russia*, S. 28, 29

18 G. P. Fedotov, *The Russian Religious Mind*, Bd. 1, *Kievan Christianity*, Cambridge 1966, S. 380

19 Ellis Davidson, S. 206, 199

20 Dmitrij Obolensky, *The Byzantine Commonwealth*, S. 66

21 Bernard Pares, *A History of Russia*, S. 54

22 Alfred Swan, *Russian Music*, John Baker 1973

23 James Mavor, *An Economic History of Russia*, London 1914, S. 18, 19

24 *The Samizdat Register*, Hg. Roy Medvedev, Merlin Press 1977, S. 283

25 a) Kljutschewskij, W. O., *Russische Geschichte*, Zürich 1960
   b) *Die Nestor-Chronik*, Wiesbaden 1969, S. 206 – 215

2 Iwans Erbe: Der mongolische Hammer

1 a) Legg, Stuart, *Die ersten Reiter: die Völker aus dem Herzland Asiens*, Tübingen 1976
   b) *Cambridge History of India*, S. 84

2 Peter Brent, *The Mongol Empire*, Weidenfeld & Nicolson 1976, S. 117 – 118

3 a) Paul Dukes, *A History of Russia*, Macmillan 1974, S. 27
   b) S. A. Zenkovsky, *Medieval Russia's Epics*, New York 1963, S. 18

4 Bertold Spuler, *Geschichte der Mongolen*, Stuttgart 1968, S. 90 – 92, 97 – 102

5 Ebd., S. 101

6 Ebd., S. 64, 60 – 67

7 Ebd., S. 87

8 a) N. Waliszewski, *Ivan the Terrible*, Archon Books 1966, S. 57, 374.
   b) Ronald Hingley, *The Tsars*, Weidenfeld & Nicolson 1968, S. 56 – 57

9 Bertold Spuler, *Geschichte der Mongolen*, Stuttgart 1968, S. 87 – 88

10 Ebd., S. 213–214

11 Ronald Hingley, *A Concise History of Russia*, Thames & Hudson 1972, S. 28

12 Ebd., S. 33

13 Bernard Pares, *A History of Russia*, Cape 1944, S. 112

14 Herman Andreijev, *Samizdat Register*, Merlin Press 1977, S. 297

15 Lew Kopelew: Ebd., S. 232

16 Herman Andreijev: Ebd., S. 294

17 Ebd., S. 294–295

18 Victor Alexandrov, *The Kremlin*, Allen & Unwin 1963, S. 59

19 Bernard Pares, *A History of Russia*, S. 124

3 Mordlust

1 Jules Koslov, *Ivan the Terrible*, W. H. Allen 1961, S. 49

2 J. L. I. Fennell (Übers. und Hg.), *The Correspondence between Prince A. M. Kurbsky and Tsar Ivan IV of Russia*, Cambridge 1955

3 K. Waliszewski, *Ivan the Terrible*, Archon Books 1966, S. 108

4 Ebd., S. 113

5 S. M. Solovyev: *History of Russia*, Moskau 1960, Buch 3, Bd. 6, 431

6 J. L. I. Fennell, *Ivan the Great of Moscow*, Macmillan 1961, S. 354

7 Herman Andreyev, *Samizdat Register*, Merlin Press 1977, S. 298

8 A. A. Zimin, D. S. Likhachev (Hg.), *The Works of I. Peresvetov*, Moskau 1956; *A Source Book for Russian History*, Hg. George Vernadsky, Yale 1972

9 Solovyev Buch 3, Bd. 6, S. 435

10 N. M. Karamzin, *History of the Russian State*, St. Petersburg 1842, Buch 2, Bd. 8, Kol. 64–65

11 Herberstein, Sigmund Freiherr von, *Beschreibung Moskaus*, Graz, Köln 1966

12 Ebd., S. 89 155

13 Karamzin, Buch 2, Bd. 8, Kol. 68

14 Victor Alexandrov, *The Kremlin*, Allen & Unwin 1963, S. 88

15 V. Chernov, *Moscow, A Short Guide*, Progress Publishers Moskau 1977, S. 48–49

16 N. Kershaw Chadwick, *Russian Heroic Poetry*, Cambridge 1932, S. 195

17 V. Chernov, op. cit.

4 Die russische Sichel

1 Heinrich von Staden, *Aufzeichnungen über den Moskauer Staat (Moskowiter Land und Regierung)*, Hamburg 1964

2 Victor Alexandrov, *The Kremlin*, Allen & Unwin 1963, S. 88

3 Bernard Pares, *A History of Russia*, Cape 1944, S. 135

4 Ebd., S. 147–148

5 Francesca Wilson, *Muscovy*, Allen & Unwin 1970, S. 39

6 Ebd., S. 28–29

7 Ebd., S. 33

8 Bernard Pares, *A History of Russia*, S. 149

9 Victor Alexandrov, *The Kremlin*, S. 74–75

10 V. Malinen, *Starets Filofei*, Kiew 1901, S. 50–55

11 Jules Koslov, *Ivan the Terrible*, W. H. Allen 1961, S. 99

12 Victor Alexandrov, *The Kremlin*, S. 90

5 Jahre des Schreckens

1 a) S. M. Solovyev, *Istoriia Rossii*, Moskau 1962–1966, Buch 3, Bd. 6, S. 359
    b) Karl Stählin, *Der Briefwechsel Iwans des Schrecklichen mit dem Fürsten Kurbskij*, Leipzig 1921, S. 66

2 Giles Fletcher, *The English Works of Giles Fletcher*, Hg. Lloyd E. Berry, University of Wisconsin Press 1964, S. 297, 304–305

3 Solovyev, *Istoriia Rossii*, Buch 3, Bd. 6, S. 495

4 Jewreinow, Nikolaj, *Die Körperstrafen in der russischen Rechtspflege und Verwaltung*

5 N. Karamzin, *History of Russia*, Bd. 9, S. 459

6 K. Waliszewski, *Ivan the Terrible*, S. 214

7 Edward A. Bond (Hg.), *Russia at the Close of the Sixteenth Century*, Burt Franklin 1966, S. 147

8 Ebd., S. 148

9 Jules Koslov, *Ivan the Terrible*, S. 26

10 Ian Grey, *Ivan the Terrible*, S. 143

11 Jules Koslov, *Ivan the Terrible*, S. 103

12 F. Wilson, *Muscovy Through Foreign Eyes*, Allen & Unwin 1970, S. 83; Collins, Samuel, *Samuel Collins', Leibarztes des Zaren Alexeij Michailowitsch, moskowitische Denkwürdigkeiten*, Leipzig 1929

13 K. Waliszewski, *Ivan the Terrible*, S. 215; N. Karamzin, *History of Russia*, Bd. 9

14 G. M. Trevelyan, *Geschichte Englands*, München 1949, S. 39

15 Der Autor ist A. Miller für dessen in der *Slavonic Revue* (April 1936) erschienene vergleichende Studie zur mittelalterlichen Geschichte Rußlands und Englands zu großem Dank verpflichtet.

16 Francesca Wilson, *Muscovy Through Foreign Eyes*, S. 80–81

17 Ashley Montagu, *The Anatomy of Swearing*, Rapp und Whiting 1968

18 Francesca Wilson, *Muscovy Through Foreign Eyes*, S. 73–74

19 Ebd., S. 80

20 Ebd., S. 90

21 *La Libre Belgique*, September 1979, Daily Telegraph, 15. September 1979

6 Der Briefwechsel zwischen Fürst Kurbskij und Iwan dem Schrecklichen

1 a) *Prince A. M. Kurbsky's History of Ivan IV*, übers. und hg. von J. L. I. Fennell, Cambridge 1965, viii, ix

   b) *The Correspondence between Prince A. M. Kurbsky and Tsar Ivan IV*, übers. und hg. von J. L. I. Fennell, Cambridge 1955

2 Edward L. Keenan, *The Kurbski-Grozni Apocrypha*, Harvard 1971

3 Stählin, Karl, *Der Briefwechsel Iwans des Schrecklichen mit dem Fürsten Kurbskij*, Leipzig 1921, S. 117–119

4 Ian Grey, *Ivan the Terrible*, Hodder and Stroughton 1964, xii, S. 143. In diesem Buch wird nicht Iwan, sondern Kurbskij der Verzerrung von Tatsachen angeklagt. Zeitgenössische Berichte veranschaulichen jedoch hinlänglich, welcher der beiden mehr zu dieser Schwäche neigte. Ian Grey bemerkt sehr richtig, daß die Bibel »Iwans Denken zum großen Teil bestimmte«.

5 a) N. M. Karamzin, *History of the Russian State*, 12 Bde., St. Petersburg 1818–1829, Bd. 5. Russische Historiker lebten stets in der Angst vor der Zensur.

   b) J. L. Black, *Nicholas Karamzin and Russian Society in the Nineteenth Century*, University of Toronto Press 1975

7 Ein zerstückeltes Land

1 Karamzin, Buch 2, Bd. 9, Kol. 43

2 Victor Alexandrow, *The Kremlin*, S. 92

3   Ebd., S. 91
4   Samuel Purchas, *Purchas His Pilgrimes,* James MacLehose 1906, Bd. 14, S. 111
5   Victor Alexandrow, *The Kremlin,* S. 91
6   Francesca Wilson, *Russia Through Foreign Eyes,* Allen & Unwin 1970, S. 56
7   Heinrich von Staden, *Aufzeichnungen über den Moskauer Staat (Moskowiter Land und Regierung),* Hamburg 1964
8   George Vernadsky (Hg.), *A Source Book for Russian History,* Yale 1972, Bd. 1, S. 147
9   Heinrich von Staden, *Aufzeichnungen ...*
10 G. Bocharov, V. Vygolov, *Alexandrovskaya Sloboda,* Moskau 1970, S. 47
11 *A Source Book For Russian History,* Bd. 1
12 Karamzin, Buch 3, Bd. 9, Kol. 58, 59
13 Ebd. Kol. 83–4; Solovyev, Buch 3, Bd. 6, S. 734
14 *Purchas His Pilgrimes,* Bd. 14, S. 111
15 Ebd., S. 112
16 J. L. I. Fennell (Hg.), *Prince Kurbsky's History of Ivan IV*
17 Edward A. Bond (Hg.), *Russia at the Close of the Sixteenth Century,* Burt Franklin 1971, S. 172
18 Karamzin, op. cit., Kol. 60–63, S. 86. Solovyev, op. cit., S. 556
19 Roy Medvedev (Hg.), *Samizdat Register,* Merlin Press 1977, S. 263
20 K. Waliszewski, *Ivan The Terrible,* S. 267
21 *Purchas His Pilgrimes,* Bd. 14, S. 112
22 Solovyev, Buch 3, Bd. 6, S. 560
23 *Russia at the Close of the Sixteenth Century,* S. 162
24 *Samizdat Register,* S. 263
25 *Purchas His Pilgrimes,* Bd. 14, S. 112
26 Jules Koslov, *Ivan The Terrible,* S. 183, 205
27 Ebd., S. 152
28 *Samizdat Register,* S. 295
29 Solovyev, Buch 3, Bd. 6, S. 607

8   Iwan und Königin Elisabeth

1   Francesca Wilson, *Russia Through Foreign Eyes,* S. 24
2   Richard Hakluyt, *The principal navigations, voyages, and discoveries of the English nation,* Frankfurt a. M. 1930, Bd. 2, S. 225

3   Ebd., S. 256

4   J. Hamel, *England and Russia,* erste Ausg. 1854, Frank Cass 1968,
    S. 107

5   Francesca Wilson, op. cit., S. 34

6   J. Hamel, op. cit., S. 165

7   Francesca Wilson, op. cit., S. 49

8   E. D. Morgan, C. H. Coote (Hg.), *Early Voyages and Travels in
    Russia and Persia,* Hakluyt Society, 1886, Bd. 2, S. 295

9   J. Hamel, *England and Russia,* Frank Cass 1968, S. 179

10 Francesca Wilson, op. cit., S. 49

11 J. Hamel, op. cit., S. 203

12 Ebd., S. 205

13 Ebd., S. 207

14 E. D. Morgan, op. cit., S. 336

15 Ebd., S. 302

16 *Russia at the Close of the Sixteenth Century,* S. 184

17 Karamzin, Buch 3, Bd. 9, Kol. 161, 162, S. 494

18 N. Casimir, *John the Terrible and Elizabeth of England in The Reli-
    quary,* Bd. 16, 1875 – 6, S. 12 – 13

19 Richard David (Hg.), *Love's Labour's Lost,* Arden Edition,
    Methuen 1977, S. xxvii

20 J. Hamel, op. cit., S. 167

21 Ebd., S. 201 – 202

22 Ebd., S. 241

23 N. Casimir, op. cit., S. 17; Richard Hakluyt, op. cit., S. 321

24 S. F. Platonov, *Boris Godunov,* Academic International Press
    1973, S. 122
    Ian Grey, *Boris Godunov,* Hodder and Stoughton 1973, S. 124,
    154 – 155
    S. Konovalov, ›Anglo-Russian Relations‹, 1620 – 24, in: *Oxford
    Slavonic Papers IV,* 1953, S. 80 – 82

9   Letzte Greueltaten

1   Ian Grey, *Boris Godunov,* Hodder & Stoughton 1973, S. 124

2   E. A. Bond, *Russia at the Close of the Sixteenth Century,* S. 35

3   Francesca Wilson, *Russia Through Foreign Eyes,* S. 57

4   Lloyd E. Berry (Hg.), *Rude and Barbarous Kingdom,* University of
    Wisconsin Press 1968; Sir Jerome Horsey, S. 286 – 287

5   S. M. Solovyev, *History of Russia from Earliest Times*, Moskau 1960, Buch 3, Bd. 6, S. 587, 620, 621

6   Robert Craig Howes (Hg. u. Übers.), *The Testaments of the Grand Princes of Moscow*, Cornell University Press 1967, S. 307

7   Ronald Hingley, *The Russian Secret Police*, Hutchinson 1970, S. 3

8   *Samizdat Register*, Merlin Press 1977, S. 268

9   S. V. Veselovsky, *Voprosy Istorii*, Moskau 1946, Nr. 1, S. 86–104

10 Ronald Hingley, *A Concise History of Russia*, Thames & Hudson 1972, S. 50
    Solovyev, op. cit., S. 565
    Kurbskij behauptet, daß Worotijnskij während der Verhörfolter gestorben sei.

11 Lloyd E. Berry, op. cit., S. 278

12 R. Wipper, *Iwan Grozny*, Moskau 1947

13 E. A. Bond, op. cit., S. 145

14 J. Koslov, *Ivan the Terrible*, S. 226

15 S. M. Solovyev, op. cit., S. 671–672

16 Philip Longworth, *The Cossaks*, Holt, Rinehart and Winston, 1970, S. 53–60

17 Lloyd E. Berry, op. cit., S. 282–283

18 Ebd., S. 280–284

19 J. Koslov, op. cit., S. 371

20 Lloyd E. Berry, op. cit., S. 283–284

21 Ebd., S. 285

22 N. M. Karamzin, *History of the Russian State,* St. Petersburg 1842, Buch 3, Bd. 9, Kol. 210

23 *Samizdat Register*, S. 262

24 N. M. Karamzin, op. cit. Kol. 256

25 Lloyd E. Berry, op. cit., S. 304

26 Ebd., S. 305–306

27 J. L. Black, *Nicholas Karamzin and Russian Society in the Nineteenth Century*, University of Toronto Press 1975, S. 115

28 A. I. Zoerski, *Tsar Aleksei Mihailovich*, Petrograd University 1917, S. 269

29 W. Lacquer, *Russia and Germany*, Weidenfeld & Nicolson 1965, Kap. 4, 8, 13.
    Fischer, Ruth, *Stalin und der deutsche Kommunismus*, Frankfurt a. M. 1950

Auswahlbibliographie

Billington, James, *The Icon and the Axe*, London 1966

Carmichael, Joel, *A Cultural History of Russia*, London 1968

Conquest, Robert, *The Nation Killers*, London 1970

Dmytryshyn, Basil, *A History of Russia*, Englewood Cliffs 1977

Eliot, Alexander, *A Concise History of Greece*, London 1972

Fennell, J. L. I., *Ivan the Great of Moscow*, London 1963

Halecki, O., *A History of Poland*, London 1955

Hambly, Gavin, *Central Asia*, London 1969

Hingley, Ronald, *A Concise History of Russia*, London 1972

Hingley, Ronald, *The Tsars*, London 1968

Howes, Robert (Hg.), *The Testaments of the Grand Princes of Moscow*, Ithaka 1967

Keller, Werner, *Are the Russians Ten Feet Tall?*, London 1961

Lloyd-James, H. (Hg.), *The Greeks*, London 1962

Longworth, Philip, *The Cossacks*, New York 1970

Obolensky, Dmitrij, *The Byzantine Commonwealth*, London 1971

Pares, Bernard, *A History of Russia*, London 1944

Pokrovsky, M. N., *History of Russia*, New York 1966

Rachewiltz, I. de, *Papal Envoys to the Great Khan*, London 1971

Reddaway, W. F. (Hg.), *The Cambridge History of Poland*, Cambridge 1950

Riasanovsky, Nicholas V., *A History of Russia*, Oxford/London 1963

Solschenizyn, Alexander, *Letter to the Soviet Leaders*, Index on Censorship 1974

Timofeyev, I., *Annals*, hg. v. V. P. Adrianova-Peretts, Moskau 1951

van der Post, Laurens, *A Portrait of All the Russias*, London 1967

Vernadsky, George, *The Mongols and Russia*, New Haven 1953

Vernadsky, George, *The Origins of Russia*, Oxford/London 1959

Vryonis, Speros, *Byzantium and Europe*, London 1967

Walbank, F. W., *The Awful Revolution*, Liverpool 1969

Wittram, Reinhard, *Russia and Europe*, London 1973

Personenregister

HEYNE BIOGRAPHIEN

Die Großen der Weltgeschichte –
Wissenschaft · Politik · Kultur

Programmänderungen
vorbehalten.

**Wilhelm Heyne Verlag
München**